Bilanzierung von Immaterialgüterrechten nach HGB und IFRS

Göttinger Schriften zum Wirtschaftsrecht

Herausgegeben von Olaf Deinert, Torsten Körber, Rüdiger Krause,
Gerald Spindler und Andreas Wiebe

Band 5

PL ACADEMIC RESEARCH

Patrick Alexander Andrä

Bilanzierung von Immaterialgüterrechten nach HGB und IFRS

PL ACADEMIC RESEARCH

Bibliografische Information der Deutschen Nationalbibliothek
Die Deutsche Nationalbibliothek verzeichnet diese Publikation in der Deutschen Nationalbibliografie; detaillierte bibliografische Daten sind im Internet über http://dnb.d-nb.de abrufbar.

Zugl.: Münster (Westfalen), Univ., Diss., 2013

Erster Berichterstatter: Prof. Dr. Thomas Hoeren
Zweiter Berichterstatter: Prof. Dr. Hans-Jürgen Kirsch
Dekan: Prof. Dr. Thomas Hoeren

Tag der mündlichen Prüfung: 16.7.2013.

Gedruckt auf alterungsbeständigem,
säurefreiem Papier.

D 6
ISSN 2192-2438
ISBN 978-3-631-64649-6 (Print)
E-ISBN 978-3-653-04736-3 (E-Book)
DOI 10.3726/978-3-653-04736-3

PL Academic Research ist ein Imprint der Peter Lang GmbH.
Peter Lang – Frankfurt am Main · Bern · Bruxelles · New York · Oxford · Warszawa · Wien

Diese Publikation wurde begutachtet.

www.peterlang.com

Meinen Eltern

Inhaltsverzeichnis

A. Einleitung

I. Bedeutung des Themas und Problemstellung

Exklusive Rechte an immateriellen Gütern, sog. Immaterialgüterrechte, sind aus der heutigen Wirtschaftsordnung nicht mehr hinweg zu denken. Hinter den meisten Produkten stehen geistige Leistungen, die durch Immaterialgüterrechte geschützt werden. In technischen Geräten, wie Mobiltelefonen, Computern oder MP3-Playern, verbergen sich mitunter in den einzelnen Bauteilen hunderte Patente. Musiktitel, die auf einen MP3-Player geladen werden, unterliegen dem Urheberrecht genauso wie der Inhalt von Zeitungsartikeln und Büchern. Konsumenten kaufen Produkte einer bestimmten Marke, weil diese für ihre Zuverlässigkeit bekannt ist oder ihr Image den Käufern gefällt und sie sich mit ihr identifizieren können oder wollen.

Immaterialgüterrechte dienen vor allem dem Schutz desjenigen, der Investitionen getätigt hat, um eine immaterielle Leistung zu schaffen.[1] Denn geistige Leistungen sind flüchtig: Derjenige der sie hervorgebracht hat, kann mit ihnen viel bewirken; genauso aber auch derjenige, der sie sich aneignet.[2] Dem forschenden Unternehmen ermöglicht daher bspw. ein Patent als Belohnung für seine Forschungs- und Entwicklungsanstrengungen, die aus den Ergebnissen erwachsenden Vorteile für einen bestimmten Zeitraum exklusiv zu nutzen. Zugleich steigt damit der Anreiz für Investitionen in Forschung und Entwicklung.[3] Ebenso werden die Investitionen eines Markeninhabers in den Aufbau des Images seiner Marke durch das Markenrecht vor Trittbrettfahrern geschützt. Letztlich dient die Marke aber auch als Orientierungshilfe für den Verbraucher.[4]

Gerade in Deutschland, wo der Wandel zu einer Technologie- und Wissensgesellschaft schon weit vorangeschritten ist,[5] kommt den immateriellen Gütern eine immense Bedeutung zu.[6] Um wettbewerbsfähig zu bleiben, bilden geistige Leistungen für ein rohstoffarmes Land wie Deutschland eine grundlegende

1 *Pierson*/Ahrens/Fischer, S. 41 ff.
2 Depenheuer/*Peifer*, S. 1.
3 Leupold/Glossner/*Wiebe*, Teil 3, Rn. 3.
4 Vgl. *Fezer*, Einl. D., Rn. 1 ff.
5 BT-Drs. 16/10067, S. 49
6 Ausführlich hierzu *Dawo*, S. 6 ff.

Ressource.[7] So werden in Deutschland ca. 45 % der Wertschöpfung durch forschungsintensive Produkte und Dienstleistungen erbracht – weltweit der höchste Wert.[8] Die internen Aufwendungen deutscher Unternehmen für Forschung und Entwicklung legten allein im Zeitraum von 2005 bis 2008 um 19 % auf 46,1 Mrd. Euro jährlich zu.[9] Global gesehen betrugen diese Ausgaben 2008 1.055 Mrd. Dollar.[10] Aber auch die wirtschaftliche Bedeutung geistiger Leistungen auf dem kulturellen Sektor ist nicht zu vernachlässigen. Dies verdeutlicht der Anteil von 2,6 % der Kultur- und Kreativwirtschaft an der deutschen Bruttowertschöpfung 2006.[11] Mit 61 Mrd. Euro lag sie 2006 damit nur 10 Mrd. Euro unter dem Anteil der Automobilindustrie an der Gesamtwertschöpfung dieses Jahres.[12]

Vor allem die gewerblichen Schutzrechte (Patente, Gebrauchsmuster, Marken, etc.), Urheberrechte sowie die mit ihnen verwandten Leistungsschutzrechte sind für die Leistungserstellung vieler Unternehmen ein entscheidender Produktionsfaktor. Ihr sinnvoller Einsatz ist häufig Voraussetzung für den wirtschaftlichen Erfolg eines Unternehmens.[13] Andere Unternehmen sind bereit, hohe Lizenzgebühren für die Nutzung einzelner Immaterialgüterrechte zu zahlen. Der wirtschaftliche Wert von Immaterialgüterrechten ist – unabhängig davon, ob sie selbst erstellt oder anderweitig erworben wurden – für viele Unternehmen hoch.[14] Aus ihnen und anderen immateriellen Gütern speist sich nicht selten der Großteil eines Unternehmenswertes.[15] Mehr und mehr werden sie daher auch als Finanzierungsquelle genutzt – sei es durch Lizenzierung, Beleihung oder Sale-and-lease-back-Geschäfte.[16]

Dieser Bedeutung muss auch im Rahmen der Bilanzierung Rechnung getragen werden. Denn der weltweite Wettbewerb um Kapital macht die Berichterstattung über die immateriellen Werttreiber als teilweise primäre unternehmens-

---

7 Depenheuer/*Peifer*, S. 1.

8 BMBF, S. 20.

9 BMBF, S. 19.

10 *Jaruzelski/Dehoff*, strategy+business 57, 1 (5).

11 BMWi, S. 4.

12 BMWi, S. 4.

13 *Rebel*, S. 1.

14 Vgl. *Schmidbauer*, DStR 2003, 2035 (2035); Depenheuer/*Peifer*, S. 1; zum Ganzen auch *Blair/Wallmann*.

15 *Haunerdinger/Probst*, S. 42; Grünewald/Köllner/*Petersen*/Wurzer/*Zwirner*, S. 61; *Blasius*, S. 2.

16 *Borchardt*, S. 19.

wertbestimmende Komponenten immer wichtiger.[17] So bedeutend Immaterialgüterrechte als Teil der immateriellen Güter für Unternehmen sind, so schwierig ist allerdings ihre Abbildung in der Bilanz. *Moxter*[18] bezeichnet immaterielle Güter als die „ewigen Sorgenkinder des Bilanzrechts".

Immaterielle Güter weisen in der Regel keine physische Substanz auf und sind damit schwerer greifbar als materielle Güter. Sie sind häufig sehr unternehmensspezifisch.[19] Ihnen wird daher eine höhere Unsicherheit über das Vorhandensein eines bilanziell fassbaren Vorteils sowie über dessen Werthaltigkeit unterstellt.[20] Dies spiegelt sich insbesondere in der Frage wider, welche immateriellen Güter in die Bilanz aufzunehmen sind und unter welchen Voraussetzungen. Auch die Beantwortung der Frage, zu welchem Wert immaterielle Güter zu bilanzieren sind, ist vielfach von subjektiven Einflüssen geprägt. Da aber von der Rechnungslegung vor allem Aussagen über die wirtschaftliche Leistungsfähigkeit[21] und die Entwicklung des Erfolgspotentials[22] eines Unternehmens erwartet werden, müssen Bilanzansatz und Wertzumessung möglichst objektiv erfolgen. Denn Objektivierung ist der Leitgedanke jedweder Rechnungslegung.[23]

Im Allgemeinen fallen Bilanzierungsvorschriften für immaterielle Güter im Vergleich zu den Vorschriften für materielle Güter daher restriktiver aus.[24] Wie weit die Restriktionen gehen, ist vom jeweiligen Rechnungslegungssystem abhängig. Alle Rechnungslegungssysteme stehen vor dem Problem, dass eine zu zurückhaltende Berücksichtigung immaterieller Güter die Aussagekraft des Jahresabschlusses beeinträchtigen kann. Fällt die Bilanzierung hingegen zu großzügig aus, besteht die Gefahr Vermögen auszuweisen, das gar nicht besteht, was ebenso die Aussagekraft verringert und Gläubiger gefährdet.

Für die Rechnungslegung in Deutschland sind insbesondere das Handelsgesetzbuch (HGB) und die International Financial Reporting Standards (IFRS), die mittlerweile direkt oder indirekt in über 110 Staaten weltweit Anwendung

17 *Küting/Dürr*, StuB 2003, 1 (1).
18 *Moxter*, BB 1978, 1102 (1102).
19 *Schmidbauer*, DStR 2003, 2035 (2035).
20 Baetge/Kirsch/Thiele/*Hömberg/König*, § 248 HGB, Rn. 31; vgl. auch BT-Drs. 16/10067, S. 49 f.
21 Grünewald/Köllner/*Petersen*/Wurzer/*Zwirner*, S. 61.
22 *Dawo*, S. 1.
23 *Beisse*, S. 83; *Moxter*, DB 2008, 1514 (1515).
24 *Lutz-Ingold*, S. 2 f.

finden,[25] von Bedeutung. In Deutschland sind seit dem 01.01.2005 die HGB-Vorschriften vorrangig nur noch für den Einzelabschluss und für den Abschluss nicht-kapitalmarktorientierter Konzerne relevant. Seit diesem Datum müssen Konzernabschlüsse von börsennotierten Unternehmen aufgrund der Verordnung (EG) Nr. 1606/2002 verpflichtend nach den IFRS aufgestellt werden, § 315a HGB. Beiden Rechnungslegungssystemen liegen verschiedene Herangehensweisen zugrunde. Ist das HGB auch auf die Sicherheit der Gläubiger eines Unternehmens bedacht,[26] so liegt der Schwerpunkt der IFRS auf dem möglichst hohen Informationsnutzen eines Jahresabschlusses,[27] insbesondere für Investoren.[28]

Bis zur Reformierung des HGB durch das Bilanzierungsmodernisierungsgesetz (BilMoG) 2009 lag der wesentliche Unterschied zu den IFRS im Bereich der Bilanzierung von Immaterialgüterrechten in der Behandlung selbst geschaffener immaterieller Güter. Entgeltlich erworbene immaterielle Güter waren nach beiden Rechnungslegungssystemen in der Bilanz ansetzbar. Für selbst geschaffene galt dies nur nach den IFRS. Die mit dem BilMoG intendierte maßvolle Annäherung an die IFRS hat dies nun auch für das HGB geändert, u.a. um die Vergleichbarkeit von HGB- und IFRS-Abschlüssen zu verbessern.[29] Durch die Neuerungen des BilMoG sind aber gleichzeitig neue Fragestellungen entstanden.

Bislang liegen in der deutschsprachigen Literatur vorrangig Arbeiten zur Bilanzierung von immateriellen Gütern in ihrer Gesamtheit[30] oder von spezifischen einzelnen Gütern[31] oder Immaterialgüterrechten[32] vor. Eine zusammenhängende tiefergehende Betrachtung ausschließlich der Immaterialgüterrechte und ihrer bei der Bilanzierung auftretenden Besonderheiten gibt es bislang nicht.[33] Der

---

25 *Wagenhofer*, S. 104.

26 Siehe unter B.II.1.d.

27 Siehe unter B.II.2.d.

28 BT-Drs. 16/10067, S. 33.

29 Vgl. BT-Drs. 16/10067, S. 34.

30 Siehe bspw. *Hommel, v. Keitz, Dawo, Lutz-Ingold, Backsmeier, Hepers.*

31 Siehe bspw. *Suermann* zur Bilanzierung von Software nach HGB, US-GAAP und IFRS oder *Kurz* zur Bilanzierung von Klimaschutzprojekten nach IFRS.

32 Siehe bspw. *Schmidt* zum Ausweis von Marken nach IFRS oder *Tafelmeier* zur Markenbilanzierung und -bewertung nach IFRS und HGB.

33 So beschränkt sich auch *Gerling* weitestgehend auf den Vergleich der gesetzlichen Regelungen für die Bilanzierung von Immaterialgüterrechten ohne auf die dahinterstehenden Probleme näher einzugehen.

Großteil[34] dieser Darstellungen greift zudem bei der bilanziellen Bewertung als einem der zentralen Probleme der Bilanzierung von immateriellen Gütern bzw. Immaterialgüterrechten zu kurz und zieht sich auf die teilweise sehr spärlichen Angaben in den Rechnungslegungssystemen zurück.

Diese Lücken soll die vorliegende Arbeit schließen. Den Schwerpunkt bildet die vergleichende Analyse und Diskussion der Bilanzierung und Bewertung von Immaterialgüterrechten nach geltendem deutschen HGB und geltenden IFRS. Dabei sollen vor allem die Fragen, die die Änderungen des HGB durch das 2009 erlassene BilMoG aufgeworfen haben, beantwortet werden. Unter Berücksichtigung des durch die IFRS und das HGB gesteckten Rahmens soll daneben die bilanzielle Bewertung von Immaterialgüterrechten zum Zeitwert (*fair value*) konkretisiert werden. Die sich aus diesen Untersuchungen ergebenden spezifischen Optimierungspotentiale für die Bilanzierung von Immaterialgüterrechten nach HGB und IFRS werden abschließend in einer Reformempfehlung erörtert.

Die Darstellung erfährt allerdings in zweierlei Hinsicht eine Begrenzung: Zum einen wird sich die Betrachtung vorrangig auf die wirtschaftlich besonders wichtigen[35] gewerblichen Schutzrechte sowie die Urheberrechte und die mit ihnen verwandten Leistungsschutzrechte konzentrieren. Zum anderen wird der Schwerpunkt von bilanzieller Seite her auf der Behandlung von Immaterialgüterrechten liegen, die durch ein Unternehmen zur dauerhaften Nutzung vorgesehen sind. Also auf solchen, die dem Anlagevermögen zuzuschreiben sind und damit eine zentrale Rolle im Unternehmen spielen.

II. Gang der Untersuchung

Im Rahmen der Untersuchung werden zunächst im folgenden zweiten Kapitel die Immaterialgüterrechte und die beiden zu betrachtenden Rechnungslegungssysteme charakterisiert und vorgestellt.

Im dritten und vierten Kapitel wird der Ansatz bzw. die Bewertung von Immaterialgüterrechten nach deutschem HGB und nach den IFRS untersucht. Hierbei liegt das besondere Augenmerk auf den Neuerungen und Fragestellungen, die sich durch das BilMoG für die Bilanzierung von Immaterialgüterrechten nach

34 Eine Ausnahme bildet insofern bspw. *Tafelmeier*, der sich dezidiert auch mit der bilanziellen Bewertung von Marken beschäftigt.

35 *Backsmann*, S. 103.

HGB ergeben haben. Das dritte Kapitel zum Ansatz beantwortet dabei die Frage danach, ob bestimmte Immaterialgüterrechte überhaupt aktiviert werden können oder müssen. Im vierten Kapitel erfolgt mit der Bewertung die Beantwortung der Frage nach der Höhe mit der die aktivierungsfähigen Immaterialgüterrechte angesetzt werden können. Im Rahmen der Untersuchung zur Bewertung wird unter Berücksichtigung der Spezifika der betrachteten Immaterialgüterrechte und des durch die IFRS und das HGB gesteckten Rahmens die bilanzielle Bewertung von Immaterialgüterrechten zum beizulegenden Zeitwert (*fair value*) konkretisiert.

Im fünften Kapitel wird auf den Ausweis und die Angabepflichten für Immaterialgüterrechte in Bilanz und Jahresabschluss eingegangen.

Ausgehend von den Ergebnissen der vorangegangen Untersuchungen werden im sechsten Kapitel Reformvorschläge für die zukünftige Gestaltung der Bilanzierung von Immaterialgüterrechten nach HGB und IFRS gemacht, bevor im letzten Kapitel eine abschließende Schlussbetrachtung erfolgt.

B. Grundlagen

I. Immaterialgüterrechte

Bevor die Bilanzierung von Immaterialgüterrechten nach den verschiedenen Normkomplexen untersucht werden kann, müssen sie zunächst begrifflich eingegrenzt und in den richtigen bilanzrechtlichen Kontext eingeordnet werden.

1. Begriffliche Eingrenzung

Immaterialgüterrechte werden als Ausschließlichkeitsrechte an nicht körperlichen Rechtsgütern definiert.[36] Sie schützen verselbstständigte geistige Güter[37] und stehen damit außerhalb der Person ihres Inhabers. Ihrem Inhaber wird also ein verdinglichtes absolutes Recht an diesen Gütern gewährt.[38] Im Allgemeinen werden unter die Immaterialgüterrechte vorrangig die gewerblichen Schutzrechte (Patentrecht, Markenrecht, etc.) und das Urheberrecht gefasst,[39] die auch die Untersuchungsobjekte dieser Arbeit darstellen sollen. So schützt das Patentrecht bspw. technische Erfindungen, das Urheberrecht hingegen persönliche geistige Schöpfungen auf dem Gebiet der Literatur, Kunst oder Wissenschaft.[40]

Strukturell sind Immaterialgüterrechte mit dem Eigentum als Ausschlussrecht an körperlichen Sachen vergleichbar.[41] Ihnen liegt die Überlegung zugrunde, dass der Schöpfer eines immateriellen Gutes auch ein natürliches Anrecht auf die ausschließliche Zuordnung dieses Gutes hat, das vom Staat nur noch anerkannt wird.[42] Die Ausschließlichkeit von Immaterialgüterrechten hat zur Folge, dass sie ihrem Inhaber ein Quasi-Monopol zur Verwertung des ihm zugrunde liegenden immateriellen Gutes geben.[43]

---

36 *Götting*, Gewerblicher Rechtsschutz und Urheberrecht, S. 2.

37 *Götting*, GRUR 2006, 353 (353).

38 BVerfG NJW 2005, 589 (589).

39 *Götting*, GRUR 2006, 353 (353); Leupold/Glossner/*Wiebe*, Teil 3, Rn. 4; *Wandtke*/Bullinger, Einl., Rn. 49; siehe auch Pfaff/Osterrieth/*Pfaff/Nagel/Wittkowski*, Rn. 475.

40 Im Einzelnen hierzu unter B.I.3.

41 *Jänich*, S. 92 ff.; *Götting*, GRUR 2006, 353 (353).

42 Leupold/Glossner/*Wiebe*, Teil 3, Rn. 3.

43 *Wandtke*/Bullinger, Einl., Rn. 50; siehe B.I.3.

2. Bilanzrechtliche Abgrenzung

a. Materielle, immaterielle und finanzielle Güter

Immaterialgüterrechte stellen bilanzrechtlich keine eigene Kategorie dar. Im Bilanzrecht werden grundsätzlich drei Arten von Gütern unterschieden: materielle, immaterielle und finanzielle.[44] Diese Dreiteilung findet sich für das Anlagevermögen sowohl im HGB (§ 266 Abs. 2 HGB) als auch im Grundsatz in den IFRS (IAS 1.54). Die Zuordnung zu einer dieser Güterklassen entscheidet darüber, welche Normen im Rahmen der Bilanzierung eines Gutes zur Anwendung kommen. Immaterielle Güter werden dabei negativ von den anderen Gütern abgegrenzt: Es sind solche, die weder den materiellen noch den finanziellen zuzuordnen sind.[45]

Materielle Güter, wie Maschinen, Anlagen oder Immobilien, haben körperliche Substanz, sind greif- und abgrenzbar.[46]

Finanzielle Güter haben grundsätzlich keine physische Substanz. Allerdings sind sie monetär: Sie dienen dem Unternehmen im finanziellen Bereich und sind damit in Geldeinheiten ausgedrückte Stellvertreter anderer realer Güter.[47] Letztere befinden sich in der Regel im unmittelbaren Besitz von unternehmensexternen Dritten und dienen dem Unternehmen daher nur mittelbar.[48] Als Beispiele für finanzielle Güter sind u.a. Beteiligungen, Wertpapiere, Forderungen und Geld zu nennen.[49]

Bei den weiteren Gütern ohne physische Substanz, die nicht monetärer Art sind, handelt es sich um immaterielle Güter. Sie sind grundsätzlich stofflos bzw. geistig.[50] *Stüdemann* bezeichnet sie als bloßen Gedanken des real Existierenden.[51] In der Literatur[52] werden diese immateriellen Güter regelmäßig

---

44 *Kählert/Lange*, BB 1993, 613 (614); v. Keitz, S. 5 m.w.N.; *Mackenzie/Coe Tsee/Njikizana/Chamboko,* S. 359.

45 *Wulf*, S. 20.

46 *v. Keitz*, S. 5.

47 *Kählert/Lange*, BB 1993, 613 (614).

48 *Lutz-Ingold*, S. 12.

49 *Dawo*, S. 5 f.

50 *Lutz-Ingold*, S. 7; zur Behandlung von Verbundgütern siehe C.I.3.b.bb(1).

51 *Stüdemann*, DB 1985, 345 (347).

52 *Glade*, S. 5 ff.; *v. Keitz*, S. 6 jeweils m.w.N; *Dawo*, S. 20; MüKo-HGB/*Ballwieser*, § 247 HGB, Rn. 19; § 248 HGB, Rn. 18 ff.; *Küting/Ellmann*, S. 266; *Keller*, S. 100; siehe auch schon *Simon*, S. 166 ff.

weiter in (Immaterialgüter-)Rechte, wirtschaftliche Werte und rein wirtschaftliche Vorteile unterteilt.

b. Immaterialgüterrechte

aa. Allgemein

Sofern ein immaterielles Gut rechtlich geschützt ist, handelt es sich um ein Recht.[53] Im bilanzrechtlichen Schrifttum werden diese Rechte teilweise auch allgemein als Immaterialgüterrechte bezeichnet,[54] womit auch vertraglich geschützte immaterielle Güter zu den Immaterialgüterrechten gezählt werden. Zum Teil erfolgt bilanzrechtlich aber auch eine weitere Unterteilung der Rechte in gesetzliche Rechte und sog. Rechtspositionen:[55] Erstere umfassen bspw. die gewerblichen Schutzrechte (Patente, Marken, etc.) oder das Urheberrecht und die mit ihm im Zusammenhang stehenden Leistungsschutzrechte und damit auch die Immaterialgüterrechte, die hier vorrangig behandelt werden sollen. Unter die Rechtspositionen werden Konzessionen, Lizenzen oder sonstige vertraglich geschützte Rechtsverhältnisse gefasst.

bb. Abgrenzung zu wirtschaftlichen Werten und rein wirtschaftlichen Vorteilen

Wirtschaftliche Werte sind solche immateriellen Güter, die zwar nicht durch ein Recht geschützt sind, aber wie Rechte durch Rechtsgeschäft übertragbar sind.[56] Unter diese Rubrik fallen bspw. ungeschützte Erfindungen, Software, Rezepte oder geheime Produktionsverfahren.[57]

Die rein wirtschaftlichen Vorteile sind damit alle weiteren immateriellen Güter, die weder Rechte sind, noch durch Rechtsgeschäft übertragbare wirtschaftliche Werte.[58] Sie sind eine Sammelposition für die nicht unter die

53 *v. Keitz*, S. 6; *Dawo*, S. 21; MüKo-HGB/*Ballwieser*, § 247 HGB, Rn. 19; § 248 HGB, Rn. 18 ff.

54 *v. Keitz*, S. 6; MüKo-HGB/*Ballwieser*, § 247 HGB, Rn. 19; § 248 HGB, Rn. 18 ff.; *Lutz-Ingold*, S. 14.

55 Beck-BiKo/*Kozikowski/F. Huber*, § 247 HGB, Rn. 383.

56 *Reuleaux*, S. 48.

57 *v. Keitz*, S. 6.

58 *Hepers*, S. 39; *Bentele*, S. 23f.

ersten beiden Kategorien fallenden Werte. Beispiele für einen reinen wirtschaftlichen Vorteil sind der originär entstandene Geschäfts- oder Firmenwert[59] oder Werbeausgaben[60].

3. Die Untersuchungsobjekte

In der Folge wird ein kurzer Überblick über die im Fokus dieser Arbeit stehenden Immaterialgüterrechte gegeben: Die gewerblichen Schutzrechte, wie Marken oder Patente, das Urheberrecht und die mit ihm in Verbindung stehenden Leistungsschutzrechte sowie ihre Verwertungsmöglichkeiten durch Lizenzen.

Es gibt zwar international teilweise sehr unterschiedliche Schutzsysteme. Um die Fokussierung auf den deutschen Rechtsraum nicht aus den Augen zu verlieren, wird allerdings auf die deutsche Rechtslage Bezug genommen. Die Bandbreite der rechtlichen Schutzmöglichkeiten für immaterielle Güter wird aber auch durch das deutsche System hinreichend wiedergegeben.[61]

Anzumerken ist dabei, dass ein immaterielles Gut die Voraussetzungen verschiedener Schutzrechte erfüllen und die Qualifizierung eines immateriellen Gutes als Immaterialgüterrecht damit durchaus auf mehreren Schutzrechten beruhen kann:[62] Ein grafisches Symbol kann also bspw. gleichzeitig als Geschmacksmuster, als Marke und als urheberrechtliches Werk geschützt sein.

a. Gewerbliche Schutzrechte

aa. Überblick

Der gewerbliche Rechtsschutz umfasst alle Regelungen, die dem Schutz des geistigen Schaffens auf gewerblichem Gebiet dienen:[63] insbesondere das Patent-, Gebrauchsmuster-, Geschmacksmuster- und Markenrecht.

Gemeinsam ist den gewerblichen Schutzrechten, dass sie ihrem Inhaber unter Berücksichtigung ihrer spezifischen Voraussetzungen ein Monopol auf die Verwertung des Schutzgegenstandes geben.[64] Während u.a. Patentrecht,

---

59 MüKo-HGB/*Ballwieser*, § 248 HGB, Rn. 18.

60 *v. Keitz*, S. 7.

61 *Dawo*, S. 21.

62 *Wandtke*/Bullinger, Einl., Rn. 50.

63 *Götting*, § 1, Rn. 1.

64 *Ensthaler*, S. 115.

Gebrauchsmusterrecht und Topographieschutzrecht technische Leistungen schützen, werden sonstige Rechtsgüter gewerblich vor allem durch das Markenrecht und Geschmacksmusterrecht geschützt.[65]

Im Folgenden wird ein kurzer Überblick über die gewerblichen Schutzrechte gegeben, deren Bilanzierung später untersucht werden soll.

bb. Patent- und Geschmacksmusterrecht

(1) Patentrecht

Das Patentrecht wurde für den Schutz technischer[66] Erfindungen geschaffen. Der Erfinder soll als Gegenleistung für die Herausgabe seines Wissens an die Allgemeinheit, die Möglichkeit zur alleinigen wirtschaftlichen Verwertung bekommen.[67] Um Patentschutz zu erlangen, muss eine Erfindung gem. § 1 Abs. 1 PatG neu sein, auf einer erfinderischen Tätigkeit beruhen und gewerblich anwendbar sein.[68] Neu ist eine Erfindung gem. § 3 Abs. 1 PatG dann, wenn sie nicht zum Stand der Technik gehört. Eine Erfindung darf sich dabei für den Fachmann nicht in naheliegender Weise aus dem Stand der Technik ergeben, nur dann beruht sie auf einer erfinderischen Tätigkeit, § 4 PatG. Das Vorliegen dieser Voraussetzungen führt aber nicht automatisch zur Entstehung des Patentschutzes. Vielmehr hat zunächst die Anmeldung beim Deutschen Patent- und Markenamt (DPMA) und die Überprüfung der formellen und materiellen Voraussetzungen durch dieses zu erfolgen, § 45 PatG. Ein in der Folge erteiltes (§ 49 Abs. 1 PatG) und durch Veröffentlichung im Patentblatt entstandenes (§ 58 PatG) Patent gibt dem Inhaber ein maximal 20-jähriges (§ 16 Abs. 1 S. 1 PatG) Recht zur ausschließlichen Nutzung der patentierten Erfindung ab dem Datum der Anmeldung, § 9 PatG. Dem Patentinhaber steht es also im Rahmen der ihm durch den Gesetzgeber zugesprochenen Rechte frei, die Erfindung selbst zu nutzen, sie zu verkaufen, Dritte von einer Nutzung auszuschließen oder ihnen bspw. im Rahmen einer Lizenzvergabe Nutzungsrechte einzuräumen.[69] Ein Patentrecht ist auch pfändbar.[70]

---

65 *Dawo*, S. 22.

66 *Mes*, § 1 PatG, Rn. 9 f., 17 ff.; Pierson/*Ahrens*/Fischer, S. 49.

67 Benkard/*Bacher/Mellulis*, § 1 PatG, Rn. 1b; *Nirk/Ullmann*, S. 1 f.

68 Zu den einzelnen Voraussetzungen ausführlich *Götting*, § 11, Rn. 2ff.

69 *Ensthaler*, S. 115.

70 *v. Keitz*, S. 65.

(2) Gebrauchsmusterrecht

Das auch als „kleines Patent“ bezeichnete[71] Gebrauchsmuster setzt gem. § 1 Abs. 1 GebrMG ebenso wie das Patent eine neue und gewerblich anwendbare technische Erfindung voraus.[72] Allerdings beruht sie im Gegensatz zum Patent nicht auf einer erfinderischen Tätigkeit, sondern auf einem erfinderischen Schritt. Vielfach wird daher eine geringere Erfindungshöhe, also eine geringere Qualität der Erfindung als beim Patent, für ausreichend erachtet.[73] Auch die Anforderungen an die Neuheit sind nach § 3 I GebrMG geringer als nach § 3 PatG. Das Gebrauchsmusterrecht bietet im Gegensatz zum Patentrecht keinen Schutz für biotechnologische Erfindungen i.S.v. § 1 Abs. 2 PatG (§ 1 Abs. 2 Nr. 5 GebrMG) und Verfahren (§ 2 Nr. 3 GebrMG).

Die geringeren Schutzvoraussetzungen werden durch das DPMA im Gegensatz zum Patent darüber hinaus auch nur beschränkt geprüft: So werden die Neuheit, der erfinderische Schritt und die gewerbliche Anwendbarkeit nach § 8 Abs. 1 S. 2 GebrMG nicht überprüft. Es genügt daher in der Regel die formell ordnungsgemäße Anmeldung beim Patentamt gem. § 8 Abs. 1 S. 1 GebrMG für eine Eintragung in das Gebrauchsmusterregister und damit für die Entstehung des Gebrauchsmusters nach § 11 Abs. 1 S. 1 GebrMG. Eine Überprüfung der materiellen Voraussetzungen erfolgt erst in einem möglichen späteren Verletzungsprozess. Aufgrund der schnelleren, kostengünstigeren und unkomplizierten Erteilung erfreut sich das Gebrauchsmuster nicht nur bei Einzelerfindern und kleinen Betrieben großer Beliebtheit, sondern trägt auch oft zum Basisschutz einer neuen Erfindung bei.[74] Dies gilt insbesondere für den patentrechtlich nicht geschützten Zeitraum zwischen Anmeldung eines Patents und dessen Erteilung und Bekanntmachung.[75] Das Gebrauchsmuster ist gem. § 23 GebrMG zunächst für drei, längstens für 10 Jahre geschützt und bietet dem Inhaber für diese Zeit, wie das Patent,[76] über § 11 Abs. 1 S. 2 GebrMG ein Verwertungsmonopol. Es ist zudem ebenfalls pfändbar.[77]

---

71 *Götting*, § 12, Rn. 2.

72 Zu den Voraussetzungen im Einzelnen *Götting*, § 12, Rn. 1 ff.

73 Ausführlich *Ensthaler*, S. 193 ff.; *Dawo*, S. 23; a.A. BGH GRUR 2006, 842, (844 f.); *Pierson*/Ahrens/Fischer, S. 4.

74 *Eisenmann/Jautz*, Rn. 175.

75 Benkard/*Goebel*, Vorbem. GebrMG, Rn. 3 f.; *Nirk/Ullmann*, S. 168.

76 *Götting*, § 1, Rn. 10.

77 *v. Keitz*, S. 66.

(3) Sonderfall: Erfindungen von Arbeitnehmern

Aufgrund der arbeitsteiligen Leistungserstellung in der heutigen Wirtschaftswelt werden technische Neuerungen regelmäßig von Arbeitnehmern im Rahmen ihrer Tätigkeit für ein Unternehmen entwickelt. Grundsätzlich steht das Recht an solchen Erfindungen und damit auch an den sich daran anknüpfenden Patent- oder Gebrauchsmusterrechten dem Erfinder selbst zu (vgl. § 6 PatG und § 13 Abs. 3 GebrMG i.V.m. § 6 PatG). Die sachlichen und finanziellen Mittel um die erfinderische Leistung zu verwirklichen werden allerdings in der Regel von Unternehmen zur Verfügung gestellt. Sie haben daher ein berechtigtes Interesse an der Verwertung der Ergebnisse.[78]

Diesem Interesse wird durch das ArbEG entsprochen. So kann der Arbeitgeber gem. § 6 ArbEG die Erfindung, die ein Arbeitnehmer im Rahmen seiner Tätigkeit im Betrieb oder vorrangig aufgrund seiner Erfahrungen aus dem Betrieb getätigt hat (§ 4 Abs. 2 ArbEG), in Anspruch nehmen. Mit der Inanspruchnahme gehen alle vermögenswerten Rechte an dieser Erfindung gem. § 7 Abs. 1 ArbEG auf den Arbeitgeber über. Dem Arbeitnehmer steht über § 9 ArbEG für die Inanspruchnahme seiner Erfindung eine angemessene Vergütung zu.

Selbst auf freie Erfindungen (§ 4 Abs. 3 ArbEG), die außerhalb der Tätigkeit oder auf ihr beruhender Erfahrungen durch einen Arbeitnehmer gemacht werden, kann der Arbeitgeber Zugriff erlangen: Sollte eine freie Erfindung im Tätigkeitsfeld des Unternehmens liegen, so hat der Arbeitnehmer seinem Arbeitgeber gem. § 19 Abs. 1 ArbEG zumindest ein nichtausschließliches Recht zur Benutzung der Erfindung zu angemessenen Bedingungen anzubieten.

cc. Geschmacksmusterrecht

Durch das im GeschmMG kodifizierte Geschmacksmusterrecht werden im Gegensatz zum Patent- und Gebrauchsmusterrecht keine technischen Leistungen, sondern äußerliche Erscheinungsformen unter Schutz gestellt. Es handelt sich um ästhetische Leistungen, die zur Nachbildung, Vervielfältigung oder Serienfertigung bestimmt sind.[79] Geschützt werden zwei- oder dreidimensionale Ergebnisse geistig-kreativer Schaffensvorgänge, wie bspw. Stoff- oder Tapetenmuster oder das Design von Autos, Lampen, Möbeln, Küchengeräten, etc.[80] Diese müssen, um Schutz erlangen zu können, allerdings gem. § 2 Abs. 1 GeschmMG neu sein und eine

---

78 *Götting*, § 17, Rn. 1.

79 *Ensthaler*, S. 206.

80 *Pierson*/Ahrens/Fischer, S. 5.

gewisse Eigenart aufweisen.[81] Das Gestaltungsniveau liegt dabei niedriger als im Urheberrecht.[82] Zudem muss es sich um eine gewerblich verwendbare Leistung handeln.[83] Das Geschmacksmuster entsteht gem. § 27 Abs. 1 GeschmMG durch Eintragung in das Geschmacksmusterregister, wobei – wie beim Gebrauchsmuster – keine materielle Prüfung durch das Patentamt erfolgt, § 16 GeschmMG. Eine Überprüfung der materiellen Voraussetzungen erfolgt erst in einem möglichen späteren Verletzungsprozess. Auch hier erhält der Inhaber des Geschmacksmusters nach § 38 Abs. 1 GeschmMG ein ausschließliches Nutzungsrecht.

Sofern ein Muster durch einen Arbeitnehmer in Ausübung seiner Aufgaben oder in Weisung seines Arbeitgebers entworfen wird, steht das Recht an dem Geschmacksmuster gem. § 7 Abs. 2 GeschmMG dem Arbeitgeber zu. Vertraglich kann aber Abweichendes vereinbart werden.

Die Schutzdauer beträgt gem. § 28 Abs. 1 GeschmMG zunächst fünf Jahre und ist maximal auf 25 Jahre verlängerbar, § 27 Abs. 2 GeschmMG.

dd. Markenrecht

Das Markenrecht schützt gem. § 3 Abs. 1 MarkenG alle Zeichen, die geeignet sind, Waren oder Dienstleistungen eines Unternehmens von denjenigen anderer Unternehmen zu unterscheiden. Darunter sind insbesondere Wörter (bspw. Siemens, Mediamarkt), Abbildungen (wie die Muschel von Shell oder das M von McDonalds), Buchstaben (z.B. BMW oder VW), Zahlen (bspw. 4711), Hörzeichen (wie der Jingle der Deutschen Telekom), dreidimensionale Gestaltungen einschließlich der Form einer Ware oder ihrer Verpackung (bspw. die traditionelle Coca-Cola-Flasche) sowie sonstige Aufmachungen einschließlich Farben (die Farbe Magenta der Deutschen Telekom) und Farbzusammenstellungen zu fassen.[84] Auch Tastmarken, wie bspw. die Haptik der Verkleidung eines Fahrzeugsitzes, sind möglich.[85] Es handelt sich bei einer Marke also um ein produktidentifizierendes Unterscheidungszeichen im Wettbewerb.[86] Man kann sie auch als „Visitenkarte“ eines Unternehmens bezeichnen.[87] So weist bspw. die Bayer AG in

81 Vgl. zu den Voraussetzungen im Einzelnen Götting, § 37, Rn. 1 ff.

82 HdJ/*Kuhner,* Abt. II/1, Rn. 32; *Eisenmann/Jautz*, Rn. 9, 21, 210; zum Urheberrecht vgl. unten B.I.3.b.

83 *Dawo*, S. 23.

84 Vgl. hierzu ausführlich *Fezer*, § 3 MarkenG, Rn. 504 – 636.

85 *Ensthaler*, S. 325 f.

86 *Eisenmann/Jautz*, Rn. 231; zu Einzelheiten *Götting*, § 52, Rn. 1 ff.

87 *Pierson*/Ahrens/Fischer, S. 5.

ihrem Konzernabschluss 2009 darauf hin, dass ihren Marken bei patentfreien und nicht mehr patentgeschützten Produkten aufgrund des hohen Wettbewerbsdrucks durch generische Produkte eine besondere Bedeutung zukommt.[88]

Der Markenschutz entsteht nach § 4 MarkenG durch Eintragung des Zeichens im dazugehörigen Register durch das DPMA, Benutzung im geschäftlichen Verkehr oder aufgrund notorischer Bekanntheit. Für die Eintragung ist allerdings gem. § 8 MarkenG Voraussetzung, dass eine hinreichende Unterscheidungskraft des Kennzeichens vorliegt und kein Freihaltebedürfnis der Mitbewerber oder ein sonstiger Grund einer Eintragung entgegensteht.[89] Dem Markeninhaber steht gem. § 14 MarkenG das ausschließliche Recht an der Marke und ihrer Nutzung zu. Nur er kann sie gem. § 27 MarkenG veräußern oder gem. § 30 MarkenG Lizenzen an ihr vergeben. Der Markenschutz besteht zunächst für 10 Jahre, kann aber beliebig oft verlängert werden (§ 47 MarkenG). Gem. § 29 MarkenG ist ein Markenrecht auch pfändbar.

Im Markengesetz ist als wichtigster Kodifikation des Kennzeichenrechts neben dem im Vordergrund stehenden Schutz von Marken[90] auch der Schutz geschäftlicher Bezeichnungen und geografischer Herkunftsangaben geregelt, § 1 MarkenG. Weitere Kennzeichnungsrechte finden sich außerhalb des MarkenG, wie z.B. das Namensrecht in § 12 BGB oder das Firmenrecht in §§ 17 ff. HGB. Die vorliegende Bearbeitung beschränkt sich im Rahmen der Betrachtung allerdings auf das wirtschaftlich bedeutendste Kennzeichenrecht, die Marke.

b. Urheberrecht und urheberrechtliche Leistungsschutzrechte

Das Urheberrecht schützt den Urheber in seinen ideellen Beziehungen zum Werk und bzgl. der Nutzung seines Werkes, § 11 UrhG. Zu den geschützten Werken der Literatur, Wissenschaft und Kunst gehören gem. § 2 Abs. 1 UrhG u.a. Schriften, Bilder, Musik, Filme, Computerprogramme sowie Darstellungen wissenschaftlicher oder technischer Art, wie Pläne, Skizzen, Tabellen und plastische Darstellungen. Auch Datenbanken können als Werk geschützt sein (§ 4 Abs. 2 UrhG).

Für ein schutzfähiges Werk ist gem. § 2 Abs. 2 UrhG eine persönlich geistige Schöpfung erforderlich. Es wird dafür vor allem verlangt, dass das Werk zu einem gewissen Mindestgrad individuelle Züge des Schöpfers aufweist.[91] Zudem muss

88 Bayer AG, S. 201.

89 Ausführlich *Ingerl/Rohnke*, § 8 MarkenG, Rn. 1 ff.; *Fezer*, § 8 MarkenG, Rn. 36 ff.

90 *Pierson*/Ahrens/Fischer, S. 5.

91 Wandtke/*Bullinger*, § 2 UrhG, Rn. 21 ff.

es für andere Menschen wahrnehmbar sein.[92] Insofern ergibt sich in Abgrenzung zu den gewerblichen Schutzrechten, dass Naturgesetze, Forschungsergebnisse, Entwicklungen oder Entdeckungen selbst nicht unter das Urheberrecht fallen.[93] Nur die konkrete Darstellung der technischen Leistung, nicht sie selbst, ist über das Urheberrecht geschützt.

Mit Vollendung des Werkes entsteht das Urheberrecht ohne weitere Anmeldung oder Eintragung.[94] Dem Urheber steht gem. §§ 15 ff. UrhG das alleinige Verwertungsrecht an seinem Werk zu: Nur er besitzt im Grundsatz das Recht zur Vervielfältigung, Verbreitung, Aufführung oder Ausstellung. Eingeschränkt wird dieses Recht allerdings durch die gesetzlichen Schranken der §§ 44a-63a UrhG, wie bspw. die Erlaubnis zur Anfertigung von Privatkopien in § 53 UrhG. Aufgrund des gesetzlichen Verbotes in § 29 Abs. 1 UrhG kann ein Urheberrecht nicht veräußert werden. Es ist nur vererbbar. Allerdings ist gem. § 29 Abs. 2 UrhG eine Verwertung durch die Einräumung von vertraglich vereinbarten Nutzungsrechten (§§ 31-44 UrhG) möglich. Dabei handelt es sich um Lizenzen, die im nächsten Abschnitt erläutert werden. Für die Regelung von Lizenzen zwischen Urheber und Verleger wird durch das Gesetz über das Verlagsrecht (VerlG) ein gesetzlicher Rahmen gesteckt.[95] Pfändbar ist ein Urheberrecht gem. § 113 UrhG nur mit Einwilligung des Urhebers.

Im Hinblick auf die Erstellung von Werken durch Arbeitnehmer und Angestellte ist § 43 UrhG zu beachten. Hiernach erstreckt sich das Urheberrecht eines Arbeitnehmers grundsätzlich auch auf Werke, die im Rahmen seiner Erwerbstätigkeit entstehen. Vertragliche Beschränkungen dieses Prinzips sind ungültig.[96] Eine Verwertung durch den Arbeitgeber ist dem Grunde nach also nur bei einer Einräumung von Nutzungsrechten durch den Urheber möglich.[97] Aufgrund dessen wird in Arbeitsverträgen oder Tarifverträgen zumeist explizit geregelt, dass dem Arbeitgeber die Nutzungsrechte an Urheberrechten des Arbeitnehmers ausschließlich zustehen. Sofern solche vertraglichen Abreden fehlen, ergibt sich die Pflicht zur Rechtseinräumung allerdings regelmäßig aus dem allgemeinen Grundsatz, wonach das Recht am Arbeitsergebnis dem Arbeitgeber zusteht.[98]

---

92 Dreier/*Schulze*, § 2 UrhG, Rn. 13.

93 *Loewenheim*, § 9, Rn. 194.

94 *Rehbinder*, Rn. 249.

95 Vgl. HdB/*Kußmaul*, 73, Rn. 16.

96 *Möhring/Nicolini/Hoeren, § 69b UrhG, Rn. 1.*

97 *v. Keitz*, S. 69 f.

98 BGH NJW 1974, 904 (906); MüHdBArbR/*Bayreuther*, § 91, Rn. 5.

Für Computerprogramme werden zudem in § 69b UrhG dem Arbeitgeber – soweit nichts anderes vereinbart wurde – die wirtschaftlichen Verwertungsrechte an Computerprogrammen per Gesetz zugesprochen. Dem Arbeitgeber wird nach h.M.[99] also über § 69b UrhG schon eine gesetzliche Lizenz eingeräumt.

Zudem wurden diverse verwandte Schutzrechte, die sog. Leistungsschutzrechte, geschaffen, um die Hersteller bestimmter Güter in ihren Investitionen für die Herstellung zu schützen. U.a. sind Tonträgerhersteller (§§ 85, 86 UrhG) und Filmträgerhersteller (§§ 88-94 UrhG) gesondert geschützt. Diese Schutzrechte sollen hier exemplarisch für die Leistungsschutzrechte betrachtet werden. Sie geben den Herstellern gem. § 85 Abs. 1 UrhG bzw. § 94 Abs. 1 UrhG das alleinige Recht zur Verbreitung und Verwertung. Im Gegensatz zum Urheberrecht sind sie gem. § 85 Abs. 2 UrhG bzw. § 94 Abs. 2 UrhG übertragbar.

Das Urheberrecht erlischt gem. § 64 UrhG grundsätzlich 70 Jahre nach dem Tod des Urhebers. Bei mehreren gemeinsamen Urhebern ist dies 70 Jahre nach dem Tod des längstlebenden Miturhebers der Fall (§ 65 UrhG). Die Leistungsschutzrechte für Tonträger und Filme erlöschen 50 Jahre nach Erscheinen oder Herstellung (§ 85 Abs. 3 UrhG bzw. § 94 Abs. 3 UrhG).

c. Lizenzen

Gewerbliche Schutzrechte, Urheberrechte und Leistungsschutzrechte werden in der Praxis zum Zwecke der Verwertung oft lizenziert. Lizenzen sollen daher auch im Rahmen der vorliegenden Untersuchung berücksichtigt werden. Eine Lizenz ist die vertragliche Gestattung des Rechtsinhabers zur wirtschaftlichen Nutzung eines Rechts durch einen Lizenznehmer gegen Zahlung einer Lizenzgebühr.[100] Das Hauptrecht selbst verbleibt jedoch beim Lizenzgeber.[101] Auch nicht rechtlich geschützte immaterielle Werte, wie ungeschützte Erfindungen oder Geheimverfahren, können lizenziert werden.[102]

Die Reichweite der gestatteten wirtschaftlichen Nutzungsmöglichkeiten ist abhängig von den jeweiligen vertraglichen Vereinbarungen. Grundsätzlich lassen sich aber zwei Arten von Lizenzen unterscheiden: Die ausschließliche und die einfache Lizenz.[103]

---

99 BGH GRUR 2002, 149 (151); Wandtke/Bullinger/*Grützmacher*, § 69b UrhG, Rn. 1.

100 HdJ/*Kuhner,* Abt. II/1, Rn. 35; vgl. auch Büscher/Dittmer/Schiwy/*Schmoll*, Kapitel 12, Rn. 2 ff.

101 *Lamers*, S. 276.

102 *Reuleaux*, S. 64 f.

103 *Ensthaler*, S. 165.

Wird dem Erwerber eine ausschließliche Lizenz erteilt, so erhält er das alleinige Nutzungsrecht und kann regelmäßig selbst dem Inhaber des Rechts die Nutzung untersagen.[104] Aufgrund dieser Ausschließlichkeit handelt es sich bei einer solchen Lizenz rechtlich um ein verselbstständigtes Nutzungsrecht.[105] Sofern im Lizenzvertrag keine anderslautenden Vereinbarungen getroffen wurden, darf der Lizenznehmer daher grundsätzlich die Lizenz an Dritte weiterveräußern oder Unterlizenzen vergeben.[106] Wirtschaftlich betrachtet handelt es sich also um eine Schutzrechtsübertragung.[107] Hieraus begründet sich auch die Pfändbarkeit einer ausschließlichen Lizenz.[108]

Bei der einfachen Lizenz wird hingegen in der Regel lediglich die Nutzung des Rechts neben dem Lizenzgeber und anderen gestattet.[109] Ihr kommt also keine ausschließende Funktion für den Lizenznehmer zu. Vielmehr verbleibt das Recht, Dritte von einer Nutzung auszuschließen, beim Lizenzgeber.[110] Zudem ist bei dieser Form der Lizenz für eine Veräußerung oder Unterlizenzvergabe an Dritte regelmäßig eine ausdrückliche Zustimmung des Lizenzgebers erforderlich.[111] Selbst wenn dies vertraglich nicht geregelt ist, ergibt sich ein Verwertungsverbot aus dem besonderen Treueverhältnis zwischen Lizenzgeber und Lizenznehmer.[112] Da sich die Leistung (Erlaubnis zur entgeltlichen Nutzung des lizenzierten Gutes) durch Leistung an einen anderen als den ursprünglichen Gläubiger verändern würde, handelt es sich um einen von § 399 1. Alt. BGB erfassten Anspruch.[113] Eine Abtretung ist also unzulässig. Auch eine Unterlizenzierung ist aufgrund des besonderen Vertrauensverhältnisses zwischen Lizenzgeber und Lizenznehmer ohne Einwilligung des Lizenzgebers nicht möglich.[114] Aufgrund dessen ist eine einfache Lizenz auch nicht pfändbar, weder nach § 851 Abs. 1 ZPO, noch nach § 857 Abs. 3 ZPO.[115]

---

104 Büscher/Dittmer/Schiwy/*Schmoll*, Kapitel 12, Rn. 85 ff.
105 *Dawo*, S. 25.
106 Büscher/Dittmer/Schiwy/*Schmoll*, Kapitel 12, Rn. 92.
107 *Ensthaler*, S. 165.
108 *v. Keitz*, S. 76.
109 *Osterrieth*, Rn. 350; *Ingerl/Rohnke*, § 30 MarkenG, Rn. 13.
110 *Lamers*, S. 279.
111 Büscher/Dittmer/Schiwy/*Schmoll*, Kapitel 12, Rn. 96.
112 *Tiedchen*, S. 126 f.
113 *Lamers*, S. 285.
114 *Lamers*, S. 285; *Tiedchen*, S. 126 f.
115 *Lamers*, S. 285; *Tiedchen*, S. 126 ff.

II. Die Rechnungslegungssysteme

1. Das HGB

a. Einführung

Schon 1794 wurden in Deutschland erstmals Vorschriften zur Buchführung und Bilanzierung im Preußischen Allgemeinen Landrecht aufgestellt.[116] 1861 erfolgte mit dem Allgemeinen Deutschen Handelsrecht die erste einheitliche Regelung von Buchführung und Bilanzierung für Deutschland.[117] Der deutschen HGB-Gesetzgebung liegt also eine lange Tradition des Bilanzrechts zugrunde, die zu seiner heutigen Ausformung geführt hat. In jüngerer Zeit war es dabei insbesondere durch die Umsetzung verschiedenster europarechtlicher Vorgaben beeinflusst.[118] Zuletzt wurde die nationale Rechnungslegung 2009 durch das Bilanzierungsmodernisierungsgesetz (BilMoG) reformiert. Diese Reform wird vielfach als eine der bedeutendsten in der Geschichte des HGB gesehen.[119]

Die heutigen nationalen Bilanzierungsregeln sind größtenteils im dritten Buch des HGB enthalten. Teilweise finden sich allerdings auch noch rechtsform- und größenspezifische Vorschriften in anderen Gesetzen, wie im AktG, im GmbHG, im PublG, im GenG oder im VAG.

b. Bedeutung der nationalen Rechnungslegungsvorschriften

Die HGB-Vorschriften sind in Deutschland vor allem für den Einzelabschluss und für den Abschluss nicht-kapitalmarktorientierter Konzerne relevant. Gleichzeitig hat der handelsrechtliche Einzelabschluss eine wichtige Funktion für die Steuerbemessung: Der handelsrechtliche Jahresabschluss dient gem. § 5 Abs. 1 EStG als Grundlage für die Ableitung der Steuerbilanz (Maßgeblichkeit der Handelsbilanz für die Steuerbilanz) und damit für die Bestimmung des steuerpflichtigen Gewinns.[120]

c. Aufbau des Regelungssystems

Den Ausgangspunkt der nationalen Bilanzierungsregeln bilden die verbindlichen gesetzlichen Einzelvorschriften im dritten Buch des HGB. Das HGB unterscheidet

---

116 *Blasius,* S. 10.

117 *Schwarz*, S. 62.

118 *Meyer*, Rn. 5300; *Lutz-Ingold*, S. 35.

119 So bspw. *Baetge/Kirsch/Solmecke*, WPg 2009, 1211 (1211).

120 Vgl. hierzu auch Beck-HdR/*Hinz*, B 100, Rn. 53 ff.

dabei Rechnungslegungsvorschriften für alle Kaufleute (§§ 238 ff. HGB) und ergänzende Vorschriften, wie die §§ 264 ff. HGB für Kapitalgesellschaften.

Sie sind als kontinental-europäisch geprägtes „*code-law*" in ihrer Ausformung abstrakte allgemeine Rechtssätze, die auf möglichst viele Fälle Anwendung finden sollen und daher der Auslegung bedürfen.[121] Den Bezugsrahmen hierfür bilden die Zwecke des Jahresabschlusses und die ihnen entsprechenden Grundsätze ordnungsgemäßer Buchführung (GoB).[122] Der Gesetzgeber verweist daher auch explizit in den Generalnormen für Buchführung (§ 238 Abs. 1 HGB) und für den Jahresabschluss (§§ 243 Abs. 1, 264 Abs. 2 S. 1 und 297 Abs. 2 S. 2 HGB) auf den unbestimmten Rechtsbegriff der GoB.

Die GoB sind Grundregeln, die der Aufzeichnung und Darstellung von Geschäftsvorfällen im Jahresabschluss[123] und damit der Erfüllung der handelsrechtlichen Jahresabschlusszwecke[124] dienen. Teilweise sind sie mittlerweile gesetzlich kodifiziert, so z.B. die §§ 243 Abs. 2, 252 Abs. 1 Nr. 1-6 HGB. Der Verweis auf den unbestimmten Rechtsbegriff GoB dient aber auch dazu, auf andere nicht-kodifizierte Erkenntnisgrundlagen zurückgreifen zu können.[125] So kann der Jahresabschluss der gesetzlichen Forderung nach Ordnungsmäßigkeit auch bei neuen wirtschaftlichen Gegebenheiten ohne eine Gesetzesreform nachkommen, indem die GoB sich weiterentwickeln.[126] Die GoB helfen damit letztlich, die gesetzlichen Einzelvorschriften zu konkretisieren und für den Fall, dass keine passende Einzelvorschrift besteht, zu ergänzen.[127] Als Quellen zur Ermittlung und Konkretisierung von GoB dienen dabei:[128]

- die kaufmännische Übung[129],
- Fachgutachten[130], u.a. des IDW und des Deutschen Rechnungslegungs Standards Committee (DRSC),

---

121 *Haunerdinger/Probst*, S. 29 f.

122 *Winnefeld*, D, Rn. 40; *v. Keitz*, S. 9 f.

123 *Leffson*, S. 21.

124 *Baetge/Kirsch/Thiele*, S. 105.

125 Bonn-HdR/*Kupsch*, 1/3B, Rn. 3.

126 *Buchholz*, Grundzüge, S. 15.

127 *v. Keitz*, S. 11.

128 *Wöhe*, S. 179 ff.; *Leffson*, S. 28 ff. und S. 112 ff; *Meyer*, Rn. 1160; *Arbeitskreis „Immaterielle Werte im Rechnungswesen" der Schmalenbach-Gesellschaft,* DB 2008, 1813 (1814); *Kirsch*, StuB 2008, 453 (453).

129 *Leffson*, S. 113 ff.

130 *Leffson*, S. 126 f.

- die wissenschaftliche Diskussion[131] und
- die handels- und insbesondere steuerrechtliche Rechtsprechung.[132]

Eine Orientierung am Gesetz, an den Zwecken der Rechnungslegung und am bestehenden GoB-System muss hierbei aber immer gewährleistet sein.[133]

Für den Bereich der Konzernrechnungslegung agiert das DRSC aufgrund des Standardisierungsvertrages[134] zudem als eigenständiges Normierungsgremium um bestehende GoB für die Zwecke der Konzernrechnungslegung zu interpretieren, § 342 Abs. 1 S. 1 Nr. 1 HGB. Die durch das DRSC erstellten Deutschen Rechnungslegungs Standards (DRS) gelten mit Bekanntmachung durch das Bundesministerium der Justiz (§ 342 Abs. 2 HGB) bei ihrer Anwendung als Vermutung für die Einhaltung der GoB, die die Konzernrechnungslegung betreffen.[135] Für den Einzelabschluss kommt den DRS zudem die Funktion einer Auslegungshilfe zu, da ihre Interpretationen des Gesetzestextes im gleichen Maße auch für den Einzelabschluss relevant sind.[136] Allerdings hat das DRSC den Standardisierungsvertrag zum 31.12.2010 gekündigt, weswegen in Zukunft keine neuen DRS mehr zu erwarten sind.[137]

d. Zweck der Rechnungslegung

Eine Zwecksetzung ist im HGB nicht ausdrücklich festgeschrieben.[138] Vielmehr lassen sich aus der Gesamtschau der handelsrechtlichen Rechnungslegungsvorschriften im Wesentlichen drei Funktionen ableiten:[139]

- Dokumentationsfunktion,
- Informations- bzw. Rechenschaftsfunktion und
- Kapitalerhaltungs- bzw. Ausschüttungsbemessungsfunktion.

---

131 *Leffson*, S. 143 ff.

132 *Leffson*, S. 137 ff.; *Moxter*, Bilanzrechtsprechung, S. 1 ff.

133 *Baetge/Kirsch/Thiele*, S. 111 f.

134 *Baetge/Kirsch/Thiele*, S. 50 f.

135 *Heyn/Graf Waldersee*, S. 32.

136 *Baetge/Hagemeister*, S. 817 ff.

137 *Fülbier/Gassen/Sellhorn*, DB 2010 Nr. 27/28, M 1.

138 *Baetge/Kirsch/Solmecke*, WPg 2009, 1211 (1211 f.).

139 *Gräfer/Schneider*, S. 1 f.; *Baetge/Kirsch/Thiele*, S. 94 ff.; *Leffson*, S.63 ff.; Beck-HdR/*Hinz*, B 100, Rn. 4 ff.; *v. Keitz*, S. 10; *Lutz-Ingold*, S. 34 ff.

Die in § 238 Abs. 1 HGB verankerte Dokumentationsfunktion als Buchführungszweck dient der kompletten systematischen Erfassung der Güterbewegungen und Zahlungsvorgänge und ist damit Voraussetzung für die Erfüllung der anderen beiden, den Jahresabschlusszweck bestimmenden, Funktionen.[140]

Die Informations- bzw. Rechenschaftsfunktion weist dem Jahresabschluss die Aufgabe zu, den Adressaten des Abschlusses vollständige, klare und zutreffende Informationen zur Geschäftstätigkeit zu liefern, damit diese sich ein eigenes Bild von der wirtschaftlichen Situation machen können.[141] Über die Kapitalerhaltungs- bzw. Zahlungsbemessungsfunktion wird vorrangig die Ermittlung eines ausschüttungsfähigen Gewinns bezweckt, der den Fortbestand des Unternehmens nicht gefährdet.[142] Durch das HGB wird dabei keine einzelne Adressatengruppe in den Mittelpunkt gestellt, es erfolgt vielmehr der Versuch einen Interessenausgleich zwischen den einzelnen Gruppen herzustellen.[143]

Welche der Jahresabschlusszwecke vorrangig ist, ist umstritten. So wird sowohl der Vorrang der Informationsfunktion[144], der Vorrang der Kapitalerhaltungsfunktion[145] als auch die Gleichrangigkeit beider Funktionen[146] vertreten.

Dazu sei gesagt, dass zwar vielfach Kapitalerhaltungssicherungen in eine den tatsächlichen Verhältnissen entsprechende Informationsvermittlung eingreifen. Gleichwohl sind die Informationen für den sachkundigen Adressaten eines Jahresabschlusses nützlich: Er weiß, wie sie zustande gekommen sind.[147] Die Rechenschaftsfunktion wird also gewährleistet.[148] Auch rückt der Gesetzgeber in einzelnen Vorschriften mal die Rechenschaftsfunktion, mal die Kapitalerhaltungsfunktion in den Vordergrund.[149] Hier wird daher von der Gleichrangigkeit der Funktionen ausgegangen.

---

140 *Baetge/Kirsch/Thiele*, S. 95, 102; *Leffson*, S. 157 ff.

141 *Leffson*, S. 63 ff.

142 *Baetge/Kirsch/Thiele*, S. 99; *Leffson*, S. 91 ff.

143 *Heyn/Graf Waldersee*, S. 36.

144 *Leffson*, S. 98 ff.

145 *Moxter*, Bilanzlehre II, S. 16 ff., S. 63 ff.; *ders.*, Bilanzlehre I, S. 156 ff.; *Lutz-Ingold*, S. 54 f.; *Gräfer/Schneider*, S. 7.

146 *Winnefeld*, Einf., Rn. 16; *v. Keitz*, S. 11; *Baetge/Kirsch/Thiele*, S. 102 ff.; *Baetge/Kirsch/Solmecke*, WPg 2009, 1211 (1212 ff.).

147 *Baetge/Kirsch/Thiele*, S. 104; *Leffson*, S. 60, 105.

148 *Leffson*, S. 104 ff.

149 HdJ/*Baetge/Zülch*, Abt. I/2, Rn. 31.

Hiervon ging auch der Gesetzgeber im Rahmen der Novellierung des HGB durch das BilMoG aus.[150] Zwar ist diese Annahme ausdrücklich nur in der Begründung des Regierungsentwurfes enthalten. Die Beschlussempfehlung des Rechtsausschusses zum BilMoG in seiner später verabschiedeten Form verweist aber hinsichtlich aller unveränderten Neuregelungen auf die Begründung zum Regierungsentwurf.[151] Insofern handelt es sich also nicht nur um die Ansicht der Bundesregierung, sondern auch um die des Gesetzgebers.[152]

Die mit dem BilMoG intendierte[153] Stärkung der Rechenschaftsfunktion führt daneben nicht zu ihrer Dominanz innerhalb des Zwecksystems. Auch die Neuregelungen des BilMoG dienen teilweise vorrangig der Rechenschaftsfunktion, teilweise der Kapitalerhaltungsfunktion oder sind als Kompromiss ausgestaltet.[154] Der Wille des Gesetzgebers zu einer gleichrangigen Interessenregelung spiegelt sich also zusätzlich in den neuen und erneuerten Vorschriften des BilMoG wider.[155]

Etwas anderes gilt für den Konzernabschluss. Da er nicht zur Zahlungsbemessung herangezogen wird, hat er außer der Dokumentationsfunktion nur die Funktion der Information.[156]

e. Grundsätze ordnungsgemäßer Buchführung (GoB)

Im Folgenden soll ein Überblick über die wichtigsten handelsrechtlichen Rechnungslegungsgrundsätze gegeben werden.[157] Einzelheiten werden – sofern notwendig – im Rahmen der weiteren Bearbeitung erörtert.

Den Kern der Grundsätze ordnungsgemäßer Buchführung bilden die sog. Systemgrundsätze, die als allgemeingültige Grundsätze generelle Regeln für

---

150 BT-Drs. 16/10067, S. 59; vgl. auch *Baetge/Kirsch/Solmecke*, WPg 2009, 1211 (1214) m.w.N.

151 BT-Drs. 16/12407, S. 83 und 84.

152 Siehe auch *Baetge/Kirsch/Thiele*, S. 103, Fn. 40; im weiteren Verlauf der Bearbeitung wird daher – soweit keine Änderungen in der Beschlussempfehlung des Rechtsausschusses vorgenommen wurden – ohne gesonderten Hinweis auf die Begründung zum Regierungsentwurf zurückgegriffen.

153 Vgl. bspw. BT-Drs. 16/12407, S. 1.

154 *Baetge/Kirsch/Solmecke*, WPg 2009, 1211 (1221 f.).

155 Ausführlich dazu *Baetge/Kirsch/Solmecke*, WPg 2009, 1211 (1214 ff.).

156 *Gräfer/Schneider*, S. 3.

157 Für Einzelheiten zu den Auswirkungen des BilMoG auf die GoB, vgl. *Kirsch*, StuB 2008, 453 (453 ff.).

die anderen GoB und damit für das GoB-System aufstellen.[158] Hierzu zählen die in § 252 Abs. 1 Nr. 2 HGB kodifizierte Annahme der Unternehmensfortführung (*going concern*) sowie die Grundsätze der periodengerechten Erfolgsermittlung (§ 252 Abs. 1 Nr. 5 HGB) und der Einzelbewertung (§ 252 Abs. 1 Nr. 3 HGB).

Ergänzt werden die Systemgrundsätze durch die sog. Rahmengrundsätze, die die grundlegenden Anforderungen an eine taugliche Informationsvermittlung festlegen.[159] Hierzu zählen die kodifizierten Grundsätze der Richtigkeit und Willkürfreiheit (§ 239 Abs. 2 HGB), der Vergleichbarkeit und Stetigkeit (Bilanzkontinuität, § 252 Abs. 1 Nr. 1, 6 und § 246 Abs. 3 HGB), der Klarheit und Übersichtlichkeit (§ 243 Abs. 2 HGB) und der Vollständigkeit (§§ 239 Abs. 2, 246 Abs. 1 HGB). Der bislang noch nicht im Gesetz enthaltene, aber bspw. in §§ 240 Abs. 3, 4, 243 Abs. 3 und 256 HGB zum Ausdruck kommende Grundsatz der Wirtschaftlichkeit und Wesentlichkeit ist auch hierzu zu zählen.[160]

Die Bewertung ist vor allem durch die vorrangig der Kapitalerhaltung dienenden Prinzipien der Vorsicht, Realisation und Imparität aus § 252 Abs. 1 Nr. 4 HGB geprägt. Nach dem Vorsichtsprinzip sind bei unsicheren Erwartungen bezüglich künftiger[161] Entwicklungen Vermögensgegenstände und Schulden vorsichtig zu bewerten, also alle Risiken zu berücksichtigen und Vermögensgegenstände im Zweifel niedriger zu bewerten. Vor allem das Realisations- und das Imparitätsprinzip ergänzen dabei den Grundsatz der Vorsicht.[162] So sind allgemein Gewinne erst nach ihrer Realisation und unrealisierte (drohende) Verluste sofort auszuweisen.[163]

Auch die Ansatzgrundsätze, wie die Aktivierungsfähigkeit und Passivierungsgrundsatz sind GoB.[164] Sie werden – sofern erforderlich – an gegebener Stelle näher erläutert.

Die Generalnorm des § 264 Abs. 2 S. 1 HGB hat im Rahmen der GoB eine besondere Stellung. So soll durch den Abschluss ein den tatsächlichen Verhältnissen entsprechendes Bild der Vermögens-, Finanz- und Ertragslage des Unternehmens vermittelt werden. Allerdings muss dies „unter Beachtung der GoB" erfolgen, so dass es sich nicht um ein sog. *„overriding principle"*, sondern

158 *Baetge/Kirsch/Thiele*, S. 124.
159 *Baetge/Kirsch/Thiele*, S. 116 f.
160 *Baetge/Kirsch/Thiele*, S. 123 f.
161 *Leffson*, S. 465.
162 *Haunerdinger/Probst*, S. 35.
163 *Wöhe*, S. 189.
164 *Gerling*, S. 20.

vielmehr um eine sich mit den GoB gegenseitig bedingende und die gesetzlichen Einzelvorschriften bloß um eine Zielrichtung ergänzende Forderung handelt.[165] Bedeutung kann sie daher nach h.M.[166] nur bei der Auslegung und beim Füllen von echten und unechten Gesetzeslücken als Ergänzung der Einzelvorschriften erlangen. Dies gilt dabei sowohl für die Bestimmungen der §§ 264 ff. HGB als auch für die §§ 238 ff. HGB.[167]

f. Vorschriften für die Bilanzierung von Immaterialgüterrechten

Das HGB als abstrakt gehaltene Kodifikation enthält keine speziellen Vorschriften für den Ansatz und die Bewertung von Immaterialgüterrechten. Für alle immateriellen Güter bzw. immateriellen Vermögensgegenstände sind im HGB nur teilweise spezielle Regelungen für den Ansatz und die Bewertung vorgesehen, die demnach ebenfalls für die Immaterialgüterrechte gelten und im weiteren Verlauf näher zu betrachten sein werden. Vorrangig haben immaterielle Güter und damit auch die Immaterialgüterrechte aber die allgemeinen Ansatz- und Bewertungsvoraussetzungen des HGB zu erfüllen, die für alle Güterarten zu berücksichtigen sind.

2. Die IFRS

a. Einführung

Die International Financial Reporting Standards (IFRS) werden vom International Accounting Standards Board (IASB) entwickelt. Träger des IASB ist die IFRS Foundation. Sie ging im Jahre 2001 als International Accounting Standards Committee Foundation (IASCF) aus der Restrukturierung des 1973 als privatrechtliche Vereinigung der wirtschaftsprüfenden Berufe Australiens, Kanadas, Frankreichs, Deutschlands, Japans, Mexikos, der Niederlande, Großbritanniens, Irlands sowie der USA gegründeten International Accounting Standards

165 Vgl. *Winnefeld*, Einf., Rn. 26; im Einzelnen ist vieles umstritten, siehe statt vieler MüKo-HGB/*Reiner*, § 264, Rn. 42 ff. und 54 ff.

166 BT-Drucks. 10/317, S. 76; WP-HdB, Kap. F, Rn. 70; Koller/Roth/*Morck*, § 264 HGB, Rn. 6; Beck-BiKo/*Winkeljohann/Schellhorn*, § 264 HGB, Rn. 31; MüKo-HGB/*Reiner*, § 264 HGB, Rn. 59; Baetge/Kirsch/Thiele/*Ballwieser*, § 264 HGB, Rn. 66, 68; *Adler/Düring/Schmaltz*, § 264 HGB, Rn. 59, 102 ff.

167 MüKo-HGB/*Reiner*, § 264, Rn. 59.

Committees (IASC) hervor, das bis dahin mit der Entwicklung der Standards betraut war.[168] 2010 erfolgte die Umbenennung in die IFRS Foundation. Die bis 2001 durch das IASC verabschiedeten International Accounting Standards (IAS) gelten bis zu ihrer Änderung oder Ablösung durch neue Regeln des IASB weiter. Sofern der IASB neue Regelungen veröffentlicht, werden diese als IFRS bezeichnet. Der Oberbegriff „IFRS“ wird im Folgenden synonym für die Veröffentlichungen des IASB und des IASC verwandt.[169]

Ziel der IFRS Foundation – und damit auch des IASB – ist die Entwicklung und Durchsetzung qualitativ hochwertiger und verständlicher Rechnungslegungsstandards, um die internationale Harmonisierung der externen Rechnungslegung voran zu treiben.[170] Damit sollen insbesondere den weltweiten Kapitalmärkten vergleichbare und entscheidungsnützliche Informationen in Unternehmensabschlüssen zur Verfügung gestellt werden.[171] Der IFRS Foundation gehören derzeit über 150 Organisationen aus über 100 Staaten an,[172] darunter aus Deutschland das Institut der Wirtschaftsprüfer (IDW) und die Wirtschaftsprüferkammer (WPK).[173]

b. Bedeutung der IFRS

Aufgrund ihres privatwirtschaftlichen Ursprungs sind die IFRS nicht per se rechtsverbindlich.[174] Sofern die IFRS nicht in nationales Recht übernommen wurden, anstelle dieses gelten oder Börsenordnungen sie vorschreiben, werden sie daher fakultativ angewandt.[175]

Mittlerweile sind die IFRS allerdings in vielen Staaten direkt oder in Form nationaler Interpretationen vorgeschrieben oder ihre Anwendung gestattet, unter ihnen auch die Staaten der EU, Australien, Russland, Japan und China.[176] Viele andere Staaten gleichen ihre nationalen Standards daneben kontinuierlich an die IFRS an. Insgesamt beläuft sich die Zahl der Staaten, in denen die IFRS

168 *Baetge/Kirsch/Thiele*, S. 54.
169 Vgl. zur Definition von „IFRS“ auch IAS 1.7.
170 Constitution of the IFRS Foundation, § 2.
171 Constitution of the IFRS Foundation, § 2(a).
172 *Buchholz*, Internationale, S. 5.
173 *Haunerdinger/Probst*, S. 7.
174 *Wulf*, S. 24.
175 *Heyn/Graf Waldersee*, S. 35.
176 *Botzem*, S. 32.

direkt oder indirekt Anwendung finden, auf über 110.[177] Es ist zu erwarten, dass sich diese Zahl in den nächsten Jahren auf über 150 erhöhen wird. Seit Anfang 2008 verzichtet auch die amerikanische Börsenaufsicht, die US Securities and Exchange Commission (SEC), bei an amerikanischen Börsen notierten ausländischen Unternehmen auf die Überleitung von (original) IFRS-Abschlüssen auf die nationalen United States Generally Accepted Accounting Principles (US-GAAP).[178] Auch die Anwendung auf amerikanische Unternehmen steht im Raum.[179] Gleichzeitig versuchen der amerikanische Standardsetter für die US-GAAP, das Financial Accounting Standards Board (FASB) und das IASB die IFRS und die US-GAAP zu harmonisieren.[180] Die IFRS sind also im Begriff der globale Standard in der Rechnungslegung zu werden.

Die Europäische Union hat bereits 2002 durch die sog. „IAS-Verordnung"[181] für kapitalmarktorientierte Konzerne die Aufstellung des Konzernabschlusses nach den IFRS-Regelungen für Geschäftsjahre beginnend ab dem 01.01.2005 verbindlich festgeschrieben, Art. 4 Verordnung (EG) Nr. 1606/2002. Das deutsche Bilanzrecht wurde daran im Rahmen des Bilanzrechtsreformgesetzes (BilReG) zum 01.01.2005 mit der Einfügung von § 315a Abs. 1, 2 HGB angepasst. Die durch Art. 5 Verordnung (EG) Nr. 1606/2002 eingeräumten Wahlrechte für die Mitgliedsstaaten bzgl. der Aufstellung von Einzelabschlüssen und Konzernabschlüssen nicht-kapitalmarktorientierter Konzerne wurden im Rahmen des BilReG von Deutschland restriktiv ausgeübt. So haben nicht-kapitalmarktorientierte Konzerne gem. § 315a Abs. 3 HGB zwar ein Wahlrecht zur Aufstellung eines Abschlusses nach den IFRS. IFRS-Einzelabschlüsse sind gem. § 325 Abs. 2a HGB aber nur zum Zwecke der Information gestattet – sie ersetzen insoweit also nicht den Einzelabschluss nach den Vorschriften des HGB. Der deutsche Gesetzgeber hat zudem 2009 mit dem BilMoG klargestellt, dass

---

177 *Wagenhofer*, S. 104.

178 SEC Release Nos. 33-8879; 34-57026.

179 SEC Release No. 33-9109, S. 2; SEC Release No. 33-9109 Appendix, S. 2; siehe hierzu auch SEC Final Staff Report (July 2012), http://www.sec.gov/spotlight/globalaccountingstandards/ifrs-work-plan-final-report.pdf und IFRS Foundation Staff Analysis (Oktober 2012), http://www.ifrs.org/Use-around-the-world/Global-convergence/Convergence-with-US-GAAP/Documents/Analysis-of-SEC-Final-Staff-Report.pdf.

180 Siehe für nähere Informationen: http://www.ifrs.org/Use-around-the-world/Global-convergence/Convergence-with-US-GAAP/Pages/Convergence-with-US-GAAP.aspx.

181 *Winnefeld*, Einf., Rn. 200; *Pellens/Fülbier/Gassen/Sellhorn*, S. 51.

es einen befreienden IFRS-Einzelabschluss, der von der Aufstellung eines HGB-Einzelabschlusses entbindet, in Deutschland in naher Zukunft nicht geben wird.[182] Eine für alle deutschen Unternehmen verpflichtende Übernahme der IFRS ist also nicht in Sicht, womit auch die vom Umfang deutlich reduzierteren IFRS für nicht kapitalmarktorientierte Unternehmen (IFRS *for Small and Medium-sized Entities (SME)*), die das IASB am 09.07.2009 verabschiedete, erst einmal nicht zur Anwendung kommen werden.[183] Dies gilt umso mehr als auch die EU-Kommission mit ihrem Vorschlag einer neuen Rechnungslegungs-Richtlinie vom 25.10.2011, die die jetzigen aufheben und ersetzen soll, den Mitgliedsstaaten keine explizite Anwendung der IFRS-SME vorschreiben will.[184]

Insofern liegt der Schwerpunkt der Darstellung in dieser Arbeit auf den *(full)* IFRS. Die wesentlichen Abweichungen in den (neuen) IFRS-SME werden lediglich ergänzend erläutert. Anzumerken ist, dass die IFRS-SME zwar eine deutliche Reduzierung des Umfangs an Normen mit sich bringen. Ob dadurch allerdings eine durchgreifende Vereinfachung bei der IFRS-Rechnungslegung für kleinere Unternehmen erreicht wird, ist zweifelhaft. So weist *Hoffmann*[185] zutreffend darauf hin, dass ein *mandatory fall back* auf die *(full)* IFRS zwar nicht vorgesehen ist, aber wo sonst als in diesen solle der IFRS-SME Anwender nach Lösungen für in den IFRS-SME nicht geregelten Fällen suchen.

Die IFRS-Regelungen gelten nicht automatisch mit Verabschiedung und Veröffentlichung durch das IASB in den einzelnen EU-Staaten. Hierfür müssen sie zunächst den in Art. 3 Abs. 1 i.V.m. Art. 6 Abs. 2 der Verordnung (EG) Nr. 1606/2002 verankerten Anerkennungsprozess, das sog. „Endorsement-Verfahren“, durchlaufen.[186] Dabei überprüft die EU-Kommission die Vereinbarkeit der Standards mit den Anforderungen in Art. 3 Abs. 2 Verordnung (EG) Nr. 1606/2002, also insbesondere, ob sie mit den EG-Richtlinien in Einklang stehen und den europäischen Interessen entsprechen.[187]

---

182 Vgl. BT-Drs. 16/12407, S. 83.

183 *Baetge/Kirsch/Thiele*, S. 155 f.

184 EC, KOM (2011) 684 final – 2011/0308 (COD), S. 9.

185 *Hoffmann*, PiR 2010, I (I); siehe hierzu ausführlich auch *Lüdenbach/Hoffmann*, § 50, Rn. 4 ff.; vgl. auch IFRS-SME 10.5 f.

186 Ausführlich hierzu *Buchheim/Gröner/Kühne*, BB 2004, 1783 (1783 ff.); *Oversberg*, DB 2007, 1597 (1597 ff.); *Pellens/Fülbier/Gassen/Sellhorn*, S. 104 ff; *Grünberger*, S. 15 ff.; *Baetge/Kirsch/Thiele*, S. 65 ff.

187 Zum aktuellen Stand der EU-Endorsements vgl. http://www.standardsetter.de/drsc/dox.php?do=docs_index&type_id=6&cat_id=23.

Aufgrund der Anerkennung der IFRS/IAS durch die Europäische Kommission per Verordnung als (*endorsed*) IFRS[188] sind sie keine Verlautbarungen eines privatwirtschaftlichen Standard Setters mehr, sondern im übernommenen Umfang als unmittelbar geltendes Gemeinschaftsrecht verbindlich.[189] Sie sind verpflichtend zu beachtendes Recht für die über die IAS-Verordnung von der IFRS-Rechnungslegung betroffenen Gesellschaften.[190] Die (*endorsed*) IFRS unterliegen damit auch der richterlichen Gewalt des EuGH und der nationalen Gerichte.

c. Aufbau des Regelungssystems

aa. Grundlagen

Im Vergleich zum abstrakt gehaltenen deutschen HGB wird mit den IFRS der an die angloamerikanische Rechtstradition angelehnte Versuch unternommen, die Materie möglichst detailliert und konkret und damit einzelfallorientiert zu erfassen.[191] Die IFRS weisen allerdings eine geringere Regelungsdichte als die amerikanischen US-GAAP auf, was im Vergleich vor allem der Übersichtlichkeit und Verständlichkeit der Regelungen zuträglich ist.[192]

bb. Framework

Die Basis für das Rechnungslegungssystem bildet das Rahmenkonzept (*framework*):[193] Es enthält als theoretisches Fundament allgemeine Regelungen, wie die Zielsetzung von IFRS-Abschlüssen, Definitionen oder allgemeine Ansatz- und Bewertungskriterien. Insofern weichen die IFRS von einem rein einzelfallorientierten Case-Law-System ab.[194] Das Rahmenkonzept hat allerdings hinter die spezielleren Verlautbarungen (Standards, Interpretationen) zurückzutreten.[195] Das Rahmenkonzept richtet sich als Auslegungs- und Orientierungshilfe an den IASB,

---

188 Vgl. Art. 3 Abs. 4 Verordnung (EG) Nr. 1606/2002.

189 *Buchheim/Gröner/Kühne*, BB 2004, 1783 (1783); siehe Art. 249 EGV zur Verbindlichkeit von Verordnungen (EG) und zu ihrer rechtlichen Einordnung Callies/*Ruffert*, Art. 249 EGV, Rn. 39, 41 f.

190 *Ranker*, S. 37; *KPMG*, S. 6; zur Handhabung nicht übernommener Standards Beck-IFRS-HB (2. Auflage)/*Bohl*, § 1, Rn. 20.

191 *Küting*, Entobjektivierung, S. 3; *Wagenhofer*, S. 55; *Lutz-Ingold*, S. 143.

192 *Haunerdinger/Probst*, S. 10.

193 *Lüdenbach/Hoffmann*, § 1, Rn. 3.

194 *Buchholz*, Internationale, S. 7.

195 F.Introduction.

die Bilanzersteller, die Wirtschaftsprüfer sowie an die Jahresabschlussadressaten.[196] Es dient damit sowohl als Grundlage für die Erarbeitung und Überarbeitung von Standards als auch für deren Auslegung in der Praxis.[197] Die Bildung eines in sich konsistenten Rechnungslegungssystems soll auf diese Weise unterstützt werden.[198]

cc. IFRS-Standards

Die eigentlichen IFRS-Standards stellen verbindliche Regelungen spezieller Sachverhalte dar, die sich auf Bilanzpositionen, allgemeine Probleme der Rechnungslegung oder die Gestaltung von Instrumenten der Rechnungslegung beziehen.[199] Dadurch ergibt sich im Vergleich zum deutschen HGB eine hohe Regelungsdichte, die oft von Wiederholungen geprägt ist.[200] Eine einheitliche Systematik und damit eine logische Reihenfolge der Standards ist nicht auszumachen.[201] Indes sind aber einige der Anforderungen des Rahmenkonzeptes auch in IAS 1 enthalten. Er bildet so zusammen mit dem für Fragen zur Auslegung und zu Regelungslücken wichtigen IAS 8 eine Art „Allgemeinen Teil" der IFRS Rechnungslegung.[202]

dd. Interpretationen

Teilweise werden die eigentlichen IFRS-Standards durch Interpretationen des IFRS Interpretations Committees[203] für sich in der Praxis häufig ergebende Fragestellungen konkretisiert, um eine einheitliche Auslegung zu gewährleisten.[204]

Die Interpretationen sind genauso wie die eigentlichen IFRS-Standards gem. IAS 8.7 verbindlich bei der Rechnungslegung heranzuziehen. Nach IAS 1.7 umfasst der Begriff „IFRS" daher auch nicht nur die eigentlichen IAS- und IFRS-Standards, sondern gilt als Oberbegriff ebenso für die Interpretationen. Die

196 F.Introduction.
197 *Baetge/Kirsch/Thiele*, S. 56.
198 *KPMG*, S. 4.
199 *Baetge/Kirsch/Thiele*, S. 57.
200 *Buchholz*, Internationale, S. 7.
201 *Kirsch*, S. 31.
202 Beck-IFRS-HB (2. Auflage)/*Bohl*, § 1, Rn. 14; siehe auch *Lüdenbach/Hoffmann*, § 1, Rn. 4, 50 ff.
203 Früher: International Financial Reporting Interpretations Committee (IFRIC) bzw. Standards Interpretations Committee (SIC).
204 Constitution of the IFRS Foundation, § 43.

Interpretationen dürfen nach h.M.[205] allerdings nicht den eigentlichen Standards widersprechen. Diese gehen den eigentlich spezielleren Interpretationen also vor.

ee. Weitere Verlautbarungen

Weitere Verlautbarungen des IASB stellen die mit allen IFRS veröffentlichten Begründungserwägungen (*basis for conclusions*) dar. Zudem gibt es zu einigen Standards auch Anwendungsleitlinien (*application guidances, implementation guidances*) und erläuternde Beispiele (*illustrative examples*).

Anwendungsleitlinien, die wie bspw. IFRS 3.B ausweislich ihres Wortlautes integraler Bestandteil eines Standards sind (*application guidances*), sind gem. IAS 8.9 obligatorisch.[206] Die übrigen Anwendungsleitlinien (*implementation guidances*) sind nicht verpflichtend.[207] Ähnlich sind die *basis for conclusions* einzuordnen, die insbesondere im Rahmen der Interpretation der Standards für das Verständnis der Regelungen wichtig sind.[208] Auch die erläuternden Beispiele bezwecken vorrangig die Zugänglichkeit der Regelungen zu erleichtern und haben nicht den Rang eines Standards.[209] Diese Ergänzungen sind allerdings insofern relevant, als dass für die Schließung einer Regelungslücke in den IFRS nicht eine eigene Lösung vorgezogen werden kann, wenn die offene Frage in einer von ihnen behandelt wird.[210]

ff. Füllung von Regelungslücken

Wenn kein konkreter IFRS-Standard, keine Interpretation und auch keine der weiteren Verlautbarungen des IASB eine Lösung für eine bestimmte Bilanzierungsfrage bereithält, geben die IAS 8.10 ff. die weitere Vorgehensweise vor. So soll das Management gem. IAS 8.10 die Grundsätze der Relevanz und Verlässlichkeit bei der Füllung der Regelungslücke beachten. Um dies zu erreichen, können zunächst gem. IAS 8.11(a) auch vergleichbare Regelungen anderer IFRS analog angewandt werden. Gem. IAS 8.11(b) kann danach auf die allgemeinen Regelungen des Frameworks, wie bspw. die Definitionen oder die Ansatz- und Bewertungskriterien zurückgegriffen werden. Ergänzend können auf einer

---

205 *Kirsch*, S. 31; *Lüdenbach/Hoffmann*, § 1, Rn. 52.
206 Vgl. auch *Winnefeld*, Einf., Rn. 208.
207 IAS 8.9.
208 *Pellens/Fülbier/Gassen/Sellhorn*, S. 102 ff.
209 *Baetge/Kirsch/Thiele*, S. 58.
210 *Lüdenbach/Hoffmann*, § 1, Rn. 54; vgl. auch IAS 8.7.

weiteren Stufe über IAS 8.12 auch externe Quellen, wie Verlautbarungen anderer Standardsetter mit ähnlichem Rahmenkonzept (bspw. des FASB, DSR oder IDW), Branchenpraktiken oder Literaturmeinungen herangezogen werden, sofern sie nicht im Widerspruch zum Framework oder anderen IFRS-Regelungen stehen.

d. Zweck der Rechnungslegung

Der primäre Zweck eines Abschlusses nach den IFRS ist sowohl im Rahmenkonzept (F.OB1 ff.) als auch in IAS 1.9 festgeschrieben: Er besteht darin, entscheidungsnützliche Informationen über die Vermögens- und Finanzlage, die Ertragskraft und die Cashflows eines Unternehmens bereitzustellen (*decision usefullness*).

Maßstab für die Entscheidungsnützlichkeit der Informationen sind die Adressaten des IFRS-Abschlusses. Seit der Neufassung des Rahmenkonzeptes 2011 richtet er sich primär an aktuelle Fremd- und Eigenkapitalgeber.[211] Diese interessieren sich vor allem für die Fähigkeit des Unternehmens Zahlungsüberschüsse zu erwirtschaften.[212] Wobei diese Informationen aber auch für andere Adressaten interessant sein können.[213]

e. Rechnungslegungsgrundsätze

Die IFRS enthalten im Framework, IAS 1 und teilweise auch in anderen IFRS-Normen eine Vielzahl von schriftlich fixierten Rechnungslegungsgrundsätzen.

Das Fundament für die Bereitstellung entscheidungsnützlicher Informationen bilden die Grundsätze der Unternehmensfortführung (*going concern*)[214] und der Periodenabgrenzung (*accrual basis*)[215], die als Basisannahmen (*underlying assumptions*) bezeichnet werden.

Die Informationen, die in den Jahresabschlüssen vermittelt werden, müssen daneben bestimmte qualitative Anforderungen (*qualitative characteristics*) erfüllen, um für die Abschlussadressaten nützlich zu sein.[216]

---

211 F.OB5; F.OB8; F.OB10; F.OB2 f.

212 F.OB3; siehe auch *Lüdenbach/Hoffmann*, § 1, Rn. 16.

213 F.OB9 f.

214 IAS 1.24 f.

215 IAS 1.27 f.

216 F.QC1 ff.

Die beiden grundlegenden (*fundamental*) qualitativen Anforderungen sind gem. F.QC5 die Relevanz (*relevance*) und die glaubwürdige Darstellung (*faithful representation*).[217] Nach dem Grundsatz der Relevanz müssen die Informationen im Abschluss wirtschaftliche Entscheidungen des Adressaten beeinflussen (können), indem sie ihm bei der Beurteilung von Ereignissen helfen.[218] Dies sind insbesondere solche Informationen, die einen Wert für zukünftige Einschätzungen und die Bestätigung zurückliegender Einschätzungen (*predictive and confirmatory value*) haben.[219] Von einer glaubwürdigen Darstellung wird ausgegangen, wenn die Informationen vollständig, willkürfrei bzw. neutral und – im Rahmen der durch die IFRS eröffneten Ermessensspielräume[220] – fehlerfrei (*complete, neutral and free from error*) sind.[221]

Vergleichbarkeit (*comparability*), intersubjektive Nachprüfbarkeit (*verifiability*), Zeitnähe (*timeliness*) und Verständlichkeit (*understandability*) sind nur als ergänzende (*enhancing*) qualitative Anforderungen heranzuziehen.[222] Sie treten bei Zielkonflikten hinter die beiden grundlegenden qualitativen Anforderungen der Relevanz und glaubwürdigen Darstellung zurück.[223]

Auch das Prinzip der Wirtschaftlichkeit soll berücksichtigt werden, wobei es hier vorrangig um eine Abwägung des Informationsnutzens der Abschlussadressaten mit den Informationskosten des Unternehmens für die Bilanzierung geht.[224]

Formell ist seit der Neugestaltung des Rahmenkonzeptes das (vor allem aus dem HGB bekannte) Vorsichtsprinzip in den IFRS nicht mehr enthalten.[225]

Bei Anwendung der qualitativen Anforderungen an die Abschlussinformationen und der einschlägigen IFRS wird durch IAS 1.15 vermutet,[226] dass der fundamentalen Forderung nach Vermittlung eines den tatsächlichen Verhältnissen entsprechenden Bildes der Vermögens-, Finanz- und Ertragslage (*true and fair view* bzw. *fair presentation*) aus IAS 1.15 Rechnung getragen wird. Sollte dies

---

217 Siehe auch F.QC4.
218 F.QC6.
219 F.QC7 ff.
220 *Lüdenbach/Hoffmann*, § 1, Rn. 16.
221 F.QC10 ff.
222 F.QC4; F.QC19; zu ihrer Anwendung F.QC33.
223 Vgl. F.QC33; siehe auch *Lüdenbach/Hoffmann*, § 1, Rn. 16.
224 F.QC35 ff.
225 F.BC3.27 ff.; siehe zu den praktischen Konsequenzen *Lüdenbach/Hoffmann*, § 1, Rn. 16.
226 Vgl. auch F.QC4.

ausnahmsweise aber nicht möglich sein[227], so ist gem. IAS 1.19 – unter ausführlicher Begründung im Anhang[228] – in begrenztem Maße eine Abweichung von den einzelnen Rechnungslegungsstandards möglich, um dieser Forderung gerecht zu werden. Dieser Grundsatz stellt also ein echtes sog. „*overriding principle*“ dar, das alle anderen Regelungen und Auslegungen überwiegen kann.[229]

f. Vorschriften für die Bilanzierung von Immaterialgüterrechten

Die Bilanzierung und Bewertung von Immaterialgüterrechten ist in den IFRS nicht in einem eigenen Standard geregelt. Vielmehr richtet sie sich nach den Vorschriften, die allgemein für alle immateriellen Vermögenswerte gelten. IAS 38 regelt die Bilanzierung aller immaterieller Vermögenswerte, die nicht schon aufgrund anderer Standards zu bilanzieren sind.[230] Ausnahmen finden sich in IAS 38.3 und IAS 38.3 c, d.

Der Aufbau von IAS 38 entspricht weitgehend dem anderer Standards: Nach der Zielsetzung (IAS 38.1) und Abgrenzung des Anwendungsbereichs (IAS 38.2-7) werden die wichtigsten Definitionen genannt (IAS 38.8). Sodann werden der Ansatz immaterieller Vermögenswerte (IAS 38.9-17), deren Erstbewertung (IAS 38.35-71) und Folgebewertung (IAS 38.72-117) geregelt. Die Anhangsangaben (IAS 38.118-128) werden gefolgt von Regeln über das Inkrafttreten sowie für den Übergang (IAS 38.129-133).

Im Rahmen der Bilanzierung von Immaterialgüterrechten des Anlagevermögens sind zudem auch IFRS 3 (Unternehmenszusammenschlüsse) und IAS 36 (Wertminderungen) relevant. Auf beide wird an gegebener Stelle eingegangen.

Auch in den IFRS-SME gibt es für den Bereich der immateriellen Güter und damit auch für die Immaterialgüterrechte einen speziellen Standard, IFRS-SME 18.

---

227 IAS 1.24.

228 IAS 1.20.

229 *Pellens/Fülbier/Gassen/Sellhorn*, S. 103; kritisch dazu *Ballwieser*, S. 151 ff.

230 IAS 38.1, IAS 38.2a.

C. Ansatz von Immaterialgüterrechten („Bilanzierung dem Grunde nach")

I. Ansatz nach dem HGB

1. Überblick

Für den Ansatz von Vermögensgegenständen wird im deutschen Handelsrecht zwischen zwei Ebenen, der abstrakten und der konkreten Aktivierungsfähigkeit, unterschieden.[231]

Im Rahmen der abstrakten Aktivierungsfähigkeit ist zunächst zu untersuchen, ob ein Gut die Definition eines Vermögensgegenstandes erfüllt. Die Frage nach der abstrakten Aktivierungsfähigkeit eines Gutes wird also mit der Frage nach dem Vorliegen eines Vermögensgegenstandes gleichgesetzt.[232] Dies ist die Grundvoraussetzung dafür, dass ein Gut in der Bilanz aktiviert werden darf. In einem zweiten Schritt wird sodann – im Rahmen der konkreten Aktivierungsfähigkeit – überprüft, ob die generelle Regelung nicht durch ein spezielles Aktivierungsverbot, -wahlrecht oder -gebot verdrängt wird.[233]

Diese Untergliederung hat im deutschen Bilanzrecht seinen Niederschlag im Vollständigkeitsgebot in § 246 Abs. 1 S. 1 HGB gefunden, nach dem der Jahresabschluss alle Vermögensgegenstände zu enthalten hat, soweit gesetzlich nichts anderes bestimmt ist.

2. Abstrakte Aktivierungsfähigkeit: Erfüllung der Vermögensgegenstandsdefinition

a. Grundlagen

Um ein Immaterialgüterrecht zu aktivieren, muss es sich bei ihm demnach um einen Vermögensgegenstand i.S.d. HGB handeln. Allerdings ist im HGB

---

231 *Hoffmann/Lüdenbach*, § 248 HGB, Rn. 1; *Küting/Pfirmann/Ellmann,* KoR 2008, 689 (690).

232 *Freericks*, S. 141; *Kußmaul*, BB 1987, 2053 (2053); HdJ/*Kuhner,* Abt. II/1, Rn. 122; Beck-HdR/*Fasselt/Brinkmann*, B 211, Rn. 2; Baetge/Kirsch/Thiele, S. 158.

233 *Winnefeld*, D, Rn. 422.

keine Definition des Begriffs „Vermögensgegenstand“ enthalten.[234] Es handelt sich vielmehr um einen nicht kodifizierten GoB, der unter Zuhilfenahme der Jahresabschlusszwecke, der gesetzlichen Regelungen und der anderen GoB auszulegen ist.[235]

Gem. § 242 Abs. 1 S. 1 HGB sind in der Bilanz Vermögen und Schulden gegenüberzustellen. Die handelsrechtliche Bilanz dient demnach der Darstellung der Fähigkeit eines Unternehmens seine Schulden zu decken.[236] Hieraus lässt sich die Funktion der Vermögensgegenstände ableiten: Sie sollen die Schuldendeckungsfähigkeit gewährleisten.[237]

Besonders problematisch gestaltet sich dieser Nachweis bei den nicht greifbaren immateriellen Gütern.[238] Im Schrifttum wurden im Laufe der Zeit eine Reihe verschiedenster Definitionsansätze für Vermögensgegenstände entwickelt, um ihre Schuldendeckungsfähigkeit zu konkretisieren.[239] Der Vermögensgegenstandsbegriff gehört daher auch zu einem der umstrittensten Bereiche der nationalen Rechnungslegung.[240]

Einigkeit besteht noch dahingehend, dass für das Vorliegen eines Vermögensgegenstandes ein wirtschaftlicher Nutzen verlangt wird.[241] Als gesondertes Kriterium ist er allerdings überflüssig.[242] Denn als Vermögensgegenstände kommen nur wirtschaftliche Güter infrage.[243] Ein (wirtschaftliches) Gut wiederum setzt einen wirtschaftlichen Nutzen selbst schon zwingend voraus.[244]

Das Vorhandensein eines wirtschaftlichen Nutzens reicht daher alleine für den Ansatz eines Vermögensgegenstandes nicht aus. Vielmehr muss er auch intersubjektiv nachprüfbar sein, also objektiviert werden können.[245]

---

234 *Schmidbauer*, DStR 2003, 2035 (2036).

235 Baetge/Kirsch/*Thiele*, § 246 HGB, Rn. 31; *Dawo*, S. 51.

236 *Leffson*, S. 72 ff.; *Lamers*, S. 184; *Baetge/Kirsch/Thiele*, S. 159 f.

237 *v. Keitz*, S. 19.

238 MüKo-HGB/*Ballwieser*, § 246 HGB, Rn. 13.

239 *v. Keitz*, S. 19.

240 *Roß*, S. 233; vgl. auch *Schmidbauer*, DStR 2003, 2035 (2037).

241 *Dawo*, S. 52; *Arbeitskreis „Immaterielle Werte im Rechnungswesen“ der Schmalenbach-Gesellschaft*, DB 2008, 1813 (1814); *Schmidbauer*, DStR 2003, 2035 (2037); *Hoffmann/Lüdenbach*, § 246 HGB, Rn. 8.

242 *Tiedchen*, S. 66; *Ley*, S. 144, 137 ff.

243 *Tiedchen*, S. 9, 66; *Ley*, S. 144, 137 ff.

244 *Ley*, S. 137.

245 Vgl. HdJ/*Kuhner*, Abt. II/1, Rn. 137.

Im Kern lassen sich zur weiteren Objektivierung eines Vermögensgegenstandes zwei Ansätze unterscheiden: Die handelsrechtliche Konzeption der selbstständigen Verkehrsfähigkeit und die Übertragung der Kriterien zur Gesamtverkehrsfähigkeit des steuerrechtlichen Wirtschaftsguts in das Handelsrecht.

b. Selbstständige Verkehrsfähigkeit

aa. Allgemein

Die h.M.[246] im handelsrechtlichen Schrifttum fordert die selbstständige Verkehrsfähigkeit eines Gutes als Voraussetzung für das Vorliegen eines Vermögensgegenstandes. Was hierunter zu verstehen ist, ist allerdings umstritten. Im Wesentlichen werden vier Konzeptionen vertreten: die abstrakte und die konkrete Einzelveräußerbarkeit, die selbstständige Verwertbarkeit sowie die Einzelvollstreckbarkeit. Teilweise wird auch versucht über eine Kombination dieser Kriterien die selbstständige Verkehrsfähigkeit zu konkretisieren.[247]

bb. Konkrete Einzelveräußerbarkeit

Die früher vorherrschende Meinung[248] – und gleichzeitig die strengste Auffassung – sieht ein Gut als Vermögensgegenstand an, wenn es konkret einzelveräußerbar ist. Konkret einzelveräußerbar ist es, sofern es unabhängig von anderen Gütern im Rechtsverkehr übertragen werden kann.[249] Ein gesetzliches oder vertragliches Veräußerungsverbot oder fehlende Abnehmer für ein Gut stehen also hiernach der konkreten Einzelveräußerbarkeit entgegen.[250] Folglich würde es sich bspw. bei Urheberrechten wegen des in § 29 Abs. 1 UrhG niedergelegten Veräußerungsverbotes oder bei Spezialmaschinen, für die es keinen Absatzmarkt gibt, nicht um Vermögensgegenstände handeln.

Begründet wird diese Ansicht vor allem mit dem Gläubigerschutz, also dem Kapitalerhaltungszweck der Bilanz.[251] Denn auf diese Weise werden nur solche

---

246 *Adler/Düring/Schmaltz*, § 246, Rn. 15; *Freericks*, S. 141 f.; *Ley*, S. 130; *Kußmaul*, BB 1987, 2053 (2053); *Tiedchen*, S. 28; vgl. auch MüKo-AktG/*Hennrichs*, § 246 HGB, Rn. 22.

247 HdJ/*Kuhner*, Abt. II/1, Rn. 136; vgl. auch *v. Keitz*, S. 31 f.; *Lutz-Ingold*, S. 69 f.

248 *Knapp*, DB 1971, 1121 (1122); *Freericks*, S. 141 ff.; früher auch *Moxter*, BB 1978, 821 (823); vgl. auch *Ley*, S. 130 ff.; zu den verschiedenen Begrifflichkeiten *Tiedchen*, S. 29.

249 *Moxter*, BB 1978, 821 (823).

250 *v. Keitz*, S. 21.

251 *Ley*, S. 134 f., 122 ff.

Güter als Vermögensgegenstände erfasst, die auch im Zerschlagungsfall noch der Schuldendeckung dienen können.[252] Das reine Abstellen auf den Zerschlagungsfall widerspricht aber dem in § 252 Abs. 1 Nr. 2 HGB kodifizierten Prinzip der Unternehmensfortführung, das auch für den Ansatz Geltungskraft besitzt.[253]

Teilweise wird dieser Ansicht aber – selbst von ihren Kritikern – der Vorteil der klaren Ein- und Abgrenzung des Vermögensgegenstandsbegriffs zugestanden.[254] Dabei wird allerdings übersehen, dass das Vorhandensein eines Absatzmarktes durch Einschätzungen des Bilanzierenden zu bestimmen ist und damit in Grenzfällen zu willkürlichen Festsetzungen führen kann. Zumal es dem Bilanzierenden ohnehin frei steht die Veräußerung eines Gutes durch individualvertragliche Vereinbarungen auszuschließen und damit Einfluss auf die Ansatzfähigkeit zu nehmen.[255]

Zudem sind bestimmte Güter, die nicht konkret einzelveräußerbar sind, wie personengebundene Konzessionen und Urheberrechte, nach allgemeiner Auffassung in der Bilanz anzusetzen.[256] Es widerspricht der wirtschaftlichen Wirklichkeit solche Güter nicht als Vermögensgegenstand zu sehen.[257] Um die genannten Güter dennoch zu aktivieren, wäre auf der (zweiten) Stufe der konkreten Aktivierungsfähigkeit ein Ansatzgebot für diese Güter aufzustellen.[258] Das würde aber zu einer nicht überschaubaren Kasuistik führen.[259]

cc. Abstrakte Einzelveräußerbarkeit

Um die Zahl der zu aktivierenden Güter nicht von vornherein zu stark zu begrenzen, wurde die konkrete Einzelveräußerbarkeit zur abstrakten Einzelveräußerbarkeit weiterentwickelt.[260] Nach dieser vielfach vertretenen[261] Konzeption handelt es sich um einen Vermögensgegenstand, wenn ein Gut seiner Natur nach

---

252 *Roß*, S. 236; *Ley*, S. 134.

253 *Kußmaul*, BB 1987, 2053 (2058); *Tiedchen*, S. 32 f.; *v. Keitz*, S. 22; *Babel*, Ansatz, S. 105; *Bentele*, S. 28; *Lutz-Ingold*, S. 66 f.

254 *Adler/Düring/Schmaltz*, § 246, Rn. 27; *Tiedchen*, S. 30.

255 *Ballwieser*, BFuP 1990, 477 (484); *Hommel*, S. 92.

256 Vgl. *Lamers*, S. 196 f.

257 Vgl. BFH, BStBl II 1976, 13 (14).

258 *Lutz-Ingold*, S. 67.

259 *Hommel*, S. 91; vgl. auch *Fabri*, S. 38.

260 MüKo-HGB/*Ballwieser*, § 246 HGB, Rn. 15.

261 Geßler/Hefermehl/Eckardt/*Kropff*, § 149 AktG, Rn. 47; *Knobbe-Keuk*, S. 88; *Schildbach*, S. 118.

unabhängig von anderen Gütern, also abstrakt, veräußerbar ist. Eine vertragliche oder gesetzliche Veräußerungsbeschränkung wirkt also nicht wie bei der konkreten Einzelveräußerbarkeit als Aktivierungshindernis, sondern deutet vielmehr darauf hin, dass ein Gut seiner Natur nach einzelverkehrsfähig ist.[262]

Problematisch an diesem Kriterium ist vor allem seine Unschärfe:[263] Es kann nicht eindeutig bestimmt werden, wann ein Gut seiner Natur nach einzeln veräußerbar sein soll und wann nicht. Diesbezügliche Beurteilungen können also in Grenzfällen durchaus verschieden ausfallen.[264] Sie liegen damit letztlich im Ermessen des Bilanzierenden. Auf diese Weise können sie aber nicht zu einer Objektivierung beitragen.[265] Womit diese Ansicht auch die Gefahr birgt, den Begriff des Vermögensgegenstandes zu überdehnen.[266]

dd. Selbstständige Verwertbarkeit

Die herrschende Meinung[267] und mit ihr auch das DRSC[268] stellen für die abstrakte Aktivierungsfähigkeit auf die selbstständige Verwertbarkeit eines Gutes ab. Dieses, von *Lamers*[269] entwickelte Kriterium, ist erfüllt, wenn ein Gut unternehmensextern auf irgendeine Weise einzeln in Geld umgewandelt werden kann und so zur Schuldendeckung beitragen kann.[270] Als Verwertungshandlungen werden dabei vorrangig Veräußerung, Nutzungsüberlassung gegen ein Entgelt oder der bedingte Verzicht gesehen.[271]

---

262 *Roland*, S. 155; *Adler/Düring/Schmaltz*, § 246, Rn. 19; *Schildbach*, S. 118.

263 *Kußmaul*, BB 1987, 2053 (2058); *Tiedchen*, S. 35 f.; *Hommel* S. 93 f.; *Ballwieser*, BFuP 1990, 477 (484); MüKo-HGB/*Ballwieser*, § 246 HGB, Rn. 15; *Babel*, Ansatz, S. 145 ff.; HdJ/*Kuhner*, Abt. II/1, Rn. 127.

264 *Tiedchen*, S. 36; *Hommel*, S. 94 jeweils mit Beispielen.

265 *Moxter*, BB 1987, 1846 (1848).

266 *Fabri*, S. 39.

267 *Lamers*, S. 205 ff.; ihm folgend unter anderem *Fabri*, S. 48 ff.; *Adler/Düring/Schmaltz*, § 246, Rn. 26, 28; *Kußmaul*, BB 1987, 2053 (2058); Bonn-HdR/*Kupsch*, § 246 HGB, Rn. 22 ff.; *Baetge/Kirsch/Thiele*, S. 160 ff.; *v. Keitz*, S. 31; *Lutz-Ingold*, S. 69 f.; vgl. im Ergebnis auch *Coenenberg/Haller/Schultze*, S. 76.

268 Vgl. DRS 12.7; DRS 12 (Immaterielle Vermögenswerte des Anlagevermögens) wurde zwar mittlerweile durch DRÄS 4 aufgrund des BilMoG außer Kraft gesetzt, gibt aber dennoch Hinweise auf die Sicht des DRSC.

269 *Lamers*, S. 205 ff.

270 *Baetge/Kirsch/Thiele*, S. 161; *Coenenberg/Haller/Schultze*, S. 76.

271 *Lamers*, S. 216.

Mit *Fabri*[272] und entgegen *Lamers*[273] ist wegen des gesetzlich fixierten Fortführungsprinzips in § 252 Abs. 2 Nr. 2 HGB die Verwertbarkeit dabei für den Fortführungsfall zu bestimmen.

Für sie wird vorrangig ins Feld geführt, dass es für das Potential eines Gutes zur Schuldendeckung des fortgeführten Unternehmens letztlich nicht von Belang ist, ob das Gut einzeln veräußerbar ist oder nur auf andere Weise verwertet werden kann.[274]

Gegen die selbstständige Verwertbarkeit wird vielfach[275] vorgebracht, dass dem Bilanzierenden dadurch Gestaltungsspielräume eröffnet werden: So könnte er durch den vertraglichen Ausschluss von Verwertungsmöglichkeiten die abstrakte Aktivierungsfähigkeit nach seinem Ermessen ausschließen. Faktisch würde auf diese Weise also ein Ansatzwahlrecht geschaffen.

Dem wird schon zu Recht entgegengehalten, dass die Bilanzpolitik bei der Vertragsgestaltung kaum je eine Rolle spielt.[276] Die Beeinflussungsmöglichkeiten sind daher praktisch nicht von hoher Relevanz.

ee. Einzelvollstreckbarkeit

Teilweise[277] wird als maßgebliches Merkmal für die Aktivierbarkeit eines Gutes auf die Möglichkeit es einzeln zwangszuvollstrecken bzw. es zu pfänden abgestellt. Die Pfändungsschutzvorschriften der §§ 850 ff. ZPO bleiben dabei allerdings außer Betracht.[278] Dieses von *Tiedchen* entwickelte Kriterium soll eine klare Abgrenzung gewährleisten, indem es nur solche Güter als Vermögensgegenstände sieht, die im Wege der Einzelzwangsvollstreckung für Gläubiger verwertbar sind.[279] Auf diese Weise soll vor allem dem Gläubigerschutz Rechnung getragen werden.[280]

---

272 *Fabri,* S. 89; so auch *Kußmaul*, BB 2053 (2053, 2058); *v. Keitz*, S. 25.

273 *Lamers*, S. 216.

274 *Lamers*, S. 205 ff.

275 *Tiedchen*, S. 42 f.; *Hommel*, S. 95 f.; *Roß*, S. 239; MüKo-HGB/*Ballwieser*, § 246 HGB, Rn. 17.

276 *v. Keitz*, S. 26.

277 *Tiedchen*, S. 44 ff.

278 *Tiedchen*, S. 57 f.

279 *Tiedchen*, S. 59.

280 *Tiedchen*, S. 52 f.

Aber auch hiernach sind bestimmte Güter, die allgemein als Vermögensgegenstände gesehen werden, nicht abstrakt aktivierungsfähig.[281] So ist bspw. die Vollstreckung in die oben schon angesprochenen Urheberrechte gem. § 113 UrhG nur mit Zustimmung des Urhebers zulässig und das auch nur soweit er Nutzungsrechte (§ 31 UrhG) einräumen kann. Durch das alleinige Abstellen auf die Verwertbarkeit im Zuge der Einzelvollstreckung wird zudem dem Prinzip der Unternehmensfortführung aus § 252 Abs. 1 Nr. 2 HGB widersprochen, da letztlich auf den Zerschlagungsfall abgestellt wird.[282]

c. Gesamtverkehrsfähigkeit, bilanzielle Greifbarkeit und selbstständige Bewertbarkeit (steuerrechtliche Aktivierungskonzeption)

Nach ständiger Rechtsprechung des BFH[283] wird der steuerrechtliche Begriff des Wirtschaftsguts mit dem des Vermögensgegenstandes gleichgesetzt. Dem wird in der steuer- und handelsrechtlichen Literatur überwiegend beigepflichtet.[284] Begründet wird die Gleichsetzung mit dem Fehlen einer Regelung zur abstrakten Aktivierungsfähigkeit von Wirtschaftsgütern im Steuerrecht.[285] Diese Lücke wird durch den Verweis in § 5 Abs. 1 S. 1 EStG auf die handelsrechtlichen GoB und damit auch auf die handelsrechtlichen Grundsätze für die abstrakte Aktivierungsfähigkeit geschlossen. Aussagen zur Definition des steuerrechtlichen Wirtschaftsguts können folglich gleichzeitig immer Aussagen zum handelsrechtlichen Vermögensgegenstand sein.[286] Daher folgen auch Teile der handelsrechtlichen Literatur[287] für die Definition des Vermögensgegenstandes der finanzgerichtlichen Rechtsprechung.

---

281 HdJ/*Kuhner,* Abt. II/1, Rn. 131.

282 MüKo-HGB/*Ballwieser*, § 246 HGB, Rn. 18; *Babel*, Ansatz, S. 106; *Bentele*, S. 29.

283 Vgl. bspw. BFH BStBl. II 1976, 13 (14), BStBl. II 1988, 348 (352), BStBl. II 1992, 977 (978 f.), BStBl. II 2005, 167 (168), BStBl. II 2007, 301 (302), BStBl. II 2008, 960 (962).

284 So Blümich/*Buciek*, § 5 EStG, Rn. 303a; Schmidt/*Weber-Grellet*, § 5 EStG, Rn. 93, 222; *Moxter*, Bilanzrechtsprechung, S. 7 f.; *Tiedchen*, S. 37; *Knobbe-Keuk*, S. 87; *Adler/Düring/Schmaltz,* § 246 HGB, Rn. 12 ff.; a.A. *Coenenberg/Haller/Schultze*, S. 77; *v. Keitz*, S. 29 ff.

285 *Baetge/Kirsch/Thiele*, S. 158 f.

286 *Tiedchen*, S. 37; vgl. auch MüKo-HGB/*Ballwieser*, § 246 HGB, Rn. 19.

287 *Moxter,* Bilanzrechtsprechung, S. 7 f.; *Dawo*, S. 67 ff.; vgl. auch MüKo/*Ballwieser*, § 246 HGB, Rn. 29; *Bentele*, S. 31, die der Konkretisierung durch den BFH – zumindest faktisch – die größte Bedeutung zukommen lassen.

Andere[288] meinen, dass die Gleichsetzung der Begriffe eher zu einer stärkeren Orientierung des Steuerrechts und damit auch des BFH an der im Handelsrecht vorherrschenden Definitionen des Vermögensgegenstandes führen müsse.

Steuerrechtlich reicht die Veräußerungsfähigkeit mit dem Gesamtbetrieb aus.[289] Allerdings muss sich ein Gut vom Gesamtwert des Unternehmens abheben, um als Wirtschaftsgut klassifiziert werden zu können.[290] Daher wird von einem Wirtschaftsgut zusätzlich verlangt, dass es bilanziell greifbar und selbstständig bewertbar ist.[291]

Die bilanzielle Greifbarkeit bezweckt die Abgrenzung von allgemeinen Vorteilen, die letztlich im Geschäfts- oder Firmenwert (*goodwill*) des gesamten Unternehmens aufgehen.[292] Ein Vorteil muss (zukünftig) wirtschaftlich nutzbar und realisierbar sein.[293] Um daher greifbar[294] bzw. fassbar[295] zu sein, muss ein Vorteil zumindest im Rahmen der Gesamtbetriebsveräußerung eines Unternehmens als Einzelheit ins Gewicht fallen.[296] Diese Greifbarkeit wird bei Konkretisierung des Vorteils als Recht oder rechtsähnliche Position regelmäßig unterstellt[297], also insbesondere auch bei den hier infrage stehenden Immaterialgüterrechten.

Daneben muss ein Gut auch dem aus dem Einzelbewertungsprinzip des § 252 Abs. 1 Nr. 3 HGB abgeleiteten Kriterium der selbstständigen Bewertbarkeit entsprechen.[298] Ein Gut muss also bezogen auf das Gesamtvermögen als Einzelheit bewertbar sein.[299] Ansonsten ist es nur ein Teil des Geschäftswerts.[300]

---

288 *Pfeiffer*, S. 334; *Marx*, BB 1994, 2379 (2388); *Adler/Düring/Schmaltz*, § 246, Rn. 14; vgl. auch *Knobbe-Keuk*, S. 87.

289 BFH BStBl. II 1990, 15 (16).

290 Vgl. HdJ/*Kuhner,* Abt. II/1, Rn. 140.

291 *Moxter*, Bilanzrechtsprechung, S. 6 ff.

292 RFH RStBl. 305 (307); BFH BStBl. III 1958, 260 (261), BStBl. II 1975, 809 (811).

293 BFH BStBl. II 1978, 370 (371).

294 RFH RStBl. 305 (307).

295 BFH BStBl. III 1957, 350 (351).

296 RFH RStBl. 305 (307); BFH BStBl. III 1962, 367 (368), BStBl. III 1965, 674 (675), BStBl. II 1976, 475 (476); vgl. auch BFH BStBl. II 1972, 937 (939), BStBl. II 1973, 580 (580).

297 Vgl. BFH BStBl. II 2005, 167 (168).

298 *Lutz-Ingold*, S. 72; *Baetge/Kirsch/Thiele*, S. 164.

299 *Moxter*, Bilanzrechtsprechung, S. 9.

300 *Moxter*, Bilanzrechtsprechung, S. 9; *Bentele*, S. 30.

Wenn ein Gut im Rahmen eines Unternehmenserwerbes bei der Bemessung des Kaufpreises durch einen objektiven Dritten gesondert Berücksichtigung finden würde, werden beide Kriterien als erfüllt angesehen.[301]

Eine Bevorzugung des steuerrechtlichen Abgrenzungskriteriums wird insbesondere darüber gerechtfertigt, dass nur so der in § 266 Abs. 2 A.I.2. HGB unter den immateriellen Vermögensgegenständen genannte derivative Geschäfts- oder Firmenwert als Vermögensgegenstand erfasst werden könne.[302] Denn nur im Rahmen der Gesamtveräußerung trete der Geschäfts- oder Firmenwert als Residualwert zum Vorschein. Für sich ist er aber nicht einzeln veräußerbar oder sonst verwertbar. Daher sei die steuerrechtliche Aktivierungskonzeption auch die einzig gesetzeskonforme Auslegung für die Konkretisierung des handelsrechtlichen Vermögensgegenstandsbegriffs.[303]

Dem muss aber entgegengehalten werden, dass eine Gliederungsvorschrift keine konstitutive Bedeutung für die abstrakte Aktivierungsfähigkeit hat.[304] Aus ihr kann also nicht automatisch der Rückschluss auf den Umfang des Vermögensgegenstandsbegriffes gezogen werden.

Zudem gestaltet sich die steuerrechtliche Konzeption im Hinblick darauf problematisch, dass sie die Veräußerung mit dem Gesamtbetrieb als ausreichend erachtet. Denn letztlich kann alles mit dem Betrieb veräußert werden. Um überhaupt eine Abgrenzung vom Aufwand zu ermöglichen, müssen folglich weitere Kriterien herangezogen werden.[305]

Die selbstständige Bewertbarkeit vermag es dabei nicht, zu einer objektiveren Abgrenzung beizutragen:[306] Wirtschaftliche Vorteile lassen sich in der Regel zumindest im Wege der Schätzung bewerten. Die Greifbarkeit als Objektivierungskriterium für das Vorliegen eines Wirtschaftsgutes respektive eines Vermögensgegenstandes über eine fiktive Betriebsveräußerung zu ermitteln, stellt sich aber ebenso als unzulänglich heraus. Was ein potentieller Erwerber bei der Kaufpreisfindung berücksichtigen würde, ist stark versubjektiviert.[307] Denn letztlich liegt es im Bewertungsspielraum des jeweiligen Bilanzierenden bzw. im

301 BFH BStBl. III 1963, 400 (400), BStBl. II 1987, 14 (14), BStBl. II 1990, 15 (16).
302 *Dawo*, S. 67 ff.
303 *Dawo*, S. 68.
304 Vgl. *Fabri*, S. 119; *Tiedchen*, S. 31.
305 *Tiedchen*, S. 61.
306 *Baetge/Kirsch/Thiele*, S. 164.
307 *Vogel*, S. 122.

Streitfall in dem des Richters.[308] Sie müssen auf den hypothetischen Willen eines objektiven Dritten schließen. Das kann dazu führen, dass in ähnlich gelagerten Fällen andere Wertungen getroffen werden.[309] Eine klare Abgrenzung im Einzelfall – und damit Objektivität – wird auf diese Weise nicht gewährleistet.[310]

Auch betriebswirtschaftlich wird die Sinnhaftigkeit des steuerrechtlichen Versuchs zur Abgrenzung infrage gestellt:[311] Eine Kaufpreisfindung erfolgt regelmäßig nicht durch Aufsummierung von Einzelwerten, sondern aufgrund eines investitionstheoretischen Gesamtwertkalküls.

Folgt man der steuerrechtlichen Aktivierungskonzeption, bleibt damit die Gefahr einer zu weiten Ausdehnung der Begrifflichkeit Vermögensgegenstand.[312] Vielfach[313] wird daher auch die Inkompatibilität der steuerrechtlichen Aktivierungskriterien mit der handelsrechtlich geforderten Fähigkeit eines Vermögensgegenstandes zur Schuldendeckung kritisiert: Dass ein Gut sich theoretisch als veräußerungsfähig mit dem Gesamtbetrieb erweist, führt nicht automatisch dazu, dass es auch im fortgeführten Unternehmen zur Schuldendeckung beitragen kann.

d. Kritische Würdigung unter Berücksichtigung des BilMoG

aa. Zusammenfassung der bisherigen Ergebnisse

Zusammenfassend kann festgehalten werden, dass die konkrete Einzelveräußerbarkeit und die Einzelvollstreckbarkeit alleine als Definitionskriterien für den Begriff Vermögensgegenstand als zu eng abzulehnen sind. Beide Aktivierungskonzeptionen vermögen es nicht, alle Güter, die allgemein als aktivierungspflichtig gesehen werden, zu erfassen. Einer allgemeinen Definition des Begriffs Vermögensgegenstand würde man auf diese Weise nicht gerecht werden. Es werden nicht alle Schuldendeckungspotentiale aufgedeckt.

Die steuerrechtliche Konzeption dehnt den Begriff des Vermögensgegenstandes hingegen zu weit aus. Mitunter könnten aufgrund dieser Weite auch Güter

---

308 *Freericks*, S. 321; *Tiedchen*, S. 61.

309 *Tiedchen*, S. 61 f. mit divergierenden Beispielen aus der Rechtsprechung.

310 Im Ergebnis so auch *Adler/Düring/Schmaltz,* § 246 HGB, Rn. 30; Bonn-HdR/*Kupsch*, § 246 HGB, Rn. 32.

311 HdJ/*Kuhner,* Abt. II/1, Rn. 141.

312 Vgl. *Tiedchen*, S. 40.

313 *Baetge/Kirsch/Thiele*, S. 165 f.; Bonn-HdR/*Kupsch*, § 246 HGB, Rn. 32; vgl. auch *Adler/Düring/Schmaltz,* § 246 HGB, Rn. 29.

als Vermögensgegenstände aktiviert werden, die kein Potential zur Deckung der Schulden des fortgeführten Unternehmens haben. Sie ist daher für das Handelsrecht nicht zielführend.

Die abstrakte Einzelveräußerbarkeit kommt im Regelfall zu den gleichen Ergebnissen wie die selbstständige Verwertbarkeit.[314] Teilweise werden die beiden Aktivierungskonzeptionen deshalb auch gleichgesetzt.[315] Die Unschärfe bei der Abgrenzung unter Zugrundelegung der abstrakten Einzelveräußerbarkeit und die daraus erwachsende Gefahr einer zu weiten Ausdehnung des Vermögensgegenstandsbegriffs, spricht aber für die selbstständige Verwertbarkeit als entscheidendes Kriterium. Damit ist auch die von *Kuhner*[316] geforderte Kombination aller vier handelsrechtlichen Aktivierungskonzeptionen abzulehnen: Da die abstrakte Verkehrsfähigkeit ohnehin das weiteste der vier handelsrechtlichen Kriterien ist, bedarf es im Fall ihrer Anwendung gar keiner Erweiterung um weitere Ansatzmöglichkeiten. Vielmehr liegt einer solchen vermeintlichen Kombination dann dieselbe Unschärfe zugrunde wie einer alleinigen Anwendung der abstrakten Verkehrsfähigkeit. Diese Unschärfe wird aber bei der alleinigen Anwendung der abstrakten Verkehrsfähigkeit gerade auch von *Kuhner*[317] selbst kritisiert.

Am ehesten wird also die selbstständige Verwertbarkeit dem Postulat der Schuldendeckungsfähigkeit gerecht. Dabei kann der Kritik, dass die selbstständige Verwertbarkeit über gezielte Vertragsgestaltung beeinflusst werden kann, auch dadurch entgegentreten werden, dass – einem Teil der Literatur[318] folgend – zu den Verwertungsmöglichkeiten auch die Verwertung durch die Einzelzwangsvollstreckung gezählt wird. Die Erweiterung der Verwertungsmöglichkeiten um die Zwangsvollstreckung führt dazu, dass vertragliche Ausschlüsse der Übertragungs- oder Überlassungsfähigkeit in der Regel keinen Einfluss auf die Verwertbarkeit eines Gutes haben. Denn das Schuldendeckungspotential eines Gutes kann bei einem vertraglichen Ausschluss von Veräußerung, Nutzungsüberlassung oder bedingtem Verzicht in der Regel zumindest über die Zwangsvollstreckung nutzbar gemacht werden. Vollstreckbare Güter sind demnach ebenso als selbstständig verwertbare und damit abstrakt

---

314 *Schildbach*, S. 118; vgl. auch *Dawo*, S. 59 f.

315 Bonn-HdR/*Kupsch*, § 246 HGB, Rn. 25.

316 HdJ/*Kuhner*, Abt. II/1, Rn. 136.

317 HdJ/*Kuhner*, Abt. II/1, Rn. 127.

318 *v. Keitz*, S. 31; *Adler/Düring/Schmaltz*, § 246 HGB, Rn. 28; *Baetge/Kirsch/Thiele*, S. 163; *Lutz-Ingold*, S. 70.

aktivierungsfähige Vermögensgegenstände zu klassifizieren. Insbesondere die hier infrage stehenden Immaterialgüterrechte sind danach regelmäßig selbstständig verwertbar und damit Vermögensgegenstände.[319]

Dennoch verbleiben – wie noch zu zeigen sein wird – auch bei einer so erfolgten Erweiterung der Verwertbarkeit Güter mit einem Potential zur Schuldendeckung, die aufgrund dieser Definition des Vermögensgegenstandes nicht als solche erfasst werden. Ob das so gefundene Ergebnis daher und auch wegen der Änderungen durch das BilMoG einer weiteren Modifikation bedarf, wird im Folgenden untersucht.

bb. Modifikation des Vermögensgegenstandsbegriffs

Zunächst ist festzustellen, dass auch durch das BilMoG der Vermögensgegenstandsbegriff nicht gesetzlich definiert wurde.[320] Der Gesetzgeber wollte ihn ausweislich der Gesetzesbegründung auch nicht ändern.[321] In der Gesetzesbegründung findet sich allerdings das klare Bekenntnis des Gesetzgebers zur selbstständigen Verwertbarkeit als ausschlaggebendes Merkmal für einen Vermögensgegenstand:[322] Ein solcher soll vorliegen, wenn ein Gut nach der Verkehrsanschauung im jeweiligen Einzelfall einzeln verwertbar ist. Die selbstständige Verwertbarkeit stellt daher – dem ausdrücklichen Willen des Gesetzgebers folgend – (auch) zukünftig das ausschlaggebende Kriterium für das Vorliegen eines Vermögensgegenstandes dar.[323] Der handelsrechtliche Vermögensgegenstandsbegriff weicht also auch nach dem BilMoG von der Definition eines Vermögenswertes i.S.d. IFRS ab.[324]

Im Rahmen der Änderungen durch das BilMoG stellt sich insbesondere die Frage, wie sich die Einfügung von § 246 Abs. 1 S. 4 HGB auf die Interpretation des Vermögensgegenstandsbegriffs auswirkt. Nach § 246 Abs. 1 S. 4 HGB gilt ein derivativ erworbener Geschäfts- oder Firmenwert als Vermögensgegenstand. Das könnte dahingehend aufgefasst werden, dass ein solcher nunmehr vom Gesetzgeber als Vermögensgegenstand gesehen wird. Allerdings macht schon die

---

319 *Arbeitskreis „Immaterielle Werte im Rechnungswesen" der Schmalenbach-Gesellschaft*, DB 2001, 989 (992); *Küting/Ellmann*, S. 269.

320 *Stibi/Fuchs*, DB 2009, Beilage 5, 9 (13).

321 BT-Drs. 16/10067, S. 50; BT-Drs. 16/12407, S. 85.

322 BT-Drs. 16/10067, S. 50.

323 *Arbeitskreis „Immaterielle Werte im Rechnungswesen" der Schmalenbach-Gesellschaft*, DB 2008, 1813 (1814).

324 Beck-BiKo/*Kozikowski/F. Huber*, § 247 HGB, Rn. 379; siehe dazu auch unten C.II.2.

Wortwahl „gilt“ eine solche Deutung zweifelhaft. Ausweislich der Gesetzesbegründung kann sie dann auch nicht aufrecht erhalten werden: So stellt der Gesetzgeber in der Begründung zum BilMoG klar, dass der (derivative) Geschäfts- und Firmenwert nur durch eine Fiktion in den Stand eines Vermögensgegenstandes gehoben wird.[325] Das bedeutet im Umkehrschluss, dass es sich bei einem Geschäfts- oder Firmenwert nach Auffassung des Gesetzgebers gerade nicht um einen Vermögensgegenstand im eigentlichen Sinne handeln kann. Er stellt einen Sonderfall dar, der nicht für die genauere Bestimmung des Begriffs Vermögensgegenstand herangezogen werden kann.[326]

Fraglich bleibt allerdings, ob die selbstständige Verwertbarkeit auch nach dem BilMoG noch genauso zu interpretieren ist, wie dies bisher der Fall war. Zwar gibt der Gesetzgeber – wie gesehen – in der Gesetzesbegründung an, dass er den bisherigen Begriff des Vermögensgegenstands nicht weiter entwickeln wolle.[327] Im Referentenentwurf des BMJ zum BilMoG wurde die selbstständige Verwertbarkeit allerdings noch weiter konkretisiert. Hiernach sollte ein Gut insbesondere dann einzeln verwertbar sein, wenn es veräußert oder anderweitig verarbeitet, verbraucht oder zur Nutzung überlassen werden kann.[328] Damit wird erkennbar, dass nach Auffassung des BMJ auch unternehmensinterne Verwertungshandlungen die selbstständige Verwertbarkeit konkretisieren können.[329] Zwar wurde auch schon vorher teilweise eine ähnliche Konkretisierung der selbstständigen Verwertbarkeit vertreten.[330] Die bisher h.M. stellte aber auf die unternehmensexterne Verwertung ab.[331]

Kirsch[332] fordert nun aufgrund dieser Äußerungen im BMJ-Referentenentwurf des BilMoG eine Erweiterung der Verwertbarkeit um unternehmensinterne

---

325 Vgl. BT-Drs. 16/10067, S. 48.

326 *Arbeitskreis „Immaterielle Werte im Rechnungswesen“ der Schmalenbach-Gesellschaft*, DB 2008, 1813 (1815); *Stibi/Fuchs*, DB 2009, Beilage 5, 9 (14); vgl. auch BT-Drs. 16/10067, S. 48.

327 BT-Drs. 16/10067, S. 50; BT-Drs. 16/12407, S. 85.

328 BMJ, BilMoG-RefE, S. 98.

329 *Kirsch*, PiR 2009, 185 (186); Bonn-HdR/*Kirsch*, § 246 HGB (BilMoG), Rn. 63; § 248 HGB (BilMoG), Rn. 36; a.A. wohl *Arbeitskreis Bilanzrecht der Hochschullehrer Rechtswissenschaft*, BB 2008, 152 (157 f.).

330 So bspw. *Adler/Düring/Schmaltz*, § 246 HGB, Rn. 28.

331 So unter anderem *Baetge/Kirsch/Thiele*, S. 161; DRSC, DRS 12.7; ähnlich *Coenenberg/Haller/Schultze*, S. 76; *Arbeitskreis „Immaterielle Werte im Rechnungswesen“ der Schmalenbach-Gesellschaft*, DB 2008, 1813 (1814 f.).

332 *Kirsch*, PiR 2009, 185 (186); Bonn-HdR/*Kirsch*, § 246 HGB (BilMoG), Rn. 63; § 248 HGB (BilMoG), Rn. 36.

Verwertungsmöglichkeiten, auch wenn die Erläuterung des BMJ im endgültigen Entwurf wieder gestrichen wurde. Er will auch solche Güter erfassen, die zwar nur mit dem Unternehmen zusammen (extern) verwertbar sind, allerdings auf andere Weise intern verwertet werden können.

Andere[333] hingegen sehen durch das BilMoG keine inhaltliche Veränderung der selbstständigen Verwertbarkeit. Gleichwohl stellen sie aber teilweise[334] auf die Konkretisierung der selbstständigen Verwertbarkeit auch durch Verarbeitung und Verbrauch ab, jedoch ohne diesen Widerspruch aufzulösen.

Zumindest erscheint es fraglich, ob eine Erweiterung um unternehmensinterne Verwertungshandlungen tatsächlich als Auffassung des Gesetzgebers interpretiert werden kann, wie *Kirsch*[335] dies tut. Die Streichung der Aussagen des BMJ aus dem Regierungsentwurf und der mehrmalige Verweis, keine Änderungen herbeiführen zu wollen, könnten dagegen sprechen. Teilweise wird allerdings in aktuellen Überlegungen schon eine Weiterentwicklung zu einem weiteren Vermögensgegenstandsbegriffs noch auf Basis des alten Rechts gesehen, der auch Verbrauch und Verarbeitung umfasst.[336] Die Aussage des Gesetzgebers keine Änderung herbei führen zu wollen, steht also nicht zwangsläufig einer solchen Erweiterung entgegen.[337] Aus der Zugrundelegung eines solchen – schon nach altem Recht fortentwickelten – Vermögensgegenstandsbegriffs ließe sich auch der oben angedeutete Widerspruch in Teilen der Literatur erklären, die keine Weiterentwicklung durch das BilMoG sehen, aber trotzdem Verbrauch und Verarbeitung als (unternehmensinterne) Verwertungshandlungen berücksichtigen wollen.

Im Kern ist eine Erweiterung der selbstständigen Verwertbarkeit um bestimmte unternehmensinterne Verwertungsmöglichkeiten entgegen der bislang

---

333 *Küting/Pfirmann/Ellmann,* KoR 2008, 689 (690); *Küting/Ellmann*, S. 269; Kessler/Leinen/Strickmann/*van Hall/Kessler*, S. 147; Beck-BiKo/*Kozikowski/F. Huber*, § 247 HGB, Rn. 377; vgl. auch *Arbeitskreis Bilanzrecht der Hochschullehrer Rechtswissenschaft*, BB 2008, 152 (157); *Arbeitskreis „Immaterielle Werte im Rechnungswesen“ der Schmalenbach-Gesellschaft*, DB 2008, 1813 (1815).

334 *Küting/Ellmann*, S. 268; Kessler/Leinen/Strickmann/*van Hall/Kessler*, S. 147; Beck-BiKo/*Kozikowski/F. Huber*, § 247 HGB, Rn. 377; *Laubach/Kraus/Bornhofen*, DB 2009, Beilage 5, 19 (20).

335 *Kirsch*, PiR 2009, 185 (186); Bonn-HdR/*Kirsch*, § 246 HGB (BilMoG), Rn. 63; § 248 HGB (BilMoG), Rn. 36.

336 Vgl. *Theile*, WPg 2008, 1064 (1067); *Stibi/Fuchs*, DB 2009, Beilage 5, 9 (14); vgl. auch *Laubach/Kraus/Bornhofen*, DB 2009, Beilage 5, 19 (20).

337 *Stibi/Fuchs*, DB 2009, Beilage 5, 9 (14).

vorherrschenden strengeren Auffassung zu befürworten. Nach hier vertretener Auffassung entspricht die bisher herrschende Auslegung zum einen nicht mehr der wirtschaftlichen Wirklichkeit, zum anderen steht sie in Widerspruch zu ihrer eigenen Zielsetzung. So soll für die selbstständige Verwertbarkeit das Vorhandensein eines wirtschaftlich verwertbaren Potentials zur Deckung der Schulden des fortgeführten Unternehmens entscheidend sein.[338] Vielfach wird dieses Postulat aber nicht konsequent genug verfolgt.[339] Die Festlegung auf die unternehmensexterne Verwertung führt letztlich dazu, dass ein Teil des Schuldendeckungspotentials, das sich aus der Unternehmensfortführung ergibt, nicht aufgedeckt wird. Äußere Verwertungsformen sind im Grundsatz nur für den Zerschlagungsfall interessant.[340] Güter generieren gerade aufgrund interner Verwendung aber regelmäßig Einzahlungen und beteiligen sich auf diese Weise an der Schuldendeckung. So tragen bspw. einfache Lizenzen aufgrund ihrer Nutzung bei der Erstellung von Produkten regelmäßig dazu bei, dass einem Unternehmen durch sie – über den Umweg des Verkaufs der Produkte – Zahlungsmittel zufließen. Sie fließen in die Produktion ein, werden also letztlich im weitesten Sinne verarbeitet bzw. verbraucht. Extern sind sie allerdings nicht selbstständig verwertbar,[341] da bei ihnen regelmäßig Veräußerung und Unterlizenzierung ausgeschlossen sind und auch eine Pfändung nicht möglich ist.[342] Betrachtet man die wirtschaftliche Realität, scheint es in der heutigen Hochtechnologiegesellschaft, in der Wissen als Produktionsmittel oft wesentlich wichtiger für die Produktion ist als eine Produktionsanlage, nicht mehr angebracht, solche für Unternehmen mitunter elementaren Werte von der Bilanzierung auszunehmen. Dadurch werden den Bilanzadressaten wichtige Informationen vorenthalten. Gerade auch im Hinblick auf die durch den Gesetzgeber mit dem BilMoG intendierte Stärkung der Informationsfunktion ist dies zu kritisieren. Unter der Prämisse der Unternehmensfortführung müssen solche Güter folglich Berücksichtigung finden.

Die einfache Erweiterung um unternehmensinterne Verwertungsmöglichkeiten greift aber zu kurz. Sie ist zu unkonkret. Eine Erweiterung muss maßvoll stattfinden, um der Gläubigerschutz-, aber auch der Informationsfunktion des Jahresabschlusses gerecht zu werden. Nur unternehmensintern verwertbare Güter, die hinreichend abgrenzbar und damit objektivierbar sind, dürfen aktiviert

---

338 *Adler/Düring/Schmaltz*, § 246 HGB, Rn. 28, 30; *Baetge/Kirsch/Thiele*, S. 160, 162.

339 Vgl. *Theile*, WPg 2008, 1064 (1067 f.).

340 Vgl. HdJ/*Kuhner,* Abt. II/1, Rn. 137.

341 *Dawo*, S. 250.

342 Siehe oben B.I.3.c.

werden.[343] Eine Aktivierung aller unternehmensintern verwertbaren Güter, wie *Kirsch*[344] sie fordert, führt folglich zu weit. Annähernd jeder Vorteil und jede bloße Chance sind theoretisch auf irgendeine Art und Weise unternehmensintern verwertbar. Würde man den Kreis der abstrakt aktivierbaren Güter so weit ziehen, würden auch Güter als Vermögensgegenstände in der Bilanz angesetzt, deren Schuldendeckungsfähigkeit sehr unsicher ist. Das würde dem Gläubigerschutzgedanken der Bilanz zuwider laufen. Daneben wäre aber auch die Informationsfunktion gefährdet, wenn Güter aufgrund vermeintlich bestehender Verwendungsmöglichkeiten innerhalb des Unternehmens faktisch willkürlich aktivierbar wären. Die Veräußerungsfähigkeit mit dem Gesamtbetrieb hilft diesem Abgrenzungsproblem – wie oben schon dargestellt[345] – nicht ab.

Das Kriterium der selbstständigen Verwertbarkeit kann nur als erfüllt angesehen werden, wenn ein Gut bereits für sich selbst einen Wert hat und nicht bloß einen (unsicheren) zukünftigen Gewinn darstellt.[346] Eine Erweiterung der selbstständigen Verwertbarkeit auch um unternehmensinterne Verwertungshandlungen kann also nur auf objektivierte Weise erfolgen.[347]

Für die Konkretisierung der selbstständigen Verwertbarkeit wird hier daher ein dreistufiges Vorgehen vorgeschlagen.

In einem ersten Schritt ist wie bisher auf die unternehmensexterne konkrete selbstständige Verwertbarkeit, also vorrangig auf die einzelne entgeltliche Veräußerung oder Nutzungsüberlassung abzustellen.

Daneben sollten in einem zweiten Schritt – wie in Teilen der Literatur schon vorgeschlagen[348] – auch Güter aktivierbar sein, deren einzelner externer Verwertbarkeit nur vertragliche Beschränkungen oder etwaige erforderliche Zustimmungen Dritter entgegenstehen. Denn die vertragliche oder gesetzliche Veräußerungsbeschränkung deutet gerade darauf hin, dass ein Gut seiner Natur nach verwertbar ist.[349] Sie sind wegen der grundsätzlich abstrakt bestehenden und

---

343 Vgl. HdJ/*Kuhner,* Abt. II/1, Rn. 137.

344 *Kirsch*, PiR 2009, 185 (186); Bonn-HdR/*Kirsch*, § 246 HGB (BilMoG), Rn. 63; § 248 HGB (BilMoG), Rn. 36.

345 Siehe unter C.I.2.c.

346 Grünewald/Köllner/*Petersen*/Wurzer/*Zwirner*, S. 63.

347 Vgl. HdJ/*Kuhner,* Abt. II/1, Rn. 137.

348 *Coenenberg/Haller/Schultze*, S. 76; *Arbeitskreis „Immaterielle Werte im Rechnungswesen“ der Schmalenbach-Gesellschaft*, DB 2008, 1813 (1815); Grünewald/Köllner/*Petersen*/Wurzer/*Zwirner*, S. 63; vgl. auch schon *Dawo*, S. 60; HdJ/*Kuhner,* Abt. II/1, Rn. 135.

349 Vgl. *Adler/Düring/Schmaltz*, § 246, Rn. 19.

nur aufgrund der Sachverhaltsgestaltung im konkreten Fall nicht vorliegenden externen Verwertbarkeit, hinreichend objektiv abgrenzbar. Die auf diese Weise aktivierbaren Güter sind einzeln verwertbar – auch wenn im konkreten Fall nur unternehmensintern – und tragen so zur Schuldendeckung bei. Als Beispiel seien die regelmäßig nur intern verwertbaren einfachen Lizenzen genannt. Durch diese Erweiterung wird daneben auch der Kernkritik an der selbstständigen Verwertbarkeit, der möglichen Einflussnahme durch vertragliche Gestaltungen, jegliche Berechtigung entzogen.

Darüber hinaus sollten auf einer dritten Stufe auch solche Güter als Vermögensgegenstände berücksichtigt werden, bei denen der intersubjektiv-nachprüfbare Nachweis gelingt, dass sie indirekt extern verwertbar und damit objektivierbar sind. Damit sind solche Güter gemeint, die unternehmensintern direkt in die Erstellung von Gütern des Unternehmens einfließen, die ihrerseits extern verwertbar sind. Ein Beispiel hierfür sind Entwicklungstätigkeiten.[350] Sie werden im älteren Schrifttum noch als bloß wirtschaftliche Vorteile gesehen,[351] sind aber heutzutage vielfach zentrale Werte eines Unternehmens und dienen damit auch der Schuldendeckung. So zielt denn auch das BilMoG mit der Aufhebung des generellen Ansatzverbotes für nicht entgeltlich erworbene immaterielle Vermögensgegenstände gerade auf die Aktivierung solcher Entwicklungskosten ab.[352] Der Nachweis über die indirekte Verwertbarkeit wäre dabei bspw. durch die Einbeziehung in Konstruktionspläne für Produkte zu erbringen.[353]

Mit den hier vorgeschlagenen maßvollen Erweiterungen würde man die vom BMJ und Teilen der Literatur genannten Verwertungshandlungen Verarbeitung und Verbrauch berücksichtigen, gleichwohl aber nur in objektivierter Weise. Alle anderen nur unternehmensintern verwertbaren Güter sind aus Objektivierungsgründen bei der Aktivierung außen vor zu lassen.

Auf diese Weise gelingt es, unternehmensinterne Verwertungsmöglichkeiten miteinzubeziehen und damit die Prämisse der Unternehmensfortführung mit der nötigen[354] Objektivierung in Einklang zu bringen. Letztlich wird so auch der Gleichrangigkeit[355] von Gläubigerschutz- und Informationsfunktion des Jahres(einzel)abschlusses Rechnung getragen. Denn es werden die Vermögensgegenstände zum

350 Vgl. *Theile*, WPg 2008, 1064 (1067); *Stibi/Fuchs*, DB 2009, Beilage 5, 9 (14).

351 *v. Keitz*, S. 80 f.

352 *Stibi/Fuchs*, DB 2009, Beilage 5, 9 (14).

353 Siehe hierzu auch unten C.I.3.b.dd(2) und C.I.3.b.dd(3).

354 HdJ/*Kuhner*, Abt. II/1, Rn. 137.

355 Siehe B.II.1.d.

Zwecke der Information um unternehmensintern verwertbare Güter erweitert, allerdings nur um solche, die tatsächlich zur Schuldendeckung beitragen können.

Im Ergebnis handelt es sich nach der hier vertretenen Auffassung folglich um einen Vermögensgegenstand, wenn ein Gut selbstständig verwertbar ist. Das ist der Fall, wenn

- ein Gut einzeln extern (durch Übertragung, entgeltliche Nutzungsüberlassung, bedingten Verzicht oder Zwangsvollstreckung) verwertbar ist oder
- der externen Verwertbarkeit (s. soeben) eines Gutes alleine eine erforderliche (vertragliche) Zustimmung entgegensteht oder
- ein Gut nachweislich zumindest indirekt extern verwertbar ist, da es intern intersubjektiv-nachprüfbar direkt in ein i.S.d. ersten beiden Punkte extern verwertbares Gut einfließt.

Nach hier vertretener Auffassung wird also dem Vermögensgegenstandsbegriff eine (objektivierte) weite selbstständige Verwertbarkeit zugrunde gelegt.

Immaterialgüterrechte sind in der Regel schon nach dem ersten Kriterium selbstständig verwertbar, da sie entweder veräußerbar sind oder zumindest die Möglichkeit besteht, dass ihre Nutzung Dritten überlassen werden kann. Die gewerblichen Schutzrechte und die Urheberrechte, einschließlich der Leistungsschutzrechte, sind daher als Vermögensgegenstände einzuordnen.[356] Sie sind abstrakt aktivierungsfähig. Auf Einzelheiten und Besonderheiten im Rahmen derer die weiteren Stufen relevant werden, wird im weiteren Verlauf noch einzugehen sein.[357]

cc. Erweiterung um zusätzliche Kriterien

Teilweise[358] wird eine Ergänzung des Kriteriums der selbstständigen Verwertbarkeit um die aus der finanzgerichtlichen Rechtsprechung bekannten Kriterien

---

356 *Adler/Düring/Schmaltz*, § 246 HGB, Rn. 36; *Lamers*, S. 258 ff., 270 ff.; *v. Keitz*, S. 67, 71; MüKo-HGB/*Ballwieser*, § 248 HGB, Rn. 22 f.

357 Siehe C.I.4.

358 *Coenenberg/Haller/Schultze*, S. 76; Bonn-HdR/*Kupsch*, § 246 HGB, Rn. 22 f.; Baumbach/Hopt/*Merkt*, § 246 HGB, Rn. 4; *Küting/Ellmann*, S. 268; Grünewald/Köllner/*Petersen*/Wurzer/*Zwirner*, S. 63 f.; *Henckel/Ludwig/Lüdke*, DB 2008, 196 (197); *Laubach/Kraus/Bornhofen*, DB 2009, Beilage 5, 19 (20); *Philipps*, § 248 HGB, S. 71 f.; vgl. auch *Freericks*, S. 149 ff.; *Pfeiffer*, S. 150 f.; *Knobbe-Keuk*, S. 87.

der selbstständigen Bewertbarkeit bzw. bilanziellen Greifbarkeit verlangt. Gleichwohl ist eine solche Erweiterung aber nicht notwendig.[359] Die selbstständige Verwertbarkeit setzt bereits selbst voraus, dass ein Gut auch bei Gesamtveräußerung ins Gewicht fallen würde und damit bilanziell greifbar wäre, ansonsten würde das Gut für sich alleine schon nicht verwertbar sein.[360] Dasselbe gilt für die selbstständige Bewertbarkeit, denn ein selbstständig verwertbares Gut muss immer auch einen eigenen Wert besitzen, um es alleine verwerten zu können.[361]

Etwas anderes ergibt sich insofern auch nicht aus der Neufassung des HGB durch das BilMoG. Teilweise[362] wird zwar aus dem ausdrücklichen Bilanzierungsverbot bestimmter selbstgeschaffener immaterieller Vermögensgegenstände in § 248 Abs. 2 HGB geschlossen, dass die selbstständige Bewertbarkeit nun vom Gesetzgeber als zusätzliches konstituierendes Kriterium für einen Vermögensgegenstand verlangt wird.

Dem ist allerdings aus verschiedenen Gründen entgegenzutreten.

So wird in der Begründung zum BilMoG für das Vorliegen eines Vermögensgegenstandes ausdrücklich nur auf die selbstständige Verwertbarkeit als Kriterium abgestellt.[363] Eine explizite Erweiterung, um etwaige andere Kriterien, wie die selbstständige Bewertbarkeit, wird in diesem Zusammenhang nicht erwähnt und damit offensichtlich auch nicht für nötig erachtet.

Zwar begründet der Gesetzgeber das Bilanzierungsverbot damit, dass die Herstellungskosten in den genannten Fällen nicht zweifelsfrei zugeordnet werden können, und betitelt dies als selbstständige Bewertbarkeit.[364] Dem Gesetzgeber geht es dabei aber nicht um die bloße Möglichkeit[365] zur Beimessung eines wirtschaftlichen Wertes. Diese ist allein wegen der heutzutage in großer Anzahl zu Verfügung stehenden Bewertungsmethoden oft gegeben[366] und wird wie oben gesehen von der selbstständigen Verwertbarkeit ohnehin impliziert.

---

359 *Lamers*, S. 216 ff.; *Marx*, BB 1994, 2379 (2382); *Adler/Düring/Schmaltz*, § 246 HGB, Rn. 28; *v. Keitz*, S. 31 f.; *Lutz-Ingold*, S. 73; vgl. auch *Tiedchen*, S. 60 ff.; *Tafelmeier*, S. 90.

360 *Tiedchen*, S. 62.

361 *v. Keitz*, S. 32.

362 *Küting/Ellmann*, S. 269; *Arbeitskreis „Immaterielle Werte im Rechnungswesen" der Schmalenbach-Gesellschaft*, DB 2008, 1813 (1816).

363 BT-Drs. 16/10067, S. 50.

364 BT-Drs. 16/10067, S. 50.

365 Vgl. *Tiedchen*, S. 63.

366 Vgl. *Lamers*, S. 218.

Vielmehr beruht das Bilanzierungsverbot ausweislich der Gesetzesbegründung auf der nicht immer zweifelsfrei möglichen Abgrenzung der Aufwendungen bestimmter selbst geschaffener immaterieller Vermögensgegenstände von denen des Geschäfts- und Firmenwertes und der daraus resultierenden Gefahr willkürlicher Wertfestsetzungen.[367] Damit ist aber nichts anderes gemeint, als dass eine verlässliche[368] – also objektivierte – Bewertbarkeit gewährleistet sein soll. Die Zuverlässigkeit des Wertansatzes ist allerdings grundsätzlich erst auf Ebene der Bewertung zu berücksichtigen.[369] Nur für den Sonderfall (bestimmter) der allgemein für unsicher gehaltenen selbst geschaffenen immateriellen Vermögensgegenstände sah sich der Gesetzgeber gezwungen, ein Aktivierungsverbot einzuführen, um einer willkürlichen Praxis vorzubeugen.[370] Denn er vermutete, dass eine verlässliche Bewertung unter Zugrundelegung der Herstellungskosten oder alternativer Methoden für diese Fälle regelmäßig nicht möglich ist.[371] Dies ist aber eine auf Ebene der konkreten Aktivierungsfähigkeit zu verortende Ansatzvoraussetzung und hat nichts mit einer allgemeinen Definition aller Vermögensgegenstände zu tun.

Die Anwendung des § 248 Abs. 2 S. 2 HGB setzt zudem ausweislich seines Wortlautes schon das Vorliegen eines (immateriellen) Vermögensgegenstandes voraus.[372] Würde man die verlässliche (selbstständige) Bewertbarkeit zum Teil der Vermögensgegenstandsdefinition machen, wäre § 248 Abs. 2 S. 2 HGB überflüssig. Zumal § 248 Abs. 2 S. 2 HGB zwar den Ansatz bestimmter selbst geschaffener immaterieller Vermögensgegenstände verbietet, ihnen aber gerade nicht die Qualität eines Vermögensgegenstandes nimmt.

Im Ergebnis handelt es sich bei der Forderung nach verlässlicher (selbstständiger) Bewertbarkeit folglich um eine auf Ebene der konkreten Aktivierungsfähigkeit zu prüfende Ansatzvoraussetzung. Inwieweit diese eventuell für alle selbst geschaffenen immateriellen Vermögenswerte gilt, wird dort[373] zu untersuchen sein.

---

367 BT-Drs. 16/12407, S. 85; BT-Drs. 16/10067, S. 50.

368 Vgl. *Arbeitskreis „Immaterielle Werte im Rechnungswesen" der Schmalenbach-Gesellschaft*, DB 2008, 1813 (1816); vgl. auch *Hennrichs*, DB 2008, 537 (540).

369 Vgl. Bonn-HdR/*Kirsch*, § 248 HGB (BilMoG), Rn. 48; *Lamers*, S. 218; *Tiedchen*, S. 63.

370 BT-Drs. 16/10067, S. 50.

371 BT-Drs. 16/10067, S. 50.

372 Vgl. im Hinblick auf § 248 Abs. 2 HGB a.F. schon *Dawo*, S. 72; *Bentele*, S. 32 f.

373 Siehe unter C.I.3.b.dd(1).

Einer Erweiterung über die selbstständige Verwertbarkeit als notwendiges und aber auch hinreichendes Kriterium hinaus bedarf die Definition des Vermögensgegenstandes folglich nicht. Alle im Sinne der hier vertretenen Sichtweise selbständig verwertbaren Immaterialgüterrechte sind demnach Vermögensgegenstände.

3. Konkrete Aktivierungsfähigkeit

a. Grundlagen

Erfüllt ein Gut die Definition eines Vermögensgegenstandes und ist damit abstrakt aktivierungsfähig, so führt dies nicht automatisch zu seinem Ansatz in der Bilanz. Vielmehr ist im Rahmen der konkreten Aktivierungsfähigkeit in einem zweiten Schritt zu prüfen, ob der Vermögensgegenstand auch tatsächlich in der Bilanz auszuweisen ist.[374] So können gesetzliche Ansatzverbote oder -wahlrechte oder nicht kodifizierte GoB einem Ausweis des Vermögensgegenstandes in der Bilanz entgegenstehen.[375] Bestehen keine Ansatzverbote oder -wahlrechte, ist er hingegen, dem Vollständigkeitsgebot in § 246 Abs. 1 HGB folgend, zwingend in der Bilanz anzusetzen.

Für Immaterialgüterrechte sind hierbei insbesondere das Ansatzwahlrecht bzw. das teilweise bestehende Ansatzverbot in § 248 Abs. 2 HGB für selbst geschaffene immaterielle Vermögensgegenstände interessant.

b. Ansatzwahlrecht und Ansatzverbot für selbst geschaffene immaterielle Vermögensgegenstände des Anlagevermögens, § 248 Abs. 2 HGB

ba. Überblick

Bis zur Aufhebung durch das BilMoG bestand für nicht entgeltlich erworbene immaterielle Vermögensgegenstände des Anlagevermögens ein Ansatzverbot in § 248 Abs. 2 HGB a. F.,[376] eine der ältesten[377] deutschen Bilanzierungsregelungen.

---

374 Beck-HdR/*Fasselt/Brinkmann*, B 211, Rn. 10.

375 *Dawo*, S. 70.

376 Hierzu ausführlich *v. Keitz*, S. 32 ff.; *Lutz-Ingold*, S. 74 ff.

377 *Laubach/Kraus*, DB 2008, Beilage 1, 16 (16).

Immaterielle Anlagewerte wurden[378] und werden[379] vom Gesetzgeber grundsätzlich als unsicher eingestuft. So beruhte das jetzt gestrichene Aktivierungsverbot auf dem Gläubigerschutzgedanken, da selbst geschaffenen immateriellen Vermögensgegenständen des Anlagevermögens wegen ihrer Unkörperlichkeit, der unsicheren künftigen Nutzungsdauer und der vielfach nicht eindeutig zurechenbaren Herstellungskosten nur schwer ein objektiver Wert zugewiesen werden könne.[380] Das Erfordernis eines entgeltlichen Erwerbs diente folglich der Bewertungsobjektivierung.[381] Nur in diesem Fall war aufgrund der Objektivierung des immateriellen Vermögensgegenstandes am Markt durch die Gegenleistung ein Ansatz zulässig.[382]

Im Verlauf des Gesetzgebungsverfahrens sollte zunächst gänzlich auf ein Ansatzwahlrecht und -verbot für selbst geschaffene immaterielle Vermögensgegenstände verzichtet werden, was dem Vollständigkeitsgrundsatz folgend, eine allgemeine Ansatzpflicht zur Folge gehabt hätte. In der endgültigen Fassung des BilMoG wurde allerdings das generelle Ansatzverbot im Wesentlichen durch ein Ansatzwahlrecht für selbst geschaffene immaterielle Vermögensgegenstände des Anlagevermögens in § 248 Abs. 2 S. 1 HGB ersetzt. Auf diese Weise soll vorrangig dem Wandel zur Wissensgesellschaft in Deutschland und damit der zunehmenden Bedeutung immaterieller Güter im Wirtschaftsleben Rechnung getragen werden.[383] Gleichzeitig sollen aber durch das Wahlrecht Unternehmen, für die selbst geschaffene immaterielle Vermögensgegenstände des Anlagevermögens nur eine untergeordnete Rolle spielen, nicht mit dem durch sie entstehenden Bilanzierungsaufwand belastet werden.[384] Um den Gläubigerschutz zu erhalten,[385] wurde für die aktivierten selbst geschaffenen immateriellen Vermögensgegenstände des Anlagevermögens in § 268 Abs. 8 HGB für Kapitalgesellschaften eine Ausschüttungssperre in Höhe des erfolgten Bilanzansatzes normiert. Darüber hinaus verbleibt es für selbst geschaffene

---

378 *v. Keitz*, S. 35; *Bentele*, S. 31; *Adler/Düring/Schmaltz*, § 248 HGB, Rn. 14.

379 BT-Drs. 16/10067, S. 49 f.

380 BT-Drs. 16/10067, S. 49 f.

381 *Dawo*, S. 72; *Roland*, S. 168 f.; *Fabri*, S. 99; a.A. *Lamers*, S. 228; *v. Keitz*, S. 38, die in § 248 Abs. 2 HGB a.F. auch eine Ansatzobjektivierung sahen.

382 Ebenroth/Boujong/Joost/Strohn/*Wiedmann*, § 248 HGB, Rn. 7; Müko-AktG/*Hennrichs*, § 248 HGB, Rn. 15; Baumbach/Hopt/*Merkt*, 33. A., § 248 HGB, Rn. 3; *Adler/Düring/Schmaltz*, § 248 HGB, Rn. 14.

383 BT-Drs. 16/10067, S. 49 f.

384 BR-Drs. 344/08, S. 7 f.; BT-Drs. 16/12407, S. 85.

385 BT-Drs. 16/10067, S. 50.

Marken, Drucktitel, Verlagsrechte, Kundenlisten und vergleichbare immaterielle Vermögensgegenstände des Anlagevermögens bei einem – im Vergleich zu den IFRS (IAS 38.63) nahezu wortgleichen – kasuistischen[386] Ansatzverbot in § 248 Abs. 2 S. 2 HGB. Auch der Ansatz einer bloßen Erinnerungsposition ist in diesen Fällen unzulässig.[387] Dies begründet der Gesetzgeber mit der Schwierigkeit einer zweifelsfreien Abgrenzung der Herstellungskosten von den Aufwendungen für den Gesamtbetrieb, also vom Geschäfts- oder Firmenwert und damit letztlich mit der fehlenden verlässlichen Bewertbarkeit dieser Vermögensgegenstände.[388]

Das Ansatzverbot stellt eine Ausprägung des Vorsichtsprinzips dar: Auch schon vor dem BilMoG waren nicht zweifelsfrei zurechenbare Aufwendungen als Aufwand zu erfassen.[389]

bb. Anwendungsvoraussetzungen von § 248 Abs. 2 HGB

(1) Immaterialität

(a) Abgrenzung bei Verbundgütern

Nur immaterielle Vermögensgegenstände unterfallen dem Ansatzwahlrecht des § 248 Abs. 2 S. 1 HGB bzw. dem Ansatzverbot des § 248 Abs. 2 S. 2 HGB. Güter und Vermögensgegenstände werden als immateriell angesehen, wenn sie keine physische Substanz aufweisen und nicht monetär sind.[390]

Die physische Substanz ist allerdings als Abgrenzungskriterium nicht immer ausreichend. Vermögensgegenstände sind zumeist nicht ausschließlich materiell oder immateriell, sondern bestehen aus beiden Komponenten. So wird bei der Herstellung eines Produktes neben materiellen Rohstoffen immer auch technisches Know-How, das oft durch Patent oder Gebrauchsmuster geschützt ist, benötigt. Immaterielle Güter sind also nicht selten in materielle integriert.[391] Umgekehrt sind viele immaterielle Güter mit einem körperlichen Trägermedium verbunden, wie bspw. Software auf einem Datenträger (CD, DVD, etc.) oder ein Patent auf dem dazugehörigen Rechtsdokument.[392] Diese aus beiden Komponenten bestehenden

386 *Hoffmann/Lüdenbach*, § 248 HGB, Rn. 10.

387 Baumbach/Hopt/*Merkt*, § 248 HGB, Rn. 4.

388 Vgl. BT-Drs. 16/10067, S. 50; vgl. hierzu auch oben unter C.I.2.d.cc.

389 BT-Drs. 16/10067, S. 50.

390 Siehe B.I.2.

391 *Kählert/Lange*, BB 1993, 613 (615).

392 *Dawo*, S. 75.

Vermögensgegenstände sind aber in der Bilanz nicht auf ihre Komponenten aufzuteilen, sondern es ist eine Zuordnung zu einer der beiden Kategorien notwendig.[393]

Aus dem Gesetzeswortlaut des HGB ist dabei keine generelle Zuordnungsregel für Vermögensgegenstände zu entnehmen.[394]

Im deutschen Schrifttum werden hauptsächlich vier verschiedene Kriterien zur Abgrenzung diskutiert[395], die auch in der Rechtsprechung des BFH[396] ihren Niederschlag gefunden haben:

- die Funktion der körperlichen Komponente,
- das wirtschaftliche Interesse,
- die Wertrelation der Komponenten und
- die Anzahl der Vervielfältigungen.

(aa) Funktion der körperlichen Komponente

Grenzt man nach der Funktion der körperlichen Komponente ab, ist von einem immateriellen Gut auszugehen, wenn die körperliche Komponente keine über die Trägerfunktion hinausgehende Bedeutung hat.[397] Sie ist nur das Mittel zum Zweck.[398] So dient das Papier eines Rechtsdokumentes, auf dem ein Patent oder eine Lizenz niedergeschrieben ist, nur zum Festhalten des technischen Wissens.[399] Es handelt sich im Gesamten um einen immateriellen Vermögensgegenstand. Dasselbe gilt für Masterton- bzw. -filmträger mit urheberrechtlich geschützten Inhalten.[400] Bei Film- oder Tonträgern zum Gebrauch beim Endanwender hingegen kommt der Art der Speicherung eine über die reine Trägerfunktion hinausgehende Bedeutung zu, da sich der Nutzen des Gutes auch aus der Speicherungsform ergibt.[401] Auch wenn die Inhalte dieser Ton- oder Filmträger dem Urheberrecht

393 *Baetge/Kirsch/Thiele*, S. 246; HdJ (Stand 1990)/*Richter*, Abt II/2, Rn. 25.

394 HdJ (Stand 1990)/*Richter*, Abt. II/2, Rn. 21.

395 *Kählert/Lange*, BB 1993, 613 ff; *David*, S. 8 ff.; *Lutz-Ingold*, S. 9; *v. Keitz*, S. 45 ff; *Dawo*, S. 75 ff; *Bentele*, S. 20 ff; *Hepers*, S. 29 ff; unter Berücksichtigung weiterer Kriterien *Kronner*, S. 16 ff; *Suermann*, S. 29 ff.

396 Nachweise bei den einzelnen Kriterien unten.

397 *Walter*, S. 145; *David*, S. 11 f.

398 *Kählert/Lange*, BB 1993, 613 (616).

399 *Kählert/Lange*, BB 1993, 613 (615); vgl. auch BFH BStBl. II 2009, 421 (423).

400 *Wulf*, S. 21 f.

401 *Dawo*, S. 77.

und vor allem den Leistungsschutzrechten der Hersteller unterliegen, handelt es sich um materielle Vermögensgegenstände.

Die Funktion der körperlichen Komponente wird vielfach in der Literatur als vorzugswürdiges Abgrenzungskriterium gesehen.[402] Auch die Rechtsprechung bemüht es.[403] Die notwendige subjektive Einschätzung des Bilanzierenden für die Anwendung dieses Kriteriums birgt allerdings bei Grenzfällen die Gefahren, die jedwede Ermessensausübung mit sich bringt.[404]

(bb) Wirtschaftliches Interesse

Das Kriterium des wirtschaftlichen Interesses ist eng mit dem erstgenannten verbunden.[405] Es weist den immateriellen Gütern ein Verbundgut zu, wenn das wirtschaftliche Interesse im Wirtschaftsleben hauptsächlich auf die immaterielle Komponente des Verbundgutes ausgerichtet ist.[406] Es wird auch in der Rechtsprechung vertreten[407], führt aber regelmäßig zu keinen anderen Ergebnissen als das Kriterium der Funktion der körperlichen Komponente:[408] Eine überwiegende Funktion der immateriellen Komponente geht zumeist auch mit dem hauptsächlichen wirtschaftlichen Interesse des Erwerbers an ihr einher. So ist der Erwerber einer Lizenz oder eines Patentes vorrangig an dem mit ihr verbundenen technischen Wissen und nicht an dem Träger dieses Wissens – sei es Papier oder ein digitales Speichermedium – interessiert.

Insofern geht auch die Argumentation von *Lutz-Ingold*[409], dass eine Lizenz durch Anwendung dieses Kriteriums zu einem materiellen Gut wird, da sie von einem Unternehmen nur zur Produktion bestimmter Güter erworben wird, fehl. Denn das wirtschaftliche Interesse eines Erwerbers einer Lizenz ist zunächst auf ihren immateriellen Bestandteil gerichtet. Ihre spätere Verwendung ist insofern für die Einordnung nach den wirtschaftlichen Interessen irrelevant, denn letztlich dienen alle Güter in einem Unternehmen der (materiellen oder immateriellen) Leistungserstellung.

---

402 *Kählert/Lange*, BB 1993, 613 (615); *Kählert*, S. 13; *David*, S. 12; *Schön*, S. 76; *Dawo*, S. 76; *Lutz-Ingold*, S. 9 ff; *Hedy/Lutz-Ingold*, S. 3.

403 BFH BStBl II 1977, 278 (279).

404 *v. Keitz*, S. 45.

405 *Kählert/Lange*, BB 1993, 613 (616); *Dawo*, S. 76, Fn. 397; *Bentele*, S. 21.

406 *Walter*, S. 145.

407 BFH BStBl II 1988, 737 (737).

408 Vgl. *Dawo*, S. 76, Fn. 397; *Kählert/Lange*, BB 1993, 613 (616).

409 *Lutz-Ingold*, S. 9 f.

Problematisch für die Abgrenzung erscheint aber die Tatsache, dass das wirtschaftliche Interesse an einem Gut, je nachdem, welchem Wirtschaftssubjekt es zugeordnet ist, stark divergieren kann.[410] Im noch größeren Ausmaße als das vorgenannte Kriterium birgt es daher die Möglichkeit Ermessen auszuüben.[411]

(cc) Wertrelation der Komponenten

Ein Großteil der Literatur[412] sieht hingegen die Wertrelation der immateriellen und materiellen Komponenten als maßgebliches Kriterium. Auch die Rechtsprechung nutzt es zur Abgrenzung.[413] Die wertmäßig überwiegende Komponente ist dann für die Einordnung des Gesamtgutes verantwortlich.

Problematisch gestaltet sich hier allerdings die Wertbestimmung der immateriellen Komponente, da dieser dieselben Bewertungsprobleme zugrunde liegen, die in der Natur immaterieller Güter liegen.[414] Ein Abstellen auf die Anschaffungskosten ist insofern keine Hilfe, da bei einem zusammengesetzten Gut regelmäßig ein Gesamtpreis zu zahlen ist, der nicht in seine Komponenten aufgeschlüsselt ist. Führt man die Wertbestimmung der immateriellen Komponente daher aus Objektivierungsgründen, wie teilweise vorgeschlagen[415], durch Abzug der materiellen Aufwendungen zur Erstellung vom Gesamtwert des Gutes durch, kann dies Verzerrungen hervorrufen. Denn ein Gewinn, den ein Produkt bspw. aufgrund hoher Nachfrage abwirft, würde allein der immateriellen Komponente zugerechnet werden.[416] Aufgrund hoher Nachfrage könnte ein an sich materieller Vermögensgegenstand so zu einem immateriellen werden. Stellt man deshalb auf den Wert für das Unternehmen ab, befindet man sich letztlich im Bereich des Kriteriums des wirtschaftlichen Interesses mit denselben subjektiven Einflussfaktoren. Zudem muss berücksichtigt werden, dass bei gleichen Wertanteilen der Komponenten ein alleiniges Abstellen auf dieses Abgrenzungskriterium nicht möglich ist.[417]

---

410 *Kronner*, S. 19.

411 *Kählert/Lange*, BB 1993, 613 (616); *v. Keitz*, S. 45; *Hepers*, S. 30.

412 *Reuleaux*, S. 46 f.; Baetge/Kirsch/Thiele, S. 246; Bonn-HdR/*Kupsch*, § 248 HGB, Rn. 17; Beck-HdR/*Fasselt/Brinkmann*, B 211, Rn. 16; MüKo-AktG/*Hennrichs*, § 246 HGB, Rn. 56; *Wulf*, S. 21; *Suermann*, S. 30.

413 BFH BStBl II 1974, 104 (105).

414 *Lutz-Ingold*, S. 10.

415 *Kählert/Lange*, BB 1993, 613 (617).

416 *Bentele*, S. 22.

417 MüKo-HGB/*Ballwieser*, § 247 HGB, Rn. 21; *v. Keitz*, S. 45.

(dd) Anzahl der Vervielfältigungen

Nach diesem Kriterium soll ein ursprünglich immaterieller Wert aufgrund seiner laufenden Vervielfältigung ab einem bestimmten Zeitpunkt materiell werden, da eine höhere Auflage die Zurückdrängung der immateriellen Komponente bewirke.[418]

Allein schon aufgrund der schweren Grenzziehung und der damit einhergehenden Willkürlichkeit, ab welcher Auflagenzahl ein zunächst immaterielles Gut materiell werden soll, ist dieses Kriterium aber abzulehnen.[419] Die Vervielfältigungstheorie vermag zudem nicht zu erklären, warum der Wert der immateriellen Komponente durch eine steigende Zahl an Vervielfältigungen zwangsläufig fallen soll. Bei manchen Gütern, wie bspw. Computersoftware, ist aufgrund von Netzwerkeffekten sogar das Gegenteil der Fall.[420] Auch behalten Lizenzen bspw. an Patenten, die an eine Vielzahl von Erwerbern vergeben werden, trotzdem ihren immateriellen Charakter.[421]

(ee) Kombination der Kriterien

Abgesehen von dem abzulehnenden Kriterium der Vervielfältigungsanzahl, überschneiden sich die genannten Abgrenzungsmöglichkeiten vielfach. Keine der drei verbliebenen Möglichkeiten kann aber alleine alle (möglichen) Sachverhalte erfassen. In der Literatur wird daher eine einzelfallabhängige Kombination der Kriterien von vielen als vorzugswürdig erachtet.[422] Auch der BFH behilft sich regelmäßig mit einer Kombination der drei Kriterien.[423] Dies ist im Grundsatz zu befürworten, sofern die kombinierte Anwendung nicht in einem Bereich erfolgt, in dem dies zu widersprüchlichen Ergebnissen führt.[424]

Für die Praxis wird hier daher vorgeschlagen, eine gewisse Gewichtung der einzelnen Aspekte vorzunehmen. So bietet es sich an, als Ausgangspunkt für

---

418 *Freericks*, DStR 1969, 691 (693).

419 *Kronner*, S. 17; *Kählert/Lange*, BB 1993, 613 (618).

420 *Bentele,* S. 22; vgl. auch BFH BStBl II 1987, 728 (731).

421 *Sontheimer*, DStR 1983, 350 (353).

422 *Kronner*, S. 22 ff.; *v. Keitz*, S. 46; MüKo-HGB/*Ballwieser*, § 247 HGB, Rn. 24; *Bentele*, S. 22 f.; vgl. auch *Kählert/Lange*, BB 1993, 613 (618); HdJ (Stand 1990)/ *Richter*, Abt. II/2, Rn. 21.

423 BFH BStBl II 1987, 728 (731); BStBl II 1987, 787 (788); BStBl. II 2009, 421 (423).

424 *Bentele*, S. 23.

die Abgrenzung die Funktion der körperlichen Komponente zu wählen.[425] Diese Vorgehensweise ist vor allem im Bereich der Immaterialgüterrechte vorzuziehen. Bei diesen hat eine körperliche Komponente – sofern sie denn überhaupt vorliegt – in der Regel nur eine untergeordnete Trägerfunktion. Problematisch wäre es allerdings automatisch von einem materiellen Gut auszugehen, wenn die materielle Komponente über die bloße Trägerfunktion hinausgeht, der Wertanteil bzw. das wirtschaftliche Interesse des Erwerbers an der immateriellen Komponente aber eindeutig überwiegt.[426] Daher erscheint es in einem solchen Fall sinnvoll, das wirtschaftliche Interesse und die Wertrelation als weitere Kriterien zur Abgrenzung heranzuziehen.

Dass dabei ein gewisses Ermessen bei der Abgrenzung verbleibt, liegt in der Natur der Sache. Denn letztlich setzt sich jedes Gut und jeder Vermögensgegenstand aus immateriellen und materiellen Werttreibern zusammen, womit jedwede Grenzziehung eine künstliche und damit in gewisser Weise vom Ermessen getragene Unterteilung darstellt.[427]

(b) Besonderheiten bei unmittelbarem Zusammenhang mit der Herstellung, Beschaffung oder Nutzung einer Sachanlage

Neben der Zuordnung von Verbundgütern ist zudem zu beachten, dass eigentlich immaterielle Vermögensgegenstände, die unmittelbar mit der Herstellung, Beschaffung oder Nutzung einer Sachanlage in Zusammenhang stehen, nicht separat ausgewiesen werden.[428] Sie werden den Herstellungskosten der Sachanlage zugeordnet. Beispiele sind Baugenehmigungen oder Konzessionen, die für den Betrieb einer Anlage notwendig sind.

(2) Einordnung als selbst geschaffen

Ob ein immaterieller Vermögensgegenstand dem Ansatzwahlrecht in § 248 Abs. 2 S. 1 HGB bzw. dem Ansatzverbot des § 248 Abs. 2 S. 2 HGB unterliegt, ist darüber hinaus von seiner Einordnung als „selbst geschaffen“ abhängig. Für nicht selbst geschaffene immaterielle Vermögensgegenstände besteht also kein Ansatzverbot

---

425 A.A. BFH BStBl. II 2009, 421 (423), der das wirtschaftliche Interesse und die Wertrelation als vorrangig ansieht.

426 Vgl. *Kronner*, S. 17.

427 *Kählert/Lange*, BB 1993, 613 (618).

428 HdJ (Stand 1990)/*Richter*, Abt. II/2, Rn. 22; *Baetge/Kirsch/Thiele*, S. 246.

oder Ansatzwahlrecht, so dass sie, dem Vollständigkeitsgebot in § 246 Abs. 1 HGB folgend, immer zu aktivieren sind (Ansatzpflicht).

Das Gesetz spricht seit dem BilMoG nicht mehr von „nicht entgeltlich erworbenen", sondern von „selbst geschaffenen" immateriellen Vermögensgegenständen des Anlagevermögens. Der Anwendungsbereich von § 248 Abs. 2 HGB ist dadurch – unabhängig von seinen inhaltlichen Neuerungen – verengt worden. Denn es werden nicht mehr alle unentgeltlich erworbenen Vermögensgegenstände erfasst, sondern nur noch selbst geschaffene. Demnach kommt es nach hier vertretener Auffassung auch nicht mehr darauf an, ob eine Gegenleistung erbracht worden ist. *Förschle/Usinger*[429] wollen dagegen trotzdem auf die bisherige Auslegung zu § 248 Abs. 2 HGB a.F. zurückgreifen und alle nicht entgeltlich erworbenen Vermögensgegenstände als selbst geschaffen klassifizieren.

Bestand ein Vermögensgegenstand aber schon vor einem nicht entgeltlichen Erwerb, kann er vom Wortsinn her schon nicht selbst geschaffen sein. Eine weitere Auslegung würde also gegen den Wortlaut von § 248 Abs. 2 HGB verstoßen. Die äußerste Grenze für die Auslegung bildet aber immer der mögliche Wortsinn einer Vorschrift.[430] Eine direkte Übertragung der bisherigen Abgrenzung ist daher nach hier vertretener Auffassung unzulässig.

Liegt die Entgeltlichkeit eines Erwerbes allerdings vor, so führt dies immer dazu, dass ein immaterieller Vermögensgegenstand nicht „selbst geschaffen" worden sein kann.[431] Von einem entgeltlichen Erwerb ist dabei grundsätzlich auszugehen, wenn ein immaterieller Vermögensgegenstand dem Vermögen des Bilanzierenden aufgrund einer Gegenleistung an einen Dritten zugegangen ist und das Entgelt nicht nur für die Inanspruchnahme von Leistungen eines Dritten bei der eigenen Herstellung gezahlt wurde.[432] Das gängigste Beispiel hierfür stellt der Kauf dar.

Dem früheren § 248 Abs. 2 HGB a.F. unterfiel hingegen aufgrund der Unentgeltlichkeit bspw. auch die Schenkung.[433] Da es sich bei geschenkten Vermögensgegenständen schon sinngemäß nicht um „selbst geschaffene" handeln

429 Beck-BiKo/*Förschle/Usinger*, § 248 HGB, Rn. 13.

430 *Zippelius*, S. 61.

431 *Baetge/Kirsch/Thiele*, S. 168, 248.; Baumbach/Hopt/*Merkt*, § 248 HGB, Rn. 4.

432 Bonn-HdR/*Kupsch*, § 248 HGB, Rn. 21, 23; *Adler/Düring/Schmaltz*, § 248 HGB, Rn. 22; *Baetge/Kirsch/Thiele*, S. 168.

433 Beck-HdR/*Fasselt/Brinkmann*, B 211, Rn. 29; *Adler/Düring/Schmaltz*, § 248 HGB, Rn. 17; Baetge/Kirsch/Thiele/*Hömberg/König*, § 248 HGB, Rn. 44.

kann,[434] wird ein in dieser Weise zugegangener immaterieller Vermögensgegenstand vom neuen § 248 Abs. 2 HGB nicht mehr erfasst. Er ist, dem Vollständigkeitsgebot folgend, zu aktivieren.

Dasselbe gilt für die früher teilweise sehr umstrittene[435] Frage der Aktivierung von getauschten immateriellen Vermögenswerten. Insbesondere wenn es sich bei beiden Tauschobjekten um selbst geschaffene bislang noch nicht bilanzierte immaterielle Vermögensgegenstände handelte, wurde die Entgeltlichkeit teilweise verneint.[436] Darauf kommt es jetzt aber nicht mehr an: Ein Vermögensgegenstand, der durch Tausch übertragen wird, wird – unabhängig davon, ob er vorher bilanziert war oder nicht – nicht selbst geschaffen, da er schon vorher beim Tauschpartner bestand.

Auch in den Fällen, in denen der Vermögensgegenstand erst aufgrund des Erwerbes entsteht – wie bei der vertraglichen Nutzungsüberlassung, bspw. in Form einer Lizenz – gilt nichts anderes. So handelt es sich in diesem Fall nur für den Lizenznehmer nicht um einen selbst geschaffenen Vermögensgegenstand.[437] Er hat die Nutzungserlaubnis nicht selbst geschaffen, sondern sie wird ihm vom Lizenzgeber eingeräumt. Es handelt sich also um einen abgeleiteten Erwerb. Auch eine kostenlose und damit unentgeltliche Lizenz ist daher entgegen der früheren Rechtslage[438] nicht als selbst geschaffen einzuordnen.

Regelmäßig selbst geschaffen ist allerdings ein Vermögensgegenstand, der im Rahmen eines Dienstvertrages (§ 611 BGB) erstellt wurde. Er galt auch im Rahmen von § 248 Abs. 2 HGB a.F. schon als unentgeltlich erworben.[439] Bei einem Dienstvertrag wird nur die Vornahme einer Tätigkeit geschuldet.[440] Diese trägt in der Regel nur zur Selbsterstellung des Auftraggebers bei.[441] Das Risiko, dass ein Erfolg herbeigeführt wird, also ein Vermögensgegenstand entsteht, trägt der Auftraggeber selbst, so als würde nur er selbst sich um die Erstellung kümmern.[442] Dann ist es aber auch gerechtfertigt, den Auftraggeber als Hersteller

---

434 *Baetge/Kirsch/Thiele*, S. 168.

435 Vgl. hierzu bspw. Bonn-HdR/*Kupsch*, § 248 HGB, Rn. 27; *Adler/Düring/Schmaltz*, § 248 HGB, Rn. 16; *Bentele*, S. 31; *Tafelmeier*, S. 97 f.

436 Baumbach/Hopt/*Merkt*, 33. A., § 248 HGB, Rn. 3; *Tafelmeier*, S. 97 f.

437 Beck-BiKo/*Grottel/Gadek*, § 255 HGB, Rn. 36.

438 Hierzu *Adler/Düring/Schmaltz*, § 248 HGB, Rn. 22.

439 *v. Keitz*, S. 40 f.; *Lutz-Ingold*, S. 77 f.; Müko-HGB/*Ballwieser*, § 248 HGB, Rn. 15.

440 Palandt/*Sprau*, Einf. v § 631 BGB, Rn. 8.

441 Müko-AktG/*Hennrichs*, § 248 HGB, Rn. 18.

442 Bonn-HdR/*Kupsch*, § 248 HGB, Rn. 23.

zu sehen. Denn wer das Herstellungsrisiko trägt und das Herstellungsgeschehen beherrscht, ist der Hersteller.[443] Der so erstellte immaterielle Vermögensgegenstand ist also für den Auftraggeber als „selbst geschaffen" i.S.v. § 248 Abs. 2 HGB einzuordnen.

Wird der immaterielle Vermögensgegenstand hingegen aufgrund eines Werkvertrages (§ 631 BGB) im Auftrag erstellt, so ist die Herstellung des Vermögensgegenstandes als Erfolg sowie dessen anschließende Verschaffung geschuldet.[444] In diesem Fall trägt der Auftragnehmer das Herstellungsrisiko. Es handelt sich folglich regelmäßig um einen entgeltlich erworbenen[445] und damit schon nicht um einen selbst geschaffenen immateriellen Vermögensgegenstand. Bestimmt der Auftraggeber allerdings federführend Planung und Gestaltung des Werkes und/oder trägt das Herstellungsrisiko, ist wiederum regelmäßig von einer Selbsterstellung und damit auch von einem selbst geschaffenen immateriellen Vermögensgegenstand auszugehen.[446]

Auch konzernintern erworbene immaterielle Vermögensgegenstände sind aufgrund der rechtlichen Selbstständigkeit der einzelnen Unternehmen (entgeltlich) erworben und folglich nicht selbst geschaffen.[447] Sie unterfallen daher früher wie heute nicht § 248 Abs. 2 HGB. Ggf. hat allerdings aus Objektivierungsgründen der Wertansatz zum niedrigeren beizulegenden Wert i.S.v. § 253 Abs. 3 S. 3 HGB zu erfolgen.[448]

Im Rahmen eines Unternehmenserwerbs zugegangene immaterielle Vermögensgegenstände können sinngemäß schon nicht selbst geschaffen sein. § 248 Abs. 2 HGB ist also genauso wie vor[449] dem BilMoG, nicht auf sie anwendbar.

Bringt ein Gesellschafter einen immateriellen Vermögensgegenstand in ein Unternehmen ein, handelt es sich ebenso nicht um einen selbst geschaffenen. Der Vermögensgegenstand bestand auch in diesem Fall schon vorher. Auf die früher

---

443 BFH BStBl. II 1992, 725 (726); vgl. auch IDW RS HFA 11.9 ff.

444 Palandt/*Sprau*, Einf. v § 631 BGB, Rn. 1.

445 *v. Keitz*, S. 41; *Lutz-Ingold*, S. 78.

446 *Adler/Düring/Schmaltz*, § 248 HGB, Rn. 22; Müko-HGB/*Ballwieser*, § 248 HGB, Rn. 14.

447 Bonn-HdR/*Kupsch*, § 248 HGB, Rn. 29; differenzierend Müko-AktG/*Hennrichs*, § 248 HGB, Rn. 23.

448 Vgl. *Adler/Düring/Schmaltz*, § 248 HGB, Rn. 15; Bonn-HdR/*Kupsch*, § 248 HGB, Rn. 29; Müko-HGB/*Ballwieser*, § 248 HGB, Rn. 16; zum niedrigeren beizulegenden Wert siehe unter D.I.3.c.bb.

449 Dazu Beck-BiKo (6. Auflage)/*Förschle*, § 248 HGB, Rn. 13.

von der h.M.[450] vorgenommene Differenzierung im Hinblick auf die Entgeltlichkeit eines solchen Erwerbes kommt es nach hier vertretener Ansicht also nicht mehr an.

Werden nicht selbst geschaffene Vermögensgegenstände weiterverarbeitet oder -bearbeitet, ist für die Einordnung entscheidend, ob der ursprüngliche Vermögensgegenstand erhalten bleibt.[451] Ist dies der Fall, handelt es sich bei den weiteren Kosten für die Bearbeitung um nachträgliche Herstellungskosten.[452] Geht der ursprüngliche Vermögensgegenstand unter, ist hingegen der gesamte (neue) Vermögensgegenstand als selbst geschaffen einzustufen.

(3) Anlagevermögen

Zu beachten ist, dass § 248 Abs. 2 HGB nur für selbst geschaffene Vermögensgegenstände des Anlagevermögens gilt. Für selbst geschaffene immaterielle Vermögensgegenstände des Umlaufvermögens gilt dem Vollständigkeitsgebot aus § 246 Abs.1 S.1 HGB entsprechend ein generelles Ansatzgebot. Gem. § 247 Abs. 2 HGB handelt es sich bei Anlagevermögen in Abgrenzung zum Umlaufvermögen um solche Vermögensgegenstände, die dazu bestimmt sind, dem Geschäftsbetrieb dauernd zu dienen. Entscheidend für die Abgrenzung ist demnach die objektiv betriebliche Zweckbestimmung mit der ein Vermögensgegenstand eingesetzt wird: Sie muss der Eigenart und dem Geschäftsgegenstand des Unternehmens entsprechen.[453] Anlagevermögen wird gebraucht, ist also für eine regelmäßige oder zumindest mehrmalige Nutzung vorgesehen.[454] Unter „dauernd" ist demnach nicht für immer, sondern nur für eine bestimmte längere Zeit zu verstehen.[455] Umlaufvermögen dagegen wird einmalig, bspw. durch Verarbeitung oder Verkauf, verbraucht.[456]

cc. Anwendungsbereich des neuen Ansatzverbotes in § 248 Abs. 2 S. 2 HGB

Für selbst geschaffene Marken, Drucktitel, Verlagsrechte und Kundenlisten wird durch ihre Nennung in § 248 Abs. 2 S. 2 HGB unwiderleglich vermutet, dass

---

450 Siehe bspw. Baetge/Kirsch/Thiele/*Hömberg/König*, § 248 HGB, Rn. 46; Bonn-HdR/*Kupsch*, § 248 HGB, Rn. 28.

451 Baetge/Kirsch/Thiele/*Hömberg/König*, § 248 HGB, Rn. 38.

452 Siehe hierzu unter D.I.2.c.cc.

453 BFH BStBl. II 1975, 352 (353); MüKo-AktG/*Hennrichs*, § 247 HGB, Rn. 13; Beck-BiKo/*Kozikowski/F. Huber*, § 247 HGB, Rn. 351.

454 *Koller/Roth/Morck*, § 247 HGB, Rn. 4; MüKo-HGB/*Ballwieser*, § 247 HGB, Rn. 14.

455 Baumbach/Hopt/*Merkt*, § 247 HGB, Rn. 5.

456 Ebenroth/Boujong/Joost/Strohn/*Wiedmann*, § 247 HGB, Rn. 14; *Koller/Roth/Morck*, § 247 HGB, Rn. 4.

sie nicht verlässlich bewertet werden können und deshalb nicht aktiviert werden dürfen.

Fraglich ist allerdings, in welchem Fall mit ihnen vergleichbare selbst geschaffene immaterielle Vermögensgegenstände vorliegen. Um vergleichbar zu sein, müsste es sich ausweislich der Gesetzesbegründung um nicht zweifelsfrei vom Geschäfts- und Firmenwert abgrenzbare[457] und damit nicht verlässlich[458] bewertbare Sachverhalte handeln. Eine dahingehende Feststellung kann aber regelmäßig nur für den Einzelfall getroffen werden. Daher sind nach hier vertretener Auffassung alle selbst geschaffenen immateriellen Vermögensgegenstände auf ihre verlässliche Bewertbarkeit hin zu überprüfen[459], um eine etwaige Vergleichbarkeit auszuschließen. Ist ein selbst geschaffener immaterieller Vermögensgegenstand nicht verlässlich bewertbar, ist er demnach vergleichbar i.S.v. § 248 Abs. 2 S. 2 HGB und unterliegt dem Ansatzverbot. Das Erfordernis der verlässlichen Bewertbarkeit in § 248 Abs. 2 S. 2 HGB dient damit der Bewertungsobjektivierung: Es verhindert den Ansatz von selbst geschaffenen immateriellen Vermögensgegenständen des Anlagevermögens, denen nur ein willkürlicher nicht klar vom Geschäfts- oder Firmenwert abgrenzbarer Wert beigemessen werden kann. Diese selbst geschaffenen immateriellen Vermögensgegenstände sollen nach Auffassung des Gesetzgebers nicht aktivierbar sein.[460]

Aufgrund der offenen Formulierung in § 248 Abs. 2 S. 2 HGB („oder vergleichbare“) sind folglich alle selbst geschaffenen immateriellen Vermögensgegenstände nach hier vertretener Auffassung auf der Ebene der konkreten Aktivierungsfähigkeit auf ihre verlässliche Bewertbarkeit hin zu überprüfen.

Ob ein selbst geschaffener immaterieller Vermögensgegenstand verlässlich bewertet werden kann, ist dabei anhand der Bewertungsvorschriften zu überprüfen. Im konkreten Einzelfall müssen also genügend Informationen zu einem selbst geschaffenen immateriellen Vermögensgegenstand vorliegen, um den

---

457 BT-Drs. 16/12407, S. 85; BT-Drs. 16/10067, S. 50; vgl. auch Baumbach/Hopt/*Merkt*, § 248 HGB, Rn. 4.

458 Vgl. *Arbeitskreis „Immaterielle Werte im Rechnungswesen“ der Schmalenbach-Gesellschaft*, DB 2008, 1813 (1816); vgl. auch *Hennrichs*, DB 2008, 537 (540).

459 Vgl. *Küting/Ellmann*, S. 269; Bonn-HdR/*Kirsch*, § 246 HGB (BilMoG), Rn. 77; *Arbeitskreis „Immaterielle Werte im Rechnungswesen“ der Schmalenbach-Gesellschaft*, DB 2008, 1813 (1816); Baumbach/Hopt/*Merkt*, § 248 HGB, Rn. 4, die es allerdings als Kriterium der Vermögensgegenstandseigenschaft sehen.

460 BT-Drs. 16/12407, S. 85.

Bewertungsmaßstab ausfüllen zu können und eine verlässliche und damit hinreichend objektive Wertermittlung zu gewährleisten.

dd. Besonderheiten des Ansatzes von immateriellen Vermögensgegenständen in der Entstehung

(1) Allgemein

Da selbst geschaffenen immateriellen Vermögensgegenständen oft ein längerer Entstehungsprozess zugrunde liegt, stellt der Zeitpunkt ihrer Aktivierung ein besonderes Problem dar.[461] Wegen der Aufhebung des Ansatzverbotes für selbst geschaffene immaterielle Vermögensgegenstände des Anlagevermögens hatte der Gesetzgeber dies auch im Rahmen der Neuerungen durch das BilMoG zu berücksichtigen. Immaterialgüterrechte stellen zwar regelmäßig das Endergebnis eines Entstehungsprozesses dar, weswegen ihr Aktivierungszeitpunkt normalerweise mit der Entstehung des Rechts zusammenfällt und insofern keine Probleme aufwirft. Der Zeitpunkt der erstmaligen Aktivierung von Zwischenergebnissen eines sich in der Entstehung befindlichen Immaterialgüterrechts bleibt aber trotzdem fraglich. Er kann sich zudem entscheidend auf die Höhe der bei der Bewertung[462] zu berücksichtigenden Herstellungskosten auswirken.

(2) Abgrenzung Forschung und Entwicklung

Gem. § 255 Abs. 2 S. 4 HGB dürfen Forschungskosten nicht mit in die Herstellungskosten einbezogen werden. Aus dieser Bewertungsvorschrift resultiert damit indirekt, dass Forschungsaktivitäten nicht aktivierbar sind.[463] Vielmehr stellen nach § 255 Abs. 2a S. 1 HGB nur die Entwicklungskosten eines selbst geschaffenen immateriellen Vermögensgegenstandes des Anlagevermögens dessen Herstellungskosten dar. Der Entstehungsprozess ist analog zu den IFRS (IAS 38.52[464]) im HGB in eine Forschungs- und eine Entwicklungsphase zu unterteilen. Um die Phasen voneinander abgrenzen zu können, wurden Forschung und Entwicklung im Zuge des BilMoG in § 255 Abs. 2a S. 2 und S. 3 HGB in

---

461 BT-Drs. 16/10067, S. 60; *Arbeitskreis Bilanzrecht der Hochschullehrer Rechtswissenschaft*, BB 2008, 152 (158); *Arbeitskreis „Immaterielle Werte im Rechnungswesen" der Schmalenbach-Gesellschaft*, DB 2008, 1813 (1816).

462 Siehe dazu unten D.I.2.c.

463 Bonn-HdR/*Kirsch*, § 246 HGB (BilMoG), Rn. 56; Baetge/Kirsch/Thiele/*Kahle/Haas*, § 255 HGB, Rn. 212.1.

464 Siehe unter C.II.3.b.

Anlehnung an IAS 38.8[465] und das deutsche Steuerrecht (§ 51 Abs. 1 Nr. 2 u aa-cc EstG)[466] gesetzlich definiert.

Unter Forschung wird nach § 255 Abs. 2a S. 3 HGB die eigenständige und planmäßige Suche nach neuen wissenschaftlichen oder technischen Erkenntnissen bzw. Erfahrungen allgemeiner Art verstanden, deren technische und wirtschaftliche Verwertbarkeit allerdings noch unklar ist. Entwicklung ist nach § 255 Abs. 2a S. 2 HGB dagegen die Anwendung von Forschungsergebnissen oder von anderem Wissen im Rahmen der Neuentwicklung oder wesentlichen Weiterentwicklung von Gütern oder Verfahren. Güter und Verfahren sind dabei weit zu fassen: Es fallen u.a. Materialien, Produkte, Know-How, Dienstleistungen, Produktions- und Herstellungsverfahren sowie auch geschützte Rechte hierunter.[467] Der Gesetzgeber unterstellt demnach eine gewisse Abfolge, die ein immaterieller Vermögensgegenstand von der Forschung über die Entwicklung bis zu seiner Fertigstellung durchläuft.[468] Die Unterscheidung hinsichtlich der Aktivierbarkeit lässt sich vor allem damit begründen, dass in der Forschungsphase eine sichere Aussage über das tatsächliche spätere Entstehen eines immateriellen Vermögensgegenstands des Anlagevermögens regelmäßig noch nicht getroffen werden kann.[469] Sollten die Forschungsergebnisse entgegen dieser Annahme doch einzeln verwertbar sein und damit einen Vermögensgegenstand darstellen, dürfen sie trotzdem nicht aktiviert werden.[470]

Umso wichtiger ist daher die Bestimmung des Übergangszeitpunkts von Forschung zur Entwicklung. Ein eindeutiges Abgrenzungskriterium hierfür existiert nicht.[471] Vielmehr hat die Bestimmung für jeden Einzelfall gesondert zu erfolgen.[472] Wobei im Grundsatz der Übergang vom systematischen Suchen zum Proben und Testen der gewonnenen Erkenntnisse und Fertigkeiten den Zeitpunkt markiert.[473] In der Gesetzesbegründung werden zur Abgrenzung explizit Beispiele für beide Phasen aufgezählt, die sich inhaltlich ebenso wie die Definitionen für

---

465 Siehe unter C.II.3.b.

466 So BT-Drs. 16/10067, S. 60.

467 BT-Drs. 16/10067, S. 60.

468 *Arbeitskreis „Immaterielle Werte im Rechnungswesen" der Schmalenbach-Gesellschaft*, DB 2008, 1813 (1816); Bonn-HdR/*Kirsch*, § 246 HGB (BilMoG), Rn. 57.

469 BT-Drs. 16/10067, S. 60.

470 *Küting/Ellmann*, S. 270; *Küting/Ellmann*, DStR 2010, 1300 (1300).

471 *Baetge/Kirsch/Thiele*, S. 253.

472 BT-Drs. 16/10067, S. 60.

473 BT-Drs. 16/10067, S. 61.

Forschung und Entwicklung eng an IFRS und damit an IAS 38[474] orientieren:[475] Als Forschungsaktivitäten sind demnach z.B. alle auf Erlangung neuer Erkenntnisse ausgerichtete Aktivitäten einzuordnen. Ebenso fällt die Suche nach Alternativen für Materialien, Vorrichtungen, Produkte, Verfahren, Systeme oder Dienstleistungen hierunter. Hingegen sind der Entwurf, die Konstruktion und das Testen von Prototypen oder Modellen sowie von gewählten Alternativen von Materialien, Vorrichtungen, Produkten, Verfahren, Systemen oder Dienstleistungen als Entwicklung einzustufen. Kurz gesagt, ist Forschung also die Suche nach neuen Wegen, während Entwicklung deren Anwendung bedeutet.[476]

Wegen der fließenden Übergänge ist die Abgrenzung allerdings oft problematisch, was umso mehr gilt, wenn Forschungs- und Entwicklungsphase nicht nacheinander liegen, sondern miteinander verwoben sind.[477] Besonders im letzteren Fall ist im besonderen Maße eine hinreichend präzise Abgrenzung der – sich ggf. abwechselnden – einzelnen Forschungs- und Entwicklungsschritte erforderlich.[478]

Können Forschung und Entwicklung nicht verlässlich voneinander getrennt werden, so ist eine Aktivierung insgesamt ausgeschlossen, § 255 Abs. 2a S. 4 HGB. Von der Verlässlichkeit der Unterscheidung ist nach der Gesetzesbegründung dann auszugehen, wenn der Übergang von Forschung zur Entwicklung hinreichend plausibel und nachvollziehbar dargelegt werden kann und auch sonst nichts gegen die klare Trennbarkeit der beiden Phasen spricht.[479] Es ist also in jedem Fall eine hinreichende Dokumentation der nachgewiesenen Trennbarkeit erforderlich.[480] Eine Bilanzierungspraxis für die Abgrenzung muss sich zwangsläufig erst noch herausbilden.

Da die Abgrenzung sich im Einzelfall aufwändig gestaltet, wird ein ausgereiftes F&E-Controlling notwendig sein, wenn von dem Aktivierungswahlrecht in § 248 Abs. 2 S. 1 HGB Gebrauch gemacht werden soll.[481] Dafür ist Voraussetzung, dass im Rahmen der Kostenrechnung konkrete Kostenstellen

---

474 Siehe unter C.II.3.b.

475 BT-Drs. 16/10067, S. 60 f.

476 *Küting/Ellmann*, DStR 2010, 1300 (1300).

477 *Küting/Ellmann*, S. 270 f.; vgl. auch BT-Drs. 16/10067, S. 61; *Mindermann*, WPg 2008, 273 (276).

478 Bonn-HdR/*Kirsch*, § 248 HGB (BilMoG), Rn. 57.

479 BT-Drs. 16/10067, S. 61.

480 Baumbach/Hopt/*Merkt*, § 255 HGB, Rn. 22; Bonn-HdR/*Kirsch*, § 248 HGB (BilMoG), Rn. 49.

481 *Hüttche*, StuB 2008, 163 (168).

bestimmt werden, innerhalb derer Forschung und Entwicklung abgegrenzt sind und dass die Kostenträgerrechnung projektbezogen erfolgt.[482] Sollten diese erhöhten Anforderungen an die Organisation und Aufzeichnung nicht nachgewiesen werden, darf eine Aktivierung nicht vorgenommen werden.[483]

Ermessensspielräume werden bei der Abgrenzung allerdings trotzdem verbleiben.[484]

(3) Festlegung des Aktivierungszeitpunktes

Die so abgegrenzten Entwicklungsaktivitäten sind aber nicht in jedem Fall aktivierbar. Vielmehr müssen auch sie selbstständig verwertbar sein, also die Vermögensgegenstandseigenschaft erfüllen, um aktiviert werden zu können.[485] Gleichwohl ist nicht Voraussetzung, dass der angestrebte immaterielle Vermögensgegenstand (bspw. ein Patent) als Endergebnis der Entwicklung schon fertiggestellt ist.[486] Vielmehr sind auch Zwischenergebnisse bei Erfüllung der Vermögensgegenstandsdefinition aktivierbar.[487]

Teilweise[488] wird allerdings schon die hohe Wahrscheinlichkeit der späteren Entstehung eines immateriellen Vermögensgegenstandes als ausreichend

---

482 *Seidel/Grieger/Muske,* BB 2009, 1286 (1289).

483 *Theile*, § 255 HGB, Rn. 12; Baetge/Kirsch/Thiele/*Kahle/Haas*, § 255 HGB, Rn. 219.

484 *Hennrichs*, DB 2008, 537 (540); *Bieg/Kußmaul/Petersen/Waschbusch/Zwirner*, S. 48; *Hüttche*, StuB 2009, 409 (411); *Scheren*, S. 678; Grünewald/Köllner/*Petersen*/ Wurzer/*Zwirner*, S. 67, 87.

485 *Baetge/Kirsch/Thiele*, S. 254; *Theile*, WPg 2008, 1064 (1066 ff.); *Lüdenbach/ Hoffmann*, StuB 2009, 287, (292 f.); Bonn-HdR/*Kirsch*, § 246 HGB (BilMoG), Rn. 36, 66; Baumbach/Hopt/*Merkt*, § 255 HGB, Rn. 22; HdR/*Baetge/Fey/Weber/Sommerhoff*, § 248 HGB, Rn. 19; *Hoffmann/Lüdenbach*, § 246 HGB, Rn. 18; § 255 HGB, Rn. 136; *Küting/Ellmann*, DStR 2010, 1300 (1303); vgl. auch schon *Arbeitskreis „Immaterielle Werte im Rechnungswesen" der Schmalenbach-Gesellschaft*, DB 2001, 989 (992 f.).

486 *Küting/Ellmann*, S. 272.

487 *Theile*, WPg 2008, 1064 (1068).

488 *Coenenberg/Haller/Schultze*, S. 178; *Bertram*/Brinkmann/Kessler/Müller, § 248 HGB, Rn. 17; *Schildbach*, S. 118 f.; Kessler/Leinen/Strickmann/*van Hall/Kessler*, S. 146; Baetge/Kirsch/Thiele/*Kahle/Haas*, § 255 HGB, Rn. 212.2; Grünewald/ Köllner/*Petersen*/Wurzer/*Zwirner*, S. 64 f.; HdB/*Kußmaul*, 73, Rn. 53; *Laubach/ Kraus/Bornhofen*, DB 2009, Beilage 5, 19 (22); *Boeker/Künkele*, IRZ 2010, 484 (485); *Philipps*, § 248 HGB, S. 72; vgl. in Bezug auf den RegE *Dobler/Kurz*, KoR 2008, 485 (487); *Hoffmann/Lüdenbach*, Beihefter zu DStR 30 2008, 49 (53); *Arbeitskreis „Immaterielle Werte im Rechnungswesen" der Schmalenbach-Gesellschaft*, DB 2008, 1813 (1817).

für die Aktivierung von Entwicklungsaktivitäten gesehen. Diese Ansicht geht augenscheinlich auf den Regierungsentwurf des BilMoG und die dazugehörige Gesetzesbegründung zurück. So sprach § 255 Abs. 2a S. 1 HGB-RegE noch von der Aktivierung der Herstellungskosten, die bei der Entwicklung anfallen. Daraus wurde in der Gesetzesbegründung des Regierungsentwurfes geschlossen, dass ein selbst geschaffener immaterieller Vermögensgegenstand noch nicht vorliegen müsse, sondern vielmehr die hohe Wahrscheinlichkeit seiner Entstehung für die Aktivierung von Entwicklungstätigkeiten ausreiche.[489] Wobei zum Nachweis eine hinreichende Dokumentation notwendig sein sollte.[490] Folgt man dem, wäre auch die Aktivierung eines Noch-Nicht-Vermögensgegenstandes – also eines *nasciturus*[491] –möglich. § 255 Abs. 2a S. 1 HGB wäre entgegen seiner Stellung im Gesetz eine gesonderte Ansatzvorschrift.[492]

An dieser Deutung bestanden aber schon aufgrund des auch innerhalb der Begründung des Regierungsentwurfes zu § 248 HGB geforderten[493] Vorliegens eines Vermögensgegenstandes als grundlegende Aktivierungsvoraussetzung ernsthafte Zweifel.[494] Zumindest sofern die Vertreter dieser Ansicht die Schlussfolgerung auch für die endgültige Gesetzesfassung vertreten wollen,[495] kann dem nach hier vertretener Auffassung nicht zugestimmt werden.[496] So wurde aus § 255 Abs. 2a S. 1 HGB der Hinweis auf die Aktivierung von Entwicklungskosten entfernt. Er spricht nun nur noch davon, dass die Herstellungskosten eines selbst geschaffenen immateriellen Vermögensgegenstands seine Entwicklungskosten sind. Ausweislich der Gesetzesbegründung des Rechtsausschusses erfolgte dies, um klarzustellen, dass es sich bei § 255 Abs. 2a HGB gerade nicht um eine Ansatz-, sondern um eine Bewertungsvorschrift handelt.[497] Zusätzlich sah sich der

489 BT-Drs. 16/10067, S. 60.

490 BT-Drs. 16/10067, S. 60.

491 *Lüdenbach/Hoffmann*, StuB 2009, 287, (292).

492 Theile, WPg 2008, 1064 (1067); Baumbach/Hopt/*Merkt*, § 255 HGB, Rn. 22.

493 BT-Drs. 16/10067, S. 50.

494 Theile, WPg 2008, 1064 (1067); *Stibi/Fuchs*, DB 2009, Beilage 5, 9 (13).

495 So *Coenenberg/Haller/Schultze*, S. 178; *Bertram*/Brinkmann/Kessler/Müller, § 248 HGB, Rn. 17; *Laubach/Kraus/Bornhofen*, DB 2009, Beilage 5, 19 (22); *Schildbach*, S. 118 f.; Kessler/Leinen/Strickmann/*van Hall/Kessler*, S. 146; Baetge/Kirsch/Thiele/*Kahle/Haas*, § 255 HGB, Rn. 212.2; Grünewald/Köllner/*Petersen*/Wurzer/*Zwirner*, S. 64 f.

496 Vgl. auch *Lüdenbach/Hoffmann*, StuB 2009, 287, (292 f.); *Stibi/Fuchs*, DB 2009, Beilage 5, 9 (13); Baumbach/Hopt/*Merkt*, § 255 HGB, Rn. 22.

497 BT-Drs. 16/12407, S. 86.

Rechtsausschuss auch gezwungen, in der Begründung zu § 248 HGB noch einmal klarstellend darauf hinzuweisen, dass eine Aktivierung eines selbst geschaffenen immateriellen Vermögensgegenstandes des Anlagevermögens nur bei Vorliegen der Vermögensgegenstandseigenschaft infrage kommt.[498] Folglich haben auch Entwicklungskosten den allgemeinen Aktivierungsvoraussetzungen und damit der Vermögensgegenstandsdefinition zu genügen. § 255 Abs. 2a S. 1 HGB ist keine gesonderte Ansatzvorschrift. Ein Ansatz eines immateriellen Noch-Nicht-Vermögensgegenstands ist nicht möglich.

Gerade bei noch in der Entstehung befindlichen Gütern verbleibt allerdings die Schwierigkeit, den Zeitpunkt der Erfüllung der Vermögensgegenstandseigenschaft genau zu bestimmen. Es besteht deshalb weitestgehend Einigkeit darüber, dass eine Konkretisierung aus Objektivierungsgründen nötig ist.[499]

Im Regierungsentwurf des BMJ wurde noch explizit auf die Ansatzvoraussetzungen von IAS 38.57 für selbst hergestellte immaterielle Vermögenswerte als Indiz für das Vorliegen eines selbst geschaffenen immateriellen Vermögensgegenstands abgestellt.[500] Dieser Verweis findet sich in der Gesetzesbegründung des Regierungsentwurfes und der des endgültigen Gesetzes nicht mehr. Ein Rückgriff auf die IFRS wird also vom Gesetzgeber nicht gefordert.[501]

Gleichwohl bedeutet die Streichung der Verweise aus der Gesetzesbegründung aber keineswegs, dass die IFRS-Kriterien nicht Anhaltspunkte für das HGB liefern können.[502] Die IFRS dürfen zwar trotz der Annäherung des HGB an sie nicht automatisch zur Lückenfüllung herangezogen werden.[503] Wollte man dies anders sehen, würde man sich über den Willen des Gesetzgebers hinwegsetzen, der die

498 BT-Drs. 16/12407, S. 85.

499 *Arbeitskreis „Immaterielle Werte im Rechnungswesen" der Schmalenbach-Gesellschaft*, DB 2001, 989 (992); BMJ, BilMoG-RefE, S. 122; *Hennrichs*, DB 2008, 537 (538); *Hüttche*, StuB 2008, 163 (166); Bonn-HdR/*Kirsch*, § 246 HGB (BilMoG), Rn. 38; *Theile*, WPg 2008, 1064 (1068 f.); *Küting/Ellmann*, S. 272; *Philipps*, § 248 HGB, S. 72.

500 BMJ, BilMoG-RefE, S. 122.

501 Bonn-HdR/*Kirsch*, § 246 HGB (BilMoG), Rn. 49.

502 *Arbeitskreis „Immaterielle Werte im Rechnungswesen" der Schmalenbach-Gesellschaft*, DB 2008, 1813 (1817); *Küting/Ellmann*, S. 274. *Lüdenbach/Hoffmann*, StuB 2009, 287, (293); *Stibi/Fuchs*, DB 2009, Beilage 5, 9 (12); a.A. *Philipps*, § 248 HGB, S. 72, Fn. 58.

503 *Moxter*, WPg 2009, 7 (7 ff.); vgl. auch schon zum RefE des BilMoG *Zülch/Hoffmann*, DB 2008, 1053 (1055).

Eigenständigkeit des HGB mehrfach im Rahmen der Gesetzesbegründung zum BilMoG betont hat. So stellt er darauf ab, mit dem reformierten HGB eine voll- und gleichwertige, aber einfachere und kostengünstigere Alternative zu den IFRS bieten zu wollen, wobei die Eckpfeiler der handelsrechtlichen Rechnungslegung ebenso bestehen bleiben sollen, wie das handelsrechtliche System der GoB.[504] Die IFRS können aber – wie jedes andere Normensystem auch[505] – als Ideengeber für die GoB-konforme Auslegung der neuen HGB-Regelungen nutzbar gemacht werden. Zu Recht merken *Lüdenbach/Hoffmann*[506] an, dass „das Rad nicht neu erfunden werden muss". Nach hier vertretener Auffassung bilden die IFRS daher eine Erkenntnisgrundlage für die Ableitung von Lösungen für die HGB-Rechnungslegung, soweit sie mit den Grundsätzen des HGB in Einklang stehen.[507] Gerade in Bezug auf die mit dem BilMoG intendierte Annäherung an die IFRS ist dies ein gangbarer Weg.[508] Zumal Praxis und Wissenschaft auf Erfahrungswerte mit den IFRS-Anforderungen zurückgreifen können. Unternehmen, die einen IFRS-Konzernabschluss aufzustellen haben, werden in der Praxis ohnehin dazu neigen, Unterschiede zum HGB-Einzelabschluss durch IFRS-nahe Auslegung zu begrenzen, um sich Mehrarbeit zu ersparen.[509]

Von der Erfüllung der Vermögensgegenstandsdefinition kann daher bei einem sich noch in der Entwicklung befindlichen Vermögensgegenstand in Anlehnung an IAS 38.57 ausgegangen werden, wenn das Unternehmen Nachweise darüber erbringen kann, dass es die technische Fähigkeit, die Ressourcen und die Absicht und Möglichkeit zu seiner Fertigstellung und Verwertung sowie die Fähigkeit, ihn verlässlich zu bewerten, besitzt.[510] Da die Erfüllung der einzelnen Kriterien auf Einschätzungen des Managements beruht, ergeben sich auf diese Weise dieselben

504 BT-Drs. 16/10067, S. 1, 32, 34.

505 *Stibi/Fuchs*, DB 2009, Beilage 5, 9 (12).

506 *Lüdenbach/Hoffmann*, StuB 2009, 287 (293).

507 So auch *Hennrichs*, DB 2008, 537 (537 f.); *Hennrichs*, S. 595 ff.; *Hoffmann/Lüdenbach*, Beihefter zu DStR 30 2008, 49 (54); *Lüdenbach/Hoffmann*, StuB 2009, 287 (293); *Stibi/Fuchs*, DB 2009, Beilage 5, 9 (11 f.); Baetge/Kirsch/Thiele/*Kahle/Haas*, § 255 HGB, Rn. 217.1; Grünewald/Köllner/*Petersen*/Wurzer/*Zwirner*, S. 66.

508 Hierzu ausführlich Bonn-HdR/*Kirsch*, § 246 HGB (BilMoG), Rn. 38 ff.; vgl. auch *Arbeitskreis „Immaterielle Werte im Rechnungswesen" der Schmalenbach-Gesellschaft*, DB 2008, 1813 (1817); *Theile*, WPg 2008, 1064 (1069); *Wiechers*, BBK Fach 20, 2223 (2226).

509 *Heinrichs*, S:R 2008, 64 (65).

510 IAS 38.57; für Einzelheiten, siehe unten C.II.3.c.dd.

Ermessensspielräume wie im Rahmen der IFRS.[511] Da im neuen HGB ohnehin ein Ansatzwahlrecht besteht, sind die Konsequenzen allerdings nicht so gravierend wie in den IFRS, bei denen faktisch ein Ansatzwahlrecht besteht.[512]

Alternativ kann auch auf andere Konkretisierungsvorschläge für den Nachweis des Vorliegens eines Vermögensgegenstandes in der Entwicklung zurückgegriffen werden.[513] Man könnte die Konkretisierung also auch HGB-intern lösen. Die Sinnhaftigkeit hierfür erscheint in Anbetracht des Vorliegens erprobter Kriterien in den IFRS jedoch fraglich.[514] Der Bedarf von Hilfskriterien für den Ansatz von Entwicklungskosten wurde schon vor dem BilMoG durch die Befürworter einer Aufhebung des generellen Ansatzverbotes für selbst geschaffene immaterielle Vermögensgegenstände des Anlagevermögens im HGB gesehen. Diese könnten daher auch für die Konkretisierung nutzbar gemacht werden. Insbesondere haben der *Arbeitskreis „Immaterielle Werte im Rechnungswesen" der Schmalenbach-Gesellschaft für Betriebswirtschaft e.V.*[515] 2001 und auch der *DRSC*[516] 2002 in einer *de lege ferenda* Betrachtung Kriterienkataloge für die Aktivierungsfähigkeit von Entwicklungskosten vorgeschlagen.[517] Während sich der *DRSC*[518] dabei auch eng an den IFRS-Kriterien aus IAS 38.57 orientiert, stellt für den *Arbeitskreis „Immaterielle Werte" der Schmalenbach-Gesellschaft*[519] die Entwicklung im Rahmen eines konkreten Projektes das entscheidende Indiz für die Aktivierung dar. Hiernach ist erforderlich, dass es sich um ein abgrenz- und beschreibbares Projekt handelt, dessen erwarteter Nutzen darstellbar und dessen weitere Verfolgung sichergestellt ist.[520] Die Daten hierfür sind aus dem internen

---

511 Vgl. Grünewald/Köllner/*Petersen*/Wurzer/*Zwirner*, S. 68.

512 Siehe hierzu unten C.II.3.c.dd.

513 *Theile*, WPg 2008, 1064 (1069); *Arbeitskreis „Immaterielle Werte im Rechnungswesen" der Schmalenbach-Gesellschaft*, DB 2008, 1813 (1817).

514 So auch *Hoffmann/Lüdenbach*, Beihefter zu DStR 30 2008, 49 (55); *Lüdenbach/Hoffmann*, StuB 2009, 287 (293).

515 *Arbeitskreis „Immaterielle Werte im Rechnungswesen" der Schmalenbach-Gesellschaft*, DB 2001, 989 (992 f.).

516 DRS 12.A5.

517 Siehe hierzu auch *Hüttche*, StuB 2008, 163 (167) mit einem tabellarischen Vergleich der verschiedenen Kriterien mit IAS 38.57.

518 DRS 12.A5.

519 *Arbeitskreis „Immaterielle Werte im Rechnungswesen" der Schmalenbach-Gesellschaft*, DB 2001, 989 (992).

520 Vgl. hierzu ausführlich *Arbeitskreis „Immaterielle Werte im Rechnungswesen" der Schmalenbach-Gesellschaft*, DB 2001, 989 (992 f.).

Rechnungswesen zu gewinnen (*management approach*) und entsprechend zu dokumentieren.[521] Aufgrund des Rückgriffs auf unternehmensinterne Schätzungen des Managements bestehen allerdings auch hier dieselben Ermessensspielräume wie bei der Zugrundelegung der IFRS-Kriterien.

Interessant ist in diesem Zusammenhang, dass auch die Vertreter[522] der Ansicht, die eine hohe Wahrscheinlichkeit für die spätere Entstehung eines immateriellen Vermögensgegenstandes für die Aktivierung von Entwicklungszwischenergebnissen ausreichen lassen wollen, die hohe Wahrscheinlichkeit über einen Rückgriff auf die Kriterien des IAS 38.57 oder der *Schmalenbach-Gesellschaft* bestimmen wollen.

Es besteht also im Endeffekt kaum ein Unterschied zur hier vertretenen Aktivierung von Entwicklungs(zwischen)ergebnissen erst ab Erfüllung der Vermögensgegenstandsdefinition. Dies gilt umso mehr, wenn man mit der hier vertretenen Ansicht zum Vermögensgegenstandsbegriff für die selbstständige Verwertbarkeit auch objektivierte unternehmensinterne Verwertungshandlungen ausreichen lässt.[523] Letztlich stellt ohnehin jede Entscheidung über die selbstständige Verwertbarkeit eines Gutes im Rahmen der Unternehmensfortführung auch eine mit einer gewissen Unsicherheit behaftete Prognoseentscheidung dar.[524]

Im Ergebnis kommt es also für den Aktivierungszeitpunkt von sich bereits in der Entwicklungsphase befindlichen selbst geschaffenen immateriellen Gütern nur auf die Erfüllung der Vermögensgegenstandseigenschaft an. Gewisse konkretisierende Leitlinien des Gesetzgebers, an denen sich die Bilanzierenden für den Zeitpunkt der Erfüllung der Aktivierungsvoraussetzung orientieren könnten, wären indes hilfreich gewesen.[525] Diese würden auch helfen, die Aktivierung selbst geschaffener immaterieller Vermögensgegenstände weiter zu objektivieren[526] und so eine einheitliche Bilanzierungspraxis zu gewährleisten[527]. Solange es solche

---

521 *Arbeitskreis „Immaterielle Werte im Rechnungswesen" der Schmalenbach-Gesellschaft*, DB 2008, 1813 (1817).

522 *Coenenberg/Haller/Schultze*, S. 178; *Bertram*/Brinkmann/Kessler/Müller, § 248 HGB, Rn. 17; *Laubach/Kraus/Bornhofen*, DB 2009, Beilage 5, 19 (22); Kessler/Leinen/Strickmann/*van Hall/Kessler*, S. 148 ff.; vgl. auch schon zum RegE *Arbeitskreis „Immaterielle Werte im Rechnungswesen" der Schmalenbach-Gesellschaft*, DB 2008, 1813 (1817).

523 Siehe oben unter C.I.2.d.bb; vgl. auch *Theile*, WPg 2008, 1064 (1067).

524 *Theile*, WPg 2008, 1064 (1068).

525 *Hennrichs*, DB 2008, 537 (538); *Küting/Pfirmann/Ellmann,* KoR 2008, 689 (692).

526 *Theile*, WPg 2008, 1064 (1068 f.).

527 *Küting/Ellmann,* S. 274.

HGB-spezifischen Regelungen nicht gibt, bietet sich insbesondere für die Praxis die Orientierung an den IFRS und damit an IAS 38.57 als Auslegungshilfe an.[528]

Sofern das Aktivierungswahlrecht ausgeübt werden soll, ist nach Übergang in die Entwicklungsphase ständig zu prüfen, ab wann eine Aktivierung erfolgen kann.[529] Die dafür erforderliche selbstständige Verwertbarkeit ist aufgrund der Unsicherheiten gerade zu Beginn eines Entwicklungsprozesses aber selten nachzuweisen.[530] Sie wird zu einem frühen Zeitpunkt der Entwicklung daher eher die Ausnahme bilden. Zumal der Aktivierungszeitpunkt branchenspezifisch unterschiedlich ausfallen dürfte.[531] So liegt die selbstständige Verwertbarkeit bspw. im Pharmabereich regelmäßig frühestens nach umfangreichen positiven klinischen Studien vor.[532] Dies steht insofern auch im Einklang mit der bisherigen IFRS-Bilanzierungspraxis in der Pharmabranche,[533] wo aufgrund der Unwägbarkeiten im Rahmen der Entwicklung und Zulassung eines Medikamentes regelmäßig keine Aktivierung selbst entwickelter Medikamente respektive der ihnen zugrundeliegenden Patente erfolgt.[534] Im Gegensatz dazu wird in der Automobilindustrie in beträchtlichem Umfang von der Aktivierung von Entwicklungskosten Gebrauch gemacht,[535] da ein Scheitern hier eher als unwahrscheinlich gilt.[536] Zumeist werden der Vorgehensweise aber vor allem bilanzpolitische Überlegungen zugrunde liegen.[537]

Die Aktivierung von immateriellen Vermögensgegenständen des Anlagevermögens in der Entwicklungsphase ähnelt damit den sich in der Entstehung befindlichen materiellen Vermögensgegenständen, die nach § 266 Abs. 2 HGB

---

528 Vgl. auch *Theile*, WPg 2008, 1064 (1069); Bonn-HdR/*Kirsch*, § 246 HGB (BilMoG), Rn. 39 ff.

529 *Küting/Ellmann*, DStR 2010, 1300 (1304).

530 *Arbeitskreis „Immaterielle Werte im Rechnungswesen" der Schmalenbach-Gesellschaft*, DB 2001, 989 (992).

531 *Küting/Pfirmann/Ellmann*, KoR 2008, 689 (692); *Küting/Ellmann*, S. 272; *Hoffmann/Lüdenbach*, Beihefter zu DStR 30 2008, 49 (55); *Lüdenbach/Hoffmann*, StuB 2009, 287, (293); vgl. mit grafischer Aufbereitung hierzu auch Hüttche, StuB 2008, 163 (167); *Bertram*/Brinkmann/Kessler/Müller, § 248 HGB, Rn. 19.

532 Vgl. *Arbeitskreis „Immaterielle Werte im Rechnungswesen" der Schmalenbach-Gesellschaft*, DB 2008, 1813 (1817).

533 *Hager/Hitz*, KoR 2007, 205 (210).

534 *Hoffmann/Lüdenbach*, Beihefter zu DStR 30 2008, 49 (55).

535 *Hager/Hitz*, KoR 2007, 205 (209).

536 *Lüdenbach/Hoffmann*, StuB 2009, 287, (293).

537 *Göllert*, DB 2008, 1165 (1169).

als „Anlagen im Bau“ auszuweisen sind.[538] Die immateriellen Vermögensgegenstände in der Entstehung sind allerdings nicht mit einem gesonderten Posten auszuweisen. Im Hinblick auf die mit dem BilMoG intendierte Hebung des Informationsniveaus wäre die Schaffung eines solchen Postens analog zu den „Anlagen im Bau“ jedoch hilfreich gewesen.[539]

(4) Zusammenfassung

Zusammenfassend kann die Aktivierung selbst geschaffener immaterieller Vermögensgegenstände und damit auch der Immaterialgüterrechte in der Entstehung demnach erst nach einer zweistufigen Prüfung erfolgen:

1. Es können nur Aktivitäten der Entwicklungsphase berücksichtigt werden und
2. dies erst ab dem Zeitpunkt, in dem sie die Vermögensgegenstandsdefinition erfüllen, also selbstständig verwertbar sind.

ee. Ausübung des Ansatzwahlrechts und Ansatzstetigkeit

Ob vom Ansatzwahlrecht in § 248 Abs. 2 S. 1 HGB Gebrauch gemacht werden soll, hängt von zahlreichen Einflussfaktoren und den Zielsetzungen des Unternehmens ab.[540] Insofern eröffnet es für Unternehmen einen nicht zu unterschätzenden bilanziellen Gestaltungsspielraum.[541] So kann es sinnvoll sein, sich an dem Vorgehen anderer Unternehmen derselben Branche zu orientieren.[542] Beim Wettbewerb um Kapital, kann die Vergleichbarkeit der Abschlüsse von Vorteil sein. Es ist auch zu berücksichtigen, dass die Aufnahme von selbst geschaffenen Vermögensgegenständen, wie gesehen, mit der aufwändigen Abgrenzung von Forschung und Entwicklung und des Aktivierungszeitpunktes einhergeht. Für Unternehmen, die eine erstmalige Aktivierung selbst geschaffener immaterieller Vermögensgegenstände erwägen, ergeben sich neue Anforderungen an das interne Berichtswesen.[543] Insbesondere bei kleineren Unternehmen stellt

---

538 *Arbeitskreis „Immaterielle Werte im Rechnungswesen“ der Schmalenbach-Gesellschaft*, DB 2008, 1813 (1815 und 1817); *Küting/Ellmann*, S. 272; *Theile*, WPg 2008, 1064 (1067); vgl. zu „Anlagen im Bau“ *Adler/Düring/Schmaltz*, § 266 HGB, Rn. 64 ff.

539 *Theile*, WPg 2008, 1064 (1069).

540 Grünewald/Köllner/*Petersen*/Wurzer/*Zwirner*, S. 68.

541 *Scheren*, S. 678.

542 Grünewald/Köllner/*Petersen*/Wurzer/*Zwirner*, S. 68.

543 *Laubach/Kraus/Bornhofen*, DB 2009, Beilage 5, 19 (23).

die Entscheidung für das Aktivierungswahlrecht daher auch eine Kostenfrage dar. Wird ein selbst geschaffener immaterieller Vermögensgegenstand aktiviert, führt dies im Aktivierungsjahr zu einem höheren Vermögensausweis, da die Entwicklungskosten nicht als Aufwand berücksichtigt werden.[544] Wichtige Bilanzkennzahlen werden dadurch positiv beeinflusst. So verbessern sich bspw. Jahresergebnis, Eigenkapitalquote, statischer Verschuldensgrad (Eigenkapital/Fremdkapital) und die Rentabilitätskennzahlen.[545] Aufgrund der in den Folgejahren zumeist vorzunehmenden (planmäßigen) Abschreibungen[546] kehrt sich dieser Effekt allerdings in den Folgejahren weitestgehend wieder um.[547] Zu berücksichtigen ist auch, dass die Aktivierung von Entwicklungskosten in der Bilanzanalyse überwiegend kritisch gesehen wird.[548] Ob sich der Aufwand ihrer Bilanzierung also bilanzpolitisch tatsächlich lohnt, ist daher äußerst fraglich.[549]

Das in § 248 Abs. 2 S. 1 HGB enthaltene Ansatzwahlrecht und andere Ermessensspielräume beim Ansatz sind allerdings begrenzt. In § 246 Abs. 3 S. 1 HGB wurde durch das BilMoG eine generelle Ansatzstetigkeit aufgenommen. Sie bewirkt, dass eine einmal getroffene Ansatzentscheidung für die Nachfolgeentscheidungen bindend ist.[550] Die Ansatzstetigkeit gilt wie die Bewertungsstetigkeit (§ 252 Abs. 1 Nr. 6 HGB) im Grundsatz nur für gleichgelagerte Fälle.[551] Diese sind bei immateriellen Vermögensgegenständen in der Regel nicht anzutreffen.[552] Insbesondere Forschungs- und Entwicklungsaktivitäten haben einen singulären Charakter.[553] Um den Grundsatz der Ansatzstetigkeit aber nicht ins Leere laufen zu lassen, sollte zumindest auf Produktgruppenebene eine einmal festgelegte Vorgehensweise beibehalten werden.[554] Die erstmalige Aktivierung von

---

544 Grünewald/Köllner/*Petersen*/Wurzer/*Zwirner*, S. 68, 87.

545 Grünewald/Köllner/*Petersen*/Wurzer/*Zwirner*, S. 88 f.

546 Siehe hierzu unten unter D.I.3.

547 Grünewald/Köllner/*Petersen*/Wurzer/*Zwirner*, S. 68, 87.

548 *Küting/Weber*, S. 75 m.w.N.

549 *Hüttche*, StuB 2009, 409 (411).

550 *Bertram*/Brinkmann/Kessler/Müller, § 248 HGB, Rn. 35.

551 *Arbeitskreis „Immaterielle Werte im Rechnungswesen" der Schmalenbach-Gesellschaft*, DB 2008, 1813 (1817); Bertram/Brinkmann/Kessler/Müller/*Noodt*, § 246 HGB, Rn. 134.

552 *Arbeitskreis „Immaterielle Werte im Rechnungswesen" der Schmalenbach-Gesellschaft*, DB 2008, 1813 (1817); Baumbach/Hopt/*Merkt*, § 248 HGB, Rn. 3.

553 Petersen/Zwirner/*Mindermann/Brösel, S. 395; Küting/Ellmann*, DStR 2010, 1300 (1301).

554 *Arbeitskreis „Immaterielle Werte im Rechnungswesen" der Schmalenbach-Gesellschaft*, DB 2008, 1813 (1817); *Küting/Ellmann*, S. 274.

Entwicklungskosten einer bestimmten Produktgruppe über das Ansatzwahlrecht kann dann dazu führen, dass alle Entwicklungskosten dieser Produktgruppenebene auch in späteren Perioden zu aktivieren sind, auch wenn das Unternehmen dies eigentlich nicht mehr für sinnvoll erachtet (sog. Ansatzfalle).[555] Dies gilt nicht nur für die Ausübung des Ansatzwahlrechts, sondern insbesondere auch für die Kriterien zur Abgrenzung von Forschung und Entwicklung und die Festlegung des erstmaligen Aktivierungszeitpunktes von Entwicklungskosten.[556] Bilanzpolitische Gestaltungsspielräume verbleiben aufgrund der Ermessensspielräume in diesen Bereichen allerdings trotzdem.[557]

In Ausnahmefällen sind zudem durch den Verweis auf § 252 Abs. 2 HGB in § 246 Abs. 3 S. 2 HGB auch Abweichungen möglich. Solche sind bspw. – wie bisher im Rahmen der Bewertungsstetigkeit unstreitig[558] – Änderungen der Konzernzugehörigkeit, Gesetzesänderungen, Änderungen in der Rechtsprechung, wesentliche Änderungen in der Unternehmensstruktur oder -entwicklung sowie auch wesentliche technische Neuerungen. Um einer einmal festgelegten Ansatzbindung bzw. -falle zu entkommen, können daher ggf. auch umwandlungsrechtliche Gestaltungen interessant werden, wie bspw. die Verschmelzung der alten Gesellschaft auf eine neu gegründete, die selbst geschaffene immaterielle Vermögensgegenstände einer bestimmten Produktgruppe nicht ansetzt.[559]

c. Besonderheiten beim Erwerb im Rahmen eines Unternehmenszusammenschlusses oder einer Gruppe von Vermögensgegenständen

Eine wichtige Rolle nehmen Immaterialgüterrechte bei Unternehmenszusammenschlüssen ein. Alle im Rahmen eines Unternehmenszusammenschlusses zugegangenen immateriellen Vermögensgegenstände sind nicht selbst geschaffen.[560] Bzgl. der bilanziellen Behandlung ist allerdings zwischen *asset deal* und *share deal* zu unterscheiden.

---

555 *Bertram*/Brinkmann/Kessler/Müller, § 248 HGB, Rn. 39.

556 Baetge/Kirsch/Thiele/*Kahle/Haas*, § 255 HGB, Rn. 217.4; *Küting/Ellmann*, S. 275; *Küting/Ellmann*, DStR 2010, 1300 (1301); vgl. auch *Hennrichs*, DB 2008, 537 (541).

557 *Küting/Tesche*, DStR 2009, 1491 (1495).

558 MüKo-AktG/*Tiedchen*, § 252 HGB, Rn. 90; Beck-BiKo/*Winkeljohann/Büssow,* § 252 HGB, Rn. 61.

559 *Bertram*/Brinkmann/Kessler/Müller, § 248 HGB, Rn. 39.

560 Siehe hierzu schon oben unter C.I.3.b.bb.

Bei einem *asset deal* werden alle Vermögensgegenstände und Schulden per Einzelrechtsnachfolge vom erworbenen Unternehmen auf den Käufer übertragen.[561] Alle erworbenen immateriellen Güter, die als Vermögensgegenstand klassifizierbar sind, sind daher, dem Vollständigkeitsgebot in § 246 Abs. 1 S. 1 HGB folgend, anzusetzen.[562] Davon sind auch vormals als selbst geschaffen eingeordnete immaterielle Vermögensgegenstände betroffen.[563] So sind bspw. Marken, die gem. § 248 Abs. 2 S. 2 HGB vorher einem Ansatzverbot unterlagen, nun durch das erwerbende Unternehmen zu aktivieren. Folgerichtig müssen daher selbst Forschungsprojekte, die wegen § 255 Abs. 2 S. 4, Abs. 2a S. 1 HGB beim erworbenen Unternehmen nicht aktiviert werden durften, allerdings die Vermögensgegenstandsdefinition erfüllen, als entgeltlich erworbene immaterielle Vermögensgegenstände beim Käufer angesetzt werden.

Bei einem *share deal* hingegen erfolgt der Unternehmenserwerb durch die Übernahme von allen oder der Mehrheit der Anteile eines Unternehmens.[564] Das erworbene Unternehmen bleibt also mit seiner eigenen Rechtspersönlichkeit als Rechtsträger der Vermögensgegenstände erhalten.[565] Ein Beispiel ist der Erwerb eines mehrheitlichen Aktienpaketes einer AG. Deswegen erfolgt kein Ausweis der immateriellen Vermögensgegenstände im Einzelabschluss des Käufers. Nur die Beteiligung am anderen Unternehmen wird im Einzelabschluss angesetzt. Diese Anteile am erworbenen Unternehmen selbst sind gem. § 266 Abs. 2 A. III. HGB im Finanzanlagevermögen auszuweisen. Hat der Erwerber der Beteiligung einen Konzernabschluss aufzustellen (§§ 290 ff. HGB), werden in diesem die Anteile am erworbenen Unternehmen durch die Vermögensgegenstände, Schulden und restlichen Posten der jeweiligen Beteiligung ersetzt (§ 300 Abs. 1 S. 2 HGB). Bei der erstmaligen Erstellung eines Konzernabschlusses wird daher im Rahmen der Erstkonsolidierung die Fiktion zugrunde gelegt, dass das Mutterunternehmen beim Kauf eines Tochterunternehmens nicht die Anteile, sondern die einzelnen Vermögensgegenstände und Schulden des Tochterunternehmens erwirbt (Erwerbsfiktion).[566] So finden die immateriellen Vermögensgegenstände des erworbenen Unternehmens auf dieselbe Weise wie beim *asset deal* Einzug in den

561 BeNotar-HB/*Heckschen*, Kap. D. V., Rn. 6.
562 Vgl. *Bentele*, S. 40.
563 *Coenenberg/Haller/Schultze*, S. 181.
564 Beisel/Klump/*D. Beisel*, Kap. 1, Rn. 28.
565 *Osterrieth*, Rn. 420; Wandtke/Bullinger/*Wandtke/Grunert*, § 34 UrhG, Rn. 22.
566 Pelka/Niemann/*Wohlgemuth*, Band A, Rn. 332, 580a; Baumbach/Hopt/*Merkt*, § 301 HGB, Rn. 1.

Konzernabschluss. Über das in § 300 Abs. 2 S. 1 HGB enthaltene Vollständigkeitsgebot müssen so erworbene Immaterialgüterrechte also auch dann aktiviert werden, wenn sie im Einzelabschluss eines Tochterunternehmens wegen des Aktivierungsverbots aus § 248 Abs. 2 S. 2 HGB noch nicht angesetzt werden durften.[567]

Gem. § 300 Abs. 2 S. 2 HGB dürfen bestehende Ansatzwahlrechte im Konzernabschluss neu ausgeübt werden. Dies gilt nicht nur für Wahlrechte des Tochterunternehmens, sondern auch für solche des Mutterunternehmens.[568] Im Konzernabschluss kann also auch das Ansatzwahlrecht für selbst geschaffene immaterielle Vermögensgegenstände des Anlagevermögens nach § 248 Abs. 2 S. 1 HGB unabhängig von dem ihm zugrunde liegenden Einzelabschluss des Mutterunternehmens neu ausgeübt werden. Für selbst geschaffene immaterielle Vermögensgegenstände eines Tochterunternehmens kommt dies nur im Rahmen der Folgekonsolidierung in den Folgejahren in Betracht: Wegen der Erwerbsfiktion kann bei der Erstkonsolidierung schon kein selbst geschaffener immaterieller Vermögensgegenstand vorliegen. Innerhalb des Konzernabschlusses ist dabei auf Einheitlichkeit der Ansatzentscheidungen zu achten und die Ansatzstetigkeit zu berücksichtigen.

Beim Erwerb einer Gruppe von Vermögensgegenständen zu einem einheitlichen Preis erfolgt der Ansatz analog zum *asset deal*.

d. Wirtschaftliche Zurechnung des Vermögensgegenstandes

Für den Ansatz eines Vermögensgegenstandes in der Bilanz muss dieser zusätzlich auch dem Bilanzierenden wirtschaftlich zuzurechnen sein. Er muss also wirtschaftlicher Eigentümer des Vermögensgegenstandes sein, um ihn bilanzieren zu dürfen.[569] Regelmäßig fallen zivilrechtliches und wirtschaftliches Eigentum zwar zusammen.[570] Es sind aber Fälle denkbar, in denen ein Vermögensgegenstand wirtschaftlich einem Dritten zuzuordnen und damit ausnahmsweise nur bei diesem zu bilanzieren ist.[571] Dies ist vorrangig der Fall, wenn der Dritte den Vermögensgegenstand wie seinen eigenen nutzen darf und dafür spiegelbildlich auch das Risiko seines Verlustes zu tragen hat.[572]

---

567 *Coenenberg/Haller/Schultze*, S. 181.

568 Baumbach/Hopt/*Merkt*, § 300 HGB, Rn. 4.

569 *Schildbach*, S. 144.

570 Beck-BiKo/*Förschle/Kroner*, § 246, Rn. 5.

571 *Baetge/Kirsch/Thiele*, S. 171 f.; *Schildbach*, S. 144 ff. jeweils mit Beispielen.

572 *Coenenberg/Haller/Schultze*, S. 78 ff.

Mit der Neufassung des § 246 Abs. 1 S. 2 HGB im Rahmen des BilMoG wurde das Prinzip der wirtschaftlichen Zurechnung nun auch gesetzlich festgeschrieben; der Grundsatz blieb dadurch aber unverändert.[573]

Für die Immaterialgüterrechte kann dieses Prinzip insbesondere dann relevant werden, wenn für ein Recht eine ausschließliche Lizenz erteilt wird. Eine solche Lizenz führt regelmäßig – von vertraglichen Sondergestaltungen abgesehen – dazu, dass der Lizenzgeber von jeglichen Einwirkungsmöglichkeiten auf sein Recht ausgeschlossen ist.[574] Das Recht geht also wirtschaftlich gesehen auf den Lizenznehmer über.[575] Wenn zudem das zugrundeliegende Vollrecht nach Ablauf der Nutzungszeit wirtschaftlich wertlos ist, bspw. ein Patent dessen Schutzdauer mit Ende der Lizenzierung ausläuft, verbleibt beim Lizenzgeber kein Gegenstand mehr, der wirtschaftlich gesehen über den Inhalt der Lizenz hinausgeht. Aufgrund des Prinzips der wirtschaftlichen Zurechnung führt dies regelmäßig dazu, dass ein Ausweis des Vollrechts beim Lizenzgeber zu unterbleiben hat, während der Lizenznehmer die ausschließliche Lizenz als Vermögensgegenstand ausweist.[576]

4. Der Ansatz ausgewählter Immaterialgüterrechte

a. Gewerbliche Schutzrechte

aa. Patente, Gebrauchs- und Geschmacksmuster

Patente, Gebrauchs- und Geschmacksmuster sind Vermögensgegenstände, da sie regelmäßig schon selbstständig unternehmensextern verwertbar sind: Wie oben gesehen,[577] sind sie insbesondere veräußerbar und lizenzierbar. Sie sind demnach abstrakt aktivierungsfähig.[578]

Für die weitere Vorgehensweise bei der Prüfung der konkreten Aktivierungsfähigkeit ist entscheidend, ob sie § 248 Abs. 2 HGB unterfallen, also ob es sich bei ihnen um selbst geschaffene immaterielle Vermögensgegenstände des

---

573 BT-Drs. 16/10067, S. 47; BT-Drs. 16/12407, S. 84; ausführlich hierzu *Kühne/Melcher*, DB 2009, Beilage 5, 15 (15 ff.).

574 Siehe oben B.I.3.c.

575 Siehe oben B.I.3.c.

576 *Fabri*, S. 69; *Lüdenbach/Hoffmann*, DStR 2006, 1382 (1385).

577 Siehe oben unter B.I.3.a.bb, cc, ff.

578 *Lamers*, S. 258 ff.; *v. Keitz*, S. 67; Bonn-HdR/*Kupsch*, § 248 HGB, Rn. 12; *Lutz-Ingold*, S. 97; MüKo-HGB/*Ballwieser*, § 248 HGB, Rn. 22; *Hoffmann/Lüdenbach*, § 246 HGB, Rn. 32.

Anlagevermögens handelt. Patente, Gebrauchs- und Geschmacksmuster sind als Rechte, die ein immaterielles Gut schützen, immaterielle Vermögensgegenstände.[579] Eine etwaige Verkörperung, bspw. in einem Dokument, ist insofern nur untergeordnet und hat lediglich Trägerfunktion. Regelmäßig werden sie in der eigenen Produktion genutzt und/oder über die Vergabe von Lizenzen verwertet.[580] Sie dienen dem Unternehmen so zumeist auf Dauer, weswegen sie regelmäßig dem Anlagevermögen zuzuordnen sind, § 247 Abs. 2 HGB. Dies spiegelt sich auch in der expliziten Nennung der gewerblichen Schutzrechte unter dem Anlagevermögen in der Bilanzgliederungsvorschrift § 266 Abs. 2 HGB wider. Sollten sie ausnahmsweise dazu bestimmt sein, vollständig an Dritte veräußert zu werden, sind sie dem Vollständigkeitsgebot folgend bis dahin im Umlaufvermögen anzusetzen.[581] Dieser Fall stellt aber die Ausnahme dar. Selbst Unternehmen, die sich auf den „Handel" mit Patenten spezialisiert haben, lizenzieren diese in der Regel nur. Denn durch die parallele Vergabe weiterer Lizenzen können sie ihre Verwertungserlöse noch weiter erhöhen. Da das Anlagevermögen im Fokus dieser Arbeit steht, wird im Weiteren auf die Betrachtung des Umlaufvermögens verzichtet.

Gelten Patente, Gebrauchs- und Geschmacksmuster für das Unternehmen als selbst geschaffen, ist § 248 Abs. 2 HGB zu berücksichtigen, es gilt also grundsätzlich ein Ansatzwahlrecht. Sind sie nicht selbst geschaffen, besteht aufgrund des Vollständigkeitsgrundsatzes aus § 246 Abs. 1 HGB eine Ansatzpflicht.

Um Wiederholungen zu vermeiden, kann für die Abgrenzung der Zugangsarten grundsätzlich auf die obigen Ausführungen[582] verwiesen werden. Im Rahmen der konkreten Aktivierungsfähigkeit von Patenten und Gebrauchsmustern soll aber auf die Behandlung von Arbeitnehmererfindungen genauer eingegangen werden. Wie oben schon gezeigt,[583] sind im Rahmen von Dienstverträgen geschaffene Vermögensgegenstände als selbst geschaffen zu behandeln. Dies gilt auch für Arbeitsverhältnisse. Über § 6 ArbEG vom Arbeitnehmer „erworbene" Diensterfindungen i.S.v. § 4 Abs. 2 ArbEG sind daher als vom Arbeitgeber selbst geschaffen anzusehen.[584] Denn sie sind eng mit der Tätigkeit des Arbeitnehmers im Unternehmen verknüpft. Dies gilt auch für das aus der Diensterfindung

579 Siehe schon oben unter B.I.2.
580 *v. Keitz*, S. 67.
581 *Lutz-Ingold*, S. 98.
582 Siehe C.I.3.b.bb.
583 Siehe C.I.3.b.bb.
584 Baetge/Kirsch/Thiele/*Hömberg/König*, § 248 HGB, Rn. 49; Beck-BiKo/*Kozikowski/F. Huber*, § 247 HGB, Rn. 391; MüKo-HGB/*Ballwieser*, § 248 HGB, Rn. 15.

entstandene Patent oder Gebrauchsmuster.[585] Auch die Zahlung von Schutzgebühren an das DPMA vermag diese Bewertung nicht zu ändern: Es verbleibt bei der Einordnung als selbst geschaffen.[586] Denn der Patentmelder schließt mit dem Patentamt keinen Vertrag über den Erwerb eines Patentes.[587]

Der Arbeitgeber hat über § 19 Abs. 1 ArbEG auch den Zugriff auf die übrigen, sog. freien Erfindungen i.S.v. § 4 Abs. 3 ArbEG. Da diese Erfindungen aber nicht mit der Tätigkeit im Betrieb selbst verbunden sind, muss die Bewertung hier eine andere sein. Die freie Erfindung ist nicht selbst geschaffen.[588] Das auf ihr beruhende Patent bzw. Gebrauchsmuster wird durch den Arbeitgeber entgeltlich vom Arbeitnehmer erworben.

Die nach § 7 Abs. 2 GeschmMG dem Arbeitgeber zustehenden Rechte an Geschmacksmustern werden von ihm originär erworben,[589] sie sind also ebenso als selbst geschaffen zu klassifizieren. Auch hier erfolgt das Tätigwerden schon ausweislich der gesetzlichen Vorschrift in Weisung bzw. im Rahmen der Ausübung der Tätigkeiten des Arbeitnehmers für seinen Arbeitgeber, mithin trägt dieser das Herstellungsrisiko.

Ab welchem Zeitpunkt Entwicklungsausgaben für als selbst geschaffen eingeordnete Patente, Gebrauchs- und Geschmacksmuster diesen zugeordnet werden und damit aktiviert werden dürfen, hängt von der erstmaligen Erfüllung der Vermögensgegenstandseigenschaft ab. Insoweit kann auf die obigen[590] Ausführungen – und zur weiteren Konkretisierung dieses Zeitpunkts – auf die Ausführungen zu den IFRS[591] verwiesen werden. Es können bspw. auch schon Zwischenergebnisse auf dem Weg zu einem Patent aktiviert werden. Sollte also eine Erfindung die so konkretisierte Vermögensgegenstandseigenschaft vor ihrer Patentierung erfüllt haben und wurde sie unter Ausübung des Ansatzwahlrechts bereits als immaterieller Vermögensgegenstand aktiviert, so ist dessen Wert mit Entstehung des Patents in dieses umzugliedern.[592] Andernfalls würde es zu einer Doppelerfassung kommen oder das Patent unter seinem wahren Wert aktiviert.

---

585 *Gerling*, S. 69.

586 *Adler/Düring/Schmaltz*, § 248 HGB, Rn. 18.

587 MüKo-HGB/*Ballwieser*, § 248 HGB, Rn. 22.

588 Beck-BiKo/*Kozikowski/F. Huber*, § 247 HGB, Rn. 391; MüKo-HGB/*Ballwieser*, § 248 HGB, Rn. 15.

589 *Eichmann/v. Falkenstein,* § 7 GeschmMG, Rn. 16.

590 Siehe C.I.3.b.dd.

591 Siehe C.II.3.c.dd und C.II.4.a.aa.

592 Vgl. *v. Keitz*, S. 209f.; *Lutz-Ingold*, S. 191.

Bei selbst geschaffenen Patenten, Gebrauchs- und Geschmacksmustern bleibt dann noch zu prüfen, ob ein vergleichbarer immaterieller Vermögensgegenstand i.S.v. § 248 Abs. 2 S. 2 HGB vorliegt, was zu einem Ansatzverbot führen würde.

Die Herstellungskosten für Patente sind regelmäßig vom Geschäfts- und Firmenwert trennbar, da etwaige Löhne der Entwickler, Aufwendungen für Probeläufe, Registrierungsgebühren und weitere Kostenpositionen häufig schon (aufgrund von Projektplänen) direkt zurechenbar sind. Andernfalls kann anhand von Schlüsselungen, die der internen Unternehmensrechnung entnommen werden können, regelmäßig eine zweifelsfreie Zuweisung der Kostenpositionen erfolgen.

Analog hierzu hat auch die Behandlung von Gebrauchs- und Geschmacksmustern zu erfolgen. Nicht nachvollziehbar erscheint nach hier vertretener Auffassung insofern die Annahme von *Förschle/Usinger*[593], selbst geschaffene Gebrauchs- und Geschmacksmuster seien per se vergleichbare immaterielle Vermögensgegenstände i.S.v. § 248 Abs. 2 S. 2 HGB und würden damit wie selbst geschaffene Marken einem Ansatzverbot unterliegen.

Hiergegen spricht schon, dass der Gesetzgeber ein Ansatzverbot für diese Immaterialgüterrechte in § 248 Abs. 2 S. 2 HGB im Rahmen des BilMoG ebenso explizit hätte regeln können, wenn er diese Vergleichbarkeit für so evident gehalten hätte. Zumal *Förschle/Usinger* ihre Annahme auch ohne Begründung in den Raum stellen. Es ist nicht ersichtlich, inwiefern die unterschiedliche Behandlung von Patenten und Gebrauchsmustern im Rahmen von § 248 Abs. 2 S. 2 HGB gerechtfertigt werden soll. Denn Gebrauchsmuster sind Patenten sehr ähnlich, nicht zuletzt werden sie deshalb auch als „kleines Patent" bezeichnet.[594] Vielfach werden Gebrauchsmuster auch als Vorstufe eines späteren Patentschutzes registriert, um einer Erfindung zunächst einen Basisschutz zu verschaffen, weil die Anforderungen und Kosten für eine Patenterteilung höher liegen. Die Kostenarten bei der Entwicklung und damit auch deren Zurechenbarkeit entsprechen sich aber in der Regel. Würde man insofern zwischen Patenten und Gebrauchsmustern differenzieren, würde man die Abgrenzbarkeit der Herstellungskosten von Aufwendungen für den Geschäfts- oder Firmenwert von der späteren Wahl des Schutzrechtes abhängig machen. Ob Herstellungskosten abgrenzbar sind, hängt aber gerade von der jeweiligen Eigenart der Aufwendungen ab, nicht von der Wahl des rechtlichen Schutzes. So beruht das explizite Ansatzverbot für Marken in § 248 Abs. 2 S. 2 HGB bspw. gerade auf der Tatsache, dass ihnen regelmäßig

593 Beck-BiKo/*Förschle/Usinger*, § 248 HGB, Rn. 20.

594 Siehe schon oben unter B.I.3.a.bb(2).

auch Aufwendungen zugrunde liegen, die genauso dem Unternehmen als Ganzes zu gute kommen, wie Kosten für Werbemaßnahmen.[595]

Auch die Unterscheidung bzgl. Geschmacksmustern in Bezug auf die Abgrenzbarkeit der Aufwendungen vom Geschäfts- oder Firmenwert erschließt sich nicht. So liegen der Entwicklung von Geschmacksmustern ähnliche Strukturen zugrunde, die eine abgrenzbare Zuweisung der Kosten in der Regel genauso erlauben, wie bei einem Patent oder Gebrauchsmuster.

Eine generelle Unterstellung der Vergleichbarkeit von selbst geschaffenen Gebrauchs- und Geschmacksmustern mit den in § 248 Abs. 2 S. 2 HGB genannten selbst geschaffenen immateriellen Vermögensgegenständen ist also abzulehnen. Es verbleibt bei der oben bereits angesprochenen Einzelprüfung.

Wie oben[596] aufgezeigt, ist daneben bei selbst geschaffenen immateriellen Vermögensgegenständen des Anlagevermögens wegen des Aktivierungsverbots für Forschungskosten in § 255 Abs. 2 S. 4 HGB auf die dokumentierte Trennbarkeit der Forschungs- von den Entwicklungskosten zu achten, da letztere nur in diesem Fall aktiviert werden dürfen, § 255 Abs. 2a S. 4 HGB.

Zusammenfassend ist festzuhalten, dass für Patente, Gebrauchs- und Geschmacksmuster, die dem Anlagevermögen zuzuordnen sind, ein Ansatzwahlrecht nach § 248 Abs. 2 S. 1 HGB besteht, sofern sie nach dem oben Gesagten selbst geschaffen worden sind. Sofern sie anderweitig erworben worden sind, sind sie aktivierungspflichtig.

bb. Marken

Bei Marken handelt es sich ebenso um Vermögensgegenstände.[597] Denn sie sind einzeln verwertbar,[598] da sie schon für sich veräußerbar sind und daneben auch zur Nutzung überlassen werden können.[599] Sie sind folglich abstrakt aktivierungsfähig.

Im Rahmen der konkreten Aktivierungsfähigkeit ist für selbst geschaffene Marken des Anlagevermögens das explizite Ansatzverbot in § 248 Abs. 2 S. 2 HGB zu beachten. Es begründet sich vor allem aus der Unsicherheit bei der Bemessung der Herstellungskosten von Marken. So kommen bspw. Marketingmaßnahmen nicht nur der Marke, sondern dem gesamten Unternehmen zu Gute.[600] Eine Abgrenzung

---

595 BT-Drs. 16/10067, S. 50.

596 Siehe unter C.I.3.b.dd(2).

597 *Hoffmann/Lüdenbach*, § 246 HGB, Rn. 32.

598 MüKo-HGB/*Ballwieser*, § 248 HGB, Rn. 22.

599 Siehe schon oben unter B.I.3.a.dd.

600 BT-Drs. 16/10067, S. 50.

der Aufwendungen auf den Geschäfts- oder Firmenwert von Aufwendungen für die Marke ist daher oft nicht zweifelsfrei möglich.[601] Da Marken ebenso wie die anderen gewerblichen Schutzrechte regelmäßig dem Anlagevermögen zuzuordnen sind,[602] kommt es für die Aktivierung also auf die Einordnung als selbst geschaffen an. Um Wiederholungen zu vermeiden, kann insoweit auf die Ausführungen oben[603] verwiesen werden. Nicht selbst geschaffene Marken des Anlagevermögens sind aufgrund des allgemeinen Vollständigkeitsgebots in § 246 Abs. 1 HGB in der Bilanz anzusetzen. Marken, die ausnahmsweise nicht dazu bestimmt sind, dem Unternehmen auf Dauer zu dienen, sondern vollständig an Dritte veräußert zu werden, sind unabhängig von ihrer Zugangsart bis dahin im Umlaufvermögen auszuweisen.

b. Urheberrechte und urheberrechtliche Leistungsschutzrechte

aa. Urheberrechte

Urheberrechte sind nach § 29 Abs. 1 UrhG nicht übertragbar. Ohne Zustimmung des Urhebers sind sie auch nicht pfändbar, § 113 UrhG. Da über §§ 31 bis 44 UrhG aber die Nutzungsmöglichkeit an ihnen Dritten eingeräumt werden kann, sind sie trotzdem selbstständig verwertbar.[604] Es handelt sich bei ihnen also um Vermögensgegenstände, mithin sind sie abstrakt aktivierungsfähig.

Im Hinblick auf die Anwendbarkeit von § 248 Abs. 2 HGB auf Urheberrechte im Rahmen der konkreten Aktivierungsfähigkeit ist zunächst festzustellen, dass es sich bei ihnen um immaterielle Vermögensgegenstände handelt: Auch wenn ein urheberrechtlich geschütztes Werk verkörpert ist, wie z.B. in einem Buchmanuskript oder einer Tonbandaufzeichnung, so ist diese Verkörperung nur von untergeordneter Bedeutung und dient folglich nur als Träger.[605] Denn das Werkstück konkretisiert lediglich das eigentliche Immaterialgut, das urheberrechtlich geschützte Werk.[606] Aufgrund ihrer Unübertragbarkeit können Urheberrechte nicht dem Umlaufvermögen, sondern nur dem Anlagevermögen zugeordnet werden.[607] Die Unübertragbarkeit hat auch zur Folge, dass Urheberrechte immer selbst

---

601 BT-Drs. 16/10067, S. 50.

602 *Tafelmeier*, S. 93 m.w.N.

603 Siehe oben unter C.I.3.b.bb.

604 *v. Keitz*, S. 69, 71; Bonn-HdR/*Kupsch*, § 248 HGB, Rn. 12.

605 *v. Keitz*, S. 72.

606 BGH GRUR 2002, 532, 534.

607 *v. Keitz*, S. 72.

geschaffene immaterielle Vermögensgegenstände darstellen, da sie anderweitig nicht erworben werden können. Insofern unterfallen sie folglich immer § 248 Abs. 2 HGB.

Nach dem oben Gesagten[608] müsste daher im Einzelfall geprüft werden, ob sie als selbst geschaffene immaterielle Vermögensgegenstände dem Ansatzverbot des § 248 Abs. 2 S. 2 HGB unterliegen. Auch für Urheberrechte vertreten hingegen *Förschle/Usinger*[609], dass es sich bei ihnen generell um vergleichbare selbst geschaffene immaterielle Vermögenswerte i.S.v. § 248 Abs. 2 S. 2 HGB handelt. Dem kann für die Urheberrechte ebenso wie oben schon für Gebrauchs- und Geschmacksmuster nicht beigetreten werden: Wäre die Vergleichbarkeit so evident, hätte der Gesetzgeber die Urheberrechte ohnehin in das Ansatzverbot nach § 248 Abs. 2 S. 2 HGB mit aufgenommen. Gerade im Rahmen der Erstellung von urheberrechtlich geschützten Werken ist zudem aufgrund der persönlichen Verknüpfung zwischen Werkersteller(n) und Werk eine klare Zuordnung der angefallenen Kosten regelmäßig möglich. In jedem Fall verbietet sich daher eine generelle Unterstellung der Urheberrechte unter das Ansatzverbot des § 248 Abs. 2 S. 2 HGB. Es muss daher bei der hier vertretenen Prüfung für den Einzelfall bleiben. Urheberrechte unterliegen also regelmäßig nicht dem Ansatzverbot aus § 248 Abs. 2 S. 2 HGB. Gem. § 248 Abs. 2 S. 1 HGB besteht für sie, wie für alle selbst geschaffenen immateriellen Vermögensgegenstände, ein Ansatzwahlrecht.

Zu beachten ist dabei allerdings, dass das deutsche Urheberrecht die Urhebereigenschaft nur menschlichen Schöpfern zugesteht. Urheber können also nur natürliche Personen sein,[610] nicht aber juristische Personen oder Personengesellschaften.[611] Dies gilt selbst dann, wenn die Gesellschafter einer Personenhandelsgesellschaft Miturheber eines Werkes sind, da die Gesellschaft nur durch Einbringung Träger eines Rechtes werden kann.[612] Bei einer Einbringung würde der Rechtserwerb allerdings derivativ erfolgen,[613] was § 29 Abs. 1 UrhG für Urheberrechte gerade nicht zulässt. Da juristische Personen und Personenhandelsgesellschaften Urheberrechte also weder selbst schaffen noch erwerben können, sind sie in der Praxis in Unternehmensbilanzen nur selten zu finden. Denn nur für den Ausnahmefall, dass es sich bei dem Unternehmen

608 Siehe oben unter C.I.3.b.cc.

609 Beck-BiKo/*Förschle/Usinger*, § 248 HGB, Rn. 20.

610 Dreier/*Schulze*, § 7 UrhG, Rn. 2.

611 Wandtke/Bullinger/*Thum*, § 7 UrhG, Rn. 1.

612 Möhring/Nicolini/*Ahlberg*, § 7 UrhG, Rn. 7.

613 Möhring/Nicolini/*Ahlberg*, § 7 UrhG, Rn. 7.

um einen Einzelkaufmann handelt, der gleichzeitig Urheber ist und der einen Jahresabschluss nach HGB aufstellt, kann ein Ansatz seiner selbst geschaffenen Urheberrechte in der Bilanz erfolgen.[614]

bb. Leistungsschutzrechte

Schutzrechtsinhaber eines Leistungsschutzrechts ist hingegen der Inhaber des herstellenden Unternehmens, also jede natürliche oder auch juristische Person.[615] Leistungsschutzrechte, wie für Tonträger und Filme, können neben der Nutzungsüberlassung auch durch Veräußerung als Ganzes verwertet werden.[616] Dem Leistungsschutzrechtsinhaber stehen demnach umfassendere Verwertungsmöglichkeiten als dem Urheber zu. Leistungsschutzrechte sind folglich selbstständig verwertbar[617] und damit als Vermögensgegenstände zu klassifizieren. Sie sind abstrakt aktivierungsfähig.

Für die konkrete Aktivierungsfähigkeit ist wiederum entscheidend, inwiefern die Leistungsschutzrechte § 248 Abs. 2 HGB unterfallen. Die Masterton- und -filmträger als materieller Bestandteil der hier zu betrachtenden Leistungsschutzrechte haben lediglich untergeordnete Trägerfunktion.[618] Es handelt sich bei den Leistungsschutzrechten also um immaterielle Vermögensgegenstände.

Sofern sie dazu bestimmt sind, von ihnen Kopien zu veräußern oder Lizenzen an ihnen zu vergeben, handelt es sich bei den Leistungsschutzrechten um Vermögensgegenstände des Anlagevermögens. Sollen sie hingegen vollständig veräußert werden, bspw. an einen Auftraggeber, sind sie dem Vollständigkeitsgebot folgend im Umlaufvermögen des Auftragnehmers anzusetzen, sofern er und nicht der Auftraggeber als Hersteller einzuordnen ist.[619]

Die Frage nach dem Hersteller entscheidet auch darüber, ob es sich für den Auftraggeber oder -nehmer um i.S.v. § 248 Abs. 2 HGB selbst geschaffene Leistungsschutzrechte handelt. Grundsätzlich ist Hersteller, wer das Herstellungsrisiko trägt und das Herstellungsgeschehen beherrscht.[620] Wie oben

614 Vgl. MüKo-HGB/*Ballwieser*, § 248 HGB, Rn. 23.
615 BGH NJW 1993, 1470 (1471).
616 Siehe schon oben unter B.I.3.b.
617 *v. Keitz*, S. 71; MüKo-HGB/*Ballwieser*, § 248 HGB, Rn. 23; Bonn-HdR/*Kupsch*, § 248 HGB, Rn. 12.
618 *v. Keitz*, S. 73.
619 BFH NJW 1996, 1013 (1014); MüKo-HGB/*Ballwieser*, § 248 HGB, Rn. 23.
620 BFH BStBl. II 1992, 725 (726).

schon gesehen,[621] richtet sich dies vor allem nach der zivilrechtlichen Ausgestaltung.[622] Es kommt entscheidend darauf an, wer die notwendigen unternehmerischen Entscheidungen trifft und ihre wirtschaftlichen Folgen verantwortet, insbesondere also auch darauf, wer den Abschluss der entsprechenden Verträge mit Rechteinhabern, Geldgebern, ausübenden Künstlern oder sonst Mitwirkenden in eigenem Namen tätigt.[623] Insofern wird bspw. bei der Filmproduktion zwischen der unechten und echten Auftragsproduktion unterschieden:[624] Bei der echten Auftragsproduktion kümmert sich der Auftragnehmer um die gesamte Produktion, insbesondere also auch um den für das Projekt notwendigen Erwerb von Nutzungsrechten anderer Urheber. Er trägt auch das Risiko, dass der Film zum vorgesehenen (Fest-)Preis fertiggestellt und vom Auftraggeber abgenommen wird.[625] Der Auftragnehmer, bspw. eine Produktionsfirma, ist also Filmhersteller i.S.v. § 94 Abs. 1 UrhG. Auch wenn sie im Rahmen bestimmter Vorgaben des Auftraggebers tätig wird oder dieser einen Großteil des finanziellen Risikos trägt, ändert dies nichts an dieser Bewertung.[626] Die Produktionsfirma hätte die Leistungsschutzrechte an diesem Film als selbst geschaffen zu bilanzieren. Da sie allerdings zur Veräußerung (§ 94 Abs. 2 UrhG) an den Auftraggeber vorgesehen sind, sind sie im Umlaufvermögen anzusetzen.[627] Der Auftraggeber, z.B. ein Fernsehsender, erwirbt hingegen die Leistungsschutzrechte derivativ von der Produktionsfirma. Sie stellen also für ihn zwar immaterielle Vermögenswerte des Anlagevermögens dar, allerdings keine selbst geschaffenen.

Erfolgt die Herstellung dagegen in Form der unechten Auftragsproduktion, ist der Auftraggeber regelmäßig als Hersteller anzusehen.[628] Denn bei ihr trägt der Auftraggeber das gesamte finanzielle Risiko, der Produzent ist weisungsabhängig und notwendige Verträge über die Nutzung von Rechten Dritter werden ausdrücklich im Namen des Auftraggebers geschlossen.[629] Für diesen stellen sich die

621 Siehe unter C.I.3.b.bb.

622 Beck-BiKo/*Grottel/Gadek*, § 255 HGB, Rn. 38.

623 BGH NJW 1993, 1470 (1471); Dreier/*Schulze*, § 94 UrhG, Rn. 4.

624 Beck-BiKo/*Grottel/Gadek*, § 255 HGB, Rn. 38; *Hoffmann/Lüdenbach*, § 255 HGB, Rn. 12.

625 OLG Düsseldorf MMR 2002, 238 (240); Wandtke/Bullinger/*Manegold*, § 94 UrhG, Rn. 33.

626 BGH NJW 1993, 1470 (1471).

627 BFH NJW 1996, 1013 (1014).

628 Beck-BiKo/*Grottel/Gadek*, § 255 HGB, Rn. 38.

629 Wandtke/Bullinger/*Manegold*, § 94 UrhG, Rn. 34; Beck-BiKo/*Grottel/Gadek*, § 255 HGB, Rn. 38.

Leistungsschutzrechte daher als selbst geschaffen da, womit sie § 248 Abs. 2 HGB unterliegen. Der Produzent ist lediglich Dienstleister.[630] Nur wenn es sich bei dem Leistungsschutzrecht nach dem eben Gesagten nicht um einen selbst geschaffenen immateriellen Vermögensgegenstand des Anlagevermögens handelt, besteht also dem Vollständigkeitsgrundsatz folgend eine Ansatzpflicht.

Sollte es sich hingegen um einen selbst geschaffenen immateriellen Vermögensgegenstand des Anlagevermögens i.S.v. § 248 Abs. 2 HGB handeln, stellt sich auch hier die Frage, inwieweit Leistungsschutzrechte mit den in § 248 Abs. 2 S. 2 HGB genannten immateriellen Gütern vergleichbar sind, ob sie also ggf. einem Ansatzverbot unterliegen. Leistungsschutzrechte beziehen sich immer auf ein konkretes Ergebnis, dessen Kosten zumeist eindeutig zugerechnet werden können. Regelmäßig werden sie also nicht vergleichbar i.S.v. § 248 Abs. 2 S. 2 HGB sein. Für sie gilt daher im Normalfall das Ansatzwahlrecht für selbst geschaffene immaterielle Vermögensgegenstände des Anlagevermögens aus § 248 Abs. 2 S. 1 HGB.

c. Lizenzen

Um in der handelsrechtlichen Bilanz des Lizenznehmers angesetzt werden zu können, müsste es sich bei einer Lizenz zunächst um einen Vermögensgegenstand handeln. Dafür müsste eine Lizenz nach dem oben[631] Gesagten selbstständig verwertbar sein. Lizenzen sind – wie bereits dargelegt[632] – typischerweise in zwei Ausformungen anzutreffen: als einfache und ausschließliche Lizenz.

Bei der ausschließlichen Lizenz handelt es sich um einen Vermögensgegenstand.[633] Da sie dem Lizenznehmer weitestgehend die Rechte des Vollrechtsinhabers einräumt, ist sie immer verwertbar, sei es durch Weiterveräußerung oder durch die Einräumung von Unterlizenzen.[634] Wären die Verwertungsmöglichkeiten nicht gegeben, würde es sich schon definitionsgemäß nicht um eine ausschließliche Lizenz handeln.

Die einfache Lizenz wird hingegen überwiegend schon nicht als abstrakt aktivierungsfähiges Gut gesehen.[635] Dies beruht auf der Zugrundelegung eines

630 BFH NJW 1996, 1013 (1014).

631 Siehe C.I.2.

632 Siehe B.I.3.c

633 *v. Keitz*, S. 76; MüKo-HGB/*Ballwieser*, § 248 HGB, Rn. 24.

634 Bonn-HdR/*Kupsch*, § 248 HGB, Rn. 13.

635 *Lamers*, S. 284 f.; *v. Keitz*, S. 76.

restriktiveren Vermögensgegenstandsbegriffs. Bemisst man die einfache Lizenz anhand des derzeit noch vorherrschenden engeren Verständnisses der selbstständigen Verwertbarkeit[636], so muss die Vermögensgegenstandseigenschaft verneint werden. Denn eine einfache Lizenz erlaubt in der Regel dem Lizenznehmer keine Veräußerung und auch keine Unterlizenzvergabe an Dritte.[637] Sie ist nach dieser engeren Auslegung – vorbehaltlich vertraglicher Einzelgestaltungen – also nicht selbstständig extern verwertbar. Selbst wenn man die enge selbstständige Verwertbarkeit um die Möglichkeit der Verwertung durch Zwangsvollstreckung erweitert, führt dies nicht dazu, dass eine einfache Lizenz zu einem Vermögensgegenstand wird. Denn sie ist nicht pfändbar.[638]

Legt man allerdings die hier vertretene weite Interpretation[639] der selbstständigen Verwertbarkeit dem Vermögensgegenstandsbegriff zugrunde, so handelt es sich auch bei der einfachen Lizenz um einen abstrakt aktivierungsfähigen Vermögensgegenstand. Denn dann kommt es für die einfache Lizenz nicht darauf an, dass sie regelmäßig tatsächlich nicht veräußert oder anderweitig überlassen werden darf. Durch die Ausblendung vertraglicher Verwertungsverbote wird sie zu einem (abstrakt) verwertungsfähigen Gut und damit zu einem Vermögensgegenstand.

Bei der Aktivierung einer erstmals eingeräumten Lizenz könnte sich allerdings aufgrund ihres Charakters als Nutzungsverhältnis[640] eine Besonderheit im Hinblick auf ihre konkrete Aktivierungsfähigkeit ergeben. Nach h.M.[641] handelt es sich bei Nutzungsverhältnissen um schwebende Geschäfte, die deshalb dem nicht kodifizierten vorrangigen Grundsatz der Nichtbilanzierung schwebender Geschäfte unterliegen. Ein schwebendes Geschäft ist ein zweiseitig verpflichtender Vertrag zum Leistungsaustausch, bei dem die Sach- oder Dienstleistung noch nicht erfüllt wurde.[642] Da grundsätzlich davon auszugehen ist, dass die gegenüberstehenden Ansprüche und Pflichten sich ausgleichen, werden sie nicht bilanziert, solange das Ausgeglichenheitsverhältnis besteht.[643]

---

636 Siehe C.I.2.b.dd.

637 Siehe B.I.3.c.

638 *Lamers*, S. 285; *Tiedchen*, S. 126 ff.

639 Siehe C.I.2.d.bb.

640 *Lüdenbach/Hoffmann*, DStR 2006, 1382 (1382).

641 BFH BStBl. II 1995, 312 (313), BStBl. II 1997, 808 (810) jeweils m.w.N.; *Lamers*, S. 287 ff.; *Tiedchen*, S. 129 ff., 69 ff.; MüKo-AktG/*Hennrichs*, § 248 HGB, Rn. 27, § 246 HGB, Rn. 63, 116ff.

642 BFH BStBl. II 1995, 312 (313) m.w.N.; MüKo-HGB/*Ballwieser*, § 246 HGB, Rn. 30.

643 BFH BStBl. II 1995, 312 (313) m.w.N.; *Baetge/Kirsch/Thiele*, S. 448 f.

Eine Aktivierung laufender Zahlungen für ein Nutzungsrecht ist danach nicht möglich, sie werden vielmehr als Aufwand erfasst.[644] Sollte ein einmaliges Entgelt im Voraus gezahlt worden sein und dadurch die Ausgeglichenheit gestört werden, so wird es überwiegend[645] als Rechnungsabgrenzungsposten oder gezahlte Anzahlung angesetzt. Teilweise[646] wird in diesem Fall – gerade im Hinblick auf Lizenzen – aber auch vertreten, dass ein Vermögensgegenstand zu aktivieren ist. Letzteres wird bei Lizenzen sogar von einigen[647] befürwortet, die sich ansonsten für den Ansatz eines Rechnungsabgrenzungspostens aussprechen. Andere[648] halten die Anwendung des Grundsatzes auf Nutzungsrechte sogar weitgehend für überflüssig und wollen sie grundsätzlich als Vermögensgegenstände aktivieren.

Dazu sei gesagt,[649] dass nach hier vertretener Auffassung ein genereller Ausschluss der Aktivierung von Lizenzen als Vermögensgegenstände zu weit geht.

So wird die Anwendung des Grundsatzes auf Nutzungsverhältnisse mit dem Argument angegriffen, dass, zumindest wenn einem Nutzungsverhältnis eine gesicherte Rechtsposition für den Erwerber zukommt und mit der Nutzung schon begonnen wurde, ein ähnliches Sicherheitsmoment bestehe, wie beim Erwerb eines Gegenstandes, den dessen Erwerber schon erlangt hat.[650] Das rechtfertige

---

644 BFH BStBl. II 1997, 808 (810); MüKo-AktG/*Hennrichs*, § 248 HGB, Rn. 27, § 246 HGB, Rn. 63, 116 ff.; MüKo-HGB/*Reiner/Haußer*, § 266 HGB, Rn. 22; Beck-BiKo/*Kozikowski/F. Huber*, § 247 HGB, Rn. 392; *Winnefeld*, Rn. 145, 380; vgl. auch Bonn-HdR/*Matschke*, § 266 HGB, Rn. 31.

645 BFH BStBl. II 1995, 312 (313); *Tiedchen*, S. 134; *Winnefeld*, Rn. 384; Blümich/*Buciek*, § 5 EstG, Rn. 245, 243; MüKo-AktG/*Hennrichs*, § 248 HGB, Rn. 27, § 246 HGB, Rn. 60, 63, 117; vgl. auch MüKo-HGB/*Ballwieser*, § 246 HGB, Rn. 30 f.; Beck-BiKo/*Kozikowski/F. Huber*, § 247 HGB, Rn. 392; Beck-BiKo/*Grottel/Gadek*, § 255 HGB, Rn. 325.

646 *Lamers*, S. 289 f.; *Dawo*, S. 71; MüKo-AktG/*Kessler/Suchan*, § 266 HGB, Rn. 18 i.V.m. Fn. 58; MüKo-HGB/*Reiner/Haußer*, § 266 HGB, Rn. 22; Bonn-HdR/*Kupsch*, § 248 HGB, Rn. 13; Bonn-HdR/*Matschke*, § 266 HGB, Rn. 31; Baumbach/Hopt/*Merkt*, § 266 HGB, Rn. 5; HdB/*Kußmaul*, 73, Rn. 43, 61; siehe auch Pfaff/Osterrieth/*Pfaff/Nagel/Wittkowski*, Rn. 464.

647 *Winnefeld*, Rn. 145; MüKo-HGB/*Ballwieser*, § 248 HGB, Rn. 24; für größere einmalige Ausgaben auch MüKo-AktG/*Hennrichs*, § 250 HGB, Rn. 8.

648 *Babel*, Ansatz, S. 83 ff.; kritisch aber auch *Kußmaul*, BB 1987, 2053 (2065); MüKo-HGB/*Ballwieser*, § 246 HGB, Rn. 30 f.; MüKo-AktG/*Hennrichs*, § 246 HGB, Rn. 120 f.

649 Ausführlich hierzu *Tiedchen*, S. 69 ff., 129 ff.; *Babel*, Ansatz, S. 31 ff., S. 83 ff.; *Babel*, Nutzungsrechte, S. 8 ff.

650 *Kußmaul*, BB 1987, 2053 (2065); *Babel*, Ansatz, S. 83 ff., 121 f.

eine Aktivierung als Vermögensgegenstand und mache die Anwendung des Grundsatzes der Nichtbilanzierung schwebender Geschäfte auf Nutzungsverhältnisse in solchen (häufigen) Fällen überflüssig.[651]

Auch im Lager der Befürworter der Anwendung des Grundsatzes der Nichtbilanzierung schwebender Geschäfte auf Nutzungsverhältnisse war vor dem BilMoG vereinzelt die Tendenz erkennbar, diesen ungeschriebenen Grundsatz im Zweifel eher eng auszulegen.[652] Dies sollte insbesondere dort gelten, wo die Informationsfunktion des Jahresabschlusses unter Umständen leidet.[653] Die Vermögenslage wird aber gerade bei Ausschluss der mitunter für ein Unternehmen bei der Leistungserstellung elementaren Lizenzen von der Aktivierung regelmäßig nicht vollständig erfasst.[654] Ein vollständiger Ausweis scheint im Hinblick auf die Informationsfunktion des handelsrechtlichen Jahresabschlusses folglich vorteilhaft.[655] Dies gilt umso mehr, wenn man die mit dem BilMoG intendierte Stärkung der Informationsfunktion berücksichtigt.[656]

Es spricht daher einiges dafür, die Anwendung des Grundsatzes der Nichtbilanzierung schwebender Geschäfte bei Nutzungsverhältnissen einzuschränken. Zumindest sollten aus den genannten Gründen Lizenzen bei Einmalzahlungen als Vermögensgegenstand aktiviert werden. Unter Einmalzahlungen sind dabei aufgrund der Ähnlichkeit der Sachverhalte mit *Dawo*[657] und *Ballwieser*[658] nicht nur tatsächlich erfolgte einmalige Zahlungen eines Entgelts zu fassen, sondern auch im Vorhinein feststehende Zahlbeträge, die ratierlich beglichen werden und damit Kreditcharakter haben.[659]

Als Ergebnis kann also festgehalten werden, dass erstmals eingeräumte einfache und ausschließliche Lizenzen – sofern es sich bei dem gezahlten Entgelt um einen im Vorhinein feststehenden Betrag handelt – als Vermögensgegenstände zu aktivieren sind. Nur so wird dem Vollständigkeitsprinzip aus § 246 Abs. 1 HGB als Ausfluss der durch das BilMoG gestärkten Informationsfunktion in

651 *Babel*, Ansatz, S. 121 f.

652 MüKo-AktG/*Hennrichs*, § 246 HGB, Rn. 121.

653 MüKo-AktG/*Hennrichs*, § 246 HGB, Rn. 120 f.

654 Vgl. MüKo-HGB/*Ballwieser*, § 246 HGB, Rn. 30; MüKo-AktG/*Hennrichs*, § 246 HGB, Rn. 120.

655 *Kußmaul*, BB 1987, 2053 (2057).

656 Siehe hierzu bspw. oben B.II.1.d.

657 *Dawo*, S. 71 i.V.m. S. 82 f.

658 MüKo-HGB/*Ballwieser*, § 248 HGB, Rn. 24.

659 Vgl. auch *Winnefeld*, Rn. 145; Bonn-HdR/*Matschke*, § 266 HGB, Rn. 31; HdB/*Kußmaul*, 73, Rn. 43.

angemessenem Maße Rechnung getragen. Zumal die Kapitalerhaltungsfunktion auf diese Weise nicht beeinträchtigt wird: Die Aktivierung ist selbst bei Zahlung auf Raten und dem Ansatz eines Barwertes stets erfolgsneutral, da die Zahlungsverpflichtungen gleichzeitig auf der Passivseite anzusetzen sind.

Nicht von vornherein feststehende Lizenzzahlungen sind hingegen als Aufwand oder ggf. als Rechnungsabgrenzungsposten zu bilanzieren.[660]

Überträgt ein Nutzungsberechtigter seine Lizenz und wird hierfür ein Entgelt gezahlt, ist aufgrund der Wertbestätigung am Markt eine Aktivierung dieses Nutzungsrechts als Vermögensgegenstand beim Erwerber zu Anschaffungskosten vorzunehmen.[661] Dies gilt unabhängig von den Zahlungsmodalitäten der ursprünglichen Nutzungseinräumung.

Bei Lizenzen handelt es sich aufgrund des abgeleiteten Erwerbs vom Lizenzgeber immer um nicht selbst geschaffene immaterielle Vermögensgegenstände, weswegen sie nie unter § 248 Abs. 2 HGB fallen können.

Beim Lizenzgeber, der eine Lizenz durch ihre vertragliche Einräumung originär schafft, sind Lizenzen im Übrigen nicht in der Bilanz anzusetzen. Der Vertrag über die Nutzung bspw. eines Patentes ist nämlich nicht losgelöst von diesem Patent für den Lizenzgeber selbstständig verwertbar. Es handelt sich insofern also schon nicht um einen eigenständigen Vermögensgegenstand i.S.d. HGB. Die Lizenz geht beim Lizenzgeber schon als Nutzungsmöglichkeit im eigentlich zugrunde liegenden Vermögensgegenstand auf.

Zu beachten ist für den Lizenzgeber im Rahmen der Lizenzvergabe aber auch das Prinzip der wirtschaftlichen Zurechnung: Der Bilanzierende muss hiernach auch wirtschaftlicher Eigentümer eines Vermögensgegenstandes sein, um ihn bilanzieren zu dürfen.[662] Dieses wirtschaftliche Eigentum ist bei Vergabe einer ausschließlichen Lizenz häufig beeinträchtigt. Sie führt regelmäßig – von vertraglichen Sondergestaltungen abgesehen – dazu, dass der Lizenzgeber von jeglichen Einwirkungsmöglichkeiten auf sein Recht ausgeschlossen ist.[663] Das Recht geht also wirtschaftlich gesehen auf den Lizenznehmer über.[664] Wenn zudem das

660 *v. Keitz*, S. 77; vgl. *Dawo*, S. 71, 83; ähnlich *Babel*, Ansatz, S. 127 f.; vgl. auch Bonn-HdR/*Matschke*, § 266 HGB, Rn. 31.

661 Bonn-HdR/*Kupsch* § 248 HGB, Rn. 25; Beck-BiKo/*Kozikowski/F. Huber*, § 247 HGB, Rn. 392; Beck-BiKo/*Grottel/Gadek*, § 255 HGB, Rn. 325; Blümich/*Buciek*, § 5 EstG, Rn. 590a.

662 *Schildbach*, S. 144.

663 Siehe oben B.I.3.c.

664 Siehe oben B.I.3.c.

zugrundeliegende Vollrecht nach Ablauf der Nutzungszeit wirtschaftlich wertlos ist – bspw. ein Patent dessen Schutzdauer mit Ende der Lizenzierung ausläuft – verbleibt beim Lizenzgeber kein Gegenstand mehr, der wirtschaftlich gesehen über den Inhalt der Lizenz hinausgeht. Aufgrund des Prinzips der wirtschaftlichen Zurechnung hat dann in der Regel ein Ausweis des Vollrechts beim Lizenzgeber zu unterbleiben, während der Lizenznehmer die ausschließliche Lizenz als Vermögensgegenstand ausweist.[665]

II. Ansatz nach den IFRS

1. Überblick

Auch die internationale Rechnungslegung verteilt die Entscheidung über die Aktivierung eines Geschäftsvorfalls auf zwei Ebenen. Zunächst ist die abstrakte Aktivierungsfähigkeit zu betrachten: Sie beschäftigt sich mit der Beurteilung, ob ein Gut definitionsgemäß einem immateriellen Vermögenswert entspricht. In einem zweiten Schritt wird sodann – im Rahmen der konkreten Aktivierungsfähigkeit – überprüft, ob der so gefundene Vermögenswert auch tatsächlich angesetzt werden kann.[666] Diese Untergliederung hat ihren Niederschlag in IAS 38.18 gefunden. Die Übertragung der aus dem HGB bekannten zweigliedrigen Betrachtung der Aktivierungsfähigkeit auf die internationale Rechnungslegung bietet sich daher an.[667] Anders als im HGB entsteht eine grundsätzliche Bilanzierungspflicht allerdings nicht schon durch Erfüllung der Kriterien der ersten Stufe, sondern nur durch die gleichzeitige Erfüllung aller Kriterien auf beiden Stufen.

2. Abstrakte Aktivierungsfähigkeit: Erfüllung der Definitionskriterien eines immateriellen Vermögenswertes

a. Grundlagen

IAS 38.9 zählt beispielhaft eine Reihe von immateriellen Gütern (*items*) auf, u.a. auch Patente, Markenrechte, Urheberrechte, Filmrechte und Lizenzen. Ob es sich

665 *Fabri*, S. 69; *Lüdenbach/Hoffmann*, DStR 2006, 1382 (1385).
666 *Winnefeld*, D, Rn. 422; siehe auch *Dawo*, S. 199.
667 Vgl. HdJ/*Kuhner*, Abt. II/1, Rn. 120f.; *Dawo*, S. 193.

bei diesen auch um einen immateriellen Vermögenswert handelt, entscheidet sich aber erst anhand der nachfolgenden Kriterien.[668]

Immaterielle Vermögenswerte werden gem. IAS 38.8 als identifizierbare, nicht-monetäre Vermögenswerte ohne physische Substanz definiert. Ein Vermögenswert ist nach IAS 38.8 eine Ressource, über die das bilanzierende Unternehmen aufgrund vergangener Ereignisse Verfügungsmacht (*control*) besitzt und für die ein künftiger wirtschaftlicher Nutzen (*future economic benefit*) besteht. Werden also die Anforderungen

- Nicht-Monetarität,
- Mangel an physischer Substanz,
- Identifizierbarkeit,
- Verfügungsmacht des bilanzierenden Unternehmens und
- künftiger wirtschaftlicher Nutzen

von einem Gut erfüllt, handelt es sich bei ihm um einen immateriellen Vermögenswert i.S.v. IAS 38.8. Diese einzelnen Kriterien werden im Folgenden genauer untersucht.

b. Nicht monetär und ohne physische Substanz

Vermögenswerte können zunächst nur dann überhaupt als immateriell angesehen werden, wenn sie nicht monetär sind und keine physische Substanz aufweisen.

Monetäre Vermögenswerte sind nach IAS 38.8 im Bestand befindliche Geldmittel und Vermögenswerte, für die das Unternehmen einen festen oder bestimmbaren Geldbetrag erhält. Alle anderen sind demnach grundsätzlich nicht-monetär.[669] Bei Aktien oder variabel verzinslichen Wertpapieren steht der Auszahlungsbetrag aber nicht bereits fest, so dass sie eigentlich auch als nicht-monetär einzuordnen wären.[670] Da aber über IAS 38.2 finanzielle Vermögenswerte ohnehin generell dem Anwendungsbereich von IAS 38 entzogen werden, ist nicht-monetär i.S.v. IAS 38.8 enger auszulegen als die Negativabgrenzung über die monetären Vermögenswerte es zunächst nahelegt.[671] Auch alle finanziellen Vermögenswerte i.S.v. IAS 32.11 fallen nicht hierunter.

---

668 Vgl. auch IAS 38.10.
669 *Heyd/Lutz-Ingold*, S. 35.
670 *Baetge/v. Keitz*, IAS 38, Rn. 19.
671 *Heyd/Lutz-Ingold*, S. 35.

Wie schon im Rahmen des HGB[672] ist das Kriterium „substanzlos" bei Verbundgütern, die sich sowohl aus materiellen als auch immateriellen Komponenten zusammensetzen, problematisch. Auch nach den IFRS ist eine Aufteilung des Gutes für bilanzielle Zwecke auf seine Komponenten nicht erlaubt.[673] Es hat eine Zuordnung zu den materiellen oder immateriellen Vermögenswerten zu erfolgen. Für die IFRS ist gem. IAS 38.4 entscheidend, welche der Wertkomponenten wesentlicher (*more significant*) für den Vermögenswert ist. Die Beurteilung liegt im Ermessen (*judgement*) des bilanzierenden Unternehmens.[674] Unter welchen Voraussetzungen „Wesentlichkeit" gegeben ist, wird allerdings auch in den internationalen Rechnungslegungsstandards nicht weiter konkretisiert.[675] Es erfolgen vielmehr in IAS 38.4 f. nur beispielhafte Einzelfallabgrenzungen. So wird in IAS 38.5 z.B. darauf hingewiesen, dass Forschung und Entwicklung zu einem Vermögenswert mit physischer Substanz, z.B. in Form eines Prototyps führen kann. Diese Verkörperung ist aber im Vergleich zu dem Wissen, das er verkörpert, zweitrangig, weswegen dieses Verbundgut als immateriell und damit (im Wesentlichen) substanzlos einzuordnen ist.[676]

Die Abgrenzung von Verbundgütern kann unabhängig von der Einordnung als Vermögenswert i.S.d. IFRS erfolgen. Insofern kann für die Konkretisierung der „Wesentlichkeit" aus IAS 38.4 auf die für das HGB diskutierten Abgrenzungskriterien[677] zurückgegriffen werden.[678] Betrachtet man die Beispiele in IAS 38.4 f., so entspricht das im Rahmen des HGB als vorzugswürdig herausgearbeitete[679] Abgrenzungskriterium der Funktion der körperlichen Komponente am ehesten der von den IFRS geforderten „Wesentlichkeit".[680] Auch hier sollte allerdings im Einzelfall eine Kombination der Kriterien zur Abgrenzung herangezogen werden.[681]

Immaterialgüterrechte sind demnach regelmäßig als immateriell einzuordnen, selbst wenn sie mit einem materiellen Gut verbunden sind. So stellt bspw. ein

---

672 Siehe oben C.I.3.b.bb(1).
673 Vgl. IAS 38.4.
674 IAS 38.4.
675 *Bentele*, S. 45.
676 IAS 38.5; insofern differenzierend Beck-IFRS-HB/*Ramscheid*, § 4, Rn. 9.
677 Siehe dazu oben C.I.3.b.bb(1).
678 *Baetge/v. Keitz*, IAS 38, Rn. 20.
679 Siehe C.I.3.b.bb(1)(a)(ee).
680 *Heyd/Lutz-Ingold*, S. 36; *Baetge/v. Keitz*, IAS 38, Rn. 20; *Hepers*, S. 139; a.A. *Wulf*, S. 31, 21; vgl. auch Beck-IFRS-HB/*Ramscheid*, § 4, Rn. 8 ff.
681 So auch *Baetge/v. Keitz*, IAS 38, Rn. 20; *Hepers*, S. 31.

Patent, das auf einem Datenträger oder einem Rechtsdokument als bloß untergeordnetem Trägermedium enthalten ist, den wesentlichen Teil dieses Verbundgutes dar. Es ist insgesamt als immateriell einzuordnen. Dasselbe gilt z.B. auch für das in einem Buchmanuskript enthaltene Urheberrecht.

c. Identifizierbarkeit

Über die Identifizierbarkeit erfolgt eine Abgrenzung der immateriellen Vermögenswerte von einem etwaigen Geschäfts- oder Firmenwert (*goodwill*).[682] Ein Vermögenswert ist identifizierbar, wenn er separierbar ist oder auf vertraglichen oder gesetzlichen Rechten beruht, IAS 38.12. Separierbar ist er gem. IAS 38.12 (a), wenn er vom Unternehmen getrennt verwertet, also verkauft, übertragen, lizenziert, vermietet oder getauscht werden kann. Sofern ein Vermögenswert auf vertraglichen oder gesetzlichen Rechten beruht, kommt es allerdings nicht darauf an, ob diese Rechte vom Unternehmen oder von anderen Rechten und Verpflichtungen trennbar sind oder separat übertragen werden können, IAS 38.12 (b). Es wird nicht einmal vorausgesetzt, dass der Vermögenswert überhaupt extern weiterverwertet werden kann.[683] Denn Rechte sind genau wie materielle Gegenstände vom Geschäfts- oder Firmenwert aufgrund der sie flankierenden Inhaberrechte abtrennbar und so jederzeit einzeln nachweisbar.[684]

Immaterialgüterrechte und andere Rechte sind folglich stets identifizierbar, da sie gänzlich auf vertraglichen oder gesetzlichen Rechten basieren.[685] Selbst einfache Lizenzen, die nicht separat extern verwertet werden können,[686] sind identifizierbar.[687]

Eine weitere Auseinandersetzung mit dem Kriterium der Separierbarkeit und damit auch mit der Identifizierbarkeit kann daher unterbleiben: Die Separierbarkeit ist insbesondere für die abstrakte Aktivierbarkeit der hier nicht näher zu betrachtenden immateriellen wirtschaftlichen Werte interessant.[688]

---

682 IAS 38.11.
683 *Dawo*, S. 195.
684 *Hommel*, zfbf 1997, 345 (354).
685 *Dawo*, S. 194 f.
686 Siehe C.I.4.c.
687 *Pellens/Fülbier/Gassen/Sellhorn*, S. 310; *Baetge/v. Keitz*, IAS 38, Rn. 18.
688 Ausführlich zur Separierbarkeit *Hepers*, S. 141 ff.

d. Verfügungsmacht des bilanzierenden Unternehmens

Um immaterielle Vermögenswerte von allgemeinen Vorteilen abzugrenzen, muss das Unternehmen Verfügungsmacht über das immaterielle Gut haben.[689] Es muss sich gem. IAS 38.13 den zukünftigen wirtschaftlichen Nutzen der zugrunde liegenden Ressource uneingeschränkt verschaffen und Dritten den Zugang zu diesem Nutzen verwehren können. Das Unternehmen muss also auch die Möglichkeit zur Nutzung haben.[690] Das erfordert, dass geeignete technische, finanzielle und sonstige Mittel für die tatsächliche Nutzung vorhanden sind.[691] Der Ausschluss Dritter von einer Nutzung ist primär über durchsetzbare Rechtsansprüche möglich.[692] Ihr Vorhandensein ist nach IAS 38.13 ein generelles Indiz für das Bestehen der Verfügungsgewalt.[693] Rechtlich durchsetzbare Ansprüche sind daher zwar nicht notwendige[694], aber hinreichende Bedingung für die Verfügungsgewalt. Die Beherrschbarkeit muss jedoch auf einem Ereignis beruhen, das in der Vergangenheit, also vor dem Bilanzstichtag, liegt.[695]

Immaterialgüterrechte dienen dazu, ihrem Inhaber die Nutzung der aus diesen Rechten erwachsenden wirtschaftlichen Vorteile rechtlich zu sichern. Sie geben ihm unter Berücksichtigung ihrer spezifischen Voraussetzungen ein mit rechtlichen Ansprüchen durchsetzbares Monopol auf die Verwertung des Schutzgegenstandes. Die Verfügungsmacht eines bilanzierenden Unternehmens über den künftigen wirtschaftlichen Nutzen von Immaterialgüterrechten ist aufgrund dessen schon regelmäßig[696] zu bejahen.

e. Bestehen eines künftigen wirtschaftlichen Nutzens

Nach IAS 38.17 sind verschiedene Arten künftiger wirtschaftlicher Nutzenpotentiale möglich. So sind Erlöse aus dem Verkauf von Produkten oder der Erbringung von Dienstleistungen, Kosteneinsparungen oder andere Vorteile, die sich für das Unternehmen aus der Eigenverwendung des Vermögenswerts ergeben,

---

689 *Dawo*, S. 196.
690 *Wehrmann*, DStR 2000, 86 (87).
691 *Schmidbauer*, DStR 2003, 2035 (2036).
692 *Hepers*, S. 143.
693 Vgl. auch *Pellens/Fülbier/Gassen/Sellhorn*, S. 310.
694 Vgl. IAS 38.13.
695 IAS 38.8.
696 Zur speziellen Situation bei einfachen Lizenzen siehe C.II.4.c.

denkbar.[697] Insbesondere bei Prozessinnovationen wird davon ausgegangen, dass eher künftige Herstellungskosten reduziert werden, als dass sie zu höheren künftigen Erlösen führen.[698] Ein wirtschaftlicher Nutzen liegt zumindest vor, wenn die zur Anschaffung oder Herstellung geleisteten Ausgaben durch den Nutzen überstiegen werden.[699] Ohne entgegenstehende Hinweise kann hiervon aber regelmäßig ausgegangen werden.[700] Ansonsten würde die Anschaffung schon aus ökonomischen Gesichtspunkten nicht erfolgen.

Damit das Nutzenpotential auch zukünftig ist, muss es auch über den Bilanzstichtag hinaus in die nächste Berichtsperiode hineinreichen.

3. Konkrete Aktivierungsfähigkeit

Im Rahmen der konkreten Aktivierungsfähigkeit unterscheidet der IASB die allgemeinen Ansatzvoraussetzungen, die alle immateriellen Vermögenswerte für einen Ansatz erfüllen müssen, und die besonderen Ansatzvoraussetzungen, die nur für selbst geschaffene immaterielle Vermögenswerte gelten.[701]

a. Allgemeine Ansatzvoraussetzungen

Ein immaterieller Vermögenswert ist gem. IAS 38.21 nur zu aktivieren, wenn sein zukünftiger Nutzenzufluss wahrscheinlich ist und seine Anschaffungs- oder Herstellungskosten verlässlich bewertet werden können.

aa. Wahrscheinlichkeit des Nutzenzuflusses

Für den Ansatz eines immateriellen Vermögenswertes muss es also zunächst wahrscheinlich sein, dass der von ihm grundsätzlich zu erwartende wirtschaftliche Nutzen dem Unternehmen zukünftig auch tatsächlich zufließt.[702]

Soll ein immaterieller Vermögenswert vom Unternehmen gar nicht genutzt werden, kann ihm also auch zukünftig ein tatsächlicher wirtschaftlicher Nutzen nicht wahrscheinlich zufließen.[703]

---

697 IAS 38.17.
698 IAS 38.17.
699 *Hepers*, S. 145
700 *Dawo*, S. 198.
701 Vgl. *Baetge/v. Keitz*, IAS 38, Rn. 39 f.
702 IAS 38.21(a).
703 *Dawo*, S. 199.

An diesem Merkmal könnten aber auch schon Zweifel bestehen, wenn bestimmte immaterielle Vermögenswerte durch ein Unternehmen nur erworben werden, um sie gerade nicht aktiv zu nutzen. So erwerben Unternehmen oft (immaterielle) Vermögenswerte, um Konkurrenten von einer Nutzung auszuschließen, sich also letztlich gegen den Wettbewerb zu schützen. Solche Vermögenswerte werden deshalb auch als *defensive* bzw. *locked-up assets* bezeichnet.[704] Ein Unternehmen kann bspw. durch den Erwerb und die Stilllegung einer Konkurrenzmarke sein eigenes Markenprodukt stärken oder schützen.[705] Auch der bessere Schutz vor Nachahmern kann ein Motiv hierfür sein: So hat Adidas nicht nur die bekannten drei Streifen als Marke schützen lassen, sondern auch vier Streifen. Genauso ist denkbar, dass ein Patent, das einem Konkurrenzprodukt zugrunde liegt, erworben wird, damit dieses nicht (von einem anderen Unternehmen) hergestellt werden kann. Beispiele hierfür lassen sich insbesondere im Pharmabereich finden, in dem auf diese Weise (neue) Konkurrenzmedikamente „stillgelegt" werden können und die Absatzchancen der eigenen Arzneien so gesteigert oder zumindest bewahrt werden können.[706] Ähnliches lässt sich durch die Vereinbarung einer ausschließlichen Lizenz erreichen.

Aufgrund dieser Handlungsmotive fließt dem Unternehmen aber letztlich ebenso ein zukünftiger ökonomischer Nutzen tatsächlich zu – auch wenn es nicht derjenige ist, der dem Vermögenswert auf den ersten Blick eigentlich zugrunde liegt. Die Stimmen[707], die bei einer solchen Vorgehensweise einen tatsächlichen Nutzenzufluss trotzdem verneinen wollen, weil das Unternehmen den „Gegenstand" nicht im eigentlichen Sinne nutzt, sind daher abzulehnen. Eine defensive Nutzung steht einem Bilanzansatz nicht entgegen,[708] sofern dem Unternehmen dadurch ein nachweisbarer andersgearteter Nutzen zufließt.

Die Wahrscheinlichkeit eines zukünftigen Nutzenzuflusses ist dabei anhand von vernünftigen und begründeten Annahmen zu beurteilen, die auf den bestmöglichen Einschätzungen des Managements beruhen, IAS 38.22. Absolute Sicherheit ist nicht erforderlich.[709] Gem. IAS 38.23 ist im Rahmen dieser, nach eigenem

---

704 Vgl. FASB, Abstract for EITF Issue No. 08-7 vom 1. Oktober 2008, Abs. 2.

705 Lüdenbach/*Hoffmann*, § 13, Rn. 50.

706 Lüdenbach/*Hoffmann*, § 13, Rn. 50.

707 *v. Keitz*, S. 209; *Schmidt*, S. 137.

708 So auch Lüdenbach/*Hoffmann*, § 13, Rn. 51; *Lutz-Ingold*, S. 186; vgl. IFRS 3.B43; IASB Update Dezember 2008, S. 2; vgl. auch FASB, Abstract for EITF Issue No. 08-7 vom 1.Oktober 2008, Abs. 9.

709 *Hepers*, S. 148.

Ermessen vorzunehmenden Einschätzungen, externen Informationen der Vorrang einzuräumen. Durch den Vorrang externer Informationen bei der Beurteilung durch das Management wird zwar grundsätzlich die intersubjektive Nachprüfbarkeit erhöht, der eröffnete Ermessensspielraum der Bilanzierenden aber nur in geringem Maße beschränkt.[710] Der IASB will damit aber noch einmal deutlich machen, dass er bei der Bilanzierung immaterieller Vermögenswerte vorsichtiger vorgeht als bei der materieller,[711] obwohl es sich bei dieser Vorgabe eigentlich um eine Selbstverständlichkeit ordnungsgemäßer Buchführung handelt.[712]

In IAS 38 und im Rahmenkonzept wird nicht weiter konkretisiert, ab welchem Grad der Wahrscheinlichkeit von einer Erfüllung dieses Kriteriums ausgegangen werden kann.[713] Auch die Literatur vertritt hierzu keine einheitliche Meinung.[714] So wird teilweise ein künftiger Nutzenzufluss mit einer Wahrscheinlichkeit von 70 bis 80 % verlangt.[715] Überwiegend wird jedoch eine höhere Wahrscheinlichkeit des Zuflusses des Nutzens als seines Ausbleibens, also eine Wahrscheinlichkeit von über 50 %, als ausreichend erachtet.[716] Als Argument hierfür wird u.a. der Vergleich mit der Regelung in IAS 37 (Rückstellungen, Eventualschulden und Eventualforderungen) angeführt. Nach IAS 37.23 wird ein Ereignis als wahrscheinlich angenommen, wenn mehr dafür als dagegen spricht, also die Wahrscheinlichkeit mehr als 50 % beträgt. Zwar wird in IAS 37.23 explizit herausgestellt, dass diese Konkretisierung für andere Standards nicht zwingend ist. Eine Übertragung wird hierdurch aber auch nicht ausgeschlossen. Zumal gem. IAS 8.11a vergleichbare Regelungen anderer IFRS zur Schließung von Regelungslücken analog angewandt werden dürfen. Schon aus Gründen der Vergleichbarkeit erscheint eine Gleichbehandlung von Vermögenswerten und Schulden bei den Eintrittswahrscheinlichkeiten daher sinnvoll. Zumal beachtet werden muss, dass die Einschätzung, ob eine genaue prozentuale Schwelle erreicht wurde, in der Praxis größere Schwierigkeiten aufwirft, als die Abschätzung, ob eher von einem Eintritt oder dem Ausbleiben des künftigen Nutzens ausgegangen werden kann. Zwar kann auch diese Konkretisierung den Ermessensspielraum

---

710 *Wulf*, S. 32.

711 *Bentele*, S. 46.

712 *Lutz-Ingold*, S. 167.

713 *v. Keitz*, S. 184.

714 *Schmidt*, S. 135.

715 *Cairns*, S. 81.

716 *Coenenberg/Haller/Schultze,* S. 85; *Schmidt*, S. 135.

des Bilanzierenden nicht merklich einschränken. Zumindest wird aber eine Gleichbehandlung von Schulden und Vermögenswerten gewährleistet.

Zur Überprüfung dieses Merkmals kann vor allem auf die Aufnahme in Geschäfts- oder Finanzpläne, auf Studien oder auf Vergleiche mit gleichartigen Rechtspositionen abgestellt werden.[717] In der Regel – insbesondere bei Verwendung im Rahmen der Leistungserstellung – ist aber davon auszugehen, dass es erfüllt ist und nur im Einzelfall nicht vorliegt.[718] Eine Bilanzierung hat aber zu unterbleiben, wenn bspw. die wirtschaftlichen Mittel für eine Nutzung fehlen. So kann ein Patent nicht aktiviert werden, wenn die finanziellen Mittel zur Anschaffung der Produktionsmaschinen für das geschützte Produkt nicht zur Verfügung stehen.[719] Dabei ist aber gleichzeitig Voraussetzung, dass das Patent nicht auch anderweitig durch das Unternehmen, bspw. durch Lizenzierung oder als Schutz vor Konkurrenten, verwertet werden kann und soll. In diesem Fall wäre der wahrscheinliche Nutzenzufluss schon auf andere Weise gegeben.

Es ist im Ergebnis nach dem eben Gesagten allerdings davon auszugehen, dass der Bilanzierende in der Praxis die Wahrscheinlichkeit des zukünftigen Nutzenzuflusses aufgrund der bestehenden Einschätzungsspielräume stets wird nachweisen können, wenn eine Aktivierung erreicht werden soll.[720]

Für die häufigsten Arten des externen Zugangs von immateriellen Vermögenswerten wird die Wahrscheinlichkeit zudem ohnehin durch die IFRS unwiderlegbar vermutet.[721]

bb. Verlässliche Bewertbarkeit der Anschaffungs- oder Herstellungskosten

Das zweite – und für die meisten immateriellen Vermögenswerte entscheidende[722] – Ansatzkriterium ist die verlässliche Bewertbarkeit von Anschaffungs- oder Herstellungskosten.[723] Es dient der Objektivierung und soll die zuverlässige Bestimmung der Ausgaben sicherstellen.[724] Grundsätzlich ist das Kriterium abhängig von der Zugangsform des einzelnen Vermögenswertes und den damit

---

717 *v. Keitz*, S. 209.
718 *Dawo*, S. 200 f.
719 *Gerling*, S. 97.
720 *Wulf*, S. 32; *Heyd/Lutz-Ingold*, S. 37.
721 Siehe dazu sogleich unter C.II.3.b.
722 *Heyd/Lutz-Ingold*, S. 37; *Lutz-Ingold*, S. 167.
723 IAS 38.21(b).
724 *Dawo*, S. 201.

verbundenen Möglichkeiten zur Bewertung.[725] Es ist als erfüllt anzusehen, wenn der immaterielle Vermögenswert den einschlägigen Vorschriften für den aufgrund der Zugangsform infrage kommenden Bewertungsmaßstab entsprechend bewertet werden kann.[726] Im konkreten Einzelfall müssen also genügend Informationen zu einem immateriellen Vermögenswert vorliegen, um den jeweiligen Bewertungsmaßstab ausfüllen zu können und eine verlässliche und damit hinreichend objektive Wertermittlung zu gewährleisten.[727] Ob einer der unten noch darzulegenden Bewertungsmaßstäbe[728] Anwendung finden kann und damit das Kriterium der Verlässlichkeit durch den immateriellen Vermögenswert erfüllt wird, muss also grundsätzlich für den Einzelfall entschieden werden. Kann die Bewertung nicht verlässlich durchgeführt werden, so hat eine Aktivierung zu unterbleiben.

Allerdings ist zu beachten, dass im Rahmen einzelner Zugangsformen auch die verlässliche Bewertbarkeit vom IASB vermutet wird.

b. Lockerung der allgemeinen Ansatzvoraussetzungen für bestimmte Erwerbsvorgänge

aa. Separater Erwerb

Für den Einzelerwerb von immateriellen Vermögenswerten sehen die IAS 38.25 f. Ansatzerleichterungen vor.

So wird bei einem entgeltlichen Einzelerwerb gem. IAS 38.25 die Wahrscheinlichkeit eines Nutzenzuflusses stets (*always*) als gegeben angesehen. Es handelt sich dabei um eine unwiderlegbare Vermutung. Denn es ist davon auszugehen, dass das erwerbende Unternehmen einen künftigen Nutzenzufluss von diesem Vermögenswert im Zeitpunkt des Erwerbes erwartet.[729] Der Preis, den das Unternehmen bezahlt, entspricht dem wahrscheinlichen künftigen Nutzenzufluss des Vermögenswertes.[730] Ansonsten würde das Unternehmen den Vermögenswert nicht erwerben. Der Preis ist gleichzeitig externer Beweis i.S.v. IAS 38.23.[731]

725 *Dawo*, S. 202; zu den einzelnen Bewertungsmöglichkeiten siehe D.II.
726 *Küting/Dawo*, BFuP 2003, 397 (404); *Hepers*, S. 149.
727 *Dawo*, S. 202.
728 Siehe unter D.II.2.
729 IAS 38.25.
730 IAS 38.25.
731 *Baetge/v. Keitz*, IAS 38, Rn. 42.

Aus diesem Grund wird bei einem Einzelerwerb eines immateriellen Vermögenswerts auch widerlegbar vermutet, dass die Anschaffungskosten verlässlich bewertet werden können, IAS 38.26. Die Anschaffungskosten sind insbesondere bei Zahlung eines Kaufpreises über diesen eindeutig ermittelbar und stellen damit einen zuverlässigen Bewertungsmaßstab dar.[732] Aber auch wenn der immaterielle Vermögensgegenstand im Wege des Tausches zugegangen ist, wird seine zuverlässige Bewertbarkeit vermutet, da er gem. IAS 38.45 zumindest mit dem Buchwert des hingegebenen Vermögenswertes angesetzt werden kann, der dem bilanzierenden Unternehmen in der Regel bekannt ist.[733]

Da die beiden Ansatzkriterien im Rahmen eines gesonderten Erwerbes also in der Regel kumulativ vorliegen, bleibt die Erfüllung der Definition eines immateriellen Vermögenswertes das entscheidende Aktivierungskriterium.[734]

bb. Erwerb im Rahmen eines Unternehmenszusammenschlusses oder einer Gruppe von Vermögenswerten

Werden immaterielle Güter im Rahmen eines Unternehmenszusammenschlusses erworben, ist IFRS 3 zu beachten. Bei einem *asset deal* gilt dies schon für den Einzelabschluss, bei einem *share deal* hingegen erst für den Konzernabschluss.[735]

Nach IFRS 3.4 ist ein Unternehmenszusammenschluss nach der Erwerbsmethode zu bilanzieren: Es ist eine Kaufpreisallokation durchzuführen.[736] Zu prüfen ist demnach, inwiefern die Gesamtanschaffungskosten schon durch die im Rahmen des Unternehmenszusammenschlusses erworbenen identifizierbaren Vermögenswerte und Schulden auf Zeitwertbasis (*fair value*)[737] abgedeckt werden.[738] Alle erworbenen immateriellen Güter, die die Ansatzkriterien erfüllen, sind als immaterielle Vermögenswerte anzusetzen.[739] Dies geschieht unabhängig davon, ob diese beim erworbenen Unternehmen zuvor angesetzt

---

732 IAS 38.26.

733 *Baetge/v. Keitz*, IAS 38, Rn. 44; zu Einzelheiten siehe IAS 38.45 ff. bzw. unten D.II.2.b.bb.

734 *Baetge/v. Keitz*, IAS 38, Rn. 45.

735 *Lüdenbach*/Hoffmann, § 31, Rn. 6; vgl. auch IFRS 3.B6; zu den Begrifflichkeiten siehe oben C.I.3.c.

736 *Wulf*, S. 44; *Lüdenbach*/Hoffmann, § 31, Rn. 12 ff.

737 IFRS 3.18; vgl. auch IAS 38.33.

738 IFRS 3.5; 3.10 f.

739 IFRS 3.11; 3.B31.

wurden oder nicht.[740] Im Rahmen des Unternehmenszusammenschlusses findet also eine Neubeurteilung statt. Aufgrund des Unternehmenszusammenschlusses gelten diese Vermögenswerte als derivativ erworben, weswegen die speziellen und engen Regelungen für den Ansatz selbst geschaffener immaterieller Vermögensgegenstände aus IAS 38.51 ff.[741] nicht zur Anwendung kommen. Dadurch wird das Spektrum der anzusetzenden immateriellen Vermögenswerte deutlich erweitert. Der Informationsnutzen steigt.[742] Zu denken ist bspw. an Marken, die beim erworbenen Unternehmen dem Ansatzverbot aus IAS 38.63 für bestimmte selbst geschaffene immaterielle Vermögenswerte unterlagen.[743] Auch Forschungsaufwendungen, die gem. IAS 38.54 bei Selbsterstellung einem generellen Ansatzverbot unterliegen, sind auf diese Weise bei Erfüllung der Ansatzkriterien zu bilanzieren.[744] Um die Abgrenzung zu erleichtern, enthalten die *illustrative examples* zu IFRS 3[745] Beispiele für separat zu erfassende immaterielle Vermögenswerte und Immaterialgüterrechte: So werden dort bspw. auch Markenrechte, Internetadressen, Fotografien oder Lizenzen genannt.

Sollte beim Ansatz der Vermögenswerte und Schulden zum Zeitwert eine positive Differenz verbleiben, so ist diese gem. IFRS 3.32 als Geschäfts- oder Firmenwert (*goodwill*) anzusetzen. Ein etwaiger negativer Unterschiedsbetrag ist nach einer kritischen Überprüfung (*reassessment*) erfolgswirksam zu erfassen.[746]

Der IASB verfolgt dabei die Intention durch die erleichterte Ansetzbarkeit von immateriellen Vermögenswerten die Aussagekraft des Abschlusses zu erhöhen und spiegelbildlich den allgemeinen Posten Geschäfts- oder Firmenwert möglichst gering zu halten.[747] Auf die allgemeinen Ansatzkriterien aus IAS 38.21 kommt es daher für den Erwerb im Rahmen eines Unternehmenszusammenschlusses nicht mehr an: Gem. IAS 38.33 wird die verlässliche Bewertbarkeit (IAS 38.21(b)) als stets (*always*) erfüllt angesehen, wenn ein bei einem Unternehmenszusammenschluss erworbener Vermögenswert identifizierbar ist,

740 IFRS 3.13; IAS 38.34.
741 Zu diesen C.II.3.c.
742 *Wulf*, S. 45.
743 Vgl. IFRS 3.13.
744 IAS 38.34.
745 Vgl. IFRS 3.IE.
746 IFRS 3.34; 3.36.
747 Wulf, S. 44 f., 48; vgl. *Baetge/v. Keitz*, IAS 38, Rn. 52; vgl. auch *Lüdenbach*/ Hoffmann, § 31, Rn. 61.

also separierbar ist oder aus vertraglichen oder anderen gesetzlichen Rechten entsteht. Es genügt also die Erfüllung der definitorischen Anforderungen an einen immateriellen Vermögenswert.[748] In diesem Fall gibt es aus Sicht des IASB genügend Informationen für eine zuverlässige Bewertung nach dem für Unternehmenszusammenschlüsse einschlägigen Bewertungsmaßstab des beizulegenden Zeitwertes (*fair value*).[749] Etwaige Unsicherheiten bei der Bestimmung des Wertes gehen demnach in ihn selbst ein, widerlegen aber nicht die Verlässlichkeit der Bewertung und verhindern daher auch nicht die Aktivierung des immateriellen Vermögenswertes.[750]

Auch die Wahrscheinlichkeit des künftigen Nutzenzuflusses wird nach IAS 38.33 bei einem Unternehmenszusammenschluss als stets (*always*) erfüllt angesehen. Denn aus Sicht des IASB zeigt sich schon in der Möglichkeit zur verlässlichen Bewertung des immateriellen Vermögenswerts zum beizulegenden Zeitwert (*fair value*), dass das Unternehmen Ertragserwartungen an diesen hat, selbst wenn der Zeitpunkt oder die Höhe des Zuflusses unsicher sind.[751] Die tatsächliche Höhe des wahrscheinlichen Nutzenzuflusses ist hier noch nicht von Relevanz, sie ist als nachrangige Frage erst auf Ebene der Zugangsbewertung zu berücksichtigen.[752]

Im Ergebnis verbleibt daher als einzige Voraussetzung für den Ansatz eines immateriellen Gutes im Rahmen eines Unternehmenszusammenschlusses die Erfüllung der Definition eines immateriellen Vermögenswertes.[753] Bei Immaterialgüterrechten ist dies regelmäßig der Fall.[754]

Selbst wenn also ein im Rahmen des Unternehmenszusammenschlusses zugegangenes Immaterialgüterrecht überhaupt nicht genutzt werden soll, ist es zu aktivieren. Dies begründet sich vorrangig in den Bestrebungen des IASB, im Rahmen von Unternehmenserwerben zugegangene Vermögenswerte möglichst umfassend zu aktivieren, um einen etwaigen verbleibenden derivativen Geschäfts- oder Firmenwert als Differenz zum Gesamtanschaffungspreis gering zu halten.

Sofern ein anderer Vermögenswert dabei nur zusammen mit dem Immaterialgüterrecht separierbar ist, ist er zusammen mit diesem zu erfassen.[755] Auch

---

748 Vgl. IAS 38.34.

749 IAS 38.35.

750 IAS 38.35.

751 IAS 38.33.

752 *Baetge/v. Keitz*, IAS 38, Rn. 48.

753 *Wagenhofer*, S. 218; vgl. auch IAS 38.34; IFRS 3.B31.

754 Siehe C.II.2 und zu Einzelheiten für bestimmte Immaterialgüterrechte C.II.4.

755 IAS 38.36.

kann eine Gruppe von sich ergänzenden immateriellen Vermögenswerten bei gleicher Nutzungsdauer als ein Vermögenswert angesetzt werden.[756] So ergänzen sich bspw. die Farbe Magenta, der Werbe-Jingle und der Name der Deutschen Telekom als jeweils einzeln eingetragene Marken.[757]

Beim Erwerb einer Gruppe von Vermögenswerten zu einem einheitlichen Preis, die nach IFRS 3.3 i.V.m. IFRS 3.B7 ff. keinen Geschäftsbetrieb darstellen, findet IFRS 3 gem. IFRS 3.2 (b) keine Anwendung, da es sich nicht um einen Unternehmenszusammenschluss handelt. Als Beispiel wäre der Erwerb eines Patentportfolios zu einem einheitlichen Preis zu nennen – also eines Bündels zusammenhängender Patente, die bspw. für ein bestimmtes Produkt benötigt werden. Auch hierbei ist aber der Kaufpreis auf die erworbenen Vermögenswerte und Schulden aufzuteilen.[758] Da ein Geschäfts- oder Firmenwert in diesem Fall nicht angesetzt werden darf, hat die Aufteilung allerdings – anders als im HGB – restlos zu erfolgen.[759] Der Ansatz richtet sich dann nach den allgemeinen Ansatzvoraussetzungen.[760] Immaterielle Vermögenswerte respektive Immaterialgüterrechte dürfen in diesem Fall also nur angesetzt werden, wenn sie wahrscheinlich zu einem Nutzenzufluss führen und auch verlässlich bewertbar sind. Die oben angesprochenen Erleichterungen aus IAS 38.33, die für Unternehmenszusammenschlüsse gelten, finden keine Anwendung. Sollte also ein Patent aus dem angesprochenen Patentportfolio tatsächlich überhaupt nicht genutzt werden, hätte auch seine Aktivierung im Gegensatz zur Vorgehensweise beim Unternehmenserwerb in der Folge zu unterbleiben.

c. Besondere Ansatzvoraussetzungen für selbst geschaffene immaterielle Vermögenswerte/Immaterialgüterrechte

IAS 38 stellt für den Ansatz von selbst geschaffenen immateriellen Vermögenswerten und damit auch für selbst geschaffene Immaterialgüterrechte in IAS 38.52 bis IAS 38.67 besondere Ansatzvoraussetzungen auf. Denn bei Aufwendungen im Rahmen der eigenen Leistungserstellung stellt sich im Besonderen das

---

756 IAS 38.37.

757 Siehe auch B.I.3.a.dd.

758 IFRS 3.2(b).

759 IFRS 3.2(b); wobei zu beachten ist, dass nach IFRS 3.B12 das Vorliegen eines Geschäfts- oder Firmenwertes dafür sprechen soll, dass es sich um einen Geschäftsbetrieb handelt; vgl. auch IFRS 3.BC19.

760 IFRS 3.2(b).

Problem, ob überhaupt und wenn ja, ab welchem Zeitpunkt ein identifizierbarer Vermögenswert entstanden ist.[761] Dies gilt im besonderen Maße für selbst geschaffene immaterielle Güter. So begründet der IASB die besonderen Voraussetzungen auch mit der schwierigen Abgrenzbarkeit von intern erstellten immateriellen Vermögenswerten vom originären Geschäfts- oder Firmenwert.[762]

aa. Einordnung als selbst geschaffen

Die Abgrenzung von anderen Zugangsformen und damit die Einordnung eines immateriellen Vermögenswertes als selbst geschaffen, kann nach hier vertretener Auffassung analog zum HGB erfolgen. Insoweit wird auf die obigen[763] Ausführungen zum HGB verwiesen. Die dort als selbst geschaffen i.S.d. HGB eingeordneten Immaterialgüterrechte gelten demnach ebenso als selbst geschaffen i.S.d. der IFRS.

bb. Abgrenzung Forschung und Entwicklung

Der interne Erstellungsprozess wird für die Entscheidung über die Ansetzbarkeit eines selbst geschaffenen immateriellen Vermögenswertes dabei zunächst in zwei Phasen unterteilt: Forschungs- und Entwicklungsphase.[764] Unter Forschung versteht man die eigenständige und planmäßige Suche nach neuen wissenschaftlichen oder technischen Erkenntnissen.[765] Als Forschungsaktivitäten sind nach IAS 38.56 daher zunächst alle auf Erlangung neuer Erkenntnisse ausgerichtete Aktivitäten einzuordnen. IAS 38.56 nennt hierfür die Suche nach alternativen Materialien, Systemen, Produkten oder Dienstleistungen als Beispiele.

In Abgrenzung dazu wird unter Entwicklung die Anwendung von Forschungsergebnissen oder anderem Wissen auf einen Plan oder einen Entwurf für ein neues Produkt oder wesentlich bessere Materialien, Werkzeuge, Produkte, Verfahren, Systeme oder Dienstleistungen verstanden.[766] Die Entwicklungsphase liegt allerdings vor dem Beginn der kommerziellen Produktion oder Nutzung.[767] Einige beispielhafte Sachverhalte, die der Entwicklung zuzuordnen

761 *Dawo*, S. 203.
762 IAS 38.51.
763 Siehe C.I.3.b.bb(2).
764 IAS 38.52.
765 IAS 38.8.
766 IAS 38.8.
767 IAS 38.8.

sind, sind in IAS 38.59 aufgezählt. Hierzu zählen u.a. das Entwerfen, die Konstruktion oder das Testen von Prototypen und Modellen sowie ausgewählter alternativer Materialien, Vorrichtungen, Produkte, Verfahren, Systeme oder Dienstleistungen.

Zusammengefasst kann Forschung als die Suche nach neuen Wegen und Entwicklung als deren Anwendung betrachtet werden.[768]

Wegen der fließenden Übergänge ist die Abgrenzung allerdings oft problematisch, was umso mehr gilt, wenn Forschung- und Entwicklungsphase nicht nacheinander liegen, sondern miteinander verwoben sind.[769] Besonders im letzteren Fall ist im besonderen Maße eine hinreichend präzise Abgrenzung der – sich ggf. abwechselnden – einzelnen Forschungs- und Entwicklungsschritte erforderlich. Gelingt diese nicht, müssen die Ausgaben für das Projekt zur Schaffung eines immateriellen Vermögenswertes gem. IAS 38.53 insgesamt der Forschungsphase zugeordnet werden.

Es wird deutlich, dass die Vorschriften zur Aktivierung von selbst geschaffenen immateriellen Vermögenswerten stark auf solche Vermögenswerte ausgerichtet sind, die im Rahmen der klassischen Produkt- bzw. Verfahrensforschung bzw. -entwicklung entstehen.[770] Aber auch andere Aktivitäten können sie hervorbringen.[771] So entsteht bspw. ein Urheberrecht in der Regel nicht in derselben Weise wie ein technisches Produkt. Dieses Problem hat auch der IASB gesehen: Die Begriffe Forschungs- und Entwicklungsphase sind bei ihrer Anwendung gem. IAS 38.53 trotz ihrer Definition weiter auszulegen. Auf diese Weise können ihnen auch andere Aktivitäten (analog) zugeordnet werden. So sollen bspw. Kosten für selbstentwickelte Expertensysteme von Banken oder Prüfungs- und Bewertungstechnologien von Wirtschaftsprüfern der Entwicklungsphase zuzuordnen sein.[772] Nach welchen Kriterien eine solche analoge Zuordnung genau zu erfolgen hat, bleibt allerdings offen. Letztlich liegt sie aufgrund der einseitigen Ausrichtung der Vorschriften auf tatsächliche Forschungs- und Entwicklungsaktivitäten im Ermessen des Bilanzierenden.[773] Nach hier vertretener Ansicht muss – damit eine Zuordnung zur Entwicklungsphase erfolgen kann – zumindest insofern eine Vergleichbarkeit mit (echten) Entwicklungsaufwendungen

768 *Wulf,* S. 36; vgl. auch *Küting/Ellmann*, DStR 2010, 1300 (1300).

769 Vgl. *Baetge/Kirsch/Thiele*, S. 253; *Küting/Ellmann*, S. 270 f.

770 *Baetge/v. Keitz*, IAS 38, Rn. 58; *Wulf,* S. 36.

771 *Lutz-Ingold*, S. 169 f.

772 HdJ/*Kuhner,* Abt. II/1, Rn. 257; *Wulf,* S. 36.

773 *Baetge/v. Keitz*, IAS 38, Rn. 58.

vorhanden sein, als dass eine potentielle konkrete Anwendungsmöglichkeit zum Zeitpunkt des Anfalles der Kosten bereits besteht.

cc. *Ansatzverbot für selbst geschaffene immaterielle Vermögenswerte in der Forschungsphase*

Ein im Rahmen der Forschungsphase entstandener immaterieller Vermögenswert darf gem. IAS 38.54 generell nicht aktiviert werden. Forschungsausgaben sind dementsprechend in der Periode ihres Anfalls als Aufwand zu erfassen.[774] Dies wird damit begründet, dass ein Unternehmen in dieser Phase nicht nachweisen kann, dass die Forschung voraussichtlich einen künftigen wirtschaftlichen Nutzen erzeugen wird.[775] Es ist letztlich also noch zu weit von einem fertigen Produkt entfernt, um ihm einen zukünftigen wirtschaftlichen Nutzen zuschreiben zu können.[776] Ein immaterieller Vermögenswert kann zu diesem Zeitpunkt also schon deshalb noch nicht existieren.[777]

Forschungsausgaben sind aber auch im Nachhinein nicht zu aktivieren, wenn ihre Ergebnisse in einer späteren Periode oder aufgrund von weiteren Entwicklungen zu einem immateriellen Vermögenswert respektive Immaterialgüterrecht führen sollten.[778]

dd. *Ansatzvoraussetzungen für selbst geschaffene immaterielle Vermögenswerte in der Entwicklungsphase*

In der Entwicklungsphase hält der IASB hingegen den Nachweis eines künftigen wirtschaftlichen Nutzens eines immateriellen Vermögenswertes wegen der größeren Nähe zur Fertigstellung für möglich.[779] Gleichwohl ist nicht Voraussetzung, dass der angestrebte immaterielle Vermögenswert (z.B. ein Patent) als Endergebnis der Entwicklung schon fertiggestellt ist. Vielmehr sind auch Zwischenergebnisse schon vorher zu aktivieren, sofern das Unternehmen die besonderen Ansatzvoraussetzungen aus IAS 38.57 nachweisen kann. Ihr Wert ist dann bei Fertigstellung des angestrebten Endergebnisses, also bei

---

774 IAS 38.54.
775 IAS 38.55.
776 *Wulf*, S. 36.
777 *Haunerdinger/Probst*, S. 44.
778 Vgl. IAS 38.65 und 71.
779 Vgl. IAS 38.58.

Immaterialgüterrechten in der Regel mit der Entstehung des Rechts, in dieses umzugliedern.[780]

IAS 38.57 stellt folgende zusätzliche Ansatzvoraussetzungen für selbst geschaffene immaterielle Vermögenswerte auf:

- Technische Möglichkeit zur Fertigstellung, so dass der immaterielle Vermögenswert genutzt oder verkauft werden kann;
- Absicht zur Fertigstellung und Nutzung oder Verkauf des Vermögenswertes;
- Fähigkeit zu dessen Nutzung oder Verkauf;
- Art und Weise des voraussichtlichen zukünftigen wirtschaftlichen Nutzens des immateriellen Vermögenswertes – sofern er nicht intern genutzt wird, auch einen Markt für den immateriellen Vermögenswert bzw. dessen Produkte;
- ausreichende technische, finanzielle und sonstige Ressourcen zur Fertigstellung und Nutzung oder Verkauf des Vermögenswertes und
- Fähigkeit, die der Entwicklung zurechenbaren Ausgaben verlässlich zu bewerten.

Die besonderen Ansatzvoraussetzungen sollen die allgemeinen Ansatzvoraussetzungen konkretisieren.[781] Die ersten fünf Kriterien machen die Anforderungen für die „Wahrscheinlichkeit eines künftigen Nutzenzuflusses" greifbarer, während es sich bei der sechsten Anforderung letztlich um eine Wiederholung der allgemeinen Ansatzvoraussetzung „verlässliche Bewertbarkeit" handelt.[782] Durch das Erfordernis, die Voraussetzungen mit Nachweisen zu belegen, wird deutlich, dass der Ansatz selbst erstellter immaterieller Vermögenswerte sehr restriktiv ausgestaltet ist, was erhöhte Anforderungen an die internen Informations- und Dokumentationspflichten zur Folge hat.[783]

Die technische Realisierbarkeit als erste Voraussetzung beruht ebenfalls[784] auf der starken Orientierung des IASB an Vermögenswerten, die im Rahmen der klassischen Produkt- bzw. Verfahrensentwicklung entstehen.[785] Sie ist daher auch nicht für alle selbst geschaffenen immateriellen Vermögenswerte Ansatzvoraussetzung. Zu denken ist bspw. an das Urheberrecht an einem Text, bei dem die technische

---

780 *v. Keitz*, S. 209f.; *Lutz-Ingold*, S. 191; a.A. Gerling S. 101 f.

781 *Baetge/v. Keitz*, IAS 38, Rn. 61; *Wulf*, S. 35, 37.

782 *Lutz-Ingold*, S. 170 f.; siehe auch *Dawo*, S. 204, Fn. 913.

783 *Baetge/v. Keitz*, IAS 38, Rn. 61. *Wulf*, S. 37.

784 Siehe schon oben C.II.3.c.bb.

785 *Baetge/v. Keitz*, IAS 38, Rn. 65.

Realisierbarkeit als Kriterium nur schwerlich eine Konkretisierung des wahrscheinlichen zukünftigen Nutzenzuflusses darstellen kann. Ähnliches gilt für Marken, die aber ohnehin dem Ansatzverbot aus IAS 38.63 unterliegen.[786] Bei selbst-entwickelten technischen Innovationen oder klassischen Produkten, die oft durch Patente und andere gewerbliche Schutzrechte geschützt werden, spielt diese Voraussetzung dagegen eine wichtige Rolle. Ihr Nachweis kann vor allem durch Prototypen, Modelle oder Betaversionen geführt werden.[787]

Die Absicht zur Fertigstellung und zur Verwertung oder Verkauf ist als zusätzliche Voraussetzung eigentlich überflüssig, da bei ihrem Nichtvorliegen schon kein künftiges wirtschaftliches Nutzenpotential bestehen kann, das aber Voraussetzung für einen Bilanzansatz ist.[788] Sollte ein Nachweis erforderlich sein, kann auf die Fortführung der Entwicklung über den Bilanzstichtag hinaus abgestellt werden, da eine Weiterentwicklung ökonomisch nur dann sinnvoll ist, wenn auch die Absicht zur Fertigstellung besteht.[789]

Nutzungs- oder Verkaufsfähigkeit liegen in der Regel vor. Ein ökonomisch handelndes Unternehmen würde die Entwicklung sonst nicht (weiter) vorantreiben.[790] Für den Fall, dass diese Fähigkeiten von äußeren Einflüssen, wie rechtlichen Verwertungsbeschränkungen für die mit Hilfe eines Immaterialgüterrechts hergestellten Produkte, abhängig sind, kann es aber relevant werden.[791] So kann dies bspw. die Versagung von Genehmigungen oder Zulassungen für neue Medikamente oder andere Produkte, wie Sicherheitssysteme, sein.[792] Der Nachweis einer Zulassung oder Genehmigung ist aber keine zwingende Voraussetzung für die Aktivierungsfähigkeit.[793] Es reicht aus, dass eine Genehmigung bzw. Zulassung aufgrund Erfahrungen der Vergangenheit mit vergleichbaren Produkten wahrscheinlich ist,[794] was bspw. im Pharmabereich regelmäßig frühestens nach umfangreichen positiven klinischen Studien der Fall sein wird.[795] Denn die Beurteilung, ob die Entwicklung bereits zu einem immateriellen Vermögenswert geführt hat,

---

786 Siehe dazu sogleich C.II.3.c.ee.

787 *Lutz-Ingold*, S. 171.

788 *Wulf*, S. 38; vgl. auch *Lutz-Ingold*, S. 171 f.; siehe auch oben C.II.2.e.

789 *Baetge/v. Keitz*, IAS 38, Rn. 66.

790 *Wulf*, S. 38.

791 *Dawo*, S. 204.

792 Beck-IFRS-HB/*Ramscheid*, § 4, Rn. 41; *Lutz-Ingold*, S. 172.

793 *Baetge/v. Keitz*, IAS 38, Rn. 67; vgl. auch *Lutz-Ingold*, S. 188.

794 *Wulf*, S. 38 f.

795 Vgl. *Arbeitskreis „Immaterielle Werte im Rechnungswesen" der Schmalenbach-Gesellschaft*, DB 2008, 1813 (1817).

ist letztlich immer zu einem gewissen Grad eine Prognoseentscheidung. Nur für den Fall der Versagung einer Genehmigung oder Zulassung sind Nutzungs- oder Verkaufsfähigkeit also zu verneinen. Dies gilt allerdings auch nur dann, wenn bisherige Teile der Entwicklungsarbeit nicht anderweitig intern genutzt und veräußert werden können[796] und dies der Bilanzierende nachweisen kann bzw. will.

Der Nachweis über die Art und Weise eines künftigen wirtschaftlichen Nutzens wird gem. IAS 38.60 unter Verwendung der Grundsätze von IAS 36 (Wertminderung von Vermögenswerten), also durch einen Wertminderungstest, erbracht.[797] Dabei kann der Bilanzierende einen Markt für das Immaterialgüterrecht bzw. die Produkte, die mit seiner Hilfe hergestellt werden, nachweisen.[798] Bei bloß interner Nutzung kann der Nachweis auch durch Daten aus einem gut entwickelten internen Rechnungssystem erfolgen, die den wirtschaftlichen Nutzen für das Unternehmen belegen, allerdings – wie alle internen Nachweise – große Ermessensspielräume eröffnen.[799]

Die Verfügbarkeit von technischen, finanziellen und sonstigen Ressourcen zur Fertigstellung und Nutzung kann anhand der Verhältnisse des Unternehmens belegt werden.[800] Hierfür ist vor allem auf (interne) Unternehmensplanungen zurückzugreifen,[801] mit denen die Berücksichtigung des Vermögenswertes im Rahmen der Dispositionen des Unternehmens und die Bereitstellung der notwendigen Ressourcen nachgewiesen werden kann.[802] Diese Voraussetzung ist insbesondere bei jungen technologiegetriebenen Unternehmen von Relevanz, sofern unsicher ist, ob die kostenintensive Produktentwicklung auch weiterhin von den Investoren getragen werden wird.[803] Die notwendigen finanziellen Ressourcen können daher auch durch Absichtserklärungen von Fremdkapitalgebern[804] bzw. Investoren[805] nachgewiesen werden. Technische Ressourcen können durch die bspw. für eine Patentierung ohnehin notwendige Dokumentation nachgewiesen

---

796 *Baetge/v. Keitz*, IAS 38, Rn. 67.

797 Die Grundsätze werden im Rahmen der Ermittlung von Wertminderungen unter D.II.3.e dargestellt.

798 IAS 38.57 (d).

799 *Lutz-Ingold*, S. 174.

800 *Dawo*, S. 205.

801 IAS 38.61.

802 *Dawo*, S. 205.

803 *Baetge/v. Keitz*, IAS 38, Rn. 63.

804 IAS 38.61.

805 *Baetge/v. Keitz*, IAS 38, Rn. 63.

werden; sonstige Ressourcen, wie die für Fertigstellung notwendigen Arbeitskräfte, durch den Nachweis von Arbeitsverträgen.[806]

Die verlässliche Bewertung der Herstellungskosten ist laut IAS 38.62 oftmals gegeben, wird also – wenn auch widerlegbar – vermutet.[807] Ein ggf. notwendiger Ausgabennachweis ist hierbei vor allem über ein internes Kostenrechnungssystem erbringbar,[808] aus dessen Daten die unterschiedlichen Bestandteile der Herstellungskosten direkt entnommen werden können müssen.[809]

Sind die sechs Voraussetzungen nachweisbar, so handelt es sich um einen abgrenzbaren Vermögenswert, der zu aktivieren ist.

Liegen sie nicht vor, so kann der aus der Entwicklungsphase erwachsende immaterielle Vermögenswert nicht aktiviert werden. Die Kosten für die Entwicklung sind dann gem. IAS 38.68 aufwandswirksam in der Periode ihres Anfalls zu erfassen. Auch wenn im Nachhinein doch ein Vermögenswert entstehen sollte, sind dessen Herstellungskosten erst ab dem Zeitpunkt der Erfüllung aller sechs Kriterien in Ansatz zu bringen. Vorher getätigte und schon aufwandswirksam erfasste Ausgaben bleiben gem. IAS 38.65 i.V.m. 38.71 außen vor.

Sofern eine Aktivierung erfolgen soll, ist nach Übergang in die Entwicklungsphase also ständig zu prüfen, ab wann die besonderen Ansatzvoraussetzungen nachgewiesen werden können. Aufgrund der Unsicherheiten gerade zu Beginn eines Entwicklungsprozesses wird dieser anfangs nur selten gelingen. Eine Aktivierung wird zu einem frühen Zeitpunkt der Entwicklung daher eher die Ausnahme bilden. Aufgrund dessen wird auch von den Entwicklungsausgaben in der Regel nur ein geringer Teil aktiviert werden können.[810]

Die Nichtaktivierung ist folglich wesentlich einfacher zu erreichen als die Aktivierung eines selbst geschaffenen immateriellen Gutes.[811] Da der Nachweis der Ansatzvoraussetzungen durch den Bilanzierenden selbst zu führen ist, steht die Aktivierungsentscheidung in der Regel im Ermessen des Managements. Das Fehlen weiterer Konkretisierungen der ersten drei besonderen Ansatzvoraussetzungen für selbst geschaffene immaterielle Vermögenswerte trägt ebenso dazu bei.[812] Dem

---

806 *Lutz-Ingold*, S.190.
807 Siehe im Übrigen C.II.3.a.bb.
808 IAS 38.62.
809 *Dawo*, S. 205.
810 *Lutz-Ingold*, S. 171, 187.
811 *Wulf*, S. 39.
812 *Baetge/v. Keitz*, IAS 38, Rn. 62.

Anwender eröffnen sich auf diese Weise große bilanzpolitische Spielräume.[813] Die Vorgehensweise bei der Bilanzierung wird daher nicht selten von der Bilanzpolitik beeinflusst.[814] Letztlich handelt es sich bei den besonderen Ansatzvoraussetzungen für selbst geschaffene immaterielle Vermögenswerte um ein faktisches Ansatzwahlrecht für Entwicklungsausgaben,[815] das dem kodifizierten Wahlrecht im deutschen HGB in nichts nachsteht.

In der Praxis stellt sich die Bilanzierung teilweise sehr unterschiedlich dar. Branchenabhängig werden einzelne Voraussetzungen für eine Aktivierung – wie insbesondere technische Machbarkeit oder der zukünftige wirtschaftliche Nutzen – regelmäßig bestritten oder bestätigt.[816] So findet bspw. in der Pharmabranche aufgrund der Unwägbarkeiten im Rahmen der Entwicklung und Zulassung eines Medikamentes regelmäßig keine Aktivierung selbst entwickelter Medikamente respektive der mit ihnen verbundenen Patente statt,[817] obwohl, wie oben gezeigt, eine endgültige Zulassung nicht Voraussetzung hierfür ist. Im Gegensatz dazu bedient sich die Automobilindustrie der Aktivierung von Entwicklungskosten in beträchtlichem Umfang,[818] da ein Scheitern hier eher als unwahrscheinlich gilt.[819]

ee. Ansatzverbot für bestimmte selbst geschaffene immaterielle Vermögenswerte

Für bestimmte selbst geschaffene immaterielle Vermögenswerte gilt zudem ein Aktivierungsverbot. So dürfen gem. IAS 38.63 keine selbst geschaffenen Marken, Drucktitel, Verlagsrechte, Kundenlisten und diesen ähnliche Sachverhalte als immaterielle Vermögenswerte angesetzt werden.[820] Der IASB begründet dies damit, dass Ausgaben für selbst geschaffene Marken, Drucktitel, Verlagsrechte, Kundenlisten und ähnliche Sachverhalte nicht von den Ausgaben für die

---

813 *Küting/Ellmann*, DStrR 2010, 1300 (1305); zu den möglichen Auswirkungen auf die Bilanz vgl. oben C.I.3.b.ee.

814 *Göllert*, DB 2008, 1165 (1169); *Lüdenbach/Hoffmann*, Beihefter zu DStR 30 2008, 49 (54).

815 Lüdenbach/*Hoffmann*, § 13, Rn. 34 f.; *Baetge/v. Keitz*, IAS 38, Rn. 61, 69; *Dawo*, S. 205 f.; *Lutz-Ingold*, S. 175; *Küting/Ellmann*, DStrR 2010, 1300 (1305).

816 Lüdenbach/*Hoffmann*, § 13, Rn. 35.

817 *Baetge/v. Keitz*, IAS 38, Rn. 67; *Hager/Hitz*, KoR 2007, 205 (210); *Hoffmann/Lüdenbach*, Beihefter zu DStR 30 2008, 49 (55); siehe auch *Wulf*, S. 37 und S. 137 ff. mit weiteren Beispielen.

818 *Hager/Hitz*, KoR 2007, 205 (209).

819 *Lüdenbach/Hoffmann*, StuB 2009, 287, (293).

820 Für weitere (hier nicht relevante) Ansatzverbote siehe Lutz-Ingold, S. 175 ff.

Entwicklung des Unternehmens als Ganzes und damit nicht von einem originären Geschäfts- oder Firmenwert unterschieden werden könnten.[821] Eine Aktivierung dieser selbst geschaffenen immateriellen Vermögenswerte würde folglich zu einem Widerspruch zu dem in IAS 38.48 aufgestellten Aktivierungsverbot für einen selbst geschaffenen Geschäfts- oder Firmenwert führen.[822]

Letztlich handelt es sich bei den in IAS 38.63 genannten immateriellen Vermögenswerten also um solche, deren verlässliche Bewertbarkeit nicht gegeben ist. Da die verlässliche Bewertung aber schon konkretes Ansatzkriterium ist, wäre diese Vorschrift an und für sich überflüssig. Dem IASB schien es jedoch offensichtlich nötig, bestimmte selbst geschaffene immaterielle Anlagewerte ausdrücklich von einer Aktivierung auszuschließen, um einer willkürlichen Bilanzierungspraxis vorzubeugen.

4. Der Ansatz ausgewählter Immaterialgüterrechte

Auch im Rahmen der IFRS sollen ausgewählte Immaterialgüterrechte auf ihre Ansatzfähigkeit hin untersucht werden.

a. Gewerbliche Schutzrechte

aa. Patente, Gebrauchs- und Geschmacksmuster

Damit Patente, Gebrauchs- und Geschmacksmuster aktivierungsfähig sind, müssten sie zunächst die Definition eines immateriellen Vermögenswertes i.S.v. IAS 38 erfüllen. Sie müssen also immateriell (substanzlos, nicht monetär), identifizierbar sowie kontrollierbar sein und einen wirtschaftlichen Nutzen stiften.[823]

Patente, Gebrauchs- und Geschmacksmuster sind als Rechte, die ein immaterielles Gut schützen, als immateriell einzuordnen.[824] Sie sind wie alle Immaterialgüterrechte demnach nicht monetär und (im Wesentlichen) substanzlos. Selbst eine etwaig vorhandene Verkörperung, bspw. in einem Rechtsdokument oder auf einem Datenträger, ist insofern nur untergeordnet und hat lediglich Trägerfunktion, weswegen sie an dieser Einordnung nichts zu ändern vermag.[825] Das jeweilige

821 IAS 38.64.
822 *KPMG*, S. 48.
823 IAS 38.8.
824 Siehe schon oben B.I.2.
825 Siehe ergänzend oben C.I.4.a.aa, C.II.2.b und C.I.3.b.bb(1)(a).

Recht bleibt der wesentliche, den Charakter i.S.v. IAS 38.4 bestimmende, Teil eines solchen Verbundgutes.

Patente, Gebrauchs- und Geschmacksmuster stellen gesetzlich geschützte Rechte dar, weswegen sie über IAS 38.12 (b) als identifizierbar gelten.

Als Rechte sind sie auch kontrollierbar. Sie geben einem Unternehmen die für IAS 38.13 hinreichenden juristisch durchsetzbaren Ansprüche und befähigen es so, sich die ihnen zugrunde liegenden wirtschaftlichen Vorteile zu verschaffen und andere von deren Nutzung auszuschließen.[826]

Ein künftiger wirtschaftlicher Nutzen wird nach dem oben[827] Gesagten ohne entgegenstehende Hinweise vermutet. Bei Patenten oder Gebrauchsmustern kann dieser Nutzenbeitrag bspw. in der Reduzierung künftiger Herstellungskosten für die Produkte eines Unternehmens liegen.[828] Genauso sind Wettbewerbsvorteile durch neue patentgeschützte Technologien oder durch Geschmacksmuster, die ein neues Design schützen, denkbar.

Es handelt sich also bei Patenten, Gebrauchs- und Geschmacksmustern um immaterielle Vermögenswerte i.S.v. IAS 38.

Ob sie einer Ansatzpflicht unterliegen, hängt – wie oben gesehen[829] – davon ab, ob ein wirtschaftlicher Nutzen dem Unternehmen auch wahrscheinlich zufließen wird und ob sie zuverlässig bewertbar sind. Diese Voraussetzungen wiederum sind für die verschiedenen Zugangsarten unterschiedlich ausgestaltet. Die Art des Zugangs entscheidet über die im Folgenden durchzuführenden Prüfungsschritte. Sie können separat oder im Rahmen eines Unternehmenszusammenschlusses erworben oder selbst geschaffen worden sein. Für die Abgrenzung der Zugangsarten, insbesondere auch der Behandlung von Arbeitnehmererfindungen, kann insoweit im Ergebnis auf die obigen Ausführungen zum HGB verwiesen werden.[830] Die dort als selbst geschaffen i.S.d. HGB eingeordneten Patente, Gebrauchs- und Geschmacksmuster gelten auch als selbst geschaffen i.S.d. IFRS.

Die Wahrscheinlichkeit eines Nutzenzuflusses und die verlässliche Bewertbarkeit für den Fall, dass ein immaterieller Vermögenswert separat oder im Rahmen eines Unternehmenszusammenschlusses zugeht, werden vermutet.[831]

---

826 *Lutz-Ingold*, S. 186.

827 Siehe C.II.2.e.

828 Vgl. IAS 38.17.

829 Siehe C.II.3.

830 Siehe C.I.3.b.bb(2) und C.I.4.a.aa.

831 Siehe C.II.3.b.

Für Patente, Gebrauchs- und Geschmacksmuster besteht also für diese Fälle des Zugangs in der Regel eine Aktivierungspflicht.

Sofern ein Bündel von ihnen gemeinsam erworben wird, bspw. ein Portfolio von Patenten, die allesamt für die Produktion eines Produktes notwendig sind, gelten diese Vermutungen allerdings nicht.[832]

Sind Patente, Gebrauchs- und Geschmacksmuster vom Unternehmen hingegen selbst geschaffen, muss der Bilanzierende für die Aktivierung zusätzlich die Erfüllung der erweiterten Ansatzvoraussetzungen der IAS 38.57 ff. nachweisen. Da über IAS 38.54 Forschungsausgaben generell von einer Aktivierung ausgeschlossen sind, können dabei nur Entwicklungsausgaben, bspw. einer patentierten Erfindung, als Herstellungskosten dieses Patentes aktiviert werden. Wie oben angesprochen,[833] ist deshalb auf die dokumentierte Trennbarkeit von Forschungs- und Entwicklungskosten zu achten, da letztere nur dann aktiviert werden dürfen. Andernfalls sind sie gem. IAS 38.53 als Forschungsausgaben zu behandeln und wie diese als Aufwand zu erfassen. Aber auch die Ausgaben aus der Entwicklungsphase sind dem Patent, Gebrauchs- oder Geschmacksmuster erst ab dem Zeitpunkt zuzurechnen, in dem die Entwicklung so weit vorangeschritten gewesen ist, dass sie neben den allgemeinen Ansatzvoraussetzungen auch die Voraussetzungen aus IAS 38.57 ff. erfüllt.[834]

Im Zeitpunkt der Eintragung des Patents, Gebrauchs- oder Geschmacksmusters sind die zusätzlichen Voraussetzungen aus IAS 38.57 in der Regel erfüllt. Um den Umfang der aktivierungsfähigen Entwicklungskosten zu bestimmen, muss aber auf den Zeitpunkt abgestellt werden, in dem die Voraussetzungen vor der Entstehung (Eintragung) des Immaterialgüterrechts bereits erstmals erfüllt waren. Ggf. wurde diese sich noch in der Entwicklung befindliche Vorstufe des Immaterialgüterrechts auch schon selbst aktiviert. Erfüllte also bspw. eine selbst geschaffene Erfindung bereits vor ihrer Patentierung neben den allgemeinen Ansatzvoraussetzungen auch die zusätzlichen Voraussetzungen aus IAS 38.57 und wurde sie deshalb schon vorher als eigenständiger immaterieller Vermögenswert aktiviert, ist dieser Wert mit Entstehung des Patents in dieses umzugliedern.[835] Andernfalls würde es zu einer Doppelerfassung kommen oder das Patent unter seinem wahren Wert aktiviert.

---

832 Siehe C.II.3.b.bb.

833 Siehe C.II.3.c.bb.

834 Vertiefend hierzu D.II.2.c.

835 *v. Keitz*, S. 209 f.; *Lutz-Ingold*, S. 191.

Die technische Realisierbarkeit als erste Ansatzvoraussetzung aus IAS 38.57 kann vor allem durch Prototypen, Modelle oder Betaversionen nachgewiesen werden.[836]

Auch die Absicht zur Fertigstellung und zur Verwertung oder Verkauf muss nachgewiesen werden. Ist ein Patent, Gebrauchs- oder Geschmacksmuster bereits eingetragen, ist es bereits fertiggestellt. Befindet es sich noch in der Entwicklung, reicht der Nachweis der Fortführung der Entwicklung über den Bilanzstichtag hinaus aus, da eine Weiterentwicklung ökonomisch nur dann sinnvoll ist, wenn auch die Absicht zur Fertigstellung besteht.[837]

Die Absicht zur Nutzung (Verwertung oder Verkauf) kann dabei durch Aufnahme in Geschäfts- oder Finanzpläne, durch Studien oder durch Vergleiche mit gleichartigen Rechtspositionen nachgewiesen werden.[838] Nach dem oben Gesagten kann der Nachweis aber auch durch die Einbeziehung in die Unternehmensplanung zum Schutz der eigenen Marktposition geführt werden. Die Absicht zur Verwertung besteht also bspw. auch dann, wenn eine Technologie nur deshalb patentiert wurde oder werden soll, um einen Konkurrenten von der Nutzung dieser Technologie auszuschließen, auch wenn selbst die aktive Nutzung der Technologie nicht geplant ist. Dasselbe gilt bspw. für die Eintragung von Geschmacksmustern, um sich eine Nutzung eines bestimmten Designs für später vorzubehalten oder einen Konkurrenten davon abzuhalten.

Die Nutzungs- oder Verkaufsfähigkeit liegt in der Regel vor. Nur für den Fall, dass diese Fähigkeiten von äußeren Einflüssen, wie bspw. durch die Versagung von behördlichen Genehmigungen oder Zulassungen verneint werden müssen, wird dieses Merkmal relevant. Der Nachweis einer Zulassung oder Genehmigung ist aber – wie oben gesehen[839] – keine zwingende Voraussetzung für die Aktivierungsfähigkeit.[840] Es reicht ihre wahrscheinliche Erteilung, sollte die Nutzungs- bzw. Verkaufsfähigkeit hiervon abhängen.

Der Nachweis über die Art und Weise eines künftigen wirtschaftlichen Nutzens erfolgt gem. IAS 38.60 unter Verwendung der Grundsätze von IAS 36.[841] Ein Patent, Gebrauchs- oder Geschmacksmuster kann bspw. dazu führen, das die Absatzchancen der Produkte, die es verwenden, steigen oder völlig neue

836 Siehe C.II.3.c.dd.

837 *Baetge/v. Keitz*, IAS 38, Rn. 66.

838 *v. Keitz*, S. 209.

839 Siehe C.II.3.c.dd.

840 *Baetge/v. Keitz*, IAS 38, Rn. 67.

841 Siehe zur Anwendung von IAS 36: D.II.3.e.

Absatzmöglichkeiten oder Produkte entstehen. Ein solcher Markt kann dann anhand von Marktdaten, Markttests und sonstigen Marktforschungsverfahren nachgewiesen werden.[842] Dasselbe gilt für den umgekehrten Fall, dass durch die Nichtverwendung des Patents, Gebrauchs- oder Geschmacksmusters gerade die Absatzchancen eines anderen Produkts gesteigert werden, weil es z.B. nicht (so früh) durch ein neues Produkt substituiert wird.[843] Es kann aber auch ein Markt für das Patent, Gebrauchs- oder Geschmacksmuster selbst bestehen, was insbesondere aufgrund der Vergabe von Lizenzen an diesem Recht bzw. der mit hoher Wahrscheinlichkeit bestehenden Möglichkeit hierzu aufgrund des Vergleichs mit ähnlichen Patenten, Gebrauchs- bzw. Geschmacksmustern nachgewiesen werden kann. Bei bloß interner Nutzung tragen Patente und Gebrauchsmuster bspw. zur Effizienzsteigerung und damit zur Kostenreduzierung in der Produktion bei.[844] Wobei der Nachweis dann vor allem mit Daten aus einem gut entwickelten internen Rechnungssystem erfolgreich geführt werden kann.

Für die Verfügbarkeit von technischen, finanziellen und sonstige Ressourcen zur Fertigstellung und Nutzung kann nach IAS 38.61 vor allem auf (interne) Unternehmensplanungen abgestellt werden.[845] Die notwendigen finanziellen Ressourcen können aber auch durch Absichtserklärungen von Fremdkapitalgebern[846] bzw. Investoren[847] nachgewiesen werden. Kann der Nachweis der finanziellen Ressourcen für die Nutzung nicht geführt werden, hat eine Bilanzierung zu unterbleiben. So kann bspw. ein Patent auch dann nicht aktiviert werden, wenn die finanziellen Mittel zur Anschaffung der Produktionsmaschinen für das geschützte Produkt nicht zur Verfügung stehen.[848] Dabei ist aber gleichzeitig Voraussetzung, dass das Patent nicht doch anderweitig durch das Unternehmen, bspw. durch Lizenzierung oder als Schutz vor Konkurrenten, genutzt werden kann und soll. Da hierfür in der Regel keine weiteren Kosten anfallen, wäre der Nachweis schon auf diese Weise erbracht.

Die verlässliche Bewertung der Herstellungskosten liegt laut IAS 38.62 in der Regel vor.[849] Die Herstellungskosten für Patente, Gebrauchs- und Geschmacks-

842 *Lutz-Ingold*, S. 189.
843 Siehe schon C.II.3.a.aa.
844 *Lutz-Ingold*, S. 189.
845 Für weitere Details, siehe C.II.3.c.dd.
846 IAS 38.61.
847 *Baetge/v. Keitz*, IAS 38, Rn. 63.
848 *Gerling*, S. 97.
849 Da es sich um eine Wiederholung der allgemeinen Ansatzvoraussetzungen handelt, siehe auch C.II.3.a.bb.

muster sind regelmäßig vom Geschäfts- und Firmenwert trennbar, da etwaige Löhne der Entwickler bzw. Designer, Aufwendungen für Probeläufe, Registrierungsgebühren und weitere Kostenpositionen häufig schon (aufgrund von Projektplänen) direkt zurechenbar sind. Andernfalls kann anhand von Schlüsselungen, die der internen Unternehmensrechnung entnommen werden können, regelmäßig eine zweifelsfreie Zuweisung der Kostenpositionen erfolgen.[850]

Bei selbst geschaffenen Patenten, Gebrauchs- und Geschmacksmustern handelt es sich auch nicht um ihrem Wesen nach ähnliche Sachverhalte i.S.v. IAS 38.63. Hier gilt das im Rahmen des HGB Gesagte analog.[851] Sie unterfallen daher nicht dem Ansatzverbot aus IAS 38.63, da sie – wie eben gesehen – regelmäßig verlässlich bewertet werden können.

Zusammenfassend ist daher festzuhalten, dass für Patente, Gebrauchs- und Geschmacksmuster in der Regel unabhängig von ihrer Zugangsform grundsätzlich eine Ansatzpflicht nach den IFRS besteht. Sind sie allerdings selbst geschaffen worden, besteht aufgrund der überwiegenden Abhängigkeit der besonderen Ansatzvoraussetzungen aus IAS 38.57 von den (internen) Einschätzungen des bilanzierenden Unternehmens letztlich ein faktisches Ansatzwahlrecht.[852]

bb. Marken

Auch Marken erfüllen die Definition eines immateriellen Vermögenswertes i.S.v. IAS 38.8.[853] Marken sind immateriell, identifizierbar sowie kontrollierbar und stiften einen wirtschaftlichen Nutzen:

Eine Marke ist als ein Recht, das ein immaterielles Gut schützt, zunächst immateriell.[854] Denn Marken sind nicht monetär und (im Wesentlichen[855]) substanzlos. Selbst eine etwaig vorhandene Verkörperung, bspw. auf einem Produkt, ist insofern nur untergeordnet und hat lediglich Trägerfunktion, weswegen sie an dieser Einordnung nichts zu ändern vermag.[856] Zumal Marken mitunter auf Millionen von einzelnen Produkten zu sehen sind, aber auch schon aus Sicht des Konsumenten ein hiervon abstraktes Gut darstellen.

---

850 Vgl. IAS 38.62.

851 Siehe C.I.4.a.aa.

852 Siehe hierzu schon ausführlich oben C.II.3.c.dd.

853 *Pellens/Fülbier/Gassen/Sellhorn*, S. 311, 317.

854 Siehe schon oben B.I.2.

855 IAS 38.4.

856 *Gathen*, S. 195; *Tafelmeier*, S. 103, siehe ergänzend oben C.II.2.b und C.I.3.b.bb(1)(a).

Eine Marke ist ein gesetzlich geschütztes Recht, weswegen sie über IAS 38.12 (b) als identifizierbar gilt.

Marken sind auch kontrollierbar. Sie geben dem Unternehmen die für IAS 38.13 hinreichenden juristisch durchsetzbaren Ansprüche und befähigen es so, sich die ihnen zugrunde liegenden wirtschaftlichen Vorteile zu verschaffen und andere von deren Nutzung auszuschließen.

Ein künftiger wirtschaftlicher Nutzen wird nach dem oben[857] Gesagten ohne entgegenstehende Hinweise vermutet. Hierbei ist vor allem an höhere Preise, die mit Markenprodukten aufgrund des Images einer Marke erzielt werden können, zu denken.[858]

Es handelt sich also bei Marken um immaterielle Vermögenswerte i.S.v. IAS 38.

Ob sie aktiviert werden müssen, hängt – wie oben gesehen[859] – davon ab, ob ein wirtschaftlicher Nutzen dem Unternehmen auch wahrscheinlich zufließen wird und ob sie zuverlässig bewertbar sind. Auch hier entscheidet die Art des Zugangs über die im Folgenden durchzuführenden Prüfungsschritte. Sie können separat oder im Rahmen eines Unternehmenszusammenschlusses erworben oder selbst geschaffen worden sein. Für die Abgrenzung der Zugangsarten kann insoweit im Ergebnis auf die obigen Ausführungen zum HGB verwiesen werden.[860] Die dort als selbst geschaffen i.S.d. HGB eingeordneten Marken gelten auch als selbst geschaffen i.S.d. IFRS.

Die Wahrscheinlichkeit eines Nutzenzuflusses und die verlässliche Bewertbarkeit für den Fall, dass ein immaterieller Vermögenswert separat oder im Rahmen eines Unternehmenszusammenschlusses zugeht, werden vermutet.[861] Für Marken besteht also für diese Fälle des Zugangs in der Regel eine Aktivierungspflicht.

Anders sieht dies bei selbst geschaffenen Marken aus. Entwickelt ein Unternehmen bspw. einen neuen Markenartikel, der rechtlich geschützt und über Werbung erfolgreich in den Markt eingeführt wird, handelt es sich bei dem Markennamen wie eben gesehen zwar um einen immateriellen Vermögenswert i.S.d. IFRS. Zudem belegt schon die erfolgreiche Einführung den wirtschaftlichen Nutzen der Marke.[862] Aufgrund des Ansatzverbots für selbst geschaffene Marken

---

857 Siehe C.II.2.e.

858 *Tafelmeier,* S. 103.

859 Siehe C.II.3.

860 Siehe C.I.3.b.bb(2).

861 Siehe C.II.3.b.

862 *Pellens/Fülbier/Gassen/Sellhorn*, S. 311.

in IAS 38.63 darf aber schon keine Bilanzierung dieser Marke erfolgen, ohne dass es auf die Erfüllung weiterer Ansatzvoraussetzungen ankäme.

Marken unterliegen also im Ergebnis beim separaten Erwerb oder Zugang im Rahmen eines Unternehmenszusammenschlusses in der Regel einer Ansatzpflicht. Sind sie allerdings selbst geschaffen worden, ist eine Aktivierung aufgrund des Ansatzverbotes aus IAS 38.63 ausgeschlossen.

b. Urheberrechte und urheberrechtliche Leistungsschutzrechte

aa. Urheberrechte

Für die Betrachtung der Urheberrechte muss zunächst vorangestellt werden, dass diese in der Praxis in IFRS-Bilanzen nicht zu finden sein werden. Denn, wie oben[863] gesehen, gesteht das deutsche Urheberrecht zum einen die Urhebereigenschaft nur menschlichen Schöpfern zu und zum anderen ist durch § 29 Abs. 1 UrhG die Übertragung von Urheberrechten ausgeschlossen.[864] Urheberrechte können folglich zunächst einmal nur selbst geschaffen sein. Urheber können darüber hinaus aber auch nur natürliche Personen sein,[865] nicht juristische Personen oder Personengesellschaften.[866] Dies gilt selbst dann, wenn die Gesellschafter einer Personenhandelsgesellschaft Miturheber eines Werkes sind, da die Gesellschaft nur durch Einbringung Träger eines Rechtes werden kann.[867] Bei einer Einbringung würde der Rechtserwerb allerdings derivativ erfolgen,[868] dem § 29 Abs. 1 UrhG wiederum entgegensteht. Da juristische Personen und Personenhandelsgesellschaften Urheberrechte also weder selbst schaffen, noch erwerben können, muss es sich bei dem Unternehmen um einen Einzelkaufmann handeln, der gleichzeitig Urheber ist.[869] Soweit ersichtlich, gibt es mangels Notwendigkeit[870] in Deutschland allerdings kein als Einzelkaufmann geführtes Unternehmen, das nach den IFRS bilanziert.

Bei Urheberrechten handelt es sich um immaterielle Vermögenswerte i.S.v. IAS 38.8. Insbesondere ist eine etwaige Verkörperung, wie z.B. in einem

---

863 Siehe B.I.3.b.

864 Insofern missverständlich *v. Keitz*, S. 211.

865 Dreier/*Schulze*, § 7 UrhG, Rn. 2.

866 Wandtke/Bullinger/*Thum*, § 7 UrhG, Rn. 1.

867 Möhring/Nicolini/*Ahlberg*, § 7 UrhG, Rn. 7.

868 Möhring/Nicolini/*Ahlberg*, § 7 UrhG, Rn. 7.

869 Vgl. zur vergleichbaren Lage im HGB MüKo-HGB/*Ballwieser*, § 248 HGB, Rn. 23.

870 Siehe B.II.1.b und B.II.2.b.

Buchmanuskript oder einer Tonbandaufzeichnung nur von untergeordneter Bedeutung, so dass sich das Gut insgesamt als immateriell darstellt.[871] Als Rechte gelten sie gem. IAS 38.12 (b) als identifizierbar. Sie sind gem. IAS 38.13 auch kontrollierbar, da sie die hierfür hinreichenden juristisch durchsetzbaren Ansprüche gewähren. Der künftige wirtschaftliche Nutzen wird ohnehin vermutet.[872]

In der Regel wären sie auch anzusetzen. Insbesondere die von IAS 38.21 (b) und IAS 38.57 (f) geforderte verlässliche Bewertbarkeit ist in der Regel nachweisbar.[873] Denn gerade im Rahmen der Erstellung von urheberrechtlich geschützten Werken ist aufgrund der oft erfolgenden Projektarbeit und der persönlichen Verknüpfung zwischen Werkersteller(n) und Werk eine klare Zuordnung der angefallenen Kosten möglich.

Auch die weiteren Voraussetzungen für den Ansatz selbst geschaffener immaterieller Vermögenswerte aus IAS 38.57 werden in der Regel erfüllt: Nachweise über die Fähigkeit, die Ressourcen und die Absicht zu seiner Fertigstellung und Nutzung könnten regelmäßig erbracht werden.[874] Problematisch kann hier am ehesten der Mangel finanzieller Mittel für die Fertigstellung werden,[875] wenn das anfängliche Budget nicht mehr ausreichen sollte und die bisherigen Ergebnisse noch nicht für sich verwertbar sind.

Zusammenfassend kann festgehalten werden, dass Urheberrechte immer selbst geschaffene immaterielle Vermögenswerte darstellen. Für sie bestünde grundsätzlich eine Ansatzpflicht, die aber durch die überwiegende Abhängigkeit der besonderen Ansatzvoraussetzungen aus IAS 38.57 von den (internen) Einschätzungen des bilanzierenden Unternehmens aufgeweicht wird. Nichts desto trotz wird man Urheberrechte wegen der Restriktionen des deutschen Urheberrechts kaum jemals in einer IFRS-Bilanz vorfinden.

bb. Leistungsschutzrechte

Leistungsschutzrechte sind im Gegensatz zu Urheberrechten nicht so restriktiv ausgestaltet. Schutzrechtsinhaber eines Leistungsschutzrechts ist der Inhaber des herstellenden Unternehmens, also jede natürliche oder auch juristische Person.[876]

---

871 Siehe auch schon oben C.I.4.b.aa.

872 Siehe C.II.2.e.

873 *v. Keitz*, S. 211.

874 Vgl. C.II.3.c.dd.

875 *v. Keitz*, S. 211.

876 BGH NJW 1993, 1470 (1471).

Zudem sind sie übertragbar.[877] Damit sind sie für die Praxis der IFRS-Bilanzierung bedeutsamer als die Urheberrechte.

Leistungsschutzrechte sind aktivierungsfähig. Sie erfüllen in der Regel die Definition eines immateriellen Vermögenswertes i.S.v. IAS 38.8. So sind Leistungsschutzrechte als Rechte, die ein immaterielles Gut schützen, als immateriell einzuordnen.[878] Sie sind demnach nicht monetär und (im Wesentlichen) substanzlos. Die Masterton- und -filmträger als materielle Verkörperung der hier beispielhaft zu betrachtenden Leistungsschutzrechte von Tonträger- und Filmherstellern haben lediglich untergeordnete Trägerfunktion. Das jeweilige Leistungsschutzrecht bleibt der wesentliche, den Charakter i.S.v. IAS 38.4 bestimmende Teil eines solchen Verbundgutes. Leistungsschutzrechte stellen gesetzlich geschützte Rechte dar, weswegen sie über IAS 38.12 (b) als identifizierbar gelten. Als Rechte sind sie auch kontrollierbar: Sie geben dem Unternehmen die für IAS 38.13 hinreichenden juristisch durchsetzbaren Ansprüche und befähigen es so, sich die ihnen zugrunde liegenden wirtschaftlichen Vorteile zu verschaffen und andere von deren Nutzung auszuschließen. Ein künftiger wirtschaftlicher Nutzen wird nach dem oben[879] Gesagten ohne entgegenstehende Hinweise vermutet.

Ob Leistungsschutzrechte einer Aktivierungspflicht unterliegen, hängt – wie oben gesehen[880] – davon ab, ob ein wirtschaftlicher Nutzen dem Unternehmen auch wahrscheinlich zufließen wird und ob sie zuverlässig bewertbar sind. Die weiteren Prüfungsschritte hängen auch hier von der Zugangsart ab. Für den Fall, dass ein Leistungsschutzrecht separat oder im Rahmen eines Unternehmenszusammenschlusses zugeht, werden die beiden Voraussetzungen vermutet, mit der Folge, dass regelmäßig eine Ansatzpflicht besteht.[881] Bei Selbsterstellung sind hingegen auch hier die besonderen Voraussetzungen aus IAS 38.57 zu erfüllen. Für die Abgrenzung der Zugangsarten – insbesondere am Beispiel des Unterschiedes zwischen der unechten und echten Auftragsproduktion bei der Filmerstellung – kann insoweit auf die obigen Ausführungen zum HGB verwiesen werden.[882] Die dort als selbst geschaffen i.S.d. HGB eingeordneten Leistungsschutzrechte gelten auch als selbst geschaffen i.S.d. der IFRS.

---

877 Siehe B.I.3.b.

878 Siehe schon oben B.I.2.

879 Siehe C.II.2.e.

880 Siehe C.II.3.

881 Siehe C.II.3.b.

882 Siehe C.I.3.b.bb(2) und C.I.4.b.bb.

Die besonderen Voraussetzungen für selbst geschaffene immaterielle Vermögenswerte aus IAS 38.57 werden durch Leistungsschutzrechte regelmäßig erfüllt:

Nachweise über die Fähigkeit, die Ressourcen und die Absicht zu seiner Fertigstellung und Nutzung können schon aufgrund der Projektplanung, die bspw. Filmprojekten normalerweise zugrunde liegt, erbracht werden.[883] Auch hier sind am ehesten Probleme beim Nachweis für die notwendigen finanziellen Mittel für die Fertigstellung zu erwarten, wenn das anfängliche Budget z.B. nicht mehr für die Fertigstellung eines Filmes ausreichen sollte und auch die bisherigen Ergebnisse noch nicht für sich nutzbar gemacht werden können. Absichtserklärungen von Kreditgebern und Investoren können dem abhelfen.

Der Nutzen wird regelmäßig in den Lizenzeinnahmen durch die Verbreitung der Ton- und Filmaufnahmen liegen. Er kann durch den Vergleich mit ähnlichen Projekten (aus der Vergangenheit) oder Vorläufern nachgewiesen werden. Zu denken ist in diesem Zusammenhang beispielhaft an ein neues Album eines Musikers oder den neuesten Film einer Reihe (Star Wars, James Bond, Mission Impossible, etc.). Aus dem Erfolg der vorherigen Veröffentlichungen kann zumindest auf den Erfolg der Fortsetzung bzw. des Folgealbums geschlossen werden.

Auch die verlässliche Bewertbarkeit ist in der Regel nachweisbar:[884] Filme oder Musikalben als Beispiele, aus denen Leistungsschutzrechte hervorgehen, entstehen normalerweise in abgeschlossenen Projekten, so dass eine klare Zuordnung der angefallenen Kosten möglich ist.

Bei selbst geschaffenen Leistungsschutzrechten handelt es sich auch nicht um ihrem Wesen nach ähnliche Sachverhalte i.S.v. IAS 38.63. Hier gilt ebenso das im Rahmen des HGB Gesagte analog.[885] Sie unterfallen folglich auch nicht dem Ansatzverbot aus IAS 38.63.

Zusammenfassend ist daher festzuhalten, dass Leistungsschutzrechte unabhängig von ihrer Zugangsform grundsätzlich einer Ansatzpflicht unterliegen. Aufgrund der überwiegenden Abhängigkeit der besonderen Ansatzvoraussetzungen aus IAS 38.57 für selbst geschaffene immaterielle Vermögenswerte von den (internen) Einschätzungen des bilanzierenden Unternehmens, gilt auch hier, dass für diese Zugangsform im Ergebnis ein faktisches Ansatzwahlrecht vorliegt.[886]

883 Vgl. C.II.3.c.dd.
884 *v. Keitz*, S. 211.
885 Siehe C.I.4.b.bb.
886 Siehe hierzu schon ausführlich oben C.II.3.c.dd.

c. Lizenzen

Eine Lizenz muss, um aktivierungsfähig zu sein, zunächst die Definition eines immateriellen Vermögenswertes i.S.v. IAS 38.8 erfüllen.

Als vertragliches Nutzungsrecht am Vollrecht ist sie wie dieses als immateriell einzuordnen. Auch hier hat eine vorhandene Verkörperung in einem Rechtsdokument oder auf einem Datenträger nur untergeordnete Trägerfunktion.[887] Die Lizenz als vertragliches Recht bleibt der wesentliche, den Charakter i.S.v. IAS 38.4 bestimmende, Teil eines solchen Verbundgutes.

Lizenzen sind als vertraglich geschützte Rechte wegen IAS 38.12 (b) identifizierbar. Dies gilt gem. IAS 38.12 (b) auch unabhängig davon, ob sie weiterveräußert werden können oder lediglich mit dem Unternehmen oder anderen Vermögenswerten zusammen übertragen werden können. Sowohl ausschließliche als auch einfache Lizenzen sind demnach identifizierbar.[888]

Als Rechte sind sie auch kontrollierbar. Sie geben dem Unternehmen die für IAS 38.13 hinreichenden juristisch durchsetzbaren Ansprüche und befähigen es so, sich die ihnen zugrunde liegenden wirtschaftlichen Vorteile zu verschaffen und andere von deren Nutzung auszuschließen. Auch einfache Lizenzen erfüllen dieses Kriterium:[889] Zwar erlangt der Lizenznehmer im Gegensatz zur ausschließlichen Lizenz nicht die Möglichkeit, den Lizenzgeber davon abzuhalten, das „hinter der Lizenz stehende" Hauptrecht an weitere Lizenznehmer zu vergeben. Hier ist aber die Kontrolle über das Nutzenpotential, das die einfache Lizenz selbst einräumt, und nicht über das (gesamte) Nutzenpotential des ihr zugrunde liegenden Hauptrechts entscheidend. Über ersteres hat das Unternehmen aber aufgrund der vertraglichen Vereinbarungen in der Lizenz gerade die Verfügungsmacht erlangt.

Ein künftiger wirtschaftlicher Nutzen wird nach dem oben[890] Gesagten ohne entgegenstehende Hinweise vermutet. Bei Lizenzen ist er abhängig vom Nutzen des Hauptrechts.

Es handelt sich also bei Lizenzen ihrem Wesen nach um immaterielle Vermögenswerte i.S.v. IAS 38.

Zu berücksichtigen ist allerdings auch im Rahmen der IFRS, dass eine Lizenz, die laufend bezahlt wird, nicht als immaterieller Vermögenswert aktiviert werden

887 Siehe ergänzend oben C.I.4.a.aa, C.II.2.b und C.I.3.b.bb(1)(a).

888 *Pellens/Fülbier/Gassen/Sellhorn*, S. 310; *Dawo*, S. 195.

889 *Dawo*, S. 196.

890 Siehe C.II.2.e.

kann. Diese Zahlungen sind lediglich als Aufwand zu erfassen.[891] Hingegen ist nach hier vertretener Auffassung analog zur Vorgehensweise im HGB[892] eine Lizenz als immaterieller Vermögenswert zu aktivieren, sofern ein einmaliges Entgelt oder ein im Vorhinein feststehender Betrag, der ratierlich beglichen wird und damit Kreditcharakter hat, gezahlt wird. Vorauszahlungen ohne feststehenden Gesamtbetrag sind hingegen ebenso periodisch abzugrenzen.[893]

Ob die so eingegrenzten Lizenzen aktiviert werden müssen, hängt im Weiteren – wie oben gesehen[894] – davon ab, ob ein wirtschaftlicher Nutzen dem Unternehmen auch wahrscheinlich zufließen wird und ob sie zuverlässig bewertbar sind.

Für den Fall, dass eine Lizenz separat oder im Rahmen eines Unternehmenszusammenschlusses zugeht, werden die beiden Voraussetzungen vermutet, mit der Folge, dass regelmäßig eine Ansatzpflicht besteht.[895] Selbst wenn im Rahmen eines Unternehmenszusammenschlusses ein lizenziertes Recht zurückerworben wird, hat der Erwerber (Lizenzgeber) dieses separat anzusetzen.[896]

Ein Zugang als selbst geschaffen erfolgt regelmäßig nicht, da Lizenzen normalerweise nur beim Lizenznehmer aktiviert werden. Für diesen stellen sie aber aufgrund der entgeltlichen Rechtseinräumung durch den Lizenzgeber schon keine selbst geschaffenen immateriellen Vermögenswerte dar.

Die Lizenzvereinbarung selbst ist nach der obligatorischen[897] Anwendungsleitlinie IFRS 3.B32(c) im Rahmen eines Unternehmenszusammenschlusses auch beim Lizenzgeber bzw. dessen Erwerber – losgelöst von dem z.B. zugrundeliegenden Patent – als selbstständiger immaterieller Vermögenswert zu aktivieren, da sie identifizierbar ist.[898] Dies gilt – dem allgemeinen Verständnis der Identifizierbarkeit folgend – auch dann, wenn die Vereinbarung nicht getrennt vom Patent übertragen werden kann.[899] Auch hier liegt wegen der Aktivierung

891 Pfaff/Osterrieth/*Pfaff/Nagel/Wittkowski*, Rn. 480.
892 Insoweit wird hier auf die Ausführungen zum HGB unter C.I.4.c verwiesen.
893 Vgl. zu ihrer Behandlung Pfaff/Osterrieth/*Pfaff/Nagel/Wittkowski*, Rn. 481; vgl. auch v. Keitz, S. 212f.
894 Siehe C.II.3.
895 Siehe C.II.3.b.
896 IFRS 3.B35; 3.29.
897 Siehe hierzu IAS 8.9.
898 Verlässliche Bewertbarkeit und die Wahrscheinlichkeit des zukünftigen Nutzenzufluss werden über IAS 38.33 ohnehin im Rahmen eines Unternehmenszusammenschlusses unwiderlegbar vermutet.
899 IFRS 3.B32(c).

im Rahmen des Unternehmenserwerbs allerdings keine Selbsterstellung vor. Im Rahmen der Bewertung des Patents muss dann aber darauf geachtet werden, dass die Einnahmen aus der Lizenzierung nicht (auch) werterhöhend beim Patent berücksichtigt werden. Ansonsten würde eine unzulässige Doppelerfassung erfolgen.

Auch im Rahmen der IFRS gilt darüber hinaus das Prinzip der wirtschaftlichen Zurechnung. Tritt also der Vollrechtsinhaber als Lizenzgeber aufgrund einer ausschließlichen Lizenz de facto sein Recht ab, kann dies dazu führen, dass ein Ausweis des Vollrechts bei ihm zu unterbleiben hat, während der Lizenznehmer die ausschließliche Lizenz als Vermögensgegenstand ausweist.[900]

Für Lizenzen gilt demnach im Ergebnis eine Ansatzpflicht für den Lizenznehmer. Im Rahmen eines Unternehmenszusammenschlusses hat auch der Erwerber des Lizenzgebers die Lizenz zu aktivieren. Der Wert der Lizenz darf dann aber bei der Wertbemessung des Hauptrechts nicht berücksichtigt werden.

5. Ansatz von Immaterialgüterrechten in den IFRS-SME im Überblick

Entgeltlich erworbene immaterielle Vermögenswerte und damit auch Immaterialgüterrechte sind nach IFRS-SME 18.9 genauso wie nach den *(full)* IFRS anzusetzen. Der wichtigste Unterschied zu den *(full)* IFRS im Bereich des Ansatzes immaterieller Vermögenswerte besteht darin, dass selbst geschaffene immaterielle Vermögenswerte gem. IFRS-SME 18.14 mit einem Aktivierungsverbot belegt sind. Nur für den Fall, dass Entwicklungsausgaben in die Herstellungskosten eines anderen – nicht immateriellen – Vermögenswertes eingehen, kann es daher zu einer indirekten Aktivierung dieser Ausgaben als Kostenbestandteil des anderen Vermögenswertes kommen.[901]

900 Ausführlich zum Prinzip der wirtschaftlichen Zurechnung *Matena*, S. 54 ff.; siehe hierzu auch oben C.I.4.c.

901 *Kirsch*, PiR 2010, 1 (3).

III. Ansatzvorschriften in zusammenfassender Gegenüberstellung

Ansatz von Immaterialgüterrechten	HGB	IFRS
Abstrakte Aktivierungsfähigkeit	Sofern Vermögensgegenstand i.S.d. HGB (nicht im Gesetz definiert) = selbstständig verwertbares Gut (Definition str.) → Liegt bei Immaterialgüterrechten i.d.R. vor	Sofern immaterieller Vermögenswert i.S.d. IAS 38 = identifizierbares, nicht-monetäres Gut ohne (wesentliche) physische Substanz über das Verfügungsmacht besteht und das einen künftigen wirtschaftlichen Nutzen aufweist → Liegt bei Immaterialgüterrechten i.d.R. vor
Konkrete Aktivierungsfähigkeit		
– Aktivierungspflicht	Wegen § 246 Abs. 1 S. 1 HGB grds. für alle Vermögensgegenstände (sofern nicht ein Ansatzwahlrecht oder -verbot besteht) → hier wegen § 248 Abs. 2 HGB nur für alle von Dritten erworbenen Immaterialgüterrechte	Gem. IAS 38.21 grds. für alle immateriellen Vermögenswerte (und damit auch für Immaterialgüterrechte), deren künftiger wirtschaftlicher Nutzen dem Unternehmen wahrscheinlich zufließt und die verlässlich bewertet werden können (Vermutung hierfür bei Einzelerwerb und Erwerb im Rahmen eines Unternehmenszusammenschlusses, IAS 38.25 f. bzw. IAS 38.33) Selbst geschaffene müssen die zusätzlichen Objektivierungskriterien aus IAS 38.57 erfüllen

Ansatz von Immaterialgüterrechten	**HGB**	**IFRS**
– Aktivierungswahlrecht	Für selbst geschaffene immaterielle Vermögensgegenstände wie Immaterialgüterrechte gem. § 248 Abs. 2 S. 1 HGB, sofern sie Vermögensgegenstandsdefinition erfüllen (Erfüllung der Objektivierungskriterien aus IAS 38.57 ist Anhaltspunkt hierfür)	Nicht ausdrücklich, aber faktisch besteht ein solches wegen der Abhängigkeit der Erfüllung der zusätzlichen Kriterien aus IAS 38.57 von Einschätzungen des Managements für selbst geschaffene immaterielle Vermögensgegenstände bzw. solche Immaterialgüterrechte
– Aktivierungsverbot	Gem. § 255 Abs. 2 S. 4 HGB für Forschungsaufwendungen Gem. § 248 Abs. 2 S. 2 HGB für selbst geschaffene Marken, Drucktitel, Verlagsrechte, Kundenlisten oder vergleichbare immaterielle Vermögensgegenstände des Anlagevermögens	Gem. IAS 38.54 für Forschungsaufwendungen Gem. IAS 38.63 für selbst geschaffene Markennamen, Drucktitel, Verlagsrechte, Kundenlisten sowie ihrem Wesen nach ähnliche Sachverhalte
Besonderheiten beim Ansatz ausgewählter Immaterialgüterrechte		
– Patente, Gebrauchs- und Geschmacksmuster	Grds. keine; selbst geschaffene Gebrauchs- und Geschmacksmuster unterfallen nicht Ansatzverbot aus § 248 Abs. 2 S. 2 HGB (str.)	Grds. keine; selbst geschaffene Gebrauchs- und Geschmacksmuster unterfallen nicht Ansatzverbot aus IAS 38.63
– Marken	Ansatzverbot für selbst geschaffene Marken	Ansatzverbot für selbst geschaffene Marken

Ansatz von Immaterialgüterrechten	**HGB**	**IFRS**
– Urheberrechte	Regelmäßig nicht aktivierbar, da Unternehmen i.d.R. nicht selbst Urheber sein kann oder Urheberrecht von Dritten erwerben kann; Ausnahme: Einzelkaufmann, der HGB-Bilanz aufstellt und selbst Urheber ist	Regelmäßig nicht aktivierbar, da Unternehmen i.d.R. nicht selbst Urheber sein kann oder Urheberrecht von Dritten erwerben kann; theoretische Ausnahme: Einzelkaufmann, der nach IFRS bilanziert – in der Praxis nicht anzutreffen
– Leistungsschutzrechte	Grds. keine; insbesondere „selbst geschaffen“ und „erworben“ aber genau abzugrenzen, um Bestehen von Aktivierungspflicht oder -wahlrecht zu ermitteln	Grds. keine; Abgrenzung von „selbst geschaffen“ zu „erworben“ nur relevant für Anwendbarkeit (zusätzlicher) Ansatzvoraussetzungen aus IAS 38.57
– Lizenzen	Regelmäßig Aktivierungspflicht beim Lizenznehmer (str.); Ausnahme: sofern Vergütung für Lizenz nicht im Vorhinein feststehend, dann Erfassung als Aufwand oder Rechnungsabgrenzungsposten Kein Ansatz beim Lizenzgeber	Regelmäßig Aktivierungspflicht beim Lizenznehmer (str.); Ausnahme: sofern Vergütung für Lizenz nicht im Vorhinein feststehend, dann Erfassung als Aufwand oder Rechnungsabgrenzungsposten Ansatz beim Lizenzgeber (bzw. dessen Erwerber) verpflichtend, wenn im Rahmen eines Unternehmenszusammenschlusses erworben

D. Bewertung von Immaterialgüterrechten („Bilanzierung der Höhe nach“)

I. Bewertung nach dem HGB

1. Überblick

Unter C.I. wurde der Ansatz von Immaterialgüterrechten nach handelsrechtlichen Vorschriften und Grundsätzen dargestellt und diskutiert. Im Folgenden soll geklärt werden, in welcher Höhe die danach zu aktivierenden bzw. aktivierbaren Immaterialgüterrechte in der Bilanz anzusetzen sind. Es geht also um die wertmäßige Bestimmung dieser Immaterialgüterrechte. Da dem Bilanzierenden im Rahmen der Bewertung die Aufgabe zukommt dem Vermögensgegenstand einen Wert zuzuweisen, sind diese Wertansätze regelmäßig subjektiver Natur.[902] Einen absolut objektivierten Wert kann es demnach nicht geben. Vielmehr muss der Gesetzgeber versuchen, den Bewertungsspielraum so einzuengen, dass die Bewertung zumindest zu einem gewissen Mindestmaß objektiviert wird.[903]

Allgemeine Bewertungsgrundsätze, die dies gewährleisten sollen, enthält § 252 HGB.[904] Hierzu zählen insbesondere die in § 252 Abs. 1 Nr. 2 HGB kodifizierte Annahme der Unternehmensfortführung (*going concern*), die Einzelbewertung (§ 252 Abs. 1 Nr. 3 HGB) sowie die periodengerechte Zuweisung von Aufwendungen (§ 252 Abs. 1 Nr. 5 HGB). Zudem müssen die jährlichen Wertansätze vergleichbar sein und sollen Bewertungsmethoden stetig beibehalten werden (§ 252 Abs. 1 Nr. 1, 6 HGB). Die Bewertung wird zudem durch die vorrangig der Kapitalerhaltung dienenden Prinzipien der Vorsicht, Realisation und Imparität aus § 252 Abs. 1 Nr. 4 HGB begrenzt. Großen Einfluss hat insbesondere das Vorsichtsprinzip, nach dem bei unsicheren Erwartungen bezüglich künftiger[905] Entwicklungen Vermögensgegenstände eher zurückhaltend zu bewerten sind. Diese gesetzlich fixierten allgemeinen Bewertungsgrundsätze sind allerdings nicht abschließend, sondern werden durch weitere nicht kodifizierte GoB ergänzt.[906]

902 *Lutz-Ingold*, S. 103.

903 Vgl. *Adler/Düring/Schmaltz*, Vor §§ 252-256 HGB, Rn. 19.

904 Siehe hierzu auch schon oben unter B.II.1.e.

905 *Leffson*, S. 465.

906 Vgl. hierzu auch schon oben unter B.II.1.e.

Die allgemeinen Bewertungsgrundsätze bilden damit den Rahmen für die besonderen Bewertungsvorschriften der §§ 253 ff. HGB.[907] In Zweifelsfällen gehen die besonderen Bewertungsvorschriften den allgemeinen allerdings als *lex specialis* vor.[908]

In der Bilanz anzusetzende Immaterialgüterrechte sind wie alle Vermögensgegenstände gem. § 253 Abs. 1 S. 1 HGB i.V.m. § 255 HGB höchstens mit den Anschaffungs- oder Herstellungskosten zu bewerten. Ein höherer Ausweis würde den Ansatz nicht realisierter Gewinne bedeuten, was nach dem Realisationsprinzip (§ 252 Abs. 1 Nr. 4 HGB) verboten ist.[909] Durch § 253 Abs. 1 S. 1 HGB wird dabei deutlich, dass die nach § 255 HGB ermittelten Anschaffungs- und Herstellungskosten die Obergrenze sowohl für die Erst- als auch für die notwendige Folgebewertung in späteren Jahren darstellen.[910]

2. Erstbewertung im Zeitpunkt des Zugangs (Zugangsbewertung)

a. Grundlagen

Im Rahmen der Erstbewertung sind Immaterialgüterrechte im Zeitpunkt ihres Zugangs exakt zu ihren Anschaffungs- oder Herstellungskosten zu bewerten, um Erfolgsneutralität zu gewährleisten.[911] Die Zusammensetzung der Anschaffungs- und Herstellungskosten ist dabei in § 255 HGB geregelt. Die erstmalige Bewertung ist dabei abhängig von der Art des Zugangs des immateriellen Vermögenswertes bzw. Immaterialgüterrechtes.

b. Derivativer Erwerb von Immaterialgüterrechten

aa. Separater entgeltlicher Erwerb

Bei einem separaten entgeltlichen Erwerb richtet sich der Wert, mit dem ein Immaterialgüterrecht anzusetzen ist, nach den Anschaffungskosten. Gem. § 255 Abs. 1 S. 1 HGB sind dies die Aufwendungen, die nötig sind, um einen Vermögensgegenstand

907 *Adler/Düring/Schmaltz*, § 252 HGB, Rn. 7.

908 *Lutz-Ingold*, S. 105.

909 MüKo-HGB/*Ballwieser*, § 253 HGB, Rn. 8.

910 Ebenroth/Boujong/Joost/Strohn/*Wiedmann*, § 253 HGB, Rn. 2.

911 MüKo-HGB/*Ballwieser*, § 253 HGB, Rn. 9.

zu erwerben und ihn in einen betriebsbereiten Zustand zu versetzen und die dem Vermögensgegenstand einzeln zugeordnet werden können. Eine Bewertung zu „angemessenen" Anschaffungskosten ist bei einem separaten entgeltlichen Erwerb also nicht erlaubt.[912] Folglich dürfen weder Gewinnrealisierungen noch Verluste, die durch den Erwerb entstehen, beim erstmaligen Ansatz berücksichtigt werden.[913] Einzig bei einer entgeltlichen Transaktion zwischen Konzernunternehmen gilt ausnahmsweise der Zeitwert, wenn der Erwerber einen deutlich über diesem liegenden Kaufpreis gezahlt hat.[914]

Die Anschaffungskosten bemessen sich zunächst nach dem gezahlten Kaufpreis.[915] Daneben sind weitere – durch § 255 Abs. 1 S. 2 HGB als Nebenkosten betitelte – Kosten zu berücksichtigen. Das sind vor allem die zusätzlich dem endgültigen Erwerb, also der Erlangung des wirtschaftlichen Eigentums am Vermögensgegenstand, dienenden Aufwendungen.[916] So werden neben dem Kaufpreis bspw. auch Eintragungskosten beim DPMA, nicht abziehbare Umsatzsteuerbestandteile, Provisionen oder Maklergebühren von den Anschaffungskosten des Immaterialgüterrechts umfasst. Zu denken ist aber auch an Kosten für externe Rechtsberater, die den Erwerb des Rechts begleiten.[917] Aufwendungen, die nur im Vorhinein der Entscheidung über den späteren Erwerb dienen, wie Bewertungsgutachten, sind im Hinblick auf das Vorsichtsprinzip allerdings nicht dazu zu zählen.[918] Sie fallen unabhängig vom konkreten Erwerb an.[919]

Daneben sind Aufwendungen zu berücksichtigen, die den Vermögensgegenstand in einen betriebsbereiten Zustand versetzen. Das sind alle mit dem Erwerb im Zusammenhang stehenden Aufwendungen, die nach Erlangung des wirtschaftlichen Eigentums für die erstmalige Versetzung in den geplanten Nutzungszustand erforderlich sind.[920] Hierzu zählen bspw. Kosten für einen Probelauf.[921] Weitere Kosten, die nach der erstmaligen Versetzung des Vermögensgegenstandes in

---

912 BFH BStBl. II 1987, 853 (855); *Koller/Roth/Morck*, § 255 HGB, Rn. 1.

913 Beck-BiKo/*Grottel/Gadek*, § 255 HGB, Rn. 20.

914 MüKo-HGB/*Ballwieser*, § 253 HGB, Rn. 29; vgl. auch schon oben unter C.I.3.b.bb.

915 *Adler/Düring/Schmaltz*, § 255 HGB, Rn. 19.

916 Ebenroth/Boujong/Joost/Strohn/*Wiedmann*, § 255 HGB, Rn. 6; Beck-BiKo/*Grottel/Gadek*, § 255 HGB, Rn. 21.

917 HdJ/*Kuhner*, Abt. II/1, Rn. 315.

918 Str., wie hier MüKo-HGB/*Ballwieser*, § 255 HGB, Rn. 26.

919 Beck-HdR/*Wohlgemuth/Radde*, B 162, Rn. 100.

920 BFH BB 2002, 1355 (1356); Beck-BiKo/*Grottel/Gadek*, § 255 HGB, Rn. 23 f.

921 MüKo-HGB/*Ballwieser*, § 255 HGB, Rn. 27 mit weiteren Beispielen.

einen betriebsbereiten Zustand anfallen, sind nicht mehr unter die Anschaffungsnebenkosten zu fassen.[922]

Auch wenn die Kosten unternehmensintern anfallen, können sie dabei den Anschaffungskosten zugerechnet werden, sofern sie unmittelbar für den betreffenden Vermögensgegenstand entstanden sind.[923] Eine Umlage zuzurechnender Gemeinkosten über einen Verteilungsschlüssel kommt aber nicht in Betracht.[924] So sind entstandene Aufwendungen für die Rechtsabteilung, die bspw. die Übertragung einer Marke betreut, aber regelmäßig daneben noch andere Projekte betreut, nicht dazu zu rechnen. Etwas anderes würde für den Fall gelten, dass nur für dieses Projekt einzeln abrechenbare Überstunden der Mitarbeiter der Rechtsabteilung anfallen.

Die Anschaffungskosten setzen sich bei einem separaten entgeltlichen Erwerb also zunächst aus dem Kaufpreis und den eben genannten weiteren Anschaffungsnebenkosten zusammen. Gem. § 255 Abs. 1 S. 2 HGB sind zusätzlich auch nachträglich anfallende Anschaffungskosten hinzuzurechnen. Hierunter fallen vor allem nachträgliche Kaufpreisänderungen aufgrund von Anpassungen oder Rechtsstreitigkeiten. Auch nachträgliche Aufwendungen zum Erwerb bzw. zur Herstellung der Betriebsbereitschaft, die im Zeitpunkt der Anschaffung als Anschaffungskosten gegolten hätten, allerdings noch nicht bekannt waren, zählen hierzu.[925] Diese Kosten sind immer vom nicht aktivierbaren laufenden Aufwand für einen Vermögensgegenstand abzugrenzen. Dabei handelt es sich um Kosten, die keine Verbesserung der Nutzbarkeit und damit eine Wertsteigerung des Vermögensgegenstandes bewirken, sondern nur der Erhaltung dienen.[926] Im Rahmen der Immaterialgüterrechte ist hier insbesondere an laufend zu zahlende Gebühren für die Aufrechterhaltung der durch das DPMA erteilten Schutzrechte zu denken. Sie sind folglich nur aufwandswirksam zu erfassen und dürfen nicht dem Wert des Vermögensgegenstands nachträglich hinzugerechnet werden.

Von diesem Gesamtbetrag sind über § 255 Abs. 1 S. 3 HGB ggf. angefallene Anschaffungspreisminderungen abzuziehen. Hierzu zählen bspw. Rabatte oder Skonti.[927]

---

922 MüKo-AktG/*Tiedchen*, § 255 HGB, Rn. 21.

923 *Koller/Roth/Morck*, § 255 HGB, Rn. 2.

924 Ebenroth/Boujong/Joost/Strohn/*Wiedmann*, § 255 HGB, Rn. 7, 15.

925 Bertram/Brinkmann/Kessler/Müller/*Waschbusch*, § 255 HGB, Rn. 57 f.

926 MüKo-HGB/*Ballwieser*, § 255 HGB, Rn. 18.

927 Baumbach/Hopt/*Merkt*, § 255 HGB, Rn. 3.

bb. Erwerb durch Tausch

Bei einem durch Tausch erworbenen Immaterialgüterrecht besteht die Gegenleistung in der Hingabe eines anderen Vermögensgegenstandes. Die Bewertung eines durch Tausch erlangten Vermögensgegenstandes ist gesetzlich nicht normiert. Im Kern werden drei alternative Berechnungsmöglichkeiten in der Literatur benannt:[928]

- der Buchwert des hingegebenen Vermögensgegenstandes,
- der Buchwert des hingegebenen Vermögensgegenstandes zzgl. der Ertragssteuerbelastung und
- der beizulegende Zeitwert (*fair value*)[929] des hingegebenen Vermögensgegenstandes, ggf. begrenzt durch den Zeitwert des empfangenen.

Die herrschende Literatur[930] spricht sich dabei für ein Wahlrecht im Rahmen dieser Möglichkeiten aus. Die ständige Rechtsprechung des BFH[931] und mit ihr ein Teil der Literatur[932] sieht hingegen den beizulegenden Zeitwert des hingegebenen Vermögensgegenstandes als maßgeblich an. Der beizulegende Zeitwert des erworbenen Vermögensgegenstandes als (alternativer) Wertmaßstab konnte sich dagegen nicht etablieren.[933]

Da ein Unternehmen bei der Überlegung, ob es einen Vermögensgegenstand eintauscht, regelmäßig dessen Zeitwert zugrunde legt, der zumeist nicht dem Buchwert entspricht,[934] ist die Lösung über den beizulegenden Zeitwert des hingegebenen Vermögensgegenstandes vorzuziehen. Nur er stellt das Äquivalent zum „Normalfall" der Gegenleistung in Geld dar. Sollte seine Bestimmung nicht

---

928 *Adler/Düring/Schmaltz*, § 255 HGB, Rn. 90 ff.; Beck-BiKo/*Grottel/Gadek*, § 255 HGB, Rn. 40; MüKo-AktG/*Tiedchen*, § 255 HGB, Rn. 41.

929 Zum beizulegenden Zeitwert siehe D.I.2.b.ee.

930 *Adler/Düring/Schmaltz*, § 255 HGB, Rn. 89, 93 m.w.N.; Baetge/Kirsch/Thiele/*Kahle*, § 255 HGB, Rn. 72; Beck-BiKo/*Grottel/Gadek*, § 255 HGB, Rn. 40; Baumbach/Hopt/*Merkt*, § 255 HGB, Rn. 5; Ebenroth/Boujong/Joost/Strohn/*Wiedmann*, § 255 HGB, Rn. 24; *Arbeitskreis „Immaterielle Werte im Rechnungswesen" der Schmalenbach-Gesellschaft*, S. 235.

931 So auch BFH BStBl. II 1983, 303 (304).

932 HdJ/*Wohlgemuth*, Abt. I/9, Rn. 62 f.; Bonn-HdR/*Göbel*, § 255 HGB, Rn. 59; MüKo-AktG/*Tiedchen*, § 255 HGB, Rn. 41.

933 Beck-BiKo/*Grottel/Gadek*, § 255 HGB, Rn. 40.

934 HdJ/*Wohlgemuth*, Abt. I/9, Rn. 62.

verlässlich[935] möglich oder wirtschaftlich nicht sinnvoll sein, kann nach hier vertretener Auffassung allerdings alternativ auf den Buchwert zurückgegriffen werden. Dies entspricht im Ergebnis der Vorgehensweise nach den IFRS.[936]

Daneben sind ebenso wie beim „normalen“ entgeltlichen Erwerb Anschaffungsnebenkosten und Anschaffungskostenminderungen zu berücksichtigen.[937]

cc. Unentgeltlicher Erwerb

Bei einem unentgeltlichen Erwerb eines Immaterialgüterrechts, bspw. durch Schenkung oder Erbschaft, sind die Anschaffungskosten mangels einer Gegenleistung nicht über selbige bestimmbar. Teilweise[938] wird daher grundsätzlich ein Ansatz im Inventar für ausreichend erachtet und eine Aktivierung in der Bilanz nur für den Fall, dass der Zuwendende dem Unternehmen einen Vermögensvorteil verschaffen wollte, verlangt. Die Aktivierung kann aber nicht von der Intention des Zuwendenden abhängig sein.[939] Im Hinblick auf das Vollständigkeitsprinzip aus § 246 Abs. 1 HGB ist daher mit der herrschenden Meinung[940] eine generelle Ansatzpflicht in der Bilanz zu fordern. Dies gilt umso mehr nach der Reform des HGB durch das BilMoG und der damit intendierten Stärkung der Informationsfunktion des Jahresabschlusses. Nach der Änderung von § 248 Abs. 2 HGB unterliegen dieser Ansatzpflicht nunmehr auch unentgeltlich erlangte immaterielle Vermögensgegenstände des Anlagevermögens,[941] bspw. kostenlose Lizenzen.

Der Wertansatz hat dann – sofern möglich – immer zum vorsichtig geschätzten beizulegenden Zeitwert (*fair value*) zu erfolgen[942] und nicht primär als Merkposten

935 Siehe zur Verlässlichkeit unter D.I.2.b.ee.

936 Siehe IAS 38.45 bzw. D.II.2.b.bb.

937 HdJ/*Wohlgemuth*, Abt. I/9, Rn. 63.

938 *Adler/Düring/Schmaltz*, § 255 HGB, Rn. 83 f.; ähnlich Baumbach/Hopt/*Merkt*, § 255 HGB, Rn. 6.

939 MüKo-HGB/*Ballwieser*, § 255 HGB, Rn. 45.

940 Bonn-HdR/*Göbel*, § 255 HGB, Rn. 56; HdJ/*Wohlgemuth*, Abt. I/9, Rn. 71; MüKo-AktG/*Tiedchen*, § 255 HGB, Rn. 40; MüKo-HGB/*Ballwieser*, § 255 HGB, Rn. 45; Ebenroth/Boujong/Joost/Strohn/*Wiedmann*, § 255 HGB, Rn. 21; Baetge/Kirsch/Thiele/*Kahle*, § 255 HGB, Rn. 75.

941 Siehe oben unter C.I.3.b.ccC.I.3.b.

942 MüKo-AktG/*Tiedchen*, § 255 HGB, Rn. 40; MüKo-HGB/*Ballwieser*, § 255 HGB, Rn. 45; vgl. auch Baetge/Kirsch/Thiele/*Kahle*, § 255 HGB, Rn. 76; zum beizulegenden Zeitwert siehe D.I.2.b.ee.

mit null[943]. Ansonsten würde die Aussagekraft der Bilanz gefährdet. Auch hierfür spricht die mit dem BilMoG intendierte Stärkung der Informationsfunktion des Jahresabschlusses. Der Ansatz mit einem Merkposten sollte nach hier vertretener Auffassung aber für den Fall erfolgen, dass der beizulegende Zeitwert nicht verlässlich ermittelt werden kann und ein Ansatz deshalb ansonsten zu unterbleiben hätte.

Im Rahmen des unentgeltlichen Erwerbs sind daneben immer auch Anschaffungsnebenkosten und Anschaffungskostenminderungen zu berücksichtigen.[944]

dd. Erwerb im Rahmen eines Unternehmenszusammenschlusses oder einer Gruppe von Vermögensgegenständen

Bei einem Unternehmenserwerb wird zumeist ein Gesamtanschaffungspreis gezahlt. Für die Behandlung im Einzelabschluss ist – wie oben schon gesehen[945] – entscheidend, ob es sich bei dem Erwerb um einen *asset* oder *share deal* handelt.

Sofern es sich um einen *asset deal* handelt, ist wegen des Grundsatzes der Einzelbewertung (§ 252 Abs. 1 Nr. 3 HGB) der Gesamtkaufpreis auf die einzeln identifizierbaren Vermögensgegenstände aufzuteilen.[946] Bei einem *share deal* hingegen können die Beteiligungen selbst mit ihrem Wert im Finanzanlagevermögen ausgewiesen werden, ohne dass es einer Aufteilung bedarf.[947] Eine Verteilung des Gesamtanschaffungspreises auf einzeln identifizierbare Vermögensgegenstände wird erst im Rahmen der Erstkonsolidierung für den Konzernabschluss relevant.[948]

Existiert bei einem *asset deal* eine angemessene vertragliche Vereinbarung über die Aufteilung des Gesamtkaufpreises auf die einzelnen Vermögensgegenstände, so ist diese für die Wertermittlung heranzuziehen.[949] Sollte sie allerdings willkürlich erscheinen, ist sie nicht zu berücksichtigen.[950] Bei einem Scheingeschäft sind die wirklich vereinbarten Preise zugrunde zu legen.[951] Wenn keine Vereinbarung

---

943 So aber Beck-BiKo/*Grottel/Gadek*, § 255 HGB, Rn. 100; Ebenroth/Boujong/Joost/Strohn/*Wiedmann*, § 255 HGB, Rn. 21.

944 Bonn-HdR/*Göbel*, § 255 HGB, Rn. 56.

945 Siehe C.I.3.c.

946 Baetge/Kirsch/Thiele/*Kahle*, § 255 HGB, Rn. 69.

947 Siehe auch schon oben unter C.I.3.c.

948 Siehe schon oben C.I.3.c.

949 *Dawo*, S. 103.

950 MüKo-AktG/*Tiedchen*, § 255 HGB, Rn. 39; Beck-BiKo/*Grottel/Gadek*, § 255 HGB, Rn. 80.

951 Beck-BiKo/*Grottel/Gadek*, § 255 HGB, Rn. 80.

vorhanden ist, sind die einzelnen Vermögensgegenstände mit ihrem beizulegenden Zeitwert (*fair value*) zu bewerten.[952] Regelmäßig übersteigt der Gesamtkaufpreis dabei das ansetzbare Vermögen unter Berücksichtigung der Schulden. Dieser Mehrbetrag ist als derivativer Geschäfts- oder Firmenwert zu aktivieren, § 246 Abs. 1 S. 4 i.V.m. S. 1 HGB. Sollte der gezahlte Kaufpreis hingegen den beizulegenden Zeitwert der einzelnen Vermögensgegenstände ausnahmsweise unterschreiten, sind die Zeitwerte proportional zu ihrem Anteil am Gesamtkaufpreis abzuwerten.[953]

Erfolgte der Unternehmenserwerb als *share deal*, werden im Konzernabschluss die Anteile am Tochterunternehmen gem. § 300 Abs. 2 S. 1 HGB durch die Vermögen und Schulden ersetzt. Bei der Erstkonsolidierung wird dazu im Wege einer Erwerbsfiktion der ursprünglich gezahlte Kaufpreis für die Anteile am Tochterunternehmen auf die einzelnen Vermögensgegenstände und Schulden des Tochterunternehmens aufgeteilt.[954] Der Wertansatz dieser Posten im Konzernabschluss bestimmt sich dabei nach dem Betrag, der bei einem Einzelerwerb der jeweiligen Vermögensgegenstände und Schulden hätte aufgewendet werden müssen.[955] Seit dem BilMoG wird gem. § 301 Abs. 1 S. 2 HGB zu diesem Zweck nur noch der beizulegende Zeitwert[956] der Vermögensgegenstände und Schulden herangezogen (Neubewertungsmethode). Wie im Rahmen des *asset deals* können sich daher auch hier Unterschiedsbeträge zwischen dem Kaufpreis für die Anteile und dem ansetzbaren Vermögen unter Berücksichtigung der Schulden ergeben. Ein positiver Unterschiedsbetrag ist dann als Geschäfts- oder Firmenwert zu aktivieren, ein negativer als Unterschiedsbetrag aus der Kapitalkonsolidierung zu passivieren (§ 301 Abs. 3 S. 1 HGB).

Beim Erwerb einer Gruppe von Vermögensgegenständen zu einem Gesamtpreis erfolgt der Ansatz analog zum *asset deal*. Ein die Vermögensgegenstände unter Berücksichtigung der Schulden übersteigender Kaufpreis ist dann allerdings als sonstiger betrieblicher Aufwand zu erfassen.[957]

---

952 *Adler/Düring/Schmaltz*, § 255 HGB, Rn. 105; Baetge/Kirsch/Thiele/*Kahle*, § 255 HGB, Rn. 69; zum beizulegenden Zeitwert siehe D.I.2.b.ee.

953 *Adler/Düring/Schmaltz*, § 255 HGB, Rn. 107.

954 Pelka/Niemann/*Wohlgemuth*, Band A, Rn. 332, 580a.

955 Beck-BiKo/*Förschle/Deubert*, § 301 HGB, Rn. 2, 75.

956 Zum beizulegenden Zeitwert siehe D.I.2.b.ee.

957 *Arbeitskreis „Immaterielle Werte im Rechnungswesen" der Schmalenbach-Gesellschaft*, S. 235.

ee. *Bestimmung des beizulegenden Zeitwerts unter Berücksichtigung der Besonderheiten von Immaterialgüterrechten*

(1) Überblick

Die unter bb. bis dd. genannten Erwerbstatbestände greifen auf den beizulegenden Zeitwert (*fair value*) als Bewertungsmaßstab für die Anschaffungskosten zurück.

Der beizulegende Zeitwert wurde im Zuge des BilMoG erstmals gesetzlich in § 255 Abs. 4 HGB fixiert. Er sieht eine strenge Bewertungshierarchie vor: Grundsätzlich entspricht der beizulegende Zeitwert gem. § 255 Abs. 4 S. 1 HGB dem Marktpreis. Nur für den Fall, dass kein aktiver Markt zur Ermittlung des Marktpreises vorhanden ist, ist gem. § 255 Abs. 4 S. 2 HGB die Ermittlung des beizulegenden Zeitwerts mit Hilfe allgemein anerkannter Bewertungsverfahren möglich.

Von einem aktiven Markt ist auszugehen, wenn der Marktpreis an einer Börse, von einem Händler, von einem Broker, von einer Branchengruppe, von einem Preisberechnungsservice oder von einer Aufsichtsbehörde leicht und regelmäßig erhältlich ist und auf aktuellen und regelmäßig auftretenden Markttransaktionen zwischen unabhängigen Dritten beruht.[958] Dies setzt auch die Homogenität der gehandelten Produkte voraus.[959] Durch die Verwendung öffentlich notierter Marktpreise soll dabei die Ermittlung des beizulegenden Zeitwerts bestmöglich objektiviert werden.[960] Aufgrund ihrer Einzigartigkeit liegt allerdings für Immaterialgüterrechte ein aktiver Markt in der Regel nicht vor.[961]

Für Immaterialgüterrechte ist daher regelmäßig eine Lösung über die allgemein anerkannten Bewertungsverfahren i.S.v. § 255 Abs. 4 S. 2 HGB zu suchen.

(2) Vorgaben des Gesetzgebers für allgemein anerkannte Bewertungsmethoden i.S.v. § 255 Abs. 4 S. 2 HGB

Durch die Anwendung anerkannter Bewertungsmethoden i.S.v. § 255 Abs. 4 S. 2 HGB soll der beizulegende Zeitwert nach dem Willen des Gesetzgebers angemessen an den Marktpreis angenähert werden, wie er sich zwischen unabhängigen Geschäftspartnern bei Vorliegen normaler Geschäftsbedingungen ergeben

958 BT-Drs. 16/10067, S. 61.

959 Beck-BiKo/*Grottel/Pastor*, § 255 HGB, Rn. 515; Bertram/*Brinkmann*/Kessler/Müller/*Tichy*, § 255 HGB, Rn. 218.

960 BT-Drs. 16/10067, S. 61.

961 IDW S 5, Rn. 21; Beck-BiKo/*Förschle/Deubert*, § 301 HGB, Rn. 82; vgl. auch IAS 38.78.

hätte.[962] Die angewandte Methode muss also die Ermittlung eines hypothetischen Marktpreises gewährleisten.[963] Daher sollte das zu verwendende Bewertungsmodell um allgemein anerkannt zu sein auch von den Marktteilnehmern genutzt werden und den Markterwartungen entsprechen.[964] Ihm sollten größtenteils Marktdaten zugrunde gelegt werden.[965] Marktbezogenen beobachtbaren Daten und damit auch Bewertungsverfahren, die zu einem höheren Maße auf ihnen aufbauen, sollte daher der Vorrang vor unternehmensinternen nicht beobachtbaren Einschätzungen eingeräumt werden. Nur für den Fall, dass Marktdaten nicht verfügbar sind, sind unternehmenseigene Schätzungen und Annahmen zulässig, die aber aus der Sicht eines Marktteilnehmers heraus vorzunehmen sind.[966] Unternehmensspezifische Faktoren, wie die konkrete unternehmensinterne Verwendung oder Nutzungsdauer des Immaterialgüterrechts, haben demnach für die Bestimmung des beizulegenden Zeitwerts als hypothetischem Marktpreis außen vor zu bleiben. Auch wenn der Wortlaut von § 255 Abs. 4 S. 2 HGB dies nicht nahe legt, besteht also wegen der geforderten Annäherung des beizulegenden Zeitwerts an den Marktpreis eine Bewertungshierarchie: Es sind zunächst die Bewertungsmethoden für die Bestimmung des beizulegenden Zeitwerts zu nutzen, die eine stärkere Marktorientierung aufweisen.[967]

Gleichzeitig muss im Rahmen der Bewertung aber auch der Grundsatz der Wirtschaftlichkeit[968] Berücksichtigung finden, da gerade die Bestimmung des Wertes von immateriellen Gütern eine hohe Komplexität aufweist, die in der Folge zu hohen Kosten führen kann.

Die Ermittlung des beizulegenden Zeitwerts hat dabei stets verlässlich zu erfolgen.[969] Dieses ungeschriebene Tatbestandsmerkmal resultiert aus dem Vorsichtsprinzip, § 252 Abs. 1 Nr. 4 HGB. Nicht verlässlich ist sie, wenn die angewandte Bewertungsmethode mehrere mögliche Werte zulässt, deren Abweichung voneinander signifikant ist und eine Gewichtung der Werte nach

---

962 BT-Drs. 16/10067, S. 61.

963 *Hoffmann/Lüdenbach*, § 255 HGB, Rn. 149; Bertram/*Brinkmann*/Kessler/Müller/*Tichy*, § 255 HGB, Rn. 233.

964 Baumbach/Hopt/*Merkt*, § 255 HGB, Rn. 26.

965 Baetge/Kirsch/Thiele/*Kahle/Schulz*, § 255 HGB, Rn. 362.

966 Bertram/*Brinkmann*/Kessler/Müller/*Tichy*, § 255 HGB, Rn. 234.

967 Bertram/*Brinkmann*/Kessler/Müller/*Tichy*, § 255 HGB, Rn. 238; *Hoffmann/Lüdenbach*, § 255 HGB, Rn. 149.

968 Siehe hierzu schon oben B.II.1.e; vgl. auch § 256 HGB.

969 BT-Drs. 16/10067, S. 61.

Eintrittswahrscheinlichkeiten nicht erlaubt.[970] Die Verlässlichkeit dient damit der Objektivierung und soll die zuverlässige Bestimmung der Ausgaben sicherstellen[971] und damit Willkürfreiheit[972] gewährleisten. Denn letztlich ist Objektivierung der Leitgedanke jedweder Rechnungslegung.[973] Im Rahmen eines Unternehmenszusammenschlusses sind allerdings – wie auch in den IFRS – an die Verlässlichkeit wegen der zwingend notwendigen Bewertung zum beizulegenden Zeitwert nicht allzu hohe Anforderungen zu stellen.[974]

Zu den allgemein anerkannten Bewertungsverfahren zählt der Gesetzgeber in Anlehnung an die IFRS[975] als Beispiel Vergleichsverfahren, die den beizulegenden Zeitwert aus verwandten Markttransaktionen zwischen sachverständigen, vertragswilligen und unabhängigen Geschäftspartnern ableiten[976] und ggf. über Multiplikatoren anpassen. Als weitere anerkannte wirtschaftliche Bewertungsmethoden kommen vor allem Kapitalwertverfahren, wie die aus der Unternehmensbewertung bekannten Discounted-Cashflow(DCF)-Verfahren,[977] aber auch kostenorientierte Verfahren,[978] wie die Reproduktions- oder Wiederbeschaffungskostenmethode in Betracht.[979] Der in der Betriebswirtschaft üblichen Einteilung folgend lassen sich demnach drei Typen von infrage kommenden Bewertungsverfahren unterscheiden:[980] marktpreisorientierte Verfahren (*market approach*), einkommensorientierte Verfahren (*income approach*) sowie kostenorientierte Verfahren (*cost approach*).

(3) Berücksichtigung der Werttreiber von Immaterialgüterrechten

Offen bleibt, welche Vorgehensweise sich für die Bewertung der hier betrachteten Immaterialgüterrechte am besten eignet, um in der Mehrzahl der Fälle eine anforderungsgerechte Bewertung zu gewährleisten. Neben den oben genannten

970 BT-Drs. 16/10067, S. 61.

971 Vgl. *Dawo*, S. 201.

972 Siehe hierzu auch schon oben B.II.1.e.

973 *Beisse*, S. 83; *Moxter*, DB 2008, 1514 (1515).

974 Vgl. *Hoffmann/Lüdenbach*, § 255 HGB, Rn. 152.

975 Baetge/Kirsch/Thiele/*Kahle/Schulz*, § 255 HGB, Rn. 340; siehe auch IAS 38.40.

976 BT-Drs. 16/10067, S. 61.

977 Beck-BiKo/*Grottel/Pastor*, § 255 HGB, Rn. 519.

978 Beck-BiKo/*Förschle/Deubert*, § 301 HGB, Rn. 79.

979 *Hoffmann/Lüdenbach*, § 255 HGB, Rn. 149.

980 Siehe hierzu bspw. *Moser/Goddar*, FB 2007, 594 (595 ff.); IDW S 5, Rn. 18; DIN 77100:2011-05 (D), S. 14 ff.; DIN ISO 10668:2011-10 (D), S. 7 ff.; vgl. auch IFRS 13.62 bzw. IFRS 13.B5 ff.; Lüdenbach/Hoffmann/*Freiberg*, § 8a, Rn. 34 ff.

Vorgaben – Marktorientierung, Wirtschaftlichkeit und Verlässlichkeit – sind dafür auch die die einzelnen Immaterialgüterrechte kennzeichnenden Werttreiber im Rahmen der Anwendung des Bewertungsverfahrens zu berücksichtigen.

Wertbestimmend für Immaterialgüterrechte sind neben den rechtlichen Faktoren und Risiken auch wirtschaftliche und – in Abhängigkeit vom betrachteten Immaterialgüterrecht – technische.[981] Sie alle nehmen Einfluss auf den Wert eines Immaterialgüterrechts und sind dementsprechend auch im Rahmen der Bewertung und damit bei der Auswahl des Verfahrens zur Bewertung zu berücksichtigen. Zu beachten ist dabei allerdings, dass wegen der Vorgabe für den beizulegenden Zeitwert eine Bewertung aus der Sicht von Marktteilnehmern vorzunehmen, nur solche Faktoren und Risiken berücksichtigt werden dürfen, die nicht aus der internen konkreten Verwendung des Immaterialgüterrechts beim Bilanzierenden herrühren, sondern nur dem Immaterialgüterrecht selbst anhaften.

Von der rechtlichen Seite her ist für den Wert von Immaterialgüterrechten zunächst die (verbleibende) Schutzdauer interessant.[982] Daneben muss auch der Umfang des Schutzes bzw. die Breite des Schutzbereiches berücksichtigt werden.[983] Vor allem die geographische Reichweite des Schutzrechtes und die möglichen Anwendungsmöglichkeiten, die geschützt sind, sind hier zu beachten. So ist bei Marken bspw. interessant, für wie viele verschiedene Produktarten eine schützende Markeneintragung erfolgte oder ob es sich um eine Wort- und/oder Bildmarke[984] handelt. Für den Wert eines Patents als Beispiel ist in diesem Zusammenhang auch die Erfindungsqualität wichtig, die sich u.a. darin ausdrückt, wie schwer es ist, den Schutzbereich des Patents durch andere oder ähnliche Lösungsansätze zu umgehen.[985]

Gleichzeitig sind aber auch etwaige schon erwachsende Ansprüche aufgrund schon bestehender Verletzungen des Schutzrechts[986] und Angriffe gegen

981 Siehe für Patente *Ensthaler/Strübbe*, S. 118 f.; *Spranger*, S. 69 ff.; vgl. IDW S 5, Rn. 127; siehe für Marken IDW S 5, Rn. 57; vgl. auch *Beyer/Mackenstedt*, WPg 2008, 338 (346).

982 Siehe hierzu auch unten D.I.3.b.aa; vertiefend *Reese*, S. 49 ff., 140, siehe auch *Spranger*, S. 64.

983 Vertiefend hierzu *Reese*, S. 66 ff., 140; siehe auch IDW S 5, Rn. 57; *Spranger*, S. 66 f.

984 Dieses Beispiel führt IDW S 5, Rn. 57 explizit an.

985 *Spranger*, S. 62; siehe auch *Arbeitskreis Patentrecht Universität Düsseldorf*, S. 9 f.

986 Vertiefend hierzu *Reese*, S. 75 ff.

das Schutzrecht[987] mit in die Bewertung einzubeziehen. Bei letzteren ist für die gewerblichen Schutzrechte vor allem an anhaltende oder überstandene Einspruchs- bzw. Beschwerdeverfahren und Nichtigkeitsklagen zu denken.

Als wirtschaftlicher Faktor ist vorrangig der Markt, in dem sich die durch das Immaterialgüterrecht geschützten Produkte bewegen, für die Bewertung interessant.[988] Die wirtschaftliche Vorteilhaftigkeit eines Immaterialgüterrechts wird dabei maßgeblich durch die Entwicklung der Nachfrage, konkurrierende Produkte, (mögliches) Wettbewerbsverhalten und Kosten bestimmt.[989] So wird die Nachfragesituation für ein patentgeschütztes Produkt auch davon abhängen, wie innovativ es ist und ob es sich nicht lediglich um eine Modeerscheinung handelt.[990] Der zuletzt genannte Aspekt kann auch den Wert einer Marke stark beeinflussen. Denn für Marken sind hier vor allen Dingen Markenstärke und -relevanz maßgebend.[991] Die Markenstärke ist dabei relativ zu Konkurrenzmarken, während die Markenrelevanz den Einfluss auf die Kaufentscheidung im jeweiligen Marktsegment widerspiegelt. Das Vorhandensein lediglich schwacher Konkurrenzmarken bedeutet also in der Regel einen höheren Wert der zu beurteilenden Marke.[992]

Auch die (ökonomischen) Risiken auf Produktseite durch gesetzliche Vorgaben für den Produktmarkt, wie Produkthaftung und Informations- und Überwachungspflichten können eine Rolle spielen.[993]

Insbesondere bei Patenten und Gebrauchsmusterrechten können zudem die technische Realisierbarkeit[994] und eine sich schon abzeichnende Überholung durch den technischen Fortschritt für den Wert maßgeblich sein.[995]

Die genannten Faktoren und Risiken stehen dabei nicht isoliert nebeneinander, vielmehr bestehen zwischen ihnen oftmals Interdependenzen.[996]

---

987 *Arbeitskreis Patentrecht Universität Düsseldorf*, S. 8; *Spranger*, S. 72.

988 *Moser/Goddar*, FB 2007, 594 (599 f.); *Spranger*, S. 70.

989 *Arbeitskreis „Immaterielle Werte im Rechnungswesen" der Schmalenbach-Gesellschaft*, DB 2008, 1813 (1819).

990 *Arbeitskreis Patentrecht Universität Düsseldorf*, S. 19.

991 Vgl. IDW S 5, Rn. 66.

992 Vgl. *Tafelmeier*, S. 133 f.

993 *Arbeitskreis Patentrecht Universität Düsseldorf*, S. 20.

994 Siehe hierzu auch IDW S 5, Rn. 120.

995 *Spranger*, S. 71; *Arbeitskreis Patentrecht Universität Düsseldorf*, S. 20; vgl. auch *Küting/Ellmann*, S. 277 f.

996 *Beyer/Mackenstedt*, WPg 2008, 338 (346).

(4) Kritische Würdigung der Eignung von Bewertungsverfahren zur anforderungsgerechten Bewertung von Immaterialgüterrechten

Um eine möglichst allgemein anwendbare Bewertungsgrundlage für Immaterialgüterrechte zu bestimmen, hat diese die oben unter (2) und (3) genannten Anforderungen zu erfüllen. Als Orientierungshilfe für eine anforderungsgerechte Bewertung kann dabei der 2011 endgültig fertiggestellte Standard IDW S 5 des Instituts deutscher Wirtschaftsprüfer (IDW), in dem Grundsätze zur Bewertung von immateriellen Vermögenswerten im Allgemeinen und von Marken und Technologien im Besonderen für Wirtschaftsprüfer festgelegt werden, herangezogen werden. Anhaltspunkte können zudem die ebenfalls 2011 herausgegebenen DIN Normen zur monetären Bewertung von Patenten bzw. Marken, DIN 77100[997] und DIN ISO 10668[998] liefern.

(a) Marktpreisorientierte Verfahren

Da in Vergleichsverfahren regelmäßig mehr Marktdaten einfließen als in andere Bewertungsverfahren, sollen sie bei Nichtvorliegen eines aktiven Marktes grundsätzlich zuerst für die Bestimmung des beizulegenden Zeitwertes heranzuziehen sein.[999] Erst wenn eine Ermittlung des beizulegenden Wertes hierüber nicht verlässlich möglich ist, weil entweder keine Vergleichswerte oder zu viele unterschiedliche Vergleichswerte existieren, soll auf die anderen anerkannten wirtschaftlichen Bewertungsmethoden zurückgegriffen werden, wobei kostenorientierte Verfahren zuletzt berücksichtigt werden.[1000] Adäquate Daten aus Vergleichstransaktionen sind für immaterielle Vermögenswerte bzw. Immaterialgüterrechte aber nur sehr selten ermittelbar.[1001] Denn Daten von Transaktionen liegen bei Immaterialgüterrechten in der Regel nur in Form von Lizenzraten und nicht von Preisen vor.[1002] Sofern sie ausnahmsweise verfügbar sein sollten, sind sie aufgrund der Einzigartigkeit von Immaterialgüterrechten in der Regel aber auch nur schwer vergleichbar.[1003] Auch Vergleichsverfahren, die über Multiplikatoren Werte vergleichbarer Transaktionen auf den Bewertungsfall anpassen, kommen daher als allgemeine

---

997 DIN 77100:2011-05 (D).

998 DIN ISO 10668:2011-10 (D).

999 Bertram/*Brinkmann*/Kessler/Müller/*Tichy*, § 255 HGB, Rn. 238.

1000 Vgl. Beck-BiKo/*Förschle/Deubert*, § 301 HGB, Rn. 79.

1001 IDW S 5, Rn. 21, 69.

1002 *Beyer/Mackenstedt*, WPg 2008, 338 (342).

1003 So in Bezug auf Marken *Tafelmeier*, S. 192 m.w.N.

Bewertungsgrundlage, die in der Mehrzahl der Fälle eine anforderungsgerechte Bewertung und damit auch eine nachvollziehbare Vergleichsbasis für Immaterialgüterrechte gewährleistet, nicht infrage.

(b) Kostenorientierte Verfahren

Auch kostenorientierte Verfahren, die auf die Wiederbeschaffung eines ähnlichen Wertes oder die Reproduktion eines exakten Duplikats abstellen,[1004] sind dazu für Immaterialgüterrechte nicht in der Lage. Ihr wesentlicher Nachteil ist darin zu sehen, dass sie den zukünftigen Nutzen des Immaterialgüterrechts als zentralen Faktor für den Marktwert nicht berücksichtigen.[1005] Zumal die hypothetische Kostenzuordnung bei den einzigartigen Immaterialgüterrechten im Nachhinein problematisch ist.[1006] Marktpreise für eine anderweitige Wiederbeschaffung liegen in der Regel ebenso nicht vor.

(c) Kapitalwertorientierte Verfahren

Für Immaterialgüterrechte verbleibt damit in der Regel nur die Ermittlung über einkommensorientierte bzw. kapitalwertorientierte Bewertungsverfahren,[1007] und damit regelmäßig über DCF-Verfahren. Hiernach bemisst sich der Wert eines Immaterialgüterrechts aus den künftigen Erfolgsbeiträgen, die es in Form von Zahlungsüberschüssen bzw. Zahlungsströmen (*cashflows*) generiert.[1008] Um den Barwert zum Bewertungsstichtag zu erhalten, werden die künftig erzielbaren Zahlungsströme daher auf diesen abgezinst (*Discounted Cash Flow, DCF*).[1009] Der Diskontierungszinssatz hat dabei sowohl den reinen Zinseffekt (risikoloser Zinssatz) als auch das nicht im Rahmen der Cashflowermittlung berücksichtigte Risiko des zu bewertenden Objekts widerzuspiegeln.[1010] Für Einzelheiten zur Bestimmung des Diskontierungszinssatzes kann insofern auf die allgemein gültigen Erläuterungen zu IAS 36[1011] und die detaillierten Ausführungen des IDW[1012] verwiesen werden.[1013]

1004 IDW S 5, Rn. 49.
1005 IDW S 5, Rn. 48.
1006 Vertiefend *Beyer/Mackenstedt*, WPg 2008, 338 (343).
1007 Siehe auch IDW S 5, Rn. 59, 119.
1008 IDW S 5, Rn. 22.
1009 IDW S 5, Rn. 23.
1010 Vgl. IDW S 5, Rn. 27.; 41 ff.; siehe auch DIN 77100:2011-05 (D), S. 15.
1011 Siehe D.II.3.e.bb(2)(c)(cc).
1012 IDW S 5, Rn. 41 ff.
1013 Siehe auch DIN 77100:2011-05 (D), S. 14 f.

Für die Bestimmung der dem Immaterialgüterrecht zuzurechnenden Zahlungsströme sind diese innerhalb der zu erwartenden Nutzungsdauer zu isolieren.[1014] Hierfür gibt es verschiedene Möglichkeiten. Der IDW hält vor allem die unmittelbare Cashflow-Prognose, die Lizenzpreisanalogie, die Mehrgewinnmethode und Residualwertmethode für die Bestimmung der Zahlungsströme für generell geeignet.[1015]

(aa) Unmittelbare Cashflow-Prognose

Im Rahmen der unmittelbaren Cashflow-Prognose wird auf die dem Immaterialgüterrecht unmittelbar zurechenbaren Zahlungsströme abgestellt.[1016] Da die Zahlungsströme schon direkt gemessen werden können, müssen sie nicht extra isoliert werden.[1017] Immaterialgüterrechte erzeugen Zahlungsströme allerdings in der Regel nur zusammen mit anderen Vermögensgegenständen,[1018] so dass eine direkte Messung in der Regel ausscheidet. Ausnahmsweise wäre dies bspw. möglich, wenn das Immaterialgüterrecht über eine exklusive Lizenz einem Dritten zur Verfügung gestellt wird und nur auf diese Weise verwertet wird.[1019] Die Lizenzzahlungen wären in diesem Fall als Zahlungsströme direkt zurechenbar und könnten in die Barwertberechnung mit einfließen.

(bb) Lizenzpreisanalogie

Sollen die Cashflows mit Hilfe der Lizenzpreisanalogie (*Relief-from-Royalty Method*) bestimmt werden, wird für ihre Ermittlung auf fiktive Lizenzzahlungen abgestellt, die zu zahlen wären, wenn das Immaterialgüterrecht einem Dritten zuzuordnen wäre.[1020] Die Höhe dieser fiktiven Nutzungsentgelte wird über den Rückgriff auf marktübliche Lizenzraten bestimmt, die regelmäßig Bezug auf Stückzahlen, Umsatzerlöse oder Gewinne nehmen.[1021] Die geplante Bezugsgröße ist daher in die Berechnung miteinzubeziehen. Lizenzraten sollten aus öffentlich zugänglichen Quellen entnommen werden.[1022] Für ähnliche Immaterialgüterrechte

---

1014 IDW S 5, Rn. 24 f.

1015 IDW S 5, Rn. 29.

1016 IDW S 5, Rn. 30.

1017 *Beyer/Mackenstedt*, WPg 2008, 338 (344).

1018 *Kasperzak/Witte*, DStR 2009, 1549 (1551); IDW S 5, Rn. 37.

1019 *Beyer/Mackenstedt*, WPg 2008, 338 (344).

1020 IDW S 5, Rn. 31.

1021 DIN 77100:2011-05 (D), S. 17.

1022 IDW S 5, Rn. 63, 125.

lassen sie sich dabei in der Regel aus Lizenzdatenbanken, wie *RoyaltySource*[1023] oder *RoyaltyStat*[1024] und anderen Vergleichsveröffentlichungen gewinnen.[1025] Die Lizenzpreisanalogie stellt damit eine einfache und in der Regel auch kostengünstige Alternative zur Bestimmung des Cashflows dar, die auch die Werttreiber des einzelnen Immaterialgüterrechts durch die Vergleichbarkeitsvorgabe bis zu einem gewissen Grad berücksichtigt. Wegen der Ableitung der Cashflows aus öffentlich zugänglichen marktüblichen Lizenzraten ist zudem der geforderte Marktbezug in besonderem Maße gegeben. Problematisch erscheint insofern allerdings, dass nicht immer alle Umstände der Lizenzierung ersichtlich sind und dass – auch durch ersteres bedingt – regelmäßig gewisse Schwankungsbreiten bei den vergleichbaren Lizenzraten zu beobachten sind.[1026] Die eindeutige Einordnung des zu bewertenden Objekts kann daher – ohne weitere Vorgaben oder Eingrenzungen – oft im Ermessen des Bewertenden liegen bzw. durch diesen vordergründig plausibilisiert werden.

(cc) Mehrgewinnmethode

Die Mehrgewinnmethode stellt auf einen Vergleich der Cashflows des Unternehmens mit den Cashflows eines Unternehmens ab, das das zu bewertende Immaterialgüterrecht nicht besitzt bzw. nicht nutzt.[1027] Oftmals scheidet ihre Anwendung für Immaterialgüterrechte aber schon deshalb aus, weil die Cashflows ohne das zu bewertende Immaterialgüterrecht nicht verlässlich bestimmt werden können. Dies ist aber eine Grundvoraussetzung für die Anwendung dieser Methode.[1028] Für Immaterialgüterrechte ist eine Anwendung daher in der Regel allenfalls denkbar, wenn der Mehrgewinn bestimmt werden kann, bspw. über aussagekräftige Markt- und Konsumentenanalysen.[1029] Liegen solche nicht vor, ist eine verlässliche Bestimmung in der Regel nicht möglich. Bei Dach- und Unternehmensmarken bzw. Kombinationen dieser mit Produktmarken scheidet die Mehrgewinnmethode schon regelmäßig deshalb aus, weil ein eindeutiger Bezug des Mehrgewinns auf eine von diesen oft nicht möglich ist.[1030] Gleiches gilt

---

1023 http://www.royaltysource.com.

1024 http://www.royaltystat.com.

1025 Vertiefend hierzu *Schwingenschlögl/Gotwald*, S. 96 ff.

1026 IDW S 5, Rn. 63, 125.

1027 IDW S 5, Rn. 33.

1028 IDW S 5, Rn. 36.

1029 IDW S 5, Rn. 61, 123.

1030 Vgl. IDW S 5, Rn. 62.

beim gleichzeitigen Vorliegen von Marke und Patent oder mehrerer Patente – wie in der stark technologiegetriebenen Automobil- und Halbleiterindustrie.[1031]

(dd) Residualwertmethode

Im Rahmen der Residualwertmethode (*Multi-Period Excess Earnings Method*) wird dem Problem, dass direkte Cashflows – wie oben gesehen – für Immaterialgüterrechte in der Regel nicht beobachtet werden können, Rechnung getragen. Von den Gesamtcashflows werden daher fiktive Nutzungsentgelte für die lediglich unterstützenden Vermögensgegenstände abgezogen.[1032] Voraussetzung hierfür ist dann aber, dass das zu bewertende Immaterialgüterrecht für die Cashflows dominierend ist und die anderen Vermögenswerte tatsächlich lediglich unterstützend.[1033] Insbesondere bei technischen Produkten, denen oftmals hunderte Patente sowie Dach- und Produktmarken gleichzeitig zugrunde liegen, wird dies kaum jemals der Fall sein.[1034] Zumal die Bestimmung einer Vielzahl in Abzug zu bringender fiktiver Nutzungsentgelte ungleich langwieriger und damit kostenintensiver als bspw. die Bestimmung nur einer fiktiven Lizenzrate im Rahmen der Lizenzpreisanalogie ist.

(d) Ergebnis und weitere Objektivierung des Ergebnisses

Nach dem eben Gesagten verbleibt als Standardvorgehen für die hier infrage stehende Bewertung von Immaterialgüterrechten zum beizulegenden Zeitwert in der Regel nur die Bewertung über DCF-Verfahren. Eine anforderungsgerechte Bewertung wird dabei wie gesehen am besten im Rahmen der Ermittlung der Cashflows über die Lizenzpreisanalogie erreicht: Wegen der Ableitung der Cashflows aus öffentlich zugänglichen marktüblichen Lizenzraten ähnlicher Immaterialgüterrechte ist der geforderte Marktbezug gegeben. Die Lizenzpreisanalogie stellt dabei eine einfache und in der Regel auch kostengünstige Alternative zur Bestimmung des Cashflows dar, die auch die Werttreiber des einzelnen Immaterialgüterrechts durch die Vergleichbarkeitsvorgabe in gewissem Maße berücksichtigt.

Dies entspricht auch der überwiegenden Vorgehensweise in der Praxis.[1035] Interessanterweise wird sie zwar in der Praxis als objektiv angesehen, gleichzeitig

---

1031 DIN 77100:2011-05 (D), S. 16.

1032 IDW S 5, Rn. 37.

1033 IDW S 5, Rn. 40.

1034 Vgl. auch IDW S 5, Rn. 121.

1035 Siehe hierzu die empirische Studie von *Frey/Herberger/Oehler*, IRZ 2011, 141 (145 f.).

aber auch als am leichtesten beeinflussbar.[1036] Dies mag damit zusammenhängen, dass sich immer eine Bandbreite von möglichen Vergleichslizenzraten in den öffentlichen Datenquellen findet, innerhalb derer der Bilanzierende eine Auswahl bzw. eine Gewichtung der möglichen Werte vorzunehmen hat, die bei ordentlicher Begründung zumindest den Anschein der Objektivierung erweckt. Denn vor dem Hintergrund, dass die Umstände der Lizenzvergabe aus den Datenquellen oft nicht ersichtlich sind,[1037] ist eine Überprüfung der Vergleichbarkeit schwierig. Auch IDW S 5 fordert daher bei der Auswahl der passenden Lizenzrate innerhalb der Bandbreite an möglichen Werten, die Einzigartigkeit des jeweiligen Immaterialgüterrechts zu berücksichtigen,[1038] macht allerdings keine konkreteren Vorschläge für die standardisierte Umsetzung dieser Forderung.

Um dem Streben nach Objektivierung besser gerecht werden zu können, sollte die Auswahl der Vergleichslizenzrate daher weiter standardisiert werden. Dies könnte insbesondere über die Einführung eines qualitativen Korrektivs, wie bspw. das im „Arbeitspapier zum Workshop Patentbewertung" durch den *Arbeitskreis Patentrecht Universität Düsseldorf (apud)*[1039] vorgeschlagene Modell zur Patentbewertung erfolgen.[1040] Durch das apud-Verfahren wird Patenten in Abhängigkeit von der Stärke des Schutzrechts und des Produktmarktes ein absoluter Punktwert zugewiesen.[1041] Dieser zeigt in Relation zum Maximalwert, wo das Patent vom Wert her einzuordnen ist. Diese Vorgehensweise könnte nun „entliehen" werden, um das Problem der Schwankungsbreiten möglicher Lizenzraten im Rahmen der Lizenzpreisanalogie aufzulösen. Der Punktwert könnte genutzt werden, um innerhalb der Schwankungsbreite die passende Lizenzrate für das zu bewertende Patent zu finden. Angewandt auf die Bandbreite an möglichen Lizenzraten, könnte also in Abhängigkeit vom ermittelten Punktwert der dem Patent tatsächlich zugrunde zu legende „Mittelwert" der verschiedenen möglichen Lizenzraten festgelegt werden.[1042] Die den Wert des Patents beeinflussenden Faktoren führen also direkt zur konkreten Ausformung der Vergleichslizenzrate und werden auf diese Weise noch stärker berücksichtigt.

1036 *Frey/Herberger/Oehler*, IRZ 2011, 141 (146 f.).
1037 IDW S 5, Rn. 63, 125.
1038 IDW S 5, Rn. 65f., 127.
1039 *Arbeitskreis Patentrecht Universität Düsseldorf*, S. 1 ff.
1040 *Schwingenschlögl/Gotwald*, S. 109 ff.
1041 Ausführlich hierzu *Arbeitskreis Patentrecht Universität Düsseldorf*, S. 19 ff.
1042 Siehe hierzu vertiefend mit Beispielberechnungen *Schwingenschlögl/Gotwald*, S. 111 ff.

Ähnliche Punktesysteme, die sich an der Stärke des Schutzrechts einerseits und am Produktmarkt andererseits orientieren, ließen sich in Anlehnung an das apud-Modell auch für die anderen Immaterialgüterrechte erstellen, um einen Standard für die Findung der richtigen Lizenzrate vorzugeben. Bei Marken müssten bspw. auch Markenstärke und Markenrelevanz im jeweiligen Marktsegment bei der Bestimmung der Lizenzrate innerhalb der Schwankungsbreite berücksichtigt werden.[1043]

Problematisch an dieser Vorgehensweise bleibt, dass auch hier die Auswahl der Lizenzrate aufgrund der Annahmen des Bilanzierenden erfolgt. Aufgrund des transparenten Systems der Punktebewertung, die zur Auswahl innerhalb der Schwankungsbreite der Vergleichslizenzraten geführt hat, wird aber ein wesentlich höherer Objektivierungsgrad als bei der reinen Auswahl der „passenden" Lizenzrate durch den Bilanzierenden erreicht. Zumal die Bestimmung der qualitativen Faktoren durch die Einbeziehung von Spezialisten, wie Marketingexperten, Rechtsanwälten oder Wirtschaftsprüfern, weiter objektiviert werden kann.[1044] Sinnvoll wäre in diesem Zusammenhang dann aber auch die Einführung von Angabepflichten bei der Bewertung zum beizulegenden Zeitwert, die zum einen das Bewertungsverfahren darstellen und gleichzeitig die zugrunde liegenden Annahmen, wie hier jene, die zur Auswahl der herangezogenen Lizenzrate über das Punktesystem geführt haben, offenlegen – ähnlich wie das die IFRS 13.91 ff.[1045] für die IFRS Bewertung zum beizulegenden Zeitwert statuieren. Auf diese Weise wird die Bewertung für den Bilanzleser nachvollziehbarer und die Vergleichbarkeit erhöht. Sollte der Bilanzleser bspw. andere Annahmen zugrunde legen wollen, könnte er durch eine einfache Anpassung der Punktwerte den „neuen" Wert des ihn interessierenden Immaterialgüterrechts ausrechnen.

Auch die Forderung nach Marktbezogenheit wird aufgrund des Ausgangspunkts Vergleichslizenzrate bei einer so vorgenommenen Bewertung gewahrt. Sie wird über die qualitative Konkretisierung mit Hilfe des apud- oder eines ähnlichen Verfahrens nur in nachvollziehbarer Weise auf das Bewertungsobjekt angepasst. Auch von der ökonomischen Seite her betrachtet, erscheint eine solche Vorgehensweise durchaus sinnvoll. Vergleichslizenzraten sind günstig zu bekommen. Ebenso dürfte die Auswahl der Lizenzrate innerhalb ihrer Schwankungsbreite

1043 IDW S 5, Rn. 66.

1044 Ähnlich *Schwingenschlögl/Gotwald*, S. 112.

1045 Siehe hierzu die Erläuterungen unter D.II.2.b.ee(2).

über ein einfaches Verfahren, wie die qualitative apud-Bewertung, keine größeren Kosten verursachen.

Auf diese Weise kann daher in der Regel eine anforderungsgerechte Bewertung gewährleistet werden. Nach hier vertretener Auffassung wird deswegen die Bestimmung des beizulegenden Zeitwerts über die Lizenzpreisanalogie (als DCF-Verfahren) in Kombination mit einem quantitativen Korrektiv als vorzugswürdig erachtet.

Nur für den Fall, dass mangels Vergleichbarkeit tatsächlich einmal keine Vergleichslizenzraten ermittelt werden können und damit eine verlässliche Bewertung nicht mehr gewährleistet ist, sollte auf andere Methoden zurückgegriffen werden.

Zur Plausibilisierung des so ermittelten Wertes kann es zudem auch sinnvoll sein, ein anderes Verfahren heranzuziehen, sofern Unsicherheiten bei der Bewertung verbleiben und damit Bedenken an ihrer Verlässlichkeit bestehen. Hier können ausnahmsweise auch einmal die kostenorientierten Verfahren zum Einsatz kommen.[1046] Ist die Ermittlung eines Preises über sie möglich, können sie wegen des Vorsichtsprinzips auch eine Wertobergrenze für den beizulegenden Zeitwert statuieren. Denn ein ökonomisch denkender Marktteilnehmer wird nicht bereit sein einen Preis zu zahlen, der über den Kosten für Wiederbeschaffung oder Reproduktion liegt.[1047]

Zu beachten ist abschließend, dass ein einmal gewähltes Bewertungsverfahren in den Folgeperioden wegen des Stetigkeitsgrundsatzes aus § 252 Abs. 1 Nr. 6 HGB grundsätzlich beizubehalten ist.[1048]

c. Selbst geschaffene Immaterialgüterrechte

aa. Begriff der Herstellungskosten

Selbst geschaffene Immaterialgüterrechte sind wie alle selbst geschaffenen Vermögensgegenstände gem. § 253 Abs. 1 S. 1 HGB mit ihren Herstellungskosten anzusetzen.

Als Herstellungsvorgänge kommen die Neuschaffung, die Erweiterung oder die wesentliche Verbesserung von Vermögensgegenständen infrage, § 255

1046 IDW S 5, Rn. 48.

1047 *Beyer/Mackenstedt*, WPg 2008, 338 (342 f.).

1048 Baumbach/Hopt/*Merkt*, § 255 HGB, Rn. 26; zu den Ausnahmen siehe schon oben unter C.I.3.b.ee.

Abs. 2 S. 1 HGB. Bei immateriellen Vermögensgegenständen stellt sich die Kostenzuordnung aber schwieriger dar als bei den materiellen, weswegen letztlich auch das Ansatzverbot in § 248 Abs. 2 S. 2 HGB für bestimmte selbst geschaffene immaterielle Vermögensgegenstände des Anlagevermögens beibehalten wurde.[1049]

Gem. § 255 Abs. 2 S. 2 1. HS HGB umfassen die Herstellungskosten zwingend die Material- und Fertigungseinzelkosten sowie Sonderkosten, die aufgrund der Herstellung angefallen sind. Es sind also zunächst die unmittelbar durch das Erzeugnis verursachten Kosten miteinzubeziehen.[1050] Für Immaterialgüterrechte ist bspw. an die Löhne der Entwickler, die einem Projekt direkt zugeordnet sind, zu denken.[1051] Gebühren für Schutzrechtsanmeldungen oder Kosten für externe Rechtsberatung durch Patentanwälte sind auch dazu zu zählen.

Daneben sind seit dem BilMoG verpflichtend auch angemessene Teile der Material- und Fertigungsgemeinkosten sowie der durch die Fertigung veranlasste Werteverzehr des Anlagevermögens als Herstellungskosten mit einzubeziehen, § 255 Abs. 2 S. 2, 2. HS HGB. Vorher unterlagen sie einem Wahlrecht. Unter die Material- und Fertigungsgemeinkosten fallen Ausgaben, bspw. für Hilfsstoffe oder Energiekosten, die über eine Schlüsselung in Beziehung zum Vermögensgegenstand gesetzt werden können.[1052] Auch Kosten für die Rechtsabteilung, die bspw. die Schutzrechtsanmeldung vorbereitet, daneben aber auch noch mit anderen Dingen beschäftigt ist und deren Kosten nicht projektbezogen erfasst werden, können hier berücksichtigt werden. Die Angemessenheit bestimmt sich dabei nach vernünftigen betriebswirtschaftlichen Kriterien und Überlegungen.[1053] Für die Bestimmung der angemessenen Teile der Gemeinkosten verbleibt damit ein bilanzieller Spielraum, der bilanzpolitische Gestaltungen erlaubt.[1054] Es dürfen nur tatsächlich angefallene Kosten angesetzt werden, während Leerkosten keine Berücksichtigung finden.[1055] Zusätzlich besteht über § 255 Abs. 2 S. 3 HGB – anders als in den IFRS[1056] – ein Wahlrecht auch angemessene Teile der allgemeinen Verwaltungskosten

1049 *Arbeitskreis „Immaterielle Werte im Rechnungswesen" der Schmalenbach-Gesellschaft*, DB 2008, 1813 (1818).

1050 *Bieg/Kußmaul/Petersen/Waschbusch/Zwirner*, S. 103.

1051 Vgl. *Küting*, Herstellkosten, S. 170; *Schildbach*, S. 182.

1052 Baetge/Kirsch/Thiele/*Kahle*, § 255 HGB, Rn. 181.

1053 Bertram/Brinkmann/Kessler/*Müller/Kreipl*, § 255 HGB, Rn. 100.

1054 *Scheren*, S. 696.

1055 Beck-BiKo/*Grottel/Pastor*, § 255 HGB, Rn. 355.

1056 Siehe D.II.2.c.

und Aufwendungen für freiwillige Sozialleistungen, soziale Einrichtungen des Betriebes und betriebliche Altersvorsorge miteinzubeziehen. Über § 255 Abs. 3 S. 2 HGB können zudem Zinsen für Fremdkapital, das zur Herstellung des Vermögensgegenstands aufgenommen wurde, bei den Herstellungskosten berücksichtigt werden.

Durch das BilMoG wird demnach ein fertigungsbezogener Vollkostenansatz in das HGB eingeführt,[1057] um den Spielraum für Gewinnverlagerungen einzudämmen.[1058] Damit erfolgt eine Anpassung an die steuerrechtliche Herstellungskostenuntergrenze sowie eine Annäherung an den produktionsbezogenen Herstellungsbegriff der IFRS, um die Vergleichbarkeit des handelsrechtlichen Abschlusses zu verbessern.[1059]

Forschungs- und Vertriebskosten dürfen gem. § 255 Abs. 2 S. 4 HGB nicht in die Herstellungskosten miteinbezogen werden. Die genannten Herstellungskosten können sich daher nur auf Aufwendungen, die im Rahmen der Entwicklungstätigkeit anfallen, beziehen.[1060] Dies stellt § 255 Abs. 2a S. 1 HGB für selbst geschaffene immaterielle Vermögensgegenstände auch noch einmal ausdrücklich klar. Die nachgewiesene und dokumentierte[1061] Abgrenzung von Forschung und Entwicklung ist also auch für die Bewertung von großer Relevanz.[1062] Die schon ausgeführten[1063] bilanziellen Gestaltungsspielräume bei der Abgrenzung können sich daher auch bei der Bewertung aufgrund bilanzpolitischer Erwägungen auswirken.[1064]

Die Einbeziehung der Wahlbestandteile in die Herstellungskosten eines selbst geschaffenen Immaterialgüterrechts unterliegt gem. § 252 Abs. 1 Nr. 6 HGB der Bewertungsstetigkeit. Im Rahmen der Aktivierung von Entwicklungskosten sind für art- und funktionsgleiche Vermögensgegenstände daher Bewertungsgruppen

---

1057 *Arbeitskreis „Immaterielle Werte im Rechnungswesen" der Schmalenbach-Gesellschaft*, DB 2008, 1813 (1818).

1058 *Bieg/Kußmaul/Petersen/Waschbusch/Zwirner*, S. 104.

1059 BT-Drs. 16/10067, S. 59; siehe auch Bertram/Brinkmann/Kessler/*Müller/Kreipl*, § 255 HGB, Rn. 95 mit einer tabellarische Gegenüberstellung von HGB, EStG/EStR und IFRS.

1060 *Arbeitskreis „Immaterielle Werte im Rechnungswesen" der Schmalenbach-Gesellschaft*, DB 2008, 1813 (1818).

1061 Baumbach/Hopt/*Merkt*, § 255 HGB, Rn. 22.

1062 *Arbeitskreis „Immaterielle Werte im Rechnungswesen" der Schmalenbach-Gesellschaft*, DB 2008, 1813 (1818); siehe zur Abgrenzung schon oben unter C.I.3.b.dd(2).

1063 Siehe C.I.3.b.dd(2).

1064 *Scheren*, S. 678.

festzulegen, für die die gewählten Bewertungsmethoden im Zeitablauf stetig beizubehalten sind.[1065] Bei heterogenen Entwicklungstätigkeiten kann dabei eine projektbezogene Differenzierung der Bewertungsgruppen nötig sein.[1066]

bb. Zu berücksichtigender Zeitraum

Wie oben gesehen,[1067] sind selbst geschaffene immaterielle Vermögensgegenstände in der Entwicklung frühestens im Zeitpunkt der Erfüllung der Vermögensgegenstandsdefinition zu aktivieren. Damit ist aber noch nicht geklärt, in welchem Umfang die Entwicklungskosten als Herstellungskosten auch aktivierungsfähig sind. Insbesondere stellt sich die Frage, ob Entwicklungskosten, die in vorherigen Perioden mangels Erfüllung der Vermögensgegenstandsdefinition nur als Aufwand erfasst wurden, zu einem späteren Zeitpunkt nachaktiviert werden dürfen.

Nach dem Wortlaut von § 255 Abs. 2a S. 1 HGB ist eine Aktivierung aller Kosten ab Eintritt der Entwicklungsphase zumindest möglich.[1068] Für die Nachaktivierung von bereits als Aufwand erfassten Entwicklungskosten kämen allerdings nur zwei Möglichkeiten in Betracht:[1069] Eine erfolgsneutrale oder eine erfolgswirksame Nachaktivierung. Eine erfolgsneutrale Verbuchung würde zu einer doppelten Berücksichtigung des Aufwands führen – einmal direkt als Aufwand und später in Form der ggf. vorzunehmenden Abschreibungen auf den Vermögensgegenstand – und damit gegen das Kongruenzprinzip verstoßen.[1070] Eine erfolgswirksame Nachaktivierung würde dieses Problem zwar umgehen,[1071] gleichzeitig aber die Darstellung der Ertragslage des jeweiligen Geschäftsjahres verzerren, wenn sie periodenübergreifend stattfindet.[1072] Vielfach wird aufgrund dieser Unwägbarkeiten

---

1065 HdR/*Selchert*, § 252 HGB, Rn. 155.

1066 *Küting/Ellmann*, DStR 2010, 1300 (1302).

1067 Siehe C.I.3.b.dd(3).

1068 *Kirsch*, PiR 2009, 185 (187); Bonn-HdR/Kirsch, § 248 HGB (BilMoG), Rn. 67; *Bertram*/Brinkmann/Kessler/Müller, § 255 HGB, Rn. 171; vgl. auch Fülbier/Gassen, DB 2007, 2605 (2609); Hennrichs, DB 2008, 537 (540).

1069 *Arbeitskreis „Immaterielle Werte im Rechnungswesen" der Schmalenbach-Gesellschaft*, DB 2008, 1813 (1818 f.); *Küting/Ellmann*, S. 276.

1070 *Dawo*, S. 311; *Mindermann*, WPg 2008, 273 (275).

1071 *Dawo*, S. 312; *Mindermann*, WPg 2008, 273 (275).

1072 *Arbeitskreis „Immaterielle Werte im Rechnungswesen" der Schmalenbach-Gesellschaft*, DB 2008, 1813 (1819); *Küting/Ellmann*, S. 276.

dafür plädiert, die Nachaktivierung bereits als Aufwand erfasster Entwicklungskosten handelsrechtlich zu unterlassen.[1073]

Zwar erscheint nach hier vertretener Auffassung das Argument der Verzerrung der Ertragslage als nicht so tiefgreifend: Der erfolgswirksamen Nachaktivierung ist eine Aufwandserfassung vorausgegangen. Letztlich wird durch die erfolgswirksame Nachaktivierung dieser „Fehler“ also nur korrigiert. Zumal dem Bilanzierenden durch die Entstehung des Vermögensgegenstandes in einer späteren Berichtsperiode auch tatsächlich etwas zugeflossen ist, was insofern auch als Erfolg ausgewiesen werden kann.

Die nachträgliche Aktivierung bereits in einer Vorperiode als Aufwand behandelter Kosten wird allerdings auch durch die IFRS in IAS 38.71 ausdrücklich verboten. Dies spricht im Hinblick auf die mit dem BilMoG intendierte Annäherung an die IFRS dafür, dass der Gesetzgeber nicht vom „Vorbild“ der IFRS abweichen wollte und gibt hier den Ausschlag, dass auch handelsrechtlich keine Nachaktivierungen vorzunehmen sind.[1074]

Fraglich bleibt allerdings, wie mit Entwicklungsaufwendungen zu verfahren ist, die in der Periode der Aktivierung des Vermögensgegenstandes vor dem Zeitpunkt der Erfüllung der Aktivierungsvoraussetzungen angefallen sind.

Grottel/Pastor[1075] wollen eine nachträgliche Aktivierung der seit Periodenbeginn angefallenen Entwicklungsaufwendungen zulassen. Wenn die Aktivierungsvoraussetzungen erst im Laufe der Aktivierungsperiode erfüllt werden, sei eine unterjährige Abgrenzung weder praktikabel noch geboten. Sie verstieße in diesem Fall auch nicht gegen das Kongruenzprinzip.

Dem ist allerdings nach hier vertretener Auffassung nicht beizupflichten. So bringt der Gesetzgeber schon mit den geforderten Dokumentations- und Nachweispflichten für die Abgrenzung von Forschung und Entwicklung zum Ausdruck, dass eine vereinfachte Anwendung nicht in seinem Interesse liegt.[1076] Eine solche Vorgehensweise würde zudem die bilanzielle Vergleichbarkeit von Entwicklungen noch weiter entobjektivieren. Es käme letztlich für die Höhe der zu aktivierenden Herstellungskosten in nicht geringem Maße darauf an, ob der Bilanzierende

---

1073 *Arbeitskreis „Immaterielle Werte im Rechnungswesen“ der Schmalenbach-Gesellschaft*, DB 2008, 1813 (1819); *Küting/Ellmann*, S. 276; Beck-BiKo/*Grottel/Pastor*, § 255 HGB, Rn. 489; Baetge/Kirsch/Thiele/*Kahle/Haas*, § 255 HGB, Rn. 212.4.

1074 *Bertram*/Brinkmann/Kessler/Müller, § 255 HGB, Rn. 171; Bonn-HdR/Kirsch, § 248 HGB (BilMoG), Rn. 68; Hennrichs, DB 2008, 537 (540).

1075 Beck-BiKo/*Grottel/Pastor*, § 255 HGB, Rn. 489.

1076 *Küting/Ellmann*, DStR 2010, 1300 (1304).

es schafft, die Vermögensgegenstandseigenschaft noch im alten Geschäftsjahr nachzuweisen, um so alle Entwicklungsaufwendungen in diesem Jahr aktivieren zu können.[1077] Gelingt ihm dies erst kurze Zeit später, im neuen Geschäftsjahr, so kann es sein, dass zwei sehr ähnliche Sachverhalte fundamental unterschiedliche Werte in der Bilanz zur Folge haben. Die Aussagekraft der Bilanz würde stark beeinträchtigt werden. Eine solche Vorgehensweise scheint auch im Hinblick auf das Vorsichtsprinzip bedenklich. Selbst die IFRS, in denen das Vorsichtsprinzip nicht die tragende Rolle wie im HGB einnimmt, legen in IAS 38.65 verbindlich fest, dass Herstellungskosten nur solche Entwicklungskosten sind, die nach dem Zeitpunkt der erstmaligen Erfüllung der Ansatzkriterien anfallen.[1078] Es werden also auch vor Erfüllung der Aktivierungsvoraussetzungen anfallende Entwicklungsaufwendungen der Aktivierungsperiode nicht berücksichtigt. Es erscheint nicht nachvollziehbar, den Kreis der aktivierungsfähigen Entwicklungskosten im mit vom Vorsichtsprinzip geprägten HGB weiter zu ziehen, als in den IFRS. Die mit dem BilMoG intendierte Annäherung an die IFRS spricht ebenso dagegen.[1079]

Im Ergebnis sind also auch handelsrechtlich nur solche Entwicklungskosten als Herstellungskosten zu erfassen, die ab dem Zeitpunkt der erstmaligen Erfüllung der Aktivierungsvoraussetzungen anfallen.[1080] Eine ausdrückliche Abgrenzung der als Herstellungskosten zu berücksichtigenden Entwicklungskosten im Gesetz wäre aus Klarstellungsgründen allerdings sinnvoll gewesen.[1081]

cc. Nachträgliche Herstellungskosten

Auch die Weiterentwicklung eines immateriellen Vermögensgegenstandes und damit auch von Immaterialgüterrechten mittels wesentlicher Änderungen ist gem. § 255 Abs. 2a S. 2 HGB als Entwicklung einzustufen. Die Kosten sind dementsprechend als Herstellungskosten zu aktivieren. Sie müssen allerdings vom laufenden Erhaltungsaufwand für den Vermögensgegenstand abgegrenzt werden, der nicht aktiviert werden darf.[1082] Für die Abgrenzung ist auf § 255 Abs. 2

1077 Vgl. *Hoffmann/Lüdenbach*, § 255 HGB, Rn. 136.

1078 Siehe hierzu auch das in IAS 38 enthaltene Beispiel zur Veranschaulichung von IAS 38.65.

1079 Vgl. auch *Kirsch*, PiR 2009, 185 (187).

1080 So auch *Küting/Ellmann*, S. 285.

1081 *Hennrichs*, DB 2008, 537 (540).

1082 *Arbeitskreis „Immaterielle Werte im Rechnungswesen" der Schmalenbach-Gesellschaft*, DB 2008, 1813 (1819); *Baetge/Kirsch/Thiele*, S. 251 f.

S. 1 HGB Rückgriff zu nehmen.[1083] Herstellungskosten eines immateriellen Vermögensgegenstandes liegen nach § 255 Abs. 2 S. 1 HGB auch dann vor, wenn der Vermögensgegenstand erweitert oder wesentlich über seinen bisherigen Zustand hinaus verbessert wurde.[1084] In diesen Fällen handelt es sich um eine wesentliche Änderung i.S.v. § 255 Abs. 2a S. 2 HGB. Eine wesentliche Änderung der Nutzungsmöglichkeiten eines Vermögensgegenstandes lässt künftig höhere Einzahlungsüberschüsse erwarten, was seinen Wert erhöht.[1085] Diese nachträglichen Herstellungskosten sind daher dem Buchwert des immateriellen Vermögensgegenstandes hinzuzurechnen. Werden hingegen nur Ausgaben zur Erhaltung des Schuldendeckungspotentials des Vermögensgegenstands getätigt, sind diese als Aufwand zu erfassen.[1086]

Eine Erweiterung oder wesentliche Verbesserung ist aufgrund der Natur immaterieller Vermögensgegenstände allerdings eher selten.[1087] Zumeist dienen die Ausgaben nur der Aufrechterhaltung des derzeitigen Nutzens und sind daher als laufender Erhaltungsaufwand nicht aktivierungsfähig.[1088] Bei Immaterialgüterrechten ist hier insbesondere an die Zahlung von Gebühren, bspw. an das DPMA für die Verlängerung des Marken- oder Patentschutzes, zu denken. Allerdings kann bspw. auch ein Patent im Nachhinein um wichtige Arbeitsschritte ergänzt werden, die seine Nutzungsmöglichkeiten erweitern.[1089] Bei den Ausgaben, die der Entwicklungstätigkeit hierfür und nicht einer etwaigen Forschungstätigkeit zuzurechnen sind,[1090] handelt es sich dann um nachträglich zu aktivierende Herstellungskosten. Die Vermögensgegenstandseigenschaft als Aktivierungsvoraussetzung ist bei der Weiterentwicklung eines bereits bestehenden Vermögensgegenstandes in der Regel erfüllt, es sei denn, der ursprüngliche Vermögensgegenstand geht im Rahmen der weiteren Entwicklungstätigkeiten unter.[1091]

1083 *Kessler*/Leinen/Strickmann, S. 189; Baetge/Kirsch/Thiele/*Kahle/Haas*, § 255 HGB, Rn. 213; *Arbeitskreis „Immaterielle Werte im Rechnungswesen" der Schmalenbach-Gesellschaft*, DB 2008, 1813 (1819); vgl. Beck-BiKo/*Grottel/Pastor*, § 255 HGB, Rn. 481.

1084 Hierzu ausführlich Beck-BiKo/*Grottel/Pastor*, § 255 HGB, Rn. 375 ff.

1085 *Baetge/Kirsch/Thiele*, S. 254 f.

1086 Grünewald/Köllner/*Petersen*/Wurzer/*Zwirner*, S. 75 f.

1087 *Kessler*/Leinen/Strickmann, S. 189; *Küting/Ellmann*, S. 277.

1088 *Bertram*/Brinkmann/Kessler/Müller, § 255 HGB, Rn. 182.

1089 *Küting/Ellmann*, S. 277.

1090 Baetge/Kirsch/Thiele/*Kahle/Haas*, § 255 HGB, Rn. 213.

1091 *Kessler*/Leinen/Strickmann, S. 189.

Zu beachten ist allerdings, dass das Ansatzverbot von § 248 Abs. 2 S. 2 HGB sich auch auf nachträgliche Herstellungskosten für Marken, Drucktitel, Verlagsrechte, Kundenlisten und vergleichbare immaterielle Vermögensgegenstände des Anlagevermögens bezieht.[1092] Sie sind aufgrund dessen schon nicht aktivierungsfähig. Sie dürfen daher auch nicht im Nachhinein dem Buchwert eines solchen immateriellen Vermögensgegenstandes zugerechnet werden, der aufgrund eines entgeltlichen Erwerbes in die Bilanz aufzunehmen war.

3. Folgebewertung

a. Grundlagen

Auch für die Folgebewertung von Immaterialgüterrechten sind die für alle Vermögensgegenstände geltenden allgemeinen Regelungen anzuwenden.[1093] Nach § 253 Abs. 1 S. 1 HGB bilden die ursprünglichen Anschaffungs- und Herstellungskosten vermindert um etwaige Abschreibungen die Wertobergrenze für die Folgebewertung. Vermögensgegenstände, die in ihrer Nutzung zeitlich begrenzt sind, sind gem. § 253 Abs. 3 S. 1 HGB planmäßig abzuschreiben. Unabhängig von einer zeitlichen Begrenzung sind Vermögensgegenstände gem. § 253 Abs. 3 S. 3 HGB außerdem bei einer unvorhergesehenen voraussichtlich dauernden Wertminderung außerplanmäßig abzuschreiben und mit ihrem niedrigeren beizulegenden Wert anzusetzen.

b. Planmäßige Abschreibung

aa. Begrenzung der Nutzungsdauer

Vermögensgegenstände unterliegen der planmäßigen Abschreibung nach § 253 Abs. 3 S. 1 HGB nur dann, wenn ihre voraussichtliche Nutzungsdauer begrenzt ist. Begrenzt zeitlich nutzbar sind immaterielle Vermögensgegenstände, wenn sie abnutzbar sind, sie also für ihren Inhaber nur zeitlich begrenzt verwertbar sind.[1094]

1092 *Kessler*/Leinen/Strickmann, S. 189.

1093 Vgl. *Arbeitskreis „Immaterielle Werte im Rechnungswesen" der Schmalenbach-Gesellschaft*, DB 2008, 1813 (1819); *Küting/Ellmann*, S. 277; *Hennrichs*, DB 2008, 537 (541); *Laubach/Kraus/Bornhofen*, DB 2009, Beilage 5, 19 (23).

1094 Beck-BiKo/*Kozikowski/Roscher/Andrejewski*, § 253 HGB, Rn. 213; Beck-BiKo/*Kozikowski/Kreher/Roscher/Andrejewski*, § 253 HGB, Rn. 382; *Bentele*, S. 33.

In Zweifelsfällen ist – dem Vorsichtsprinzip aus § 252 Abs. 1 Nr. 4 HGB folgend – von einer Begrenzung der Nutzungsdauer auszugehen.[1095]

Bei Immaterialgüterrechten ist dies regelmäßig schon aufgrund gesetzlicher Vorgaben der Fall.[1096] So ist bei Patenten mit 20 Jahren (§ 16 Abs. 1 S. PatG), Gebrauchsmustern mit 10 Jahren (§ 23 GebrMG) und Geschmacksmustern mit 25 Jahren (§ 27 Abs. 2 GeschmMG) die maximale Schutzdauer gesetzlich festgelegt. Urheberrechte sind ebenso zeitlich begrenzt, sie erlöschen aber gem. § 64 UrhG erst 70 Jahre nach dem Tod des Urhebers. Die wirtschaftlich interessanteren Leistungsschutzrechte haben Laufzeiten von bis zu 50 Jahren, die ihre Verwertbarkeit begrenzen.[1097] Bei Lizenzen bilden die individuellen vertraglichen Vereinbarungen die Begrenzung. Der Markenschutz hingegen kann gem. § 47 MarkenG beliebig oft verlängert werden, die maximale Schutzdauer ist also gesetzlich im Grundsatz nicht begrenzt. Allerdings ist zu beachten, dass ungenutzte Marken nach 5 Jahren gem. § 49 Abs. 1 i.V.m. § 26 MarkenG verfallen können und somit schon aus diesem Grund in ihrer Schutzdauer begrenzt sein können. Rechte und Rechtspositionen, bei denen formal eine Begrenzung besteht und bei denen ohne neue Anschaffungs- oder Herstellungskosten mit fortwährenden Verlängerungen auf unbegrenzte Zeit zu rechnen ist oder deren Nutzung aus sonstigen Gründen nicht begrenzt ist, sind nicht abnutzbar.[1098] Dies kann bspw. für öffentlich-rechtliche Verkehrskonzessionen[1099], Wegerechte oder dauerhafte Frequenzrechte gelten. In jeder folgenden Berichtsperiode ist allerdings zu prüfen, ob diese Einschätzung noch Gültigkeit besitzt.[1100] Letztlich verbleibt es bei einer Einzelfallprüfung für die Begrenzung der Nutzungsdauer.[1101]

bb. Bestimmung der betriebsindividuellen Nutzungsdauer

Steht die Begrenzung der Nutzungsdauer fest, ist in einem zweiten Schritt die der Abschreibung tatsächlich zugrunde zu legende voraussichtliche Nutzungsdauer zu ermitteln. Sie wird durch das zu schätzende betriebsindividuelle Ende der

---

1095 *Adler/Düring/Schmaltz*, § 253 HGB, Rn. 356.

1096 *Schmidtbauer*, DStR 2004, 1442 (1445); HdJ/*Kuhner,* Abt. II/1, Rn. 331, 334; Bonn-HdR/*Wohlgemuth*, § 253 HGB, Rn. 222; HdB/*Kußmaul*, 73, Rn. 57.

1097 Siehe unter B.I.3.b.

1098 *Dawo*, S. 107 f.; Beck-BiKo/*Kozikowski/Kreher/Roscher/Andrejewski*, § 253 HGB, Rn. 384.

1099 BFH BStBl. II 1992, 383 (384); 529 (529).

1100 *Arbeitskreis „Immaterielle Werte im Rechnungswesen" der Schmalenbach-Gesellschaft*, DB 2008, 1813 (1820).

1101 *Dawo*, S. 107.

Nutzung vorgegeben.[1102] Auch wenn dies der Vorgehensweise bei materiellen Vermögensgegenständen entspricht, gestaltet sich die Schätzung bei immateriellen Vermögensgegenständen, insbesondere bei den selbst geschaffenen, schwieriger.[1103]

Die (maximale) Schutzdauer bildet nur die absolute Obergrenze einer möglichen Nutzungsdauer eines Rechts.[1104] Die tatsächliche betriebsindividuelle Nutzungsdauer von Immaterialgüterrechten wird regelmäßig darunter liegen.[1105] Bei der Schätzung sind alle voraussehbaren Einflüsse auf die betriebsindividuelle Nutzungsdauer zu berücksichtigen: wirtschaftliche, technische und rechtliche.[1106] Sie kann also nicht mit der allgemeinen wirtschaftlichen Nutzungsdauer gleichgesetzt werden, sondern ist betriebsindividuell zu ermitteln.[1107] So ist bei Immaterialgüterrechten denkbar, dass ihre (maximalen) Schutzfristen aufgrund betrieblicher Vorgaben nicht ausgenutzt werden sollen. Bspw. kann die Produktion von Produkten, die durch bestimmte Patente oder Gebrauchsmuster geschützt sind, auf einen bestimmten Zeitraum begrenzt sein oder es ist absehbar, dass eine Produktion für das Unternehmen nicht über die gesamte Schutzdauer wirtschaftlich sinnvoll erscheint.[1108] Die wirtschaftliche Vorteilhaftigkeit wird dabei vor allem durch die Entwicklung der Absatzmärkte, konkurrierende Produkte, Marktanteile, Wettbewerbsverhalten und Kosten bestimmt.[1109] Auch eine sich schon abzeichnende Entwicklung des technischen Fortschritts kann dazu führen, dass die Prognose für die voraussichtliche Nutzungsdauer geringer ausfällt.[1110] Denn die wirtschaftliche Verwertbarkeit ist in diesem Fall nicht für die gesamte mögliche Schutzdauer des Rechts gegeben. Bei Immaterialgüterrechten, wie Patenten, ist neben den

---

1102 *Bertram*/Brinkmann/*Kessler*/Müller/*Harth/Heusinger*, § 253 HGB, Rn. 159; Beck-BiKo/*Kozikowski/Roscher/Andrejewski*, § 253 HGB, Rn. 229; Bonn-HdR/*Wohlgemuth*, § 253 HGB, Rn. 159.

1103 *Arbeitskreis „Immaterielle Werte im Rechnungswesen" der Schmalenbach-Gesellschaft*, DB 2008, 1813 (1819).

1104 *Küting/Ellmann*, S. 277.

1105 *Lutz-Ingold,* S. 110; Bonn-HdR/*Wohlgemuth*, § 253 HGB, Rn. 222.

1106 Ebenroth/Boujong/Joost/Strohn/*Wiedmann*, § 253 HGB, Rn. 65 ff.; *Baetge/Kirsch/Thiele*, S. 258 f.; Bonn-HdR/*Wohlgemuth*, § 253 HGB, Rn. 160 ff.; vgl. auch BFH BStBl. II 1998, 775 (776) und DRS 12.17.

1107 *Arbeitskreis „Immaterielle Werte im Rechnungswesen" der Schmalenbach-Gesellschaft*, S. 237.

1108 Beck-BiKo/*Kozikowski/Kreher/Roscher/Andrejewski*, § 253 HGB, Rn. 382.

1109 *Arbeitskreis „Immaterielle Werte im Rechnungswesen" der Schmalenbach-Gesellschaft*, DB 2008, 1813 (1819).

1110 *Küting/Ellmann*, S. 277 f.

Schutzfristen insbesondere an sich anbahnende und laufende Unterlassungsklagen von Konkurrenten als zusätzlichen rechtlichen Einflussfaktor zu denken, der zu einer Verkürzung der voraussichtlichen Nutzungsdauer führen kann.

Aus diesen Erörterungen wird ersichtlich, dass die Schätzung der betriebsindividuellen voraussichtlichen Nutzungsdauer einen großen bilanziellen Ermessensspielraum für den Bilanzierenden eröffnet.[1111] Hinweise aus Erfahrungswerten des Bilanzierenden und branchenweite Vergleichswerte können daher für die Bestimmung nützlich sein.[1112] Die vom BMF herausgegebenen steuerlichen AfA (Absetzung für Abnutzung)-Tabellen, die von der Praxis vielfach auch handelsrechtlich als Vereinfachung zur Bestimmung der Nutzungsdauer materieller Güter verwandt werden, enthalten keine Angaben zu Immaterialgüterrechten oder immateriellen Gütern.[1113]

Teilweise[1114] wird gefordert, die Nutzungsdauer immaterieller Vermögensgegenstände, insbesondere von Immaterialgüterrechten, auf maximal 5 Jahre zu begrenzen. Teile der Literatur[1115] halten eine Nutzungsdauer von 3-5 Jahren zumindest für angemessen. Der BFH[1116] ging in früheren Entscheidungen dagegen von einer regelmäßigen Nutzungsdauer von Patenten von 8 Jahren aus. Der DRSC will die Höchstnutzungsdauer hingegen mit 20 Jahren bemessen, mit Abweichungsmöglichkeiten nach unten, DRS 12.18.

Die Frage, wann das voraussichtliche Ende einer Nutzungsdauer liegt, kann aber nicht allgemein beantwortet werden, sondern nur für den Einzelfall unter Zuhilfenahme aller Einflussfaktoren.[1117] Denn handelsrechtlich ist – wie gesehen – die voraussichtliche (betriebsindividuelle) Nutzungsdauer entscheidend. Sie orientiert sich zumeist an der individuellen wirtschaftlichen Nutzungsdauer.[1118] Pauschalisierte Betrachtungen – auch für einzelne Gruppen, wie Patente – verbieten sich daher. So wird zwar für Patente, Gebrauchs- und Geschmacksmuster, insbe-

---

1111 *Baetge/Kirsch/Thiele*, S. 259.

1112 Bertram/Brinkmann/Kessler/Müller/*Bertram/Harth/Heusinger/Kessler*, § 253 HGB, Rn. 161; vgl. auch DRS 12.17.

1113 Zur Nutzung der steuerlichen AfA-Tabellen im Handelsrecht allgemein Beck-BiKo/*Kozikowski/Roscher/Andrejewski*, § 253 HGB, Rn. 231, 235; Bertram/Brinkmann/Kessler/Müller/*Bertram/Harth/Heusinger/Kessler*, § 253 HGB, Rn. 161 ff.

1114 HdJ (Stand 1990)/*Richter*, Abt II/2, Rn. 102 ff; vgl. auch Bonn-HdR/*Wohlgemuth*, § 253 HGB, Rn. 222 m.w.N.

1115 HdB/*Kußmaul*, 73, Rn. 61 m.w.N.; vgl. auch *Dawo*, S. 108.

1116 BFH BStBl. II 1970, 484 (485 f.); 594 (596).

1117 So auch HdJ/*Kuhner,* Abt. II/1, Rn. 344.

1118 *Bertram*/Brinkmann/*Kessler*/Müller/*Harth/Heusinger,* § 253 HGB, Rn. 163.

sondere in Bereichen, in denen die Entwicklung schnell voranschreitet, regelmäßig eine wesentlich kürzere Nutzungsdauer für die Abschreibung zu veranschlagen sein, als die theoretisch mögliche Schutzdauer es erlauben würde.[1119] Insbesondere in Branchen der *new economy* beträgt die wirtschaftliche Nutzungsdauer von Patenten bspw. zumeist tatsächlich nur zwischen 3-5 Jahren.[1120] Bei Patenten auf Medikamente hingegen entspricht die wirtschaftliche Nutzungsdauer in der Praxis vielfach den gesetzlichen Schutzfristen. Auch Lizenzen[1121] und vertragliche Wettbewerbsverbote[1122] werden häufig über die gesamte vereinbarte Laufzeit genutzt. Urheberrechte und Leistungsschutzrechte sind wiederum in der Regel nur kürzer wirtschaftlich nutzbar, als ihre langen Schutzdauern es zulassen würden. Denn sofern es sich bei den Werken und geschützten Leistungen nicht um „Klassiker" handelt, ist ihr wirtschaftlicher Wert abhängig vom Zeitgeschmack, der ihre wirtschaftliche Nutzungsdauer häufig begrenzt.[1123]

Die Eigenart des jeweiligen Immaterialgüterrechts ist nach der hier vertretenen Auffassung also entscheidend für die Bestimmung der voraussichtlichen betriebsindividuellen Nutzungsdauer im Einzelfall. Die Schätzung der Nutzungsdauer obliegt daher dem Bilanzierenden, wodurch sich bilanzpolitische Spielräume eröffnen.[1124]

Zu beachten ist in diesem Zusammenhang auch, dass die Gleichsetzung einer unbestimmten mit einer unbegrenzten Nutzungsdauer im HGB nicht infrage kommt. Ist die Nutzungsdauer nur schwer bestimmbar, so führt dies – im Unterschied zu den IFRS[1125] – handelsrechtlich nicht dazu, dass es sich um einen Vermögensgegenstand mit unbegrenzter Nutzungsdauer handelt.[1126] Vielmehr muss – insbesondere in diesen Fällen – im Rahmen der Bestimmung der begrenzten Nutzungsdauer für die Abschreibung das Vorsichtsprinzip berücksichtigt werden. Das voraussichtliche Ende der Nutzung ist in Zweifelsfällen also früher anzusetzen.[1127] Dies gilt insbesondere im Bereich der immateriellen Vermö-

---

1119 Beck-BiKo/*Kozikowski/Kreher/Roscher/Andrejewski*, § 253 HGB, Rn. 382.

1120 *Lutz-Ingold*, S. 111.

1121 HdB/*Kußmaul*, 73, Rn. 61.

1122 *Reuleaux*, S. 94.

1123 HdJ/*Kuhner*, Abt. II/1, Rn. 341.

1124 Grünewald/Köllner/*Petersen*/Wurzer/*Zwirner*, S. 87.

1125 Vgl. hierzu unter D.II.3.d.aa.

1126 *Arbeitskreis „Immaterielle Werte im Rechnungswesen" der Schmalenbach-Gesellschaft*, DB 2008, 1813 (1819 f.).

1127 *Adler/Düring/Schmaltz*, § 253 HGB, Rn. 378.

gensgegenstände, die sich schnell verflüchtigen können.[1128] Eine willkürliche Festlegung einer zu kurzen Nutzungsdauer darf allerdings nicht erfolgen.[1129]

cc. Sonderfall Marken

Auch die theoretisch unendlich verlängerbaren Markenschutzrechte können in ihrer Nutzungsdauer begrenzt sein. So kann auch eine nicht selbst geschaffene und deshalb aktivierte Marke aufgrund von Maßnahmen des Markeninhabers der Abnutzung unterliegen und damit abzuschreiben sein. Ob eine Begrenzung vorliegt, ist u.a. von der Nutzungsabsicht des Unternehmens, also der geplanten Dauer und Art der Nutzung der Marke als Unternehmens-, Dach- oder Produktmarke abhängig.[1130] Die Marktsituation und das Verhalten des Unternehmens, mit dem es die Bekanntheit und vor allem das Image der Marke beeinflusst, müssen hierbei ebenso berücksichtigt werden. Steuerrechtlich werden Marken durch das Bundesministerium der Finanzen (BMF)[1131] im Gegensatz zum BFH[1132] nicht als unbegrenzt, sondern generell als begrenzt nutzbare Wirtschaftsgüter gesehen, deren Nutzungsdauer 15 Jahre beträgt. Aufgrund der vielschichtigen Einflüsse auf die Nutzungsdauer einer Marke und die Ausrichtung des HGB auf die Individualität des einzelnen Betriebes für ihre Bemessung, sollte allerdings (zumindest) handelsrechtlich eine so pauschalisierende Sichtweise vermieden werden. Auch die Frage, ob eine Marke in ihrer Nutzungsdauer zeitlich begrenzt ist, kann nicht allgemein beantwortet werden, sondern nur für den Einzelfall, unter Zuhilfenahme aller Einflussfaktoren.[1133]

Besteht dem Grunde nach eine Begrenzung, ist die voraussichtlich tatsächliche Nutzungsdauer ebenso unter Berücksichtigung dieser Faktoren für den Einzelfall zu prognostizieren.[1134] So wird die Nutzungsdauer einer Produktmarke ihre Begrenzung im Lebenszyklus des mit ihr markierten Produktes haben.[1135] Dies

---

1128 WP-HdB, Kap. E, Rn. 368 m.w.N.

1129 MüKo-HGB/*Ballwieser*, § 253 HGB, Rn. 22.

1130 Ausführlich hierzu *v. d. Gathen*, S. 345 ff.; *Greinert*, DB 2004, 483 (483 ff.); *Meffert/Burmann*/Koers, S. 347 ff.; *Tafelmeier*, S. 131 ff.; Beck-BiKo/*Kozikowski/Kreher/Roscher/Andrejewski*, § 253 HGB, Rn. 385.

1131 BMF BStBl. I 1999, 686 (686).

1132 BFH BStBl. II 1996, 586 (587).

1133 *Tafelmeier*, S. 134; Beck-BiKo/*Kozikowski/Kreher/Roscher/Andrejewski*, § 253 HGB, Rn. 385.

1134 *v. d. Gathen*, S. 343; *Bentele*, S. 42; Beck-BiKo/*Kozikowski/Kreher/Roscher/Andrejewski*, § 253 HGB, Rn. 385.

1135 HdJ/*Kuhner*, Abt. II/1, Rn. 335.

gilt zumindest dann, wenn sie nicht auch noch für andere Produkte weiter genutzt werden kann bzw. soll.

dd. Abschreibungsplan

Eine bestimmte Art der planmäßigen Abschreibung ist gesetzlich nicht vorgeschrieben.[1136] Sie muss jedoch den GoB entsprechen.[1137] Gem. § 253 Abs. 3 S. 2 HGB müssen die Anschaffungs- oder Herstellungskosten über einen Plan auf die ermittelte voraussichtliche Nutzungsdauer verteilt werden. Ein Restwert am Ende der Abschreibung ist bei Immaterialgüterrechten aus Vorsichtserwägungen dabei regelmäßig nicht zu berücksichtigen.[1138] Ausnahmsweise kann jedoch auch bei ihnen ein Restwert vorliegen, bspw. wenn ein Patent nur eine gewisse Zeit im eigenen Unternehmen genutzt werden soll und für die Restlaufzeit schon ein Vertrag über den Kauf des Patents durch einen Dritten besteht.[1139]

Nach Möglichkeit sollten die Abschreibungen sich am tatsächlichen Nutzenverzehr des Immaterialgüterrechts orientieren, um der Anforderung an eine periodengerechte Aufwandserfassung (§ 252 Abs. 1 Nr. 5 HGB) zu entsprechen.[1140] Da immaterielle Vermögensgegenstände sich nicht körperlich abnutzen, ein konkreter Nutzenverzehr also oft nur schwer nachweisbar ist, verteilt sich ihre Entwertung regelmäßig gleichmäßig über ihre Nutzungsdauer. Insofern ist bei Immaterialgüterrechten zumeist die lineare Abschreibung anzuwenden.[1141] Mitunter kann es aber unter Berücksichtigung der wirtschaftlichen Gegebenheiten auch sachgerecht sein, degressiv abzuschreiben.[1142] So verlieren bspw. Filmrechte oder Sende- und Übertragungsrechte für Sportveranstaltungen bereits mit der Erstausstrahlung einen Großteil ihres Wertes. Ausnahmsweise kommt aber auch

1136 BT-Drs. 16/10067, S. 56; ausführlich zu den verschiedenen Abschreibungsmethoden MüKo-HGB/*Ballwieser*, § 253 HGB, Rn. 24 ff.; Bonn-HdR/*Wohlgemuth*, § 253 HGB, Rn. 178 ff.

1137 *Koller/Roth/Morck*, § 253 HGB, Rn. 8.

1138 *Kessler*/Leinen/Strickmann, S. 196, vgl. *Lutz-Ingold*, S. 110.

1139 *Hoffmann/Lüdenbach*, § 253 HGB, Rn. 96.

1140 *Arbeitskreis „Immaterielle Werte im Rechnungswesen" der Schmalenbach-Gesellschaft*, S. 237; *Schmidtbauer*, DStR 2004, 1442 (1445); vgl. BT-Drs. 16/10067, S. 56; DRS 12.15 ff.

1141 *Arbeitskreis „Immaterielle Werte im Rechnungswesen" der Schmalenbach-Gesellschaft*, S. 237.

1142 *Reuleaux*, S. 94; *Dawo*, S. 108; Beck-BiKo/*Kozikowski/Kreher/Roscher/Andrejewski*,, § 253 HGB, Rn. 382.

eine progressive Abschreibung infrage, wenn ein Unternehmen bspw. ein Patent auf eine Technologie hat, die beim Bau spezieller Produkte genutzt wird, deren zu erwartende Absatzzahlen sich erst nach einer gewissen Anlaufphase steigern.[1143]

Der Abschreibungsplan wird mit Aufstellung der Bilanz verbindlich und ist dem Prinzip der Bewertungsstetigkeit (§ 252 Abs. 1 Nr. 6 HGB) folgend grundsätzlich für die geschätzte Nutzungsdauer bindend.[1144] Eine Änderung des Planes hat – regelmäßig nur mit Wirkung für die Zukunft – zu erfolgen, wenn ansonsten bei einer Beibehaltung des auf Fehleinschätzungen beruhenden Abschreibungsplans das Bild der wirtschaftlichen Lage des Unternehmens verzerrt würde.[1145]

ee. Beginn der Abschreibung

Die planmäßige Abschreibung beginnt grundsätzlich mit der Lieferung bzw. Fertigstellung eines Vermögensgegenstandes.[1146] Für Immaterialgüterrechte ist dies normalerweise im Zeitpunkt der Rechtsüber- oder -eintragung bzw. im Zeitpunkt des Entstehens des Rechts der Fall. Sollte der Vermögensgegenstand allerdings tatsächlich erst später genutzt werden, kann eine vorherige Abschreibung als Nutzenverzehr ggf. nicht gerechtfertigt sein.[1147] In den Fällen, in denen ein Wertverlust aufgrund technischer, wirtschaftlicher oder rechtlicher Überalterung auch ohne tatsächliche Nutzung eintritt, bleibt es jedoch bei der Grundregel.[1148] Bei Immaterialgüterrechten ist dabei insbesondere an die unabhängig von der Nutzung fortlaufenden Schutzfristen zu denken.

Eine Besonderheit ergibt sich auch für Immaterialgüterrechte in der Entstehung. Wie gesehen[1149], sind Entwicklungszwischenergebnisse selbst geschaffener immaterieller Vermögensgegenstände des Anlagevermögens bereits bei Erfüllung der Vermögensgegenstandsdefinition aktivierbar. Von ihrer tat-

---

1143 *Kessler*/Leinen/Strickmann, S. 196.

1144 Bonn-HdR/*Wohlgemuth*, § 253 HGB, Rn. 202.

1145 Baumbach/Hopt/*Merkt*, § 253 HGB, Rn. 12; für Einzelheiten siehe Beck-BiKo/*Kozikowski/Roscher/Andrejewski*, § 253 HGB, Rn. 260 ff., Beck-BiKo/*Grottel/Schubert*, § 253 HGB, Rn. 806 ff.; Bonn-HdR/*Wohlgemuth*, § 253 HGB, Rn. 204 ff.; *Hoffmann/Lüdenbach*, § 253 HGB, Rn. 103 f.

1146 Beck-BiKo/*Kozikowski/Roscher/ Andrejewski*, § 253 HGB, Rn. 224.

1147 *Arbeitskreis „Immaterielle Werte im Rechnungswesen" der Schmalenbach-Gesellschaft*, S. 237.

1148 *Arbeitskreis „Immaterielle Werte im Rechnungswesen" der Schmalenbach-Gesellschaft*, DB 2008, 1813 (1819).

1149 Siehe oben unter C.I.3.b.dd(3).

sächlichen Nutzung kann allerdings erst ausgegangen werden, wenn sie ihren angestrebten Zustand erreicht haben, die Herstellung insofern also abgeschlossen ist.[1150] Bei ihnen kann daher erst ab diesem Zeitpunkt mit der planmäßigen Abschreibung begonnen werden.

Wird ein Vermögensgegenstand während des Geschäftsjahres erworben oder fertiggestellt, ist er für dieses Jahr anteilig abzuschreiben.[1151] Geht der Vermögensgegenstand im Laufe eines Monats zu, so ist dieser bereits zu berücksichtigen.[1152]

c. Außerplanmäßige Abschreibung

aa. Ablauf

Alle Vermögensgegenstände sind jährlich auf außerplanmäßige Wertminderungen zu prüfen.[1153] Im Referentenentwurf zum BilMoG war dabei noch als Ausnahme zum Einzelbewertungsgrundsatz vorgesehen, Vermögensgegenstände des Anlagevermögens, die nur gemeinsam genutzt wurden, zu einem bewertungstechnischen Vermögensgegenstand zusammen zu fassen und gemeinsam zu prüfen.[1154] Die Vorgehensweise hätte dem Wertminderungstest (*impairment test*) für zahlungsmittelgenerierende Einheiten (ZGE) nach den IFRS[1155] geähnelt, sollte aber nicht mit ihm gleichzusetzen sein.[1156] Da dieser Vorschlag aus dem endgültigen Gesetz wieder gestrichen wurde, hat die Prüfung auf eine Wertminderung weiterhin für jeden Vermögensgegenstand des Anlagevermögens einzeln zu erfolgen.[1157] Gem. § 253 Abs. 3 S. 3 HGB sind Vermögensgegenstände des Anlagevermögens bei einer voraussichtlich dauerhaften Wertminderung unabhängig von einer zeitlichen Begrenzung außerplanmäßig abzuschreiben. Eine solche unvorhersehbare Wertminderung liegt vor, wenn der niedrigere beizulegende Wert eines Vermögensgegenstands unter seinem Buchwert,

1150 *Dawo*, S. 310; *Küting/Ellmann*, S. 278; *Hoffmann/Lüdenbach*, § 253 HGB, Rn. 97; vgl. auch *Kessler*/Leinen/Strickmann, S. 197.

1151 MüKo-AktG/*Tiedchen*, § 253 HGB, Rn. 45.

1152 Grünewald/Köllner/*Petersen*/Wurzer/*Zwirner*, S. 76.

1153 MüKo-HGB/*Ballwieser*, § 253 HGB, Rn. 43; *Arbeitskreis „Immaterielle Werte im Rechnungswesen“ der Schmalenbach-Gesellschaft*, DB 2008, 1813 (1820).

1154 BMJ, BilMoG-RefE, S. 6, 111 f. bzgl. § 253 Abs. 3 S. 5 HGB in der Fassung des BilMoG-RefE; vgl. hierzu *Madeja/Roos*, KoR 2008, 342 (347 f.).

1155 Siehe unter D.II.3.e.cc.

1156 BMJ, BilMoG-RefE, S. 111 f.

1157 *Kessler*/Leinen/Strickmann, S. 198; *Beyhs/Melcher*, DB 2009, Beilage 5, 25 (26).

also den (fortgeführten) Anschaffungs- oder Herstellungskosten, liegt.[1158] Die Abschreibung hat gem. § 253 Abs. 3 S. 3 HGB auf den niedrigeren beizulegenden Wert zu erfolgen. Dieses Niederstwertprinzip ist eine Ausformung des Vorsichtsprinzips.[1159]

bb. Der niedrigere beizulegende Wert

Der niedrigere beizulegende Wert ist kein eigener Wert. Er wird vielmehr in Abhängigkeit des zu bewertenden Vermögensgegenstandes über Hilfswerte bestimmt.[1160] In der Regel wird er anhand des Beschaffungsmarktes, also über Wiederbeschaffungskosten bzw. bei selbst geschaffenen Vermögensgegenständen über die Reproduktionskosten bestimmt.[1161] Nur wenn der Vermögensgegenstand des Anlagevermögens ausnahmsweise zur Veräußerung vorgesehen ist, ist der Veräußerungspreis maßgebend.[1162] Bei Immaterialgüterrechten liegen aufgrund ihrer Einzigartigkeit in der Regel weder Marktpreise für eine Wiederbeschaffung vor, noch können fiktive Reproduktionskosten zugrunde gelegt werden, weswegen bei ihnen häufig ein Rückgriff auf Ertragswertverfahren nötig ist.[1163] Dies setzt allerdings auch die Möglichkeit der Schätzung der zukünftigen Erträge voraus.[1164] Insoweit kann die Bestimmung des niedrigeren beizulegenden Wertes bei Immaterialgüterrechten wie die Bestimmung des beizulegenden Zeitwertes auch über anerkannte Bewertungsverfahren erfolgen.[1165] Im Gegensatz zum beizulegenden Zeitwert[1166] liegt der Bestimmung des niedrigeren beizulegenden Wertes aber keine Anwendungshierarchie der Bewertungsmethoden zugrunde.[1167] Vielmehr stehen sich diese „gleichberechtigt" gegenüber. Sie werden in Abhängigkeit vom jeweiligen Vermögensgegenstand für die Berechnung eines angemessenen

---

1158 Beck-BiKo/*Kozikowski/Roscher/Andrejewski*, § 253 HGB, Rn. 306.

1159 *Lutz-Ingold*, S. 112.

1160 *Winnefeld*, E, Rn. 1062.

1161 *Baetge/Kirsch/Thiele*, S. 277.

1162 MüKo-AktG/*Tiedchen*, § 253 HGB, Rn. 65.

1163 *Adler/Düring/Schmaltz*, § 253 HGB, Rn. 464; *Winnefeld*, E, Rn. 1068; Ebenroth/Boujong/Joost/Strohn/*Wiedmann*, § 253 HGB, Rn. 83; Baumbach/Hopt/*Merkt*, § 253 HGB, Rn. 13; *Hoffmann/Lüdenbach*, § 253 HGB, Rn. 108; vgl. *Küting/Ellmann*, S. 278.

1164 *Reuleaux*, S. 95; *Dawo*, S. 109.

1165 Vgl. *Arbeitskreis „Immaterielle Werte im Rechnungswesen" der Schmalenbach-Gesellschaft*, DB 2008, 1813 (1820).

1166 Siehe dazu unter D.I.2.b.ee.

1167 *Beyhs/Melcher*, DB 2009, Beilage 5, 25 (28).

absatz- oder beschaffungsmarktorientierten Vergleichswerts herangezogen.[1168] Diese Freiheitsgrade bieten daher auch Spielraum für bilanzpolitische Gestaltungen.[1169] Dem Stetigkeitsprinzip aus § 252 Abs. 1 Nr. 6 HGB folgend ist allerdings ein einmal gewähltes Bewertungsverfahren für die Folgebewertung in den nachfolgenden Perioden weiter anzuwenden.

cc. *Wertminderungsgründe*

Gründe für eine Wertminderung sind vielfältig und kaum abschließend zu benennen. Wie auch bei der planmäßigen Abschreibung können technische, wirtschaftliche und rechtliche Einflüsse die Nutzungsdauer von Vermögensgegenständen verringern und sie damit in ihrem Wert mindern.[1170] Der Unterschied besteht allerdings darin, dass dies unvorhergesehen geschieht.[1171] Immaterielle Werte sind vor allem gegenüber Änderungen des ökonomischen Umfeldes anfällig.[1172] Bei Immaterialgüterrechten sind daher insbesondere unvorhersehbare Nachfrageänderungen, technische Weiterentwicklungen oder sinkende Margen von Produkten, die bspw. durch bestimmte Patente, Gebrauchs- oder Geschmacksmuster geschützt sind, ein Indiz dafür, dass auch diese Immaterialgüterrechte in ihrem Wert gemindert sind. So kann ein gesteigertes Umweltbewusstsein der Kunden z.B. dazu führen, dass eine bestimmte patentgeschützte Art der Produktion oder bestimmte patentgeschützte Bestandteile eines Produktes (fast) keine Verwendung mehr finden.[1173] Deswegen könnte dieses Patent ggf. seinen vollständigen Wert verlieren. Dasselbe gilt für Fälle in denen ein Erzeugnis durch ein anderes aufgrund technischer Überholung substituiert wird, die Patente für das überholte Produkt also nicht mehr benötigt werden. Fährt ein aufgrund eines Patentes oder einer Lizenz hergestelltes Produkt Verluste ein und kann das Patent bzw. die Lizenz nicht anderweitig werthaltig genutzt werden, ist es abzuwerten.[1174] Treten bei einem patentgeschützten Medikament nach der Zulassung Nebenwirkungen auf, die dazu führen, dass es vom Markt genommen werden muss, werden die zugrundeliegenden Patente und damit auch die Lizenz faktisch wertlos.[1175] Auch kann bspw.

1168 Bertram/*Brinkmann*/Kessler/Müller/*Tichy*, § 255 HGB, Rn. 200.
1169 Grünewald/Köllner/*Petersen*/Wurzer/*Zwirner*, S. 87.
1170 Vgl. *Winnefeld*, E, Rn. 1061.
1171 Ebenroth/Boujong/Joost/Strohn/*Wiedmann*, § 253 HGB, Rn. 77.
1172 HdJ/*Kuhner*, Abt. II/1, Rn. 358.
1173 *Lutz-Ingold*, S. 113 f.
1174 *Adler/Düring/Schmaltz*, § 253, Rn. 464.
1175 *Lutz-Ingold*, S. 114.

ein vor dem BPatG geführtes Nichtigkeitsverfahren nach § 81 PatG zur Folge haben, dass ein Patent ganz oder teilweise für nichtig erklärt wird und dementsprechend keinen Wert mehr hat.[1176] Genauso ist denkbar, dass negative Nachrichten über ein Markenprodukt oder ein Unternehmen zu einer außergewöhnlichen Wertminderung einer erworbenen Marke führen.[1177] Sollte eine erworbene Marke nicht mehr fortgeführt werden, besitzt sie im Regelfall ebenso keinen Wert mehr für das Unternehmen. So musste bspw. der Bezahlsender Sky 2009 auf die aufgegebene Marke Premiere 254 Mio. Euro abschreiben.[1178] Leistungsschutzrechte eines Filmherstellers können außerplanmäßig im Wert gemindert sein, wenn sich bspw. aufgrund schlechter Kritiken für einen Film oder schlechter Besucherzahlen der ersten Kinovorstellungen abzeichnet, dass er „floppen" wird. Dasselbe gilt spiegelbildlich für Verlagsrechte, wenn ein Buch schlechte Kritiken bekommt.

Aber auch bei immateriellen Vermögenswerten in der Entstehung kann schon eine außerplanmäßige Abschreibung geboten sein, sofern ihre Fertigstellung zweifelhaft erscheint.[1179]

dd. Dauerhafte Wertminderung

Eine außerplanmäßige Abschreibung gem. § 253 Abs. 3 S. 3 HGB hat nur im Falle einer voraussichtlich dauernden Wertminderung zu erfolgen. Das Wahlrecht, auch bei nicht dauerhafter Wertminderung abzuschreiben, wurde – mit Ausnahme für die Finanzinstrumente – durch das BilMoG abgeschafft.[1180] Bei abnutzbaren Vermögensgegenständen liegt eine voraussichtlich dauerhafte Wertminderung nur vor, wenn davon auszugehen ist, dass während eines erheblichen Teils der Restnutzungsdauer der niedrigere beizulegende Wert unter dem planmäßigen Restbuchwert liegen wird.[1181] Erheblich ist der Teil, wenn die Unterschreitung mindestens für die Hälfte der Restnutzungsdauer oder für fünf Jahre wahrscheinlich ist.[1182] Bei nicht abnutzbaren Vermögensgegenständen ist aus Wirtschaftlichkeitsgründen ebenso von einem Prognosezeitraum von fünf Jahren auszugehen, in dem nicht mit einer erneuten Werterhöhung zu rechnen sein darf.[1183]

1176 *Dawo*, S. 109.
1177 *Tafelmeier*, S. 136.
1178 *Siebenhaar*, S. 9.
1179 *Küting/Ellmann*, S. 278; *Laubach/Kraus/Bornhofen*, DB 2009, Beilage 5, 19 (24).
1180 *Beyhs/Melcher*, DB 2009, Beilage 5, 25 (26).
1181 MüKo-AktG/*Tiedchen*, § 253 HGB, Rn. 67.
1182 Beck-BiKo/*Kozikowski/Roscher/Andrejewski*, § 253 HGB, Rn. 315.
1183 *Baetge/Kirsch/Thiele*, S. 278.

Allerdings liegen bei (immateriellen) Anlagegegenständen und damit auch bei den Immaterialgüterrechten regelmäßig endgültige Wertminderungen vor.[1184] Dies gilt umso mehr, wenn es sich um einschneidende Wertminderungsgründe, wie bspw. die technische Überholung, handelt.[1185] Zumal im Handelsrecht im Hinblick auf das Vorsichtsprinzip (§ 252 Abs. 1 Nr. 4 HGB) und das Prinzip der periodengerechten Aufwandserfassung (§ 252 Abs. 1 Nr. 4 HGB) im Zweifel ohnehin eine dauerhafte Wertminderung anzunehmen ist.[1186]

ee. Wertaufholung

Sollte der Grund für die außerplanmäßige Wertminderung später doch wieder wegfallen, wird der Bilanzierende über § 253 Abs. 5 HGB zur Wertaufholung verpflichtet. Damit wurde die zuvor in § 280 HGB a.F. für Kapitalgesellschaften normierte Wertaufholungspflicht im Zuge des BilMoG rechtsformunabhängig verankert. Dies vor allem, um das Informationsniveau und die Vergleichbarkeit handelsrechtlicher Abschlüsse zu verbessern und das HGB weiter an die internationale Rechnungslegung anzupassen.[1187] Die Überprüfung auf relevante Wertsteigerungen der außerplanmäßig abgeschriebenen Vermögensgegenstände hat jährlich zum Bilanzstichtag zu erfolgen.[1188] Wie intensiv bei der Prüfung vorzugehen ist, ist abhängig von der Bedeutung des Vermögensgegenstandes für das Unternehmen und der Wahrscheinlichkeit einer Wertsteigerung.[1189] Wäre ein Vermögensgegenstand aufgrund planmäßiger Abschreibung mittlerweile ohnehin abgeschrieben, ist eine jährliche Überprüfung allerdings nicht mehr notwendig.[1190] Die Werterhöhung hat aber – wie zuvor auch im Rahmen von § 280 Abs. 1 S. 1 HGB a.F. – unter Berücksichtigung der eigentlich inzwischen vorzunehmenden Abschreibungen zu erfolgen, so dass die Wertobergrenze für die Wertaufholung die fortgeführten Anschaffungs- bzw. Herstellungskosten des Immaterialgüterrechts bilden.[1191]

1184 Beck-BiKo/*Kozikowski/Roscher/Andrejewski*, § 253 HGB, Rn. 315.

1185 *Adler/Düring/Schmaltz*, § 253, Rn. 477.

1186 MüKo-AktG/*Tiedchen*, § 253 HGB, Rn. 66, 68; *Adler/Düring/Schmaltz*, § 253, Rn. 476.

1187 BT-Drs. 16/10067, S. 57.

1188 BT-Drs. 16/10067, S. 57.

1189 Beck-BiKo/*Winkeljohann/Taetzner*, § 253 HGB, Rn. 641.

1190 Beck-BiKo/*Winkeljohann/Taetzner*, § 253 HGB, Rn. 641.

1191 Vgl. *Arbeitskreis „Immaterielle Werte im Rechnungswesen" der Schmalenbach-Gesellschaft*, DB 2008, 1813 (1821).

II. Bewertung nach den IFRS

1. Überblick

Auch im Rahmen der IFRS kommt es nach der unter C.II. behandelten Frage des Ansatzes in einem zweiten Schritt auf die wertmäßige Bestimmung der Immaterialgüterrechte an. Im Folgenden soll daher geklärt werden, in welcher Höhe die zu aktivierenden bzw. aktivierbaren Immaterialgüterrechte in der Bilanz anzusetzen sind.

Ebenso wie im deutschen HGB ist dabei zu verschiedenen Zeitpunkten eine Bewertung der immateriellen Vermögenswerte bzw. Immaterialgüterrechte vorzunehmen. Im Zeitpunkt ihres Zugangs erfolgt die Erstbewertung. In späteren Perioden ist dann in der Regel eine Folgebewertung durchzuführen, insbesondere um (notwendige) Abschreibungen zu berücksichtigen.

2. Erstbewertung im Zeitpunkt des Zugangs (Zugangsbewertung)

a. Grundlagen

Erstmals in der Bilanz anzusetzende immaterielle Vermögenswerte sind gem. IAS 38.24 im Zeitpunkt ihres Zugangs mit den Anschaffungs- oder Herstellungskosten zu bewerten. Die Bewertung ist dabei abhängig von der Art des Zugangs des immateriellen Vermögenswertes bzw. Immaterialgüterrechts.

b. Derivativer Erwerb von Immaterialgüterrechten

aa. Separater entgeltlicher Erwerb

Die für die Zugangsbewertung bei einem separaten entgeltlichen Erwerb gem. IAS 38.24 maßgeblichen Anschaffungskosten bemessen sich grundsätzlich nach der gezahlten Gegenleistung.[1192]

Zusätzlich sind die Anschaffungsnebenkosten zu berücksichtigen. Dies sind vor allem Zölle sowie Umsatzsteueranteile, die nicht in Abzug gebracht werden

1192 IAS 38.27(a); für den Erwerb von der öffentlichen Hand, siehe auch IAS 38.44 i.V.m. IAS 20.23.

dürfen.[1193] Hinzugerechnet werden daneben alle direkt mit dem Erwerb im Zusammenhang stehenden Aufwendungen, die der Versetzung des Vermögenswertes in seinen geplanten Nutzungszustand dienen.[1194] Hierzu zählen insbesondere Kosten für externe Beratung (bspw. durch Anwälte oder Wirtschaftsprüfer), direkt zurechenbare Gehälter für Arbeitnehmer und Kosten für Testläufe.[1195] Auch wenn die Kosten also unternehmensintern anfallen, können sie den Anschaffungskosten zugerechnet werden, sofern sie direkt zurechenbar sind. Eine Umlage von Gemeinkosten über einen Verteilungsschlüssel kommt also – im Gegensatz zum HGB[1196] – in Betracht.[1197] So sind entstandene Aufwendungen für die Rechtsabteilung, die bspw. die Übertragung einer Marke betreut, dazu zu rechnen, sofern eine Aufteilung der Arbeitszeit z.B. über einen Zeitschlüssel möglich ist.

Daneben sind auch Fremdkapitalkosten, die direkt dem Erwerb des immateriellen Vermögensgegenstandes bzw. Immaterialgüterrechtes dienen, gem. IAS 23.1 bzw. 23.8 i.V.m. IAS 23.7 den Anschaffungskosten hinzuzurechnen.[1198]

Kosten, die nach der Versetzung des Vermögenswertes in seinen geplanten Nutzungszustand anfallen oder nicht mit dieser im Zusammenhang stehen, sind nicht zu berücksichtigen.[1199] Daher sind bspw. Aufwendungen für die Markteinführung, die Benutzung oder Verlagerung und andere Verwaltungs- und Gemeinkosten nicht als Anschaffungskosten aktivierbar.[1200]

Abzuziehen sind die Anschaffungskostenminderungen, wozu u.a. Rabatte oder Skonti zählen.[1201]

Spätere Ausgaben auf einen immateriellen Vermögenswert sind wegen IAS 38.20 in der Regel nicht den Anschaffungskosten zuzurechnen.[1202] Ausnahmsweise kann sich aber etwas anderes ergeben.[1203] So müssen nachträgliche Kaufpreisänderungen aufgrund von Anpassungen oder Rechtsstreitigkeiten als Ausnahme hierzu berücksichtigt werden. Auch nachträgliche Aufwendungen zum Erwerb bzw. zur Herstellung der Betriebsbereitschaft, die im Zeitpunkt

---

1193 IAS 38.27(a).

1194 IAS 38.27(b).

1195 IAS 38.28.

1196 Ebenroth/Boujong/Joost/Strohn/*Wiedmann*, § 255 HGB, Rn. 7, 15.

1197 *Baetge/v. Keitz*, IAS 38, Rn. 81; *Heyd/Lutz-Ingold*, S. 60.

1198 Siehe auch IAS 23.10 ff. und IAS 38.32 (Bewertung bei Zahlungsaufschub).

1199 IAS 38.30.

1200 IAS 38.29 ff.

1201 IAS 38.27(a).

1202 Siehe hierzu auch D.II.2.d.

1203 Vgl. *Lutz-Ingold*, S. 205.

der Anschaffung als Anschaffungskosten gegolten hätten, allerdings noch nicht bekannt waren, müssen hierzu gezählt werden. Allerdings sind hiervon wiederkehrende Aufwendungen abzugrenzen, wie bspw. laufend zu zahlende Gebühren für die Aufrechterhaltung der durch das DPMA erteilten Schutzrechte. Solche sind der Grundregel folgend als Aufwand zu erfassen. Die Zusammensetzung der Anschaffungskosten in den IFRS ist im Ergebnis daher weitestgehend konvergent zum HGB.[1204]

bb. Erwerb durch Tausch

Die Zugangsbewertung erfolgt beim Erwerb durch Tausch gem. IAS 38.45 und IAS 38.47 in der Regel mit dem beizulegenden Zeitwert (*fair value*) des hingegebenen Vermögenswertes. Sofern allerdings der beizulegende Zeitwert des erworbenen immateriellen Vermögenswertes eindeutiger – bspw. über vergleichbare Markttransaktionen[1205] – bestimmt werden kann, ist er zugrunde zu legen.[1206] Voraussetzung für diese Vorgehensweise ist jedoch, dass der Tauschvorgang wirtschaftliche Substanz hat und einer der beiden Vermögenswerte zuverlässig zum beizulegenden Zeitwert bewertet werden kann.[1207] Ansonsten wird der erworbene immaterielle Vermögenswert zum Buchwert des hingegebenen Vermögenswerts angesetzt.[1208]

Von wirtschaftlicher Substanz ist dann auszugehen, wenn der Tausch die Zahlungsströme (*cashflow*) des Unternehmens aufgrund der Verschiedenheit der getauschten Vermögenswerte bzw. ihrer beizulegenden Zeitwerte verändern wird.[1209]

Der beizulegende Zeitwert eines immateriellen Vermögenswerts gilt gem. IAS 38.47 im Rahmen des Tausches als verlässlich bewertbar, wenn die möglichen Schätzungen seiner Höhe nicht signifikant auseinanderfallen oder die Eintrittswahrscheinlichkeiten der verschiedenen Schätzungen zumindest vernünftig bestimmt werden können.

cc. Unentgeltlicher Erwerb

Für den unentgeltlichen Erwerb eines immateriellen Vermögenswertes, bspw. infolge von Erbschaft oder Schenkung, sehen die IFRS keine eigenen Bewert-

---

1204 Vgl. *Schmidbauer*, DStR 2003, 2035 (2041).
1205 *Lutz-Ingold*, S. 200.
1206 IAS 38.47.
1207 IAS 38.45.
1208 IAS 38.45.
1209 IAS 38.46.

ungsregeln vor.[1210] Nach hier vertretener Auffassung kann dafür IAS 38.44 i.V.m. IAS 20.23 (Erwerb durch die Zuwendung der öffentlichen Hand) analog angewandt werden, womit theoretisch zwei Wertmaßstäbe in Betracht zu ziehen sind: Der beizulegende Zeitwert (*fair value*) oder ein Erinnerungswert (Merkposten) zuzüglich der Anschaffungsnebenkosten. Wie schon für das HGB erläutert, sollte primär der auf diese Weise zugegangene immaterielle Vermögenswert zum beizulegenden Zeitwert (*fair value*) bewertet werden. Ansonsten würde die Aussagekraft der Bilanz gefährdet, was der für die IFRS zentralen Informationsfunktion des Jahresabschlusses zuwider laufen würde. Für den Fall, dass der beizulegende Zeitwert nicht verlässlich ermittelt werden können sollte, sollte der Ansatz aber zumindest mit einem Merkposten zuzüglich der Anschaffungsnebenkosten erfolgen.

dd. Erwerb im Rahmen eines Unternehmenszusammenschlusses oder einer Gruppe von Vermögensgegenständen

Bei einem Unternehmenserwerb wird in der Regel ein Gesamtanschaffungspreis gezahlt. Für Unternehmenszusammenschlüsse ist daher IFRS 3 zu beachten. Bei einem *asset deal* ist dies schon für den Einzelabschluss, bei einem *share deal* hingegen erst für den Konzernabschluss der Fall.[1211]

Nach der gem. IFRS 3.4 f. anzuwendenden Erwerbsmethode ist zu prüfen, inwiefern die Gesamtanschaffungskosten schon durch die einzelnen im Rahmen des Unternehmenszusammenschlusses erworbenen identifizierbaren Vermögenswerte und Schulden auf Zeitwertbasis (*fair value*)[1212] abgedeckt werden.[1213] Die Anschaffungskosten eines im Wege eines Unternehmenszusammenschlusses i.S.v. IFRS 3 zugegangenen immateriellen Vermögenswertes entsprechen folglich seinem beizulegenden Zeitwert (*fair value*).[1214] Dass der beizulegende Zeitwert dabei verlässlich bewertet werden kann, wird unwiderlegbar durch IAS 38.33 und IAS 38.35 vermutet. Für gewährte und zurückerworbene Rechte (in der Regel Lizenzen) gilt zudem gem. IFRS 3.29 die Sonderregelung, dass ihr beizulegender Zeitwert ohne etwaige mögliche Vertragserneuerungen, die andere Marktteilnehmer berücksichtigen würden, zu bestimmen ist.

1210 Siehe für den „kostenlosen“ Erwerb von der öffentlichen Hand IAS 38.44 i.V.m. IAS 20.23.

1211 *Lüdenbach*/Hoffmann, § 31, Rn. 6; vgl. auch IFRS 3.B6; siehe schon oben C.II.3.b.bb.

1212 IFRS 3.18; vgl. auch IAS 38.33.

1213 IFRS 3.10 f.

1214 IAS 38.33.

Sollte beim Ansatz der Vermögenswerte und Schulden zum Zeitwert eine positive Differenz verbleiben, so ist diese gem. IFRS 3.32 als Geschäfts- oder Firmenwert (*goodwill*) anzusetzen. Ein etwaiger negativer Unterschiedsbetrag ist nach einer kritischen Überprüfung (*reassessment*) erfolgswirksam zu erfassen.[1215]

Beim Erwerb einer Gruppe von Vermögenswerten zu einem einheitlichen Preis, die nach IFRS 3.3 i.V.m. IFRS 3.B7 ff. keinen Geschäftsbetrieb darstellen, findet IFRS 3 gem. IFRS 3.2 (b) keine Anwendung, da es sich nicht um einen Unternehmenszusammenschluss handelt. Der Gesamtkaufpreis ist aber auch hier auf die erworbenen Vermögenswerte und Schulden anhand ihres beizulegenden Zeitwertes (*fair value*) aufzuteilen.[1216] Sollte bspw. ein Patentportfolio zu einem Gesamtpreis erworben worden sein, ist dieser auf die einzelnen Patente anhand ihres Zeitwertes herunter zu brechen. Auch hier erfolgt die Bewertung des einzelnen Immaterialgüterrechts also zum beizulegenden Zeitwert. Da ein Geschäfts- oder Firmenwert in diesem Fall nicht angesetzt werden darf, ist der Gesamtpreis allerdings – anders als im HGB, wo eine Erfassung als sonstiger betrieblicher Aufwand vorgenommen wird[1217] – restlos (und damit notfalls proportional) aufzuteilen.[1218] Dies kann in der Folge bei den einzelnen Patenten im soeben angeführten Beispiel zu einem Wertausweis führen, der über dem eigentlich ermittelten beizulegenden Zeitwert liegt.

ee. *Bestimmung des beizulegenden Zeitwerts* (fair value)

(1) Bis Ende 2012 gültige Vorschriften nach IAS 38.39 ff.

Für die Bestimmung des beizulegenden Zeitwertes (*fair value*) waren bis Ende 2012 die Regelungen der IAS 38.39 ff. heranzuziehen. Der beizulegende Zeitwert wurde gem. IAS 38.8 als der Betrag, zu dem zwischen sachverständigen, vertragswilligen und voneinander unabhängigen Geschäftspartnern ein Vermögenswert getauscht werden könnte, definiert. IAS 38.39 ff. stellten eine Hierarchie für die Bestimmung des beizulegenden Zeitwerts auf. Als verlässlichste Grundlage für seine Bestimmung sah der IASB dabei die auf einem aktiven Markt i.S.v. IAS

1215 IFRS 3.34; 3.36.

1216 IFRS 3.2(b).

1217 Siehe D.I.2.b.dd.

1218 IFRS 3.2(b); wobei zu beachten ist, dass nach IFRS 3.B12 das Vorliegen eines Geschäfts- oder Firmenwertes dafür sprechen soll, dass es sich um einen Geschäftsbetrieb handelt.

38.8 verwendeten aktuellen Marktpreise an:[1219] Waren aktuelle Marktpreise nicht verfügbar, konnte bei gleichen Rahmenbedingungen auf den letzten Marktpreis eines vergleichbaren Geschäftsvorfalls abgestellt werden.[1220]

Für immaterielle Vermögenswerte besteht aber aufgrund ihrer Einzigartigkeit zumeist kein aktiver Markt i.S.v. IAS 38.8.[1221] Denn dieser setzt vor allem Homogenität der zu handelnden Produkte, jederzeitige Verkaufsmöglichkeit und öffentliche Preise voraus.[1222] Ausnahmen kann es aber vor allem im Bereich öffentlich vergebener Lizenzen oder Konzessionen, die gehandelt werden dürfen, geben.[1223] In Deutschland wäre hierbei vor allem an den seit 2005 eingeführten Handel mit Emissionsrechten zu denken.[1224] Wegen ihrer Einzigartigkeit wird für Markennamen, Drucktitel bei Zeitungen, Musik- und Filmverlagsrechte, Patente und Warenzeichen durch IAS 38.78 das Vorhandensein eines aktiven Marktes aber explizit ausgeschlossen. Zwar finden auch dort Transaktionen statt, diese sind aber laut IASB zu selten, zumeist nicht öffentlich und beruhen zu sehr auf Einzelverhandlungen, als dass daraus ein verlässlicher Marktpreis abgeleitet werden könnte.[1225] Der beizulegende Zeitwert für Immaterialgüterrechte (und für immaterielle Vermögenswerte allgemein) musste daher schon nach den alten Regelungen wie im HGB in der Regel mit Hilfe anderer Bewertungsmethoden bestimmt werden.[1226]

Gem. IAS 38.40 kam dafür bislang die Schätzung eines fiktiven Marktpreises in Betracht, den das Unternehmen bei einer Transaktion zwischen sachverständigen, vertragswilligen und unabhängigen Geschäftspartnern zum Erwerbszeitpunkt, auf der Basis der besten zur Verfügung stehenden Informationen für den Vermögenswert, gezahlt hätte. Hierbei waren vor allem erzielte Verkaufspreise kürzlich erfolgter Transaktionen ähnlicher Vermögenswerte zu berücksichtigen.[1227] Mit Hilfe passender Multiplikatoren konnten diese bspw. hinsichtlich

---

1219 IAS 38.39.
1220 IAS 38.39.
1221 IAS 38.39 i.V.m. 38.78.
1222 IAS 38.8.
1223 IAS 38.39 i.V.m. 38.78.
1224 Beck-IFRS-HB (2. Auflage)/*Scheinpflug*, § 4, Rn. 57; Beck-IFRS-HB/*Ramscheid*, § 4, Rn. 102.
1225 IAS 38.78.
1226 *Lutz-Ingold*, S. 203.
1227 IAS 38.40.

bestimmter Rentabilitätskennzahlen, wie den Erlösen, auf den zu bewertenden Vermögenswert angepasst werden.[1228]

Es konnten dafür aber auch selbst entwickelte Schätzverfahren durch Unternehmen, die am Kauf und Verkauf immaterieller Vermögenswerte beteiligt sind, zur Bestimmung des beizulegenden Zeitwerts gem. IAS 38.41 eingesetzt werden. Voraussetzung hierfür war allerdings, dass das eingesetzte Verfahren für die Ermittlung des beizulegenden Zeitwerts bestimmt ist und kürzlich erfolgte Transaktionen und Praktiken der jeweiligen Branche widerspiegelt.[1229] IAS 38.41 nannte als Beispiele dafür vor allem Discounted-Cashflow (DCF)-Verfahren,[1230] die zuzurechnende Einnahmen des jeweiligen Vermögenswerts bzw. eingesparte (fiktive) Lizenzgebühren für den immateriellen Vermögenswert (sog. „*Relief from Royalty*"-Methode) als abzuzinsende Netto-Cashflows zugrunde legen. Alternativ sollte auch die Bestimmung anhand fiktiver Wiederanschaffungs- oder Herstellungskosten möglich sein.[1231] Da es sich wegen IAS 38.40 aber um die Schätzung eines Marktpreises handelte, musste die angewandte Methode diese Ermittlung eines hypothetischen Marktpreises auch gewährleisten. Ihm waren daher vorrangig Marktdaten zugrunde zu legen. Auch die beabsichtigte Verwendung durch den Erwerber war bei der Bestimmung des beizulegenden Zeitwertes daher nicht zu berücksichtigen.[1232] Er war abstrahiert von unternehmensspezifischen Vor- oder Nachteilen zu ermitteln.

Im Ergebnis entsprachen die Vorgaben damit denen, die im HGB zur Ermittlung des beizulegenden Zeitwerts gemacht werden, was dem Willen des HGB-Gesetzgebers mit dem BilMoG eine Annäherung an die IFRS zu erreichen, entspricht. Insofern hätte auch für die bis Ende 2012 geltenden IFRS-Regelungen als Standardvorgehen für die Ermittlung des beizulegenden Zeitwertes auf DCF-Verfahren, deren Cashflows über eine Lizenzpreisanalogie bestimmt werden, zurückgegriffen werden sollen. Nach hier vertretener Auffassung hätte dabei genauso wie im HGB die Prämisse gegolten, dass die Bestimmung der Vergleichslizenzrate innerhalb der Schwankungsbreite an möglichen Lizenzraten

1228 IAS 38.40.

1229 IAS 38.41.

1230 Siehe zu den Möglichkeiten der Bestimmung künftiger Cashflows und des Diskontierungszinssatzes die insofern allgemein gültigen Erläuterungen zu IAS 36 unter D.II.3.e.bb(2)(c)(aa) und (cc).

1231 IAS 38.41.

1232 IFRS 3.A; 3.B43.

durch die Kombination mit einem qualitativen Korrektiv, wie dem apud-Modell, weiter plausibilisiert hätte werden können.[1233]

(2) Änderungen durch die Einführung von IFRS 13

Im Mai 2011 hat der IASB mit IFRS 13 einen generellen Standard zur *fair value* Bewertung veröffentlicht, der seit 2013 mit nur einigen Ausnahmen[1234] das „Wie“ der Bestimmung des beizulegenden Zeitwertes für die IFRS vereinheitlicht und weiter konkretisiert.[1235] Die Erarbeitung von IFRS 13 erfolgte dabei in enger Abstimmung mit dem amerikanischen FASB, um die *fair value* Bewertung i.S.d. Konvergenzbestrebungen beider Standardsetter weitestgehend zu vereinheitlichen.[1236] Wann eine Bewertung zum beizulegenden Zeitwert (*fair value*) zu erfolgen hat, bleibt aber weiterhin in den einzelnen Standards geregelt.[1237]

Durch die Einführung von IFRS 13 wurden auch die IAS 38.39 ff. gestrichen[1238] und die Definition in IAS 38.8 abgewandelt[1239]. Der beizulegende Zeitwert eines Vermögenswertes wird seit 2013 gem. IFRS 13.9 definiert als Preis, den unabhängige Marktteilnehmer unter marktüblichen Bedingungen zum Bewertungsstichtag bei Verkauf eines Vermögenswerts erzielen würden. Der beizulegende Zeitwert stellt also nach IFRS 13 einen reinen Veräußerungswert (*exit price*) dar.[1240] Es handelt sich bei ihm um einen Marktpreis. Unternehmensspezifische Verwendungen und Einschätzungen des Bilanzierenden sind bei seiner Bestimmung außen vor zu lassen.[1241] Bei der Bewertung ist die sinnvollste Verwendung des Vermögenswertes (*highest and best use*) durch Marktteilnehmer zugrunde zu legen,[1242] abstrahiert vom konkreten bilanzierenden Unternehmen. Transaktionskosten dürfen nicht berücksichtigt werden, da sie nicht charakteristisch für den Vermögenswert als solchen sind, sondern regelmäßig von den jeweiligen Gegebenheiten der (hypothetischen) konkreten Transaktion abhängen.[1243]

1233 Siehe hierzu ausführlich oben D.I.2.b.ee(4)(d).
1234 IFRS 13.6 f.
1235 Siehe auch IFRS 13.IN1 ff.
1236 Siehe auch IFRS 13.IN7.
1237 IFRS 13.IN4; IFRS 13.5.
1238 IFRS 13.D91.
1239 IFRS 13.D88.
1240 IFRS 13.BC30(a); siehe auch Lüdenbach/Hoffmann/*Freiberg*, § 8a, Rn. 12 f.
1241 IFRS 13.11; IFRS 13.21; vertiefend Lüdenbach/Hoffmann/*Freiberg*, § 8a, Rn. 17 f., 20.
1242 IFRS 13.27 ff.
1243 IFRS 13.25.

Im Hinblick auf die Bewertung von Immaterialgüterrechten respektive aller immateriellen Vermögenswerte ergeben sich durch IFRS 13 für die Praxis – abgesehen von gesteigerten Angabepflichten – keine tiefgreifenden Änderungen.[1244] Auch die Bewertung nach IFRS 13 folgt einer strengen Hierarchie. Diese orientiert sich allerdings vorrangig an der Qualität der in die Bewertung einfließenden Daten und nicht an den Verfahren zur Bewertung selbst.[1245]

IFRS 13 unterscheidet drei Hierarchiestufen von Inputfaktoren, die in die Bewertung einfließen.[1246] Auf der ersten Stufe (Level 1) stehen (unveränderte) Marktpreise auf einem aktiven Markt.[1247] Auf der zweiten Stufe (Level 2) solche Inputfaktoren, die sich unmittelbar oder mittelbar am Markt beobachten bzw. ableiten lassen und auf das Bewertungsobjekt angepasst werden können.[1248] Auf der dritten Stufe (Level 3) finden sich nicht beobachtbare Inputfaktoren, also solche die auf Einschätzungen des Unternehmens beruhen.[1249] Auch für sie ist aber die Sichtweise eines hypothetischen Marktteilnehmers zugrunde zu legen.[1250] Die aus der Zuordnung zu einem Level erwachsenden Folgen – vor allem was ergänzende Angabepflichten anbelangt – richten sich dabei nach der untersten Hierarchiestufe eines der signifikanten Inputfaktoren.[1251] Sollte also bspw. (auch nur) ein signifikanter Inputfaktor Level 3 zuzuordnen sein, führt dies dazu, dass der gesamte Bewertungsvorgang die Vorgaben für diese Hierarchiestufe zu erfüllen hat.

Marktbasierten Daten wird über die strenge Hierarchie in IFRS 13 also der Vorrang vor unternehmensinternen Daten eingeräumt,[1252] wobei dies im Vergleich zu den alten IAS 38.39 ff. allerdings wesentlich deutlicher herausgestellt wird. Markdaten gelten demnach als verlässlicher.[1253] Da ein aktiver Markt für Immaterialgüterrechte in der Regel nicht existiert,[1254] können notierte Marktpreise aber nicht direkt als beizulegender Wert übernommen werden. Die Auswahl des geeigneten Bewertungsverfahrens zur Bestimmung des beizulegenden Zeitwerts hat sich dann im konkreten Bewertungsfall daran zu orientieren, für welches

1244 Lüdenbach/Hoffmann/*Freiberg*, § 8a, Rn. 41.
1245 Vgl. IFRS 13.74.
1246 IFRS 13.72.
1247 IFRS 13.77 ff.; Beispiele finden sich in IFRS 13.B34.
1248 IFRS 13.81 ff.; Beispiele finden sich in IFRS 13.B35.
1249 IFRS 13.86 ff.; Beispiele finden sich in IFRS 13.B36.
1250 IFRS 13.87.
1251 IFRS 13.73.
1252 Siehe auch IFRS 13.72; IFRS 13.61; IFRS 13.67.
1253 Lüdenbach/Hoffmann/*Freiberg*, § 8a, Rn. 30 f.
1254 IAS 38.78.

tatsächlich am meisten marktbasierte (und damit beobachtbare) Inputparameter zur Verfügung stehen.[1255] Nach dem Verständnis des IASB handelt es sich bei diesem Bewertungsverfahren dann um den verlässlichsten Weg zur Ermittlung des beizulegenden Zeitwerts. Ggf. kann aber auch die Kombination mehrerer Bewertungsverfahren und die Ermittlung eines gewichteten Durchschnittswertes notwendig sein, um eine verlässliche Bewertung zu gewährleisten.[1256]

IFRS 13 fasst mögliche Bewertungsverfahren der schon bekannten – in der Betriebswirtschaftslehre vorherrschenden – Dreiteilung[1257] folgend in drei Gruppen zusammen: So werden in IFRS 13.62 marktpreisorientierte Verfahren (*market approach*),[1258] die bspw. über Multiplikatoren Werte vergleichbarer Transaktionen auf den Bewertungsfall anpassen,[1259] kostenorientierte Verfahren (*cost approach*),[1260] die sich z.B. am Wiederbeschaffungswert orientieren[1261] sowie einkommensorientierte Verfahren (*income approach*),[1262] wie die schon bekannten DCF-Verfahren,[1263] unterschieden.[1264] Für Immaterialgüterrechte kommen wie schon nach den alten Vorschriften mangels eines aktiven Marktes mit notierten Marktpreisen weiterhin vor allem DCF-Verfahren, die Netto-Cashflows zugrunde legen, die überwiegend aus Marktdaten und nicht aus unternehmensinternen Schätzungen ermittelt worden sind, für eine Bewertung nach IFRS 13 infrage.

In der Praxis wird sich die Vorgehensweise bei der Bewertung von Immaterialgüterrechten daher aller Voraussicht nach nicht ändern.[1265]

Nach hier vertretener Ansicht sollte also auch nach den neuen IFRS-Vorschriften das Standardvorgehen für die Bestimmung des beizulegenden Zeitwertes für Immaterialgüterrechte die Berechnung mit Hilfe von

---

1255 Lüdenbach/Hoffmann/*Freiberg*, § 8a, Rn. 30 ff.; siehe auch IFRS 13.74 i.V.m. IFRS 13.61.

1256 IFRS 13.63; siehe hierzu auch Lüdenbach/Hoffmann/*Freiberg*, § 8a, Rn. 29, 40.

1257 Siehe bspw. IDW S 5, Rn. 18; DIN 77100:2011-05 (D), S. 14 ff.; DIN ISO 10668:2011-10 (D), S. 7 ff.

1258 IFRS 13.B5 ff.

1259 IFRS 13.B6.

1260 IFRS 13.B8 f.

1261 IFRS 13.B8.

1262 IFRS 13.B10 ff.

1263 Siehe zu den Möglichkeiten der Bestimmung künftiger Cashflows und des Diskontierungszinssatzes die insofern allgemein gültigen Erläuterungen zu IAS 36 unter D.II.3.e.bb(2)(c)(aa) und (cc).

1264 Vertiefend zum Ganzen Lüdenbach/Hoffmann/*Freiberg*, § 8a, Rn. 34 ff.

1265 Vgl. Lüdenbach/Hoffmann/*Freiberg*, § 8a, Rn. 38 ff.

DCF-Verfahren, deren Cashflows über eine Lizenzpreisanalogie bestimmt werden, sein. Es gilt nach hier vertretener Ansicht dabei auch weiterhin die Prämisse, dass die Bestimmung der Vergleichslizenzrate innerhalb der Schwankungsbreite an möglichen Lizenzraten durch die Kombination mit einem qualitativen Korrektiv, wie dem apud-Modell, weiter plausibilisiert werden kann und sollte.[1266]

c. Selbst geschaffene Immaterialgüterrechte

Bei selbst geschaffenen immateriellen Vermögenswerten sind die Herstellungskosten zu bestimmen.[1267] Gem. IAS 38.65 sind dazu alle Aufwendungen zu zählen, die nach der erstmaligen Erfüllung der Ansatzkriterien aus IAS 38.21 f. und IAS 38.57 durch den immateriellen Vermögenswert anfallen. Wobei wegen des Aktivierungsverbotes für Forschungskosten aus IAS 38.54 nur Entwicklungskosten hierunter fallen können.

Entwicklungsaufwendungen, die in der Periode der Aktivierung des Vermögensgegenstandes vor dem Zeitpunkt der Erfüllung der Aktivierungsvoraussetzungen angefallen sind, sind dabei gem. IAS 38.65 i.V.m. 38.71 nicht zu berücksichtigen.[1268] Sie wurden bereits gem. IAS 38.68 aufwandswirksam erfasst. Eine nachträgliche Aktivierung der seit Periodenbeginn angefallenen Entwicklungsaufwendungen wird durch die IFRS also nicht zugelassen. Es sind nur solche Entwicklungskosten als Herstellungskosten zu erfassen, die ab dem Zeitpunkt der erstmaligen Erfüllung der Aktivierungsvoraussetzungen anfallen.

Sämtliche Ausgaben, die direkt der Schaffung, Herstellung und Vorbereitung des immateriellen Vermögenswertes für seinen beabsichtigten Gebrauch zuzurechnen sind, sind gem. IAS 38.66 anzusetzen. Hierzu werden bspw. Kosten für Materialien, Dienstleistungen und Arbeitnehmer, die bei der Erzeugung des immateriellen Vermögenswerts anfallen, genauso wie Registrierungsgebühren von Immaterialgüterrechten und Abschreibungen der Patente und Lizenzen, die zur Erzeugung des immateriellen Vermögenswerts genutzt wurden, gezählt.[1269] Daneben sind auch Fremdkapitalkosten, die direkt dem Erwerb des immateriellen

1266 Siehe hierzu ausführlich oben D.I.2.b.ee(4)(d).

1267 IAS 38.24.

1268 Siehe auch das in IAS 38 enthaltene Beispiel zur Veranschaulichung von IAS 38.65.

1269 IAS 38.66.

Vermögensgegenstandes bzw. Immaterialgüterrechtes dienen, gem. IAS 23.1 bzw. 23.8 den Herstellungskosten hinzuzurechnen.[1270]

Aus einem Rückschluss aus IAS 38.67 ergibt sich dabei, dass damit auch Gemeinkosten einer Aktivierungspflicht unterliegen können, sofern sie dem immateriellen Vermögenswert direkt zuzurechnen sind.[1271] Diese produktionsbezogenen Gemeinkosten setzen voraus, dass sie über Schlüssel zugerechnet werden können,[1272] also bspw. die Arbeitszeit von Forschern über einen Zeitschlüssel direkt einem bestimmten Projekt. Welche Kosten für eine mögliche Zurechnung überhaupt infrage kommen, wo also die Trennlinie zwischen produktionsbezogenen und allgemeinen Gemeinkosten verläuft, wird allerdings nicht weiter konkretisiert.[1273] Diese Abgrenzungsproblematik führt für den Bilanzierenden zu einem Ermessensspielraum: Ob er bspw. Kosten für den Leiter der Entwicklungsabteilung oder Abschreibungen für Laborgeräte anteilig berücksichtigt, wird ihm durch die IAS 38 selbst überlassen.[1274]

Anders als im HGB[1275] dürfen allerdings Vertriebs-, Verwaltungs- und sonstige allgemeine Gemeinkosten, die nicht direkt zurechenbar sind, sowie Ausgaben für Schulungen von Mitarbeitern und Anlaufverluste nicht aktiviert werden.[1276] Sie werden in der Periode ihres Anfalls als Aufwand verbucht.[1277] Bereits in einer vorherigen Periode als Aufwand erfasste Kosten dürfen darüber hinaus nicht nachaktiviert werden, selbst wenn im Nachhinein ein immaterieller Vermögenswert entsteht.[1278]

d. Nachträgliche Aufwendungen

Nachträgliche Ausgaben auf einen immateriellen Vermögenswert erfüllen nach IAS 38.20 in der Regel nicht die Voraussetzungen für eine Aktivierung. Sie dienen zumeist nur der Erhaltung der in den immateriellen Vermögenswerten enthaltenen künftigen Nutzenzuflüsse und ersetzen oder erweitern diese nicht.[1279]

1270 IAS 38.66; siehe auch IAS 23.10 ff.

1271 *Baetge/v. Keitz*, IAS 38, Rn. 91.

1272 *Lutz-Ingold*, S. 201.

1273 *Lutz-Ingold*, S. 201.

1274 *Baetge/v. Keitz*, IAS 38, Rn. 91.

1275 Siehe D.I.2.c.aa.

1276 IAS 38.67.

1277 IAS 38.68.

1278 IAS 38.65, IAS 38.71.

1279 IAS 38.20.

Da IAS 38.20 davon spricht, dass nachträgliche Ausgaben „nur selten“ im Buchwert des Vermögenswertes erfasst werden, für diesen Ausnahmefall aber keine Voraussetzungen aufstellt, bleibt fraglich, wann von einer Ausnahme gesprochen werden kann. In IAS 38.42 f. werden nur die nachträglichen Ausgaben auf (gesondert oder im Rahmen eines Unternehmenszusammenschlusses erworbene) laufende Forschungs- und Entwicklungsprojekte behandelt, die für eine Hinzurechnung zum bestehenden Buchwert des erworbenen Projekts die besonderen Ansatzvoraussetzungen für selbst geschaffene immaterielle Vermögenswerte aus IAS 38.54-62 erfüllen müssen.

Für nachträgliche Ausgaben auf die übrigen immateriellen Vermögenswerte kann unter Rückgriff auf IAS (1998) 38.60 davon ausgegangen werden, dass eine Ausnahme von IAS 38.20 vorliegt, wenn der vorhandene wirtschaftliche Nutzen des immateriellen Vermögenswertes durch die Ausgaben weiter erhöht wird und die messbaren Ausgaben diesem immateriellen Vermögenswert auch zweifelsfrei zugeordnet werden können.[1280] Dann sind auch hier die nachträglich angefallenen Kosten zum Buchwert des bereits angesetzten immateriellen Vermögenswertes hinzu zu rechnen.[1281]

Teilweise wird zwar vertreten, dass bei Immaterialgüterrechten, wie Patenten, eine Erweiterung oder der Austausch von Teilen ohnehin nicht möglich sei.[1282] Dem ist aber entgegen zu halten, dass gerade ein Patent im Nachhinein bspw. um wichtige Arbeitsschritte ergänzt werden kann, die seine Nutzungsmöglichkeiten vergrößern.[1283] Folglich wird auf diese Weise sein wirtschaftlicher Nutzen gesteigert und es liegt eine Ausnahme i.S.v. IAS 38.20 vor. Dasselbe gilt für Urheberrechte. So kann bspw. ein Sachbuch um weitere Kapitel ergänzt werden, was die Verkaufsfähigkeit steigert und damit den Nutzen des zugrunde liegenden Urheberrechts.

Diese Kosten sind aber immer vom nicht aktivierbaren laufenden Aufwand[1284] für einen immateriellen Vermögenswert abzugrenzen. Im Rahmen der Immaterialgüterrechte ist hier insbesondere an laufend zu zahlende Gebühren für die Aufrechterhaltung der durch das DPMA erteilten Schutzrechte zu denken. Sie sind nur aufwandswirksam zu erfassen und dürfen nicht dem Wert

---

1280 *Baetge/v. Keitz*, IAS 38, Rn. 103; *Lutz-Ingold*, S. 178; *Bentele*, S. 50; siehe IAS 38.42 f.

1281 Vgl. auch IAS 38.43 (c).

1282 *KPMG*, S. 47.

1283 *Küting/Ellmann*, S. 277.

1284 Vgl. IAS 38.20.

des Immaterialgüterrechts nachträglich hinzugerechnet werden. Sollten die Verlängerungskosten allerdings den mit der Verlängerung verbundenen künftigen Nutzen ausnahmsweise übersteigen, handelt es sich um Anschaffungskosten eines neuen immateriellen Vermögenswertes.[1285]

Nachträgliche Ausgaben für Markennamen, Drucktitel, Verlagsrechte, Kundenlisten und ihrem Wesen nach ähnliche Sachverhalte werden zudem in Übereinstimmung mit dem Ansatzverbot für diese immateriellen Vermögenswerte bei Selbsterstellung[1286] gem. IAS 38.20 immer als Aufwand erfasst, da solche Ausgaben nach Meinung des IASB per se nicht von den Ausgaben für die Entwicklung des Unternehmens als Ganzes unterschieden werden können.

3. Folgebewertung

a. Grundlagen

Im Rahmen der Bilanzierung immaterieller Vermögenswerte an den nachfolgenden Bilanzstichtagen gibt es nach IAS 38.72 im Grundsatz zwei zulässige Methoden für die Folgebewertung: Das Anschaffungskosten- und das Neubewertungsmodell. Es besteht demzufolge ein Wahlrecht. Allerdings muss dieses einheitlich für eine Gruppe von immateriellen Vermögenswerten ausgeübt werden.[1287] Eine solche Gruppe ist dabei nach IAS 38.73 definiert als Vermögenswerte deren Art und Verwendungszweck innerhalb des Unternehmens ähnlich sind.

Für beide Folgebewertungsmodelle gelten allerdings im Grundsatz dieselben Regeln, was planmäßige und außerplanmäßige Abschreibungen sowie etwaige Wertaufholungen anbelangt.

b. Anschaffungskostenmodell, IAS 38.74

Das Anschaffungskostenmodell (*cost model*) stellt für die Folgebewertung auf die ursprünglichen Anschaffungs- oder Herstellungskosten vermindert um die kumulierten planmäßigen Abschreibungen und kumulierten etwaigen außerplanmäßigen Wertminderungen ab, IAS 38.74.

1285 IAS 38.96.

1286 Siehe oben C.II.3.c.ee.

1287 IAS 38.72; siehe aber auch IAS 38.82.

Wie Herstellungs- und Anschaffungskosten ermittelt werden, wurde schon oben[1288] ausführlich dargelegt. Wann und wie Abschreibungen vorzunehmen sind, wird im weiteren Verlauf dieses Kapitels erläutert werden.[1289]

c. Neubewertungsmodell, IAS 38.75 ff.

Das Neubewertungsmodell (*revaluation model*) führt an nachfolgenden Bilanzstichtagen hingegen zu einer Neubewertung der immateriellen Vermögenswerte zum beizulegenden Zeitwert abzüglich planmäßiger Abschreibungen und etwaiger außerplanmäßiger Wertminderungen, IAS 38.75. Voraussetzung für die Anwendung des Neubewertungsmodells ist allerdings das Vorhandensein eines aktiven Marktes i.S.v. IAS 38.8. Wie oben[1290] schon gesehen, stellt IAS 38.78 allerdings klar, dass ein solcher für die hier im Fokus stehenden gesetzlichen Immaterialgüterrechte, wie Marken und Patente nicht existiert. Sie sind einzigartig. Zwar werden sie auch von Zeit zu Zeit gehandelt, dann aber zumeist als Einzeltransaktionen, die eine Vergleichbarkeit erschweren und deren Preise zudem zumeist ohnehin nicht öffentlich zugänglich sind.[1291]

Das Neubewertungsmodell spielt für die hier infrage stehenden Immaterialgüterrechte demnach keine Rolle.[1292] Eine genauere Betrachtung kann unterbleiben.[1293]

d. Planmäßige Abschreibung

aa. Begrenzung der Nutzungsdauer und ihre Bestimmung

Planmäßig abgeschrieben werden nur solche immateriellen Vermögenswerte, die eine begrenzte Nutzungsdauer aufweisen.[1294] Immaterielle Vermögenswerte mit unbegrenzter Nutzungsdauer unterliegen keiner planmäßigen Abschreibung.[1295] Allerdings sind sie gem. IAS 38.108 zwingend jährlich – anlassbezogen auch häufiger – nach IAS 36 auf Wertminderungen zu überprüfen.[1296]

1288 Siehe D.II.2.

1289 Siehe D.II.3.d und e.

1290 Siehe D.II.2.b.ee(1).

1291 IAS 38.78.

1292 Vgl. auch Beck-IFRS-HB/*Ramscheid*, § 4, Rn. 102.

1293 Siehe hierzu IAS 38.75 ff. und ausführlich *Baetge/v. Keitz*, IAS 38, Rn. 109 ff.

1294 IAS 38.89.

1295 IAS 38.89; IAS 38.107.

1296 Siehe die Ausführungen unter D.II.3.e.

Um festzulegen, ob planmäßige Abschreibungen vorzunehmen sind, ist demnach zunächst zu prüfen, ob der infrage stehende immaterielle Vermögenswert eine begrenzte oder unbegrenzte Nutzungsdauer aufweist.[1297] Die (betriebsindividuelle) Nutzungsdauer eines immateriellen Vermögenswertes bestimmt sich unter Zugrundelegung aller relevanten Faktoren nach der Dauer, in der der immaterielle Vermögenswert Zahlungszuflüsse erzeugt.[1298] Dementsprechend ist gem. IAS 38.88 von einer unbegrenzten Nutzungsdauer eines immateriellen Vermögenswertes auszugehen, wenn sich eine vorhersehbare Begrenzung der Dauer nicht bestimmen lässt, in der Netto-Cashflows für das Unternehmen durch den immateriellen Vermögenswert erzeugt werden. Es handelt sich bei immateriellen Vermögenswerten mit unbegrenzter Nutzungsdauer – im Gegensatz zum HGB[1299] – also nicht zwangsläufig um solche, die auch endlos nutzbar sind.[1300]

Ob bei einem immateriellen Vermögenswert die Einschätzung für eine unbegrenzte Nutzungsdauer auch weiterhin vorliegt, ist gem. IAS 38.109 jährlich zu überprüfen. Sollte dies nicht mehr zutreffen, ist die Änderung der Einschätzung als Änderung einer rechnungslegungsbezogenen Schätzung gemäß IAS 8 anzusetzen.[1301]

Sowohl wirtschaftliche als auch rechtliche Einflussfaktoren beeinflussen die Nutzungsdauer.[1302] Insbesondere sind gem. IAS 38.90 folgende Faktoren bei der Bestimmung der Nutzungsdauer zu berücksichtigen, die deutlich machen, dass die Nutzungsdauer betriebsindividuell zu bestimmen ist:

- die wahrscheinliche Nutzung des Vermögenswerts durch das Unternehmen;
- der für den Vermögenswert typische Produktlebenszyklus;
- die technische, wirtschaftliche oder andere Art der Überalterung des Vermögenswertes;
- die Stabilität der Branche, in der der Vermögenswert zum Einsatz kommt;
- das erwartete Handeln der Konkurrenz;
- die Ausgaben für die Erhaltung des Vermögenswertes;
- die Fähigkeit und Absicht des Unternehmens diese Ausgaben auch zu gewährleisten;

1297 IAS 38.88.
1298 Vgl. IAS 38.88; vgl. auch *Lutz-Ingold*, S. 206.
1299 Siehe D.I.3.b.aa.
1300 IAS 38.91.
1301 IAS 38.109.
1302 IAS 38.95.

- der rechtliche und tatsächliche Zeitraum der möglichen Verfügungsgewalt über den Vermögenswert und
- die Abhängigkeit der Nutzungsdauer des Vermögenswerts von der Nutzungsdauer anderer Vermögenswerte des Unternehmens.

Ausgaben auf den Vermögenswert, die über dessen bloße Erhaltung hinausgehen, sind dabei nicht zu berücksichtigen.[1303]

Für einen wirtschaftlichen Nutzen, der rechtlich geschützt ist, ist zu beachten, dass die Nutzungsdauer durch die Geltungsdauer des Rechtes grundsätzlich nach oben begrenzt wird.[1304] Insbesondere den Schutzdauerregelungen der gesetzlichen Immaterialgüterrechte wird so Rechnung getragen. So ist bei Patenten mit 20 Jahren (§ 16 Abs. 1 S. 1 PatG), Gebrauchsmustern mit 10 Jahren (§ 23 GebrMG) und Geschmacksmustern mit 25 Jahren (§ 27 Abs. 2 GeschmMG) die maximale Schutzdauer gesetzlich festgelegt. Urheberrechte sind ebenso zeitlich begrenzt, sie erlöschen aber gem. § 64 UrhG erst 70 Jahre nach dem Tod des Urhebers. Die wirtschaftlich interessanteren Leistungsschutzrechte haben Laufzeiten von bis zu 50 Jahren. Bei Lizenzen bilden die individuellen vertraglichen Vereinbarungen die Begrenzung. Die (maximale) Schutzdauer bildet aber nur die absolute Obergrenze einer möglichen Nutzungsdauer eines Rechts. Die in IAS 38.90 genannten weiteren betriebsindividuellen Faktoren führen bei Immaterialgüterrechten regelmäßig zu einer geringeren tatsächlichen Nutzungsdauer, wenn wirtschaftliche Faktoren, wie bspw. betriebliche Vorgaben oder die abzusehende technische Überholung eine kürzere tatsächliche Nutzung zur Folge haben.[1305]

Sollte der Rechtsanspruch respektive das Immaterialgüterrecht ohne wesentliche Kosten erneuerbar sein und ist dies nachweisbar, kann von einer unbegrenzten Nutzungsdauer ausgegangen werden.[1306] Zu denken ist vor allem an den Markenschutz, der gem. § 47 MarkenG beliebig oft verlängert werden kann. Die maximale Schutzdauer ist also gesetzlich im Grundsatz nicht begrenzt. Als substanzielle (ausreichende) Hinweise für eine auch tatsächlich betriebsindividuell vorliegende problemlose Verlängerungsmöglichkeit gelten gem. IAS 38.96 Erfahrungen aus der Vergangenheit, vorhandene notwendige Zustimmungen Dritter, die Erfüllung aller Verlängerungsvoraussetzungen und unwesentliche Verlängerungskosten im Vergleich zum Nutzen, den die Verlängerung stiftet.

1303 IAS 38.91.
1304 IAS 38.94.
1305 Siehe auch IAS 38.95; IAS 38.92; siehe zur Parallele im HGB schon oben D.I.3.b.bb.
1306 IAS 38.94.

Die gem. IAS 38.90 zu berücksichtigenden wirtschaftlichen Faktoren können die Nutzung aber auch bei theoretisch unendlich erneuerbarem rechtlichen Schutz begrenzen. Hierbei ist vor allem auf die geplante Nutzung durch das Unternehmen abzustellen.[1307] So wird bspw. die Nutzungsdauer einer Produktmarke häufig ihre Begrenzung im Lebenszyklus des mit ihr markierten Produktes haben,[1308] sofern sie nicht auch für andere Produkte eingesetzt wird oder werden soll.

Zu beachten ist zudem, dass Verlängerungskosten, die den durch die Verlängerung erwarteten künftigen Nutzen übersteigen, als Anschaffungskosten eines neuen immateriellen Vermögenswertes behandelt werden müssen.[1309]

Die Beispiele im Anhang zu IAS 38 machen aber deutlich, dass nach Ansicht des IASB gerade die hier betrachteten Immaterialgüterrechte mit unbegrenzter oder problemlos verlängerbarer Laufzeit den Hauptanwendungsfall der immateriellen Vermögenswerte mit unbegrenzter Nutzungsdauer darstellen.[1310]

bb. Planmäßige Abschreibung bei begrenzter Nutzungsdauer eines Immaterialgüterrechts

In ihrer Nutzungsdauer begrenzte immaterielle Vermögenswerte bzw. Immaterialgüterrechte sind planmäßig abzuschreiben.[1311] Diese Abschreibung erfolgt sowohl im Rahmen des Anschaffungskosten- als auch des Neubewertungsmodells.[1312] Zu ihrer Durchführung wird der gesamte abzuschreibende Betrag planmäßig über die Nutzungsdauer verteilt.[1313]

Der Abschreibungsbetrag eines Immaterialgüterrechts errechnet sich aus seinem Zugangswert bzw. Neubewertungswert vermindert um einen etwaigen Restwert (*residual value*).[1314] Der Abschreibungsplan teilt diesen Betrag dann über die Nutzungsdauer systematisch anhand der erwarteten wirtschaftlichen Nutzung auf.[1315]

1307 Siehe zur Parallele im HGB schon oben D.I.3.b.cc.

1308 Vgl. HdJ/*Kuhner,* Abt. II/1, Rn. 335.

1309 IAS 38.96.

1310 *Baetge/v. Keitz*, IAS 38, Rn. 133.

1311 IAS 38.89.

1312 IAS 38.97; zu den Besonderheiten beim Neubewertungsmodell *Lutz-Ingold*, S. 215 f. und *Baetge/v. Keitz*, IAS 38, Rn. 120.

1313 IAS 38.97.

1314 IAS 38.101.

1315 IAS 38.97 f.

Grundsätzlich ist der Restwert mit Null anzusetzen.[1316] Eine Ausnahme gilt für den Fall, dass es eine Verpflichtung einer dritten Partei gibt, den betreffenden Vermögenswert am Ende seiner Nutzungsdauer zu erwerben oder ein aktiver Markt existiert, über den der Restwert ermittelt werden kann und ein solcher auch noch am Ende der Nutzungsdauer besteht.[1317] Wenn eine dieser Ausnahmen zutrifft, kann auch ein anderer Restwert angesetzt werden. Dieser bestimmt sich nach dem durch eine solche Veräußerung in der Zukunft erzielbaren Betrag, der jährlich zu überprüfen ist.[1318] Da für Immaterialgüterrechte grundsätzlich kein aktiver Markt besteht,[1319] wird für sie regelmäßig allerdings nur die erste Ausnahme infrage kommen.

Im Rahmen der planmäßigen Abschreibung ist darauf zu achten, dass sie der erwarteten Nutzung während der Nutzungsdauer entspricht.[1320] Um systematisch zu erfolgen, hat sie sich daher an dem erwarteten Verbrauch des wirtschaftlichen Nutzens zur orientieren.[1321] Dabei können verschiedene Abschreibungsmethoden herangezogen werden. Insbesondere wird in IAS 38.98 auf die lineare, degressive und die leistungsorientierte Abschreibung hingewiesen. Sofern der Verbrauch des wirtschaftlichen Nutzens abgebildet wird, sind aber auch andere, bspw. steuerliche Abschreibungsmethoden,[1322] möglich. Die Entscheidung liegt dabei im Ermessen des Bilanzierenden, der den erwarteten Verbrauch des wirtschaftlichen Nutzens schätzen muss. Beispiele für die verschiedenen möglichen Abschreibungsmethoden bei Immaterialgüterrechten in Bezug auf den erwarteten Verbrauch des Nutzens sind schon oben[1323] im Rahmen des HGB angeführt worden. Interessant ist insofern, dass das IFRIC es im November 2009 abgelehnt hat, eine mögliche Interpretation des „erwarteten Verbrauches des wirtschaftlichen Nutzens“ auf seine Agenda zu nehmen:[1324] Der Wortlaut von IAS 38.98 räume dem Bilanzierenden ein Ermessen ein. Eine zwingende Interpretation sei deshalb gerade nicht möglich.

1316 IAS 38.100.

1317 IAS 38.100.

1318 IAS 38.102.

1319 IAS 38.78; siehe auch schon oben unter D.II.2.b.ee(1) und D.II.3.c.

1320 IAS 38.97, 98.

1321 IAS 38.98.

1322 *Baetge/v. Keitz*, IAS 38, Rn. 137; *Lutz-Ingold*, S. 236.

1323 Siehe D.I.3.b.dd.

1324 http://media.iasb.org/November09IFRICUpdate.html.

Kann dieser Verlauf der wirtschaftlichen Nutzung für die Auswahl der Abschreibungsmethode allerdings nicht verlässlich bestimmt werden, so hat die Abschreibung stets linear zu erfolgen.[1325]

Sofern sich der Nutzenverlauf nicht ändert, ist die Abschreibungsmethode in den Folgeperioden stetig beizubehalten.[1326] Spätestens am Ende einer jeden Berichtsperiode ist gem. IAS 38.104 eine mögliche Änderung des Nutzenverlaufs und der Nutzungsdauer eines immateriellen Vermögenswertes aber zu überprüfen. Solche können bspw. auf einer veränderten Nachfragesituation oder neuer technischer Weiterentwicklungen beruhen.[1327] Nach hier vertretener Auffassung ist die gesamte Bandbreite der Faktoren, die bei der erstmaligen Bestimmung der Nutzungsdauer über IAS 38.90 Berücksichtigung gefunden haben, auch im Rahmen der jährlichen Überprüfung miteinzubeziehen. Auch ein etwaiger außerplanmäßiger Wertminderungsbedarf kann dabei auf eine Änderung der Nutzungsdauer hinweisen.[1328] Ebenso ist es möglich, dass sich der wirtschaftliche Nutzen, den ein immaterieller Vermögenswert stiftet, erst in späteren Perioden erzielen lässt: So kann sich die Nutzung einer Lizenz verzögern, weil zuvor noch andere Maßnahmen im Unternehmen zu treffen sind.[1329] Sollten sich Abweichungen von den ursprünglichen Einschätzungen ergeben, sind die Abschreibungsbeträge und ggf. auch die Abschreibungsmethode entsprechend anzupassen.[1330] Eine solche Änderung ist als Änderung einer Schätzung i.S.v. IAS 8 zu berücksichtigen.[1331]

Der Betrag der planmäßigen Abschreibung wird gem. IAS 38.99 grundsätzlich in jeder Periode erfolgswirksam als Aufwand erfasst. Ist ein immaterieller Vermögenswert an der Herstellung eines anderen Vermögenswertes beteiligt, werden die Abschreibungsbeträge jedoch bei dessen Buchwert miteinbezogen.[1332] So ist z.B. der Abschreibungsbetrag bei immateriellen Vermögenswerten, deren Nutzen in die Herstellung von Vorräten einfließt, bei deren Herstellungskosten zu berücksichtigen.[1333]

1325 IAS 38.97.

1326 IAS 38.98.

1327 *KPMG*, S. 52.

1328 IAS 38.105.

1329 IAS 38.106.

1330 IAS 38.104.

1331 IAS 38.104.

1332 IAS 38.99.

1333 IAS 38.99; siehe auch IAS 2 (Vorräte).

Sobald ein immaterieller Vermögenswert verwendet werden kann, also nutzbar ist, beginnt seine Abschreibung.[1334] Für Immaterialgüterrechte ist dies normalerweise im Zeitpunkt der Rechtsüber- oder -eintragung bzw. im Zeitpunkt des Entstehens des Rechts der Fall. Bei Immaterialgüterrechten, die sich noch in der Entwicklung befinden, kann in der Regel erst ab dem Zeitpunkt ihrer endgültigen Fertigstellung und der damit verbundenen tatsächlichen Nutzungsmöglichkeit mit der planmäßigen Abschreibung begonnen werden.

Die Abschreibung ist auch dann fortzusetzen, wenn der immaterielle Vermögenswert nicht mehr genutzt wird.[1335] Sie endet mit der Umqualifizierung des immateriellen Vermögenswertes als zur Veräußerung gehalten nach IFRS 5, spätestens jedoch mit seiner Ausbuchung.[1336]

e. Außerplanmäßige Wertminderung – Wertminderungstest nach IAS 36

aa. Ablauf im Überblick

Vermögenswerte und damit auch die Immaterialgüterrechte sind in ihrer Werthaltigkeit nach den IFRS unter bestimmten Umständen auf außerplanmäßige Wertminderungen durch einen sog. Wertminderungstest (*impairment test*) zu überprüfen.[1337]

Der Wertminderungstest ist allgemein in IAS 36 geregelt. Bis auf die in IAS 36.2 genannten Ausnahmen unterfallen alle Vermögenswerte dem Anwendungsbereich von IAS 36, also auch als immaterielle Vermögenswerte klassifizierte Immaterialgüterrechte. IAS 38.111 hat für immaterielle Vermögenswerte daher nur klarstellenden Charakter. IAS 38 ergänzt IAS 36 aber zusätzlich im Hinblick auf einige besondere Konstellationen.[1338]

Im Rahmen des Wertminderungstests wird der Buchwert (*carrying amount*) eines Vermögenswertes mit seinem erzielbaren Betrag (*recoverable amount*) verglichen.[1339] Sollte dieser Werthaltigkeitstest ergeben, dass der Buchwert des Vermögenswertes höher als sein erzielbarer Betrag ist, muss eine Wertberichtigung in Höhe dieser Differenz vorgenommen werden, die grundsätzlich erfolgswirksam

1334 IAS 38.97.
1335 IAS 38.117.
1336 IAS 38.97; IAS 38.117.
1337 IAS 38.111 i.V.m. IAS 36.
1338 *Dawo*, S. 224 f.
1339 IAS 36.1; IAS 36.8.

erfasst wird.[1340] Eine dauerhafte Wertminderung wie im HGB macht IAS 36.59 hierfür allerdings nicht zur Voraussetzung. Übersteigt der Wertminderungsaufwand den Buchwert des Vermögenswertes, ist nur dann wenn ein anderer Standard den Ansatz einer Schuld verlangt, eine solche anzusetzen.[1341] Wenn ein Wertminderungsaufwand eines Vermögenswerts erfasst worden ist, ist in der Folge die planmäßige Abschreibung an den (neuen) berichtigten Buchwert für die Folgeperioden anzupassen.[1342]

Wertminderungstests werden grundsätzlich für einzelne Vermögenswerte durchgeführt.[1343] Nur wenn dies nicht möglich ist, weil der Einzelwert keine Einzahlungen generiert, die weitgehend unabhängig von denen anderer Vermögenswerte sind und der erzielbare Betrag daher nicht bestimmbar ist, ist der Wertminderungstest für eine sog. zahlungsmittelgenerierende Einheit (ZGE) (*cash generating unit, CGU*) durchzuführen.[1344] Dafür sind die funktional zusammengehörenden Vermögenswerte solange zu gruppieren, bis für diese Gruppe von Vermögenswerten abgrenzbare und unabhängige Zahlungsströme identifiziert werden können und damit eine ZGE vorliegt.[1345]

Im Folgenden wird dem Aufbau der IFRS in IAS 36 folgend zunächst auf den Wertminderungstest für einzelne Vermögenswerte eingegangen, bevor die Besonderheiten im Rahmen der Überprüfung der Werthaltigkeit einer ZGE betrachtet werden.

bb. Wertminderungstest für einzelne Vermögenswerte

(1) Bewertungsanlässe

Allgemein ist der Wertminderungstest für einen Vermögenswert und damit auch für Immaterialgüterrechte gem. IAS 36.9 beim Vorliegen bestimmter Hinweise für einen Wertverlust am Bilanzstichtag durchzuführen. Beispielhafte Indikatoren, die auf eine Wertminderung hinweisen, enthält IAS 36.12. Dabei wird

---

1340 IAS 36.59 f.; zu den Besonderheiten bei Anwendung der Neubewertungsmethode, siehe IAS 36.60 f. und *Lutz-Ingold*, S. 218.

1341 IAS 36.62.

1342 IAS 36.63.

1343 IAS 36.22 und IAS 36.66.

1344 IAS 36.22; IAS 36.66 i.V.m. IAS 36.67.

1345 IAS 36.68; IAS 36.6; siehe auch *Wirth*, S. 11; für Einzelheiten zur Identifikation einer ZGE siehe unten D.II.3.e.cc(2).

vorrangig zwischen internen und externen Informationsquellen unterschieden. Als externe Informationsquellen werden genannt:[1346]

- starkes Absinken des Marktwertes eines Vermögenswertes oder einer Gruppe von Vermögenswerten,
- signifikante nachteilige Änderungen des technischen, marktbezogenen, ökonomischen oder gesetzlichen Umfelds bzw. das Bevorstehen solcher Änderungen,
- Erhöhung von Marktzinssätzen oder anderen Marktrenditen,
- geringe Marktkapitalisierung eines Unternehmens im Vergleich zum Buchwert seines Reinvermögens.

Als Beispiele für interne Informationsquellen werden angeführt:[1347]

- gefestigte Hinweise für eine Überalterung oder einen physischen Schaden eines Vermögenswertes,
- Veränderungen innerhalb des Unternehmens, die die Nutzung des Vermögenswerts nachteilig beeinflussen oder beeinflussen werden,
- substanzielle Hinweise des internen Berichtswesens,[1348] dass die wirtschaftliche Ertragskraft eines Vermögenswerts gemindert ist oder sein wird.

Vor allem für die technisch geprägten Immaterialgüterrechte wie Patente wird hier der schnelle technologische Fortschritt virulent – sofern er nicht bereits im Rahmen planmäßiger Abschreibung berücksichtigt wurde bzw. werden konnte. Zu denken ist im Rahmen der außerplanmäßigen Abschreibung daher in erster Linie an unvorhersehbare bzw. unvorhergesehene Entwicklungen, wie bspw. ein unerwarteter Durchbruch in der Forschung für einen neuen Werkstoff, der einen älteren und damit auch seinen Patentschutz obsolet werden lässt oder die unvorhergesehene schnellere Entwicklung eines neuen kostengünstigeren Herstellungsverfahrens, das das bislang verwendete Verfahren und damit auch die Patente hierauf nutzlos macht.

Ebenso ist es auf der rechtlichen Seite denkbar, dass eine Nichtigkeitsklage vor dem Bundespatentgericht, die der Bilanzierende zu verlieren droht oder bereits verloren hat, eine zwingende Abwertung des betroffenen Rechtes zur Folge hat.

1346 IAS 36.12(a-d).
1347 IAS 36.12(e-g).
1348 Diese werden näher in IAS 36.14 spezifiziert.

Sollte der Bilanzierende Dividenden von Tochterunternehmen, gemeinschaftlich geführten Unternehmen oder assoziierten Unternehmen erhalten, können weitere Indikatoren auf eine Wertminderung von Vermögenswerten im Konzernabschluss hinweisen:[1349] Dies ist zum einen der Fall, wenn nachgewiesen werden kann, dass die Buchwerte der Anteile an diesen Unternehmen über den Gesamtvermögenswert der einzelnen Vermögenswerte dieser Unternehmen im Konzernabschluss des Bilanzierenden liegen. Zum anderen deutet ein unter der Dividende liegendes Gesamtergebnis des Unternehmens auf eine Wertminderung einzelner Vermögenswerte hin.
Die Aufzählung in IAS 36.12 ist allerdings nicht abschließend, sondern für jedes Unternehmen um individuelle zusätzliche Indikatoren zu ergänzen.[1350] Ohne das Vorliegen eines solchen Anhaltspunkts für eine Wertminderung kann ein Wertminderungstest allerdings nicht freiwillig durchgeführt werden.[1351]

Immaterielle Vermögenswerte und damit auch Immaterialgüterrechte, die nicht der planmäßigen Abschreibung unterliegen oder noch nicht genutzt werden können, sind zudem verpflichtend mindestens jährlich auch ohne Anlass auf eine Wertminderung hin zu überprüfen.[1352] Diese Überprüfung muss zwar jedes Jahr (stetig) zum selben Zeitpunkt stattfinden, aber der Termin hierfür muss nicht zwingend am Bilanzstichtag liegen.[1353] Für unterschiedliche Vermögenswerte können dabei auch unterschiedliche Überprüfungszeitpunkte festgelegt werden.[1354] Sollte zudem zu irgendeinem anderen Zeitpunkt ein Anhaltspunkt auf eine Wertminderung hindeuten, ist gem. IAS 38.108(b) in diesem ein (weiterer) Wertminderungstest für diese immateriellen Vermögenswerte durchzuführen.[1355] Auch wenn IAS 38.108(b) dies nicht explizit für noch nicht nutzbare immaterielle Vermögenswerte vorschreibt, gilt der zusätzlich mögliche anlassbezogene Wertminderungstest auch für diese und nicht nur für immaterielle Vermögenswerte mit unbegrenzter Nutzungsdauer.[1356]

Einen solchen Anlass für einen (weiteren) Wertminderungstest kann dabei auch die erstmalige Einordnung eines immateriellen Vermögenswertes als begrenzt

1349 IAS 36.12(h).
1350 IAS 36.13.
1351 *Beyhs*, S. 82.
1352 IAS 36.10(a); IAS 38.108(a); IAS 36.11.
1353 IAS 38.10(a).
1354 IAS 38.10(a).
1355 IAS.108(b).
1356 *Baetge/v. Keitz*, IAS 38, Rn. 143.

und nicht mehr als unbegrenzt aufgrund der jährlichen[1357] Überprüfung der Nutzungsdauer liefern.[1358]

Unter bestimmten Voraussetzungen kann aber nach IAS 36.15 unter Rückgriff auf das Wesentlichkeitsprinzip auch von der jährlichen Bestimmung des erzielbaren Betrages eines immateriellen Vermögenswertes, der eine unbestimmte Nutzungsdauer hat oder noch nicht nutzbar ist, abgesehen werden. Dies ist der Fall, wenn der erzielbare Betrag aus der vorherigen Berichtsperiode den Buchwert des Vermögenswertes deutlich übersteigt und nichts auf eine Änderung dieser Differenz hindeutet.[1359]

IAS 36.24 wiederholt und konkretisiert diese Vorgaben noch einmal für immaterielle Vermögenswerte mit unbestimmter Nutzungsdauer, die Teil einer ZGE sind.[1360] Hiernach kann von der jährlichen Bestimmung des erzielbaren Betrages abgesehen werden und der Betrag aus der vorangegangenen Berichtsperiode übernommen werden, wenn neben den in IAS 36.15 genannten Kriterien seit der letzten Berechnung keine wesentliche Veränderung der Vermögenswerte und Schulden, die die ZGE bilden, aufgetreten ist.[1361] Diese Ausnahmen werden in der Praxis allerdings nur selten zu erfüllen sein.[1362]

(2) Ermittlung des erzielbaren Betrages

(a) Zwei Möglichkeiten zur Bestimmung

Wie oben schon gezeigt, wird im Rahmen des Wertminderungstests der erzielbare Betrag eines Vermögenswertes (*recoverable amount*) seinem Buchwert (*carrying amount*) gegenübergestellt. Der erzielbare Betrag wird dabei als höherer Betrag aus dem beizulegenden Zeitwert abzüglich der Verkaufskosten (Nettoverkaufswert, *fair value less cost to sell*) und dem Nutzungswert (*value in use*) definiert.[1363] Der höhere Betrag entspricht der bestmöglichen Verwendung des Vermögenswertes durch das Unternehmen: Bei einem höheren Nutzungswert wäre eine Weiterführung im Unternehmen, bei einem höheren Nettoverkaufswert hingegen eine Veräußerung des Vermögenswertes rational

1357 IAS 38.109.
1358 IAS 38.110.
1359 IAS 36.15; erläuternde Beispiele finden sich in IAS 36.16.
1360 *Lutz-Ingold*, S. 221.
1361 IAS 36.24.
1362 *Lutz-Ingold*, S. 221 f.
1363 IAS 36.6; 36.18.

am sinnvollsten.[1364] In der Praxis übersteigt der Nutzungswert allerdings in der Regel den Nettoveräußerungswert.[1365]

Nettoverkaufswert und Nutzungswert müssen aber nicht immer bestimmt werden. Denn wenn entweder der Nettoverkaufswert oder der Nutzungswert höher als der Buchwert des Vermögenswerts ist, ist die Ermittlung des anderen Wertes nicht erforderlich.[1366] Auch muss der Nutzungswert eines Vermögenswertes nicht mehr bestimmt werden, wenn nicht anzunehmen ist, dass er den Nettoverkaufswert des Vermögenswertes wesentlich übersteigt, was bspw. bei einer baldigen Veräußerung der Fall sein wird.[1367] Ob der Nutzungswert den Nettoverkaufswert wesentlich übersteigt, kann hierbei aufgrund der Erleichterungsvorschrift des IAS 36.23 – der die vereinfachte Ermittlung beider Werte für bestimmte Fälle ermöglicht – bspw. mit Plausibilitätsüberlegungen[1368] festgestellt werden.

(b) Nettoverkaufswert

(aa) Bis Ende 2012 gültige Vorschriften nach IAS 36.25 ff.

Der beizulegende Zeitwert abzüglich der Verkaufskosten bzw. Nettoverkaufswert (*fair value less costs to sell*) wurde bis Ende 2012 in IAS 36.6 definiert als der Betrag, der durch die Veräußerung eines Vermögenswertes zu Marktbedingungen zwischen sachverständigen, vertragswilligen Parteien abzüglich der Veräußerungskosten erlangt werden kann. Es handelte sich bei ihm also um einen marktorientierten Wert.[1369]

Die bei der Ermittlung des Nettoverkaufswertes vom beizulegenden Zeitwert in Abzug zu bringenden Veräußerungskosten sind dabei zusätzliche Kosten, die direkt durch den Verkauf entstehen,[1370] bspw. Anwaltskosten[1371].

Der Nettoverkaufswert wurde wie der bereits bekannte beizulegende Zeitwert aus IAS 38 in abgestufter Weise ermittelt.[1372] Als bester Indikator für ihn wurde der Verkaufspreis eines bereits geschlossenen Kaufvertrages oder eines festen

---

1364 *Wagenhofer*, S. 177.
1365 *Lutz-Ingold*, S. 218.
1366 IAS 36.19.
1367 IAS 36.21.
1368 *Brücks/Kerkhoff/Richter*, KoR 2005, 1 (3).
1369 *Freiberg/Lüdenbach*, KoR 2005, 479 (479 f.).
1370 IAS 36.6.
1371 IAS 36.28.
1372 IAS 36.25 ff.

Kaufangebots für einen Vermögenswert abzüglich der Kosten für diesen Verkauf gesehen.[1373]

Sollte ein solcher Vertrag bzw. ein bindendes Angebot nicht vorliegen, konnte der beizulegende Zeitwert des Vermögenswertes, sofern an einem aktiven Markt gehandelt, auch über selbigen ermittelt werden.[1374] Marktpreise lassen sich aber, wie der IASB selbst feststellt, nur selten genau ermitteln.[1375] Insbesondere für Immaterialgüterrechte existiert ein solcher wie oben schon gesehen aufgrund ihrer Einzigartigkeit in der Regel nicht.[1376]

Sollte auch ein aktiver Markt nicht bestehen, war der Nettoverkaufswert aus den bestmöglichen Informationen zur Ermittlung eines potenziellen Veräußerungspreises des Vermögenswertes abzuleiten.[1377] Dabei waren insbesondere kürzlich erfolgte Transaktionen für ähnliche Vermögenswerte derselben Branche zu berücksichtigen, die aber aus Vergleichbarkeitsgründen nicht aus Zwangsverkäufen resultieren dürfen.[1378] An die im Einzelfall zu untersuchende Ähnlichkeit der Vermögenswerte waren dabei allerdings strenge Anforderungen zu stellen.[1379]

Auch DCF-Verfahren zur Ermittlung des Nettoverkaufspreises konnten damit zur Ermittlung des Nettoverkaufswertes i.S.v. IAS 36.27 herangezogen werden.[1380] Der Bilanzierende hat allerdings wie eben gesehen gem. IAS 36.27 kürzlich erfolgte Transaktionen für ähnliche Vermögenswerte zu berücksichtigen und nicht nur – wie in IAS 38.40[1381] – „in Betracht" zu ziehen. Hier war also beim Vorliegen von Transaktionen ähnlicher Vermögenswerte zumindest eine Gegenprobe des mit Hilfe des DCF-Verfahrens errechneten Wertes zwingend vorzunehmen.[1382]

Wurde der Nettoveräußerungswert durch ein DCF-Verfahren errechnet, fanden die noch zu zeigenden Restriktionen aus IAS 36.33 ff., die bei der Ermittlung des Nutzungswertes zu berücksichtigen sind, keine Anwendung. Zu beachten war jedoch, dass unternehmensspezifische Ertragspotentiale keine Berücksichtigung finden durften, da der Barwert beim Nettoverkaufswert unabhängig von seiner

1373 IAS 36.25.
1374 IAS 36.26.
1375 IAS 36.BCZ18.
1376 IAS 38.78.
1377 IAS 36.27.
1378 IAS 36.27.
1379 *Brücks/Kerkhoff/Richter*, KoR 2005, 1 (3).
1380 Rückschluss aus IAS 36.134(e).
1381 Siehe hierzu oben D.II.2.b.ee(1).
1382 Lüdenbach/*Hoffmann/Freiberg*, § 11, Rn. 30, 35.

jetzigen Verwendung und Einbindung in das Unternehmen zu ermitteln ist. Denn die Grundlage der Bewertung ist gerade nicht der fortgesetzte Nutzen im Unternehmen, weswegen in maximalem Umfang beobachtbare Marktdaten zu seiner Bestimmung herangezogen werden sollten.[1383]

(bb) Änderungen durch die Einführung von IFRS 13

Durch die Einführung von IFRS 13 wurden die IAS 36.25-27 aufgehoben.[1384] Der Nettoveräußerungswert wird seit Beginn 2013 über die allgemeinen Vorschriften aus IFRS 13 als beizulegender Zeitwert abzüglich der Verkaufskosten (ab 2013 als *fair value less costs of disposal* und nicht mehr als *fair value less costs to sell* bezeichnet[1385]) berechnet.[1386] Für die Bestimmung des beizulegenden Zeitwerts kann daher insoweit auf die obigen Ausführungen[1387] hierzu verwiesen werden. Auch hier ist daher marktbasierten Inputfaktoren bei der Bewertung der Vorrang einzuräumen. Der neu[1388] eingeführte IAS 36.53A stellt zudem noch einmal klar, dass Nettoverkaufswert und Nutzungswert unterschiedlich sind: Unternehmensspezifische Faktoren des Bilanzierenden sind bei der Bestimmung des dem Nettoverkaufswerts zugrunde liegenden marktbezogenen beizulegenden Zeitwertes im Gegensatz zur Bestimmung des Nutzungswertes außen vor zu lassen. Änderungen für den Werthaltigkeitstest von Immaterialgüterrechten in der Praxis sind durch die Neuerungen in der Regel allerdings nicht zu erwarten. Der aus der Löschung von IAS 36.25 und dem Verweis auf IFRS 13 resultierende neue Vorrang von notierten Marktpreisen auf einem aktiven Markt vor tatsächlichen Angebotspreisen ist für Immaterialgüterrechte regelmäßig mangels Vorliegens eines solchen aktiven Marktes nicht von Relevanz.

Die abzuziehenden Verkaufskosten (*costs of disposal*) werden trotz ihrer Umbenennung zudem ohnehin weiterhin in derselben Weise wie zuvor bestimmt.[1389]

1383 *Freiberg/Lüdenbach*, KoR 2005, 479 (480); Lüdenbach/*Hoffmann/Freiberg*, § 11, Rn. 31 ff., 55.

1384 IFRS 13.D83.

1385 IFRS 13.D84 ändert die Bezeichnung in IAS 36.28 dahingehend.

1386 Siehe den Verweis im neuen IAS 36.6 nach Änderung durch IFRS 13.D81.

1387 Siehe D.II.2.b.ee(2).

1388 Siehe IFRS 13.D85.

1389 IFRS 13.D84 führt nur zu marginalen Änderungen in IAS 36.28.

(c) Nutzungswert

(aa) Grundsätze

Der Nutzungswert (*value in use*) wird durch IAS 36.6 als der Barwert der künftigen Cashflows, die ein Vermögenswert voraussichtlich erwirtschaften wird, definiert.[1390] Um ihn zu bestimmen, sind die künftigen Cashflows aus der Nutzung des Vermögenswertes zu schätzen und mit einem geeigneten Zinssatz zu diskontieren.[1391] Methodisch entspricht diese Vorgehensweise weitestgehend einer Bewertung mit Hilfe von DCF-Verfahren.[1392]

Die Bestimmung des Nutzungswerts wird dabei durch die Einführung von IFRS 13 ab 2013 nicht verändert. Er ist zwar dem beizulegenden Zeitwert ähnlich, fällt aber als unternehmensspezifischer Wert nach IFRS 13.6(c) gerade nicht unter IFRS 13.[1393]

Die Berechnung des Nutzungswerts wird in IAS 36.30 weiter konkretisiert. So sollen sich außer den künftig zu erwartenden Cashflows auch folgende Faktoren im Nutzungswert widerspiegeln:

- Erwartungen in Bezug auf Änderungen der künftigen Cashflows hinsichtlich ihres zeitlichen Anfalls oder ihrer Höhe,
- der Zinseffekt aufgrund des risikofreien Marktzinssatzes,
- Risiken für die zukünftigen Zahlungsströme aufgrund der Unsicherheit des Vermögenswertes selbst,
- andere Einflüsse, wie bspw. Illiquidität, die andere Marktteilnehmer bei der Bestimmung künftiger Cashflows einbeziehen würden.

Für die Barwertermittlung sieht der IASB dabei zwei verschiedene Methoden vor, die im Anhang zu IAS 36 weiter konkretisiert werden:[1394]

Nach dem sog. traditionellen Ansatz (*traditional approach*)[1395] wird die wahrscheinlichste Ausformung der Cashflows jeweils mit einem an das spezielle Risiko angepassten Zinssatz (risikoadjustierter Zinssatz) diskontiert. Die Anwendung des traditionellen Ansatzes ist allerdings aufgrund der sich sonst

1390 Ausführlich zu seiner Bestimmung *Lienau/Zülch*, KoR 2006, 319 (319 ff).
1391 IAS 36.31.
1392 *Wagenhofer*, S. 179.
1393 Siehe hierzu auch den durch IFRS 13.D85 neu eingeführten IAS 36.53A.
1394 IAS 36.32; IAS 36.A2.
1395 IAS 36.A4-6.

ergebenden Bestimmungsprobleme für den wahrscheinlichsten Cashflow im Grundsatz nur bei marktgehandelten Vermögensobjekten sinnvoll,[1396] weswegen er für Immaterialgüterrechte in der Regel nicht anwendbar ist. Eine Ausnahme stellen insofern allerdings Immaterialgüterrechte dar, die nur über Lizenzvergabe verwertet werden, da ihre Zahlungsströme der Höhe und der Zeit nach festgelegt sind.[1397]

Für nicht marktgehandelte Vermögenswerte ist hingegen vorrangig der sog. „erwartete Cashflow"-Ansatz (*expected cashflow approach*)[1398] gedacht. Ihm folgend wird zunächst eine Zahlenreihe von möglichen Cashflows mit ihren jeweiligen Wahrscheinlichkeiten gebildet, aus der dann ein Erwartungswert für den jeweiligen Cashflow des Vermögenswerts ermittelt wird. Dieser ist dann entweder noch um einen Risikoabschlag im Sinne eines Sicherheitsäquivalents zu verringern und mit einem risikolosen Zinssatz zu diskontieren oder ohne Berücksichtigung eines Sicherheitsäquivalents ebenso wie beim traditionellen Ansatz über einen risikoadjustierten Zinssatz zu diskontieren (Risikozuschlagsmethode).[1399] Regelmäßig wird allerdings in der Praxis die zweite Variante angewandt, da die Bestimmung des Sicherheitsäquivalents sehr kompliziert ist:[1400] Die unterschiedlichen zu berücksichtigenden Risikokomponenten sind nur schwer und nicht nachvollziehbar in den Cashflows abzubilden. Der „erwartete Cashflow"-Ansatz in Form der Risikozuschlagsmethode stellt damit in gewisser Weise einen „Mittelweg" zwischen dem traditionellen Ansatz und dem „erwartete Cashflow"-Ansatz mit Sicherheitsäquivalent dar.[1401]

Bei beiden Vorgehensweisen ist allerdings zu beachten, dass es zu keiner Doppelerfassung von Risiken oder Wahrscheinlichkeiten kommen darf.[1402] Risiken und Wahrscheinlichkeiten, die schon in der Schätzung des Cashflows berücksichtigt wurden, müssen also bei der Ermittlung des risikoadjustierten Diskontierungszinssatzes außen vor bleiben.

Im Folgenden werden die einzelnen Komponenten der Barwertermittlung, die künftigen Cashflows sowie der Diskontierungssatz vorgestellt.

1396 *Bieker/Esser*, StuB 2004, 449 (455).
1397 *Wulf*, S. 81.
1398 IAS 36.A7-14.
1399 *Lienau/Zülch*, KoR 2006, 319 (319).
1400 *Freiberg/Lüdenbach*, KoR 2005, 479 (480).
1401 *Wirth*, S. 60.
1402 IAS 36.56; siehe auch IAS 36.A15.

(bb) Ermittlung des künftigen Cashflows

Um die künftigen Cashflows prognostizieren zu können, werden die folgenden Informationen als Grundlage für die Schätzung herangezogen:

- die bestmöglichen und vernünftigsten Einschätzungen des Managements über die wirtschaftlichen Gegebenheiten, wobei externe Informationen – sofern vorhanden – vorzugswürdig sind;[1403]
- die letzten vom Management genehmigten Budgets und Vorhersagen;[1404]
- tatsächliche Cashflows, die in der Vergangenheit generiert wurden, insbesondere wenn sie eventuelle Abweichungen von vorherigen Annahmen des Managements gezeigt haben.[1405]

Damit basieren die Schätzungen für den Nutzungswert größtenteils auf Annahmen der Unternehmensplanung.[1406] Sie sind unternehmensspezifisch und nicht marktorientiert.[1407] Folglich bieten sich hier erhebliche bilanzpolitische Spielräume.[1408]

Die auf den Finanzplänen und Vorhersagen des Managements fußenden Prognosen des Cashflows sollen dabei grundsätzlich nicht für einen längeren Zeitraum als von fünf Jahren erstellt werden.[1409] Dies wird vom IASB damit begründet, dass normalerweise verlässliche und unzweifelhafte Planungen für einen längeren Zeitraum als fünf Jahre nicht verfügbar sein werden.[1410] Dementsprechend sollen ausnahmsweise aber auch längere Planungszeiträume möglich sein, sofern das Management verlässliche Annahmen vorweisen kann und es schon in der Vergangenheit bewiesen hat, dass es Cashflows auch für längere Phasen prognostizieren kann.[1411]

Die Werte für den Zeitraum nach der Detailplanung berechnen sich dann durch eine Fortschreibung der Cashflowprognosen aus dem Detailplanungszeitraum, wobei eine gleichbleibende oder sinkende Wachstumsrate zu berücksichtigen sein soll (ewige Rente).[1412] Auch darf dabei die Durchschnittswachstumsrate für den

---

1403 IAS 36.33(a); IAS 36.38.

1404 IAS 36.33(b).

1405 IAS 36.34.

1406 *Brücks/Kerkhoff/Richter*, KoR 2005, 1 (4).

1407 *Freiberg/Lüdenbach*, KoR 2005, 479 (479 f.).

1408 *Wulf*, S. 82; *Lutz-Ingold*, S. 233.

1409 IAS 36.33(b).

1410 IAS 36.35.

1411 IAS 36.35.

1412 IAS 36.33(c); IAS 36.36.

Markt bzw. den Bereich in dem das Unternehmen tätig ist nur in gerechtfertigten Fällen überstiegen werden.[1413] Denn gerade wenn die Wachstumsbedingungen günstig stehen, ist es wahrscheinlich, dass Mitbewerber in den Markt drängen und damit überdurchschnittliche Wachstumsraten langfristig gesehen irgendwann nicht mehr möglich sein werden.[1414]

Die Prognose der künftigen Cashflows hat für den Vermögenswert in seinem gegenwärtigen Zustand zu erfolgen.[1415] Bei der Cashflowprognose sind daher insbesondere Mittelzuflüsse aus seiner fortgesetzten Nutzung sowie Mittelabflüsse, die für die Erwirtschaftung der Mittelzuflüsse notwendig und diesen direkt zurechenbar sind, miteinzubeziehen.[1416] Ausdrücklich nicht bei der Cashflowprognose zu berücksichtigende Bestandteile finden sich insbesondere in IAS 38.43 f. und IAS 38.50. Hierzu zählen zur Vermeidung von Doppelerfassungen Mittelzu- bzw. -abflüsse aus schon anderweitig aktivierten Vermögenswerten bzw. passivierten Schulden,[1417] Cashflows aufgrund von Investitionen in den Vermögenswert,[1418] Mittelzu- oder -abflüsse aufgrund von Maßnahmen zur Finanzierung[1419] und Ertragssteuern.[1420]

(cc) Ermittlung des Diskontierungszinssatzes

Der Diskontierungszinssatz muss gem. IAS 36.55 sowohl den reinen Zinseffekt (risikoloser Zinssatz) als auch das nicht im Rahmen der Cashflowermittlung berücksichtigte Risiko des zu bewertenden Objekts widerspiegeln. Er muss Marktbezug aufweisen.[1421] Zu beachten ist, dass es sich bei ihm um einen Zinssatz vor Steuern handelt[1422], weil die Cashflows auch vor Steuern ermittelt werden. Da Zinssätze, die am Markt beobachtet werden können, regelmäßig nach Steuern sind, müssen diese allerdings noch entsprechend angepasst werden.[1423]

1413 IAS 36.33(c).
1414 Vgl. auch IAS 36.37.
1415 IAS 36.44.
1416 IAS 36.39 ff.
1417 IAS 36.43.
1418 IAS 36.44(b).
1419 IAS 36.50(a).
1420 IAS 36.50(b).
1421 IAS 36.55 ff. i.V.m. IAS 36.A15 ff.; siehe auch IAS 36.BCZ54.
1422 IAS 36.55.
1423 *Wagenhofer*, S. 180.

Der risikolose Zinssatz stellt als Basis für die Ermittlung des Diskontierungszinssatzes das mindestens zu entrichtende Entgelt für die Überlassung von Kapital für einen bestimmten Zeitraum dar.[1424] Er spiegelt damit die Mindestverzinsung einer sicheren Kapitalanlage, bspw. einer Staatsanleihe, wider. Umso länger eine Kapitalanlage läuft, umso mehr steigt aber auch die Erwartung an ihre Verzinsung.[1425] Der risikolose Zinssatz nimmt demnach während seiner Laufzeit zu.[1426]

Soll auch das spezifische Risiko eines Bewertungsobjekts berücksichtigt werden (z.B. im Rahmen der Risikozuschlagsmethode), ist ein Risikozinssatz zu bestimmen. Dieser umfasst neben dem Zeitwert des Geldes das spezielle Risiko, das dem zu bewertenden Objekt im Vergleich zu einer sicheren Anlage innewohnt.[1427] Der Risikozinssatz ist dann auf Basis des Zinssatzes zu schätzen, der gegenwärtig bei Markttransaktionen vergleichbarer Vermögenswerte verwendet wird oder auf Basis durchschnittlich gewichteter Gesamtkapitalkosten (*weighted average cost of capital, WACC*) eines börsennotierten Unternehmens mit vergleichbaren Vermögenswerten.[1428] Sollte ein solcher vermögenswertspezifischer Marktzinssatz nicht zu ermitteln sein, können Ersatzfaktoren zur Schätzung herangezogen werden.[1429] Leitlinien hierfür sind im Anhang von IAS 36 enthalten. So können als Ausgangspunkt die durchschnittlich gewichteten Kapitalkosten des Unternehmens[1430], der Zinssatz für Neukredite des Unternehmens oder andere marktübliche Fremdkapitalzinssätze herangezogen werden.[1431] Bei Immaterialgüterrechten bietet sich z.B. auch der Rückgriff auf einen branchenüblichen durchschnittlich gewichteten Gesamtkapitalkostensatz an.[1432] Diese Marktzinssurrogate[1433] sind dann ggf. noch auf das vermögenswertspezifische Risiko, das der Markt zugrunde legen würde, anzupassen.[1434]

1424 Lüdenbach/*Hoffmann/Freiberg*, § 11, Rn. 59.
1425 *Freiberg/Lüdenbach*, KoR 2005, 479 (480 f.).
1426 Lüdenbach/*Hoffmann/Freiberg*, § 11, Rn. 59.
1427 *Freiberg/Lüdenbach*, KoR 2005, 479 (482).
1428 IAS 36.56.
1429 IAS 36.57 i.V.m. IAS 36.A16.
1430 Siehe zu ihrer Bestimmung *Lienau/Zülch*, KoR 2006, 319 (323 ff.).
1431 IAS 36.57 i.V.m. IAS 36.A17.
1432 *Wulf*, S. 81.
1433 So *Lutz-Ingold*, S. 226.
1434 IAS 36.57 i.V.m. IAS 36.A18.

cc. *Besonderheiten des Wertminderungstests im Rahmen einer zahlungsmittelgenerierenden Einheit (ZGE)*

(1) Anwendungsbereich

Wie oben schon gesehen, ist der Wertminderungstest für Vermögenswerte, deren erzielbarer Betrag aufgrund der Abhängigkeit der erzeugten Zahlungsströme von anderen Vermögenswerten einzeln nicht ordentlich geschätzt werden kann, auf Ebene der sog. zahlungsmittelgenerierenden Einheit (ZGE) durchzuführen. Das heißt auf dieser Ebene sind dann Buchwert und erzielbarer Betrag gegenüber zu stellen.

Auch wenn der Wertminderungstest auf Ebene einer ZGE vom IASB als Ausnahme ausgestaltet wurde, ist aufgrund der Tatsache, dass die wenigsten Vermögenswerte weitgehend unabhängige Mittelzuflüsse generieren, davon auszugehen, dass er in der Praxis die Regel darstellt.[1435] Betrachtet man bspw. die im Mittelpunkt dieser Arbeit stehenden gewerblichen Schutzrechte, Urheberrechte, urheberrechtlichen Leistungsschutzrechte und Lizenzen so wird deutlich, dass sie regelmäßig keine alleinigen Zahlungsströme generieren. Zumeist sind sie dazu nur im Verbund mit anderen Vermögenswerten in der Lage, bspw. mit einem Sachanlagengegenstand zur Erstellung eines patent- oder urheberrechtlich geschützten bzw. lizenzierten Produktes.[1436]

Etwas anderes gilt aber bspw. für die Fälle, in denen das Patent oder das urheberrechtliche Leistungsschutzrecht nicht selbst genutzt wird, sondern nur auf Basis einer Lizenz Dritten zur Verfügung gestellt wird.[1437] Denn dann erzeugen diese Immaterialgüterrechte Mittelzuflüsse, die unabhängig von denen anderer Vermögenswerte sind. Eines Rückgriffs auf das Konstrukt der zahlungsmittelgenerierenden Einheit bedarf es in diesen Konstellationen daher in der Regel nicht. Ein Patent bspw. kann dann schon einzeln auf eine Wertminderung hin überprüft werden.

Wiederum anders sieht es für den Fall aus, dass z.B. ein Bündel von Patenten an einen Dritten lizenziert wurde, die jeweils nur bei gemeinsamer Lizenzierung einen Abnehmer finden, da sie der Lizenznehmer nur alle zusammen sinnvoll nutzen kann. Mindestens das Bündel an Patenten stellt dann eine ZGE dar. Die enthaltenen einzelnen Patente können daher nicht losgelöst von den anderen auf eine Wertminderung hin überprüft werden.

1435 Lüdenbach/*Hoffmann/Freiberg*, § 11, Rn. 84.

1436 Vgl. auch *Kirsch*, S. 49.

1437 *Dawo*, S. 233.

(2) Abgrenzung einer ZGE

Eine ZGE wird definiert als die kleinste identifizierbare Gruppe von Vermögenswerten mit der Fähigkeit zur Erwirtschaftung von Zahlungsströmen, die weitestgehend unabhängig von denen anderer Vermögenswerte sind.[1438] Folgt man der beispielhaften Aufzählung in IAS 36.130(d)(i), so kann es sich bei einer ZGE um

- eine Produktlinie,
- ein Werk,
- einen Geschäftsbereich,
- geographisches Gebiet oder
- ein berichtspflichtiges Segment gemäß IAS 14 handeln.

Zu beachten ist dabei, dass rechtliche Strukturen die Abgrenzung der ZGEs nicht vorgeben.[1439] Vielmehr können auch Teile von rechtlichen Einheiten als ZGE abgegrenzt werden oder mehrere rechtliche Einheiten zusammen eine ZGE bilden.[1440]

Die Fähigkeit zusammengefasster Vermögenswerte, abgrenzbare und unabhängige Mittelzuflüsse zu erzeugen, ist das konstitutive Merkmal einer ZGE.[1441] Unter Mittelzuflüssen sind dabei gemäß IAS 36.69 Zuflüsse von Zahlungsmitteln und Zahlungsmitteläquivalenten durch Externe zu verstehen. Um ZGEs zu identifizieren, geht es folglich zunächst um die Abgrenzung von Produktions- und Dienstleistungsverbünden. Solche sind gegeben, wenn Produktionsfaktoren (materieller und immaterieller Art) durch eine Technologie in Endprodukte oder Dienstleistungen umgewandelt werden.[1442] Nicht von Belang ist dabei, ob die so erzeugten Leistungen Endprodukte sind oder im weiteren Wertschöpfungsbereich des berichtenden Unternehmens intern verwendet werden.[1443] Da ohne Administration, Einkauf oder Verkauf die Generierung von Mittelzuflüssen nicht möglich ist, sind bei der Identifikation von ZGEs über die zur Leistungserstellung notwendigen produktiven Vermögenswerte hinaus, aber auch Vermögenswerte aus diesen anderen Bereichen zu berücksichtigen.[1444]

1438 IAS 36.6; IAS 36.68.
1439 *Wirth*, S. 14.
1440 *Beyhs*, S. 101.
1441 IAS 36.6 und IAS 36.68.
1442 *Wirth*, S. 13.
1443 IAS 36.70.
1444 *Beyhs*, S. 100f.

Eine Gruppe von Vermögenswerten stellt aber erst dann eine ZGE dar, wenn sie nicht nur abgrenzbare Mittelzuflüsse erzeugt, sondern diese auch von Zahlungsströmen anderer Unternehmensbereiche weitestgehend unabhängig sind.[1445] Dies ist der Fall, wenn zwischen den zu betrachtenden Unternehmensbereichen keine so enge Vernetzung besteht, dass über die jeweilige Planung für die einzelnen Teilbereiche nicht autonom und isoliert entschieden werden kann.[1446] Unabhängigkeit ist nicht gegeben, wenn eine festgesetzte Menge an zu produzierenden Gütern auf verschiedene produzierende Teilbereiche des Unternehmens aufgeteilt wird, da die Zahlungsströme der einzelnen Teilbereiche dann von der Aufteilung der Gesamtproduktionsmenge abhängen und in der Folge nicht isoliert planbar sind.[1447] Ebenso verhält es sich bei miteinander verbundenen Wertschöpfungsstufen, wenn die Planungen für die vor- und nachgelagerten Wertschöpfungsstufen so eng miteinander verbunden sind, dass die Dispositionsfreiheit auf einer der Stufen eingeschränkt wird. *Wirth*[1448] nennt als Beispiel die Produktion von Reifen, dessen Endprodukt wiederum Einsatz in der nachgelagerten Produktion von LKWs findet: die Menge der zu produzierenden Reifen hängt dann von der LKW-Produktionsplanung ab.

Sofern allerdings ein aktiver Markt für die von den zusammengefassten Vermögenswerten produzierten Erzeugnisse oder erstellten Dienstleistungen besteht, ist dieser Produktionsverbund gem. IAS 36.70 als ZGE zu behandeln. Dies gilt unabhängig davon, ob die Produkte oder Dienstleistungen am Markt verkauft werden; die Möglichkeit zur Veräußerung ist ausreichend.[1449] Für das obige Reifenbeispiel würde das bedeuten, dass von einer ZGE ausgegangen werden kann, wenn es einen aktiven Markt für die produzierten Reifen gibt – unabhängig davon, ob dieser auch genutzt wird. Werden anstatt von Standardreifen aber bspw. Spezialanfertigungen nur für die LKWs des Unternehmens hergestellt und kann folglich nicht von einem aktiven Markt ausgegangen werden, kann die Reifenproduktion alleine nicht als ZGE identifiziert werden.[1450] Je nachdem für welchen Reifentyp also bspw. Patente bestehen, sind diese größeren bzw. kleineren ZGEs zuzuordnen.

1445 IAS 36.6 und IAS 36.68 f.

1446 *Brücks/Kerkhoff/Richter*, KoR 2005, 1 (2).

1447 *Wirth*, S. 15.

1448 *Wirth*, S. 15f.

1449 IAS 36.71.

1450 *Wirth*, S. 16.

Zu beachten ist, dass sich die Identifizierung der ZGEs gemäß IAS 36.69 an den Strukturen der internen Steuerung der Unternehmenstätigkeiten zu orientieren hat, also bspw. die unternehmensinterne Aufteilung nach Produktlinien, Geschäftsfeldern, einzelnen Standorten, Bezirken oder regionalen Gebieten auch bei der Abgrenzung der ZGEs ihren Niederschlag zu finden hat. Dieser Rückgriff auf die interne Unternehmensplanung begründet sich dadurch, dass die Informationen, die die Geschäftsleitung ihren Entscheidungen zugrunde legt, auch für die Adressaten der externen Berichterstattung bedeutend sind[1451] und daher eine geeignete Grundlage für sie darstellen.[1452]

Die so einmal abgegrenzten ZGEs sind dabei stetig für die folgenden Berichtsperioden fortzuführen, es sei denn, dass Änderungen der internen Strukturen, bspw. durch Restrukturierungsmaßnahmen oder Akquisitionen,[1453] eine Anpassung verlangen.[1454]

Da die IAS 36.68 f. die Zusammenfassung von Vermögenswerten nicht nach oben begrenzen, wäre (zumindest theoretisch) auch eine Abgrenzung des gesamten Unternehmens als ZGE möglich. Etwas anderes gilt allerdings für den Fall, dass einer ZGE ein Geschäfts- oder Firmenwert aus einer Unternehmensübernahme zugeteilt werden soll oder wurde. Dann wird ihre Größe nach oben hin dadurch begrenzt, dass sie nicht größer sein darf, als ein für Zwecke der Segmentberichterstattung nach IAS 14 gebildetes Segment des primären oder sekundären Berichtsformats.[1455]

Da sich die Gliederung in ZGEs – wie eben gesehen – nach dem internen Berichtswesen richtet, welches selbst durch das Management geprägt wird, können sich in der Folge bilanzpolitische Spielräume eröffnen. Denn je größer die ZGE ist, umso höher ist die Wahrscheinlichkeit, dass eine Wertminderung in einem Bereich durch eine Werterhöhung in einem anderen Bereich der ZGE wieder aufgefangen wird.[1456] Es kommt zu einem sog. Saldierungskissen.[1457] Dieses verhindert durch seine Ausgleichsfunktion die Wahrscheinlichkeit, dass es für die ZGE und damit auch für die Vermögenswerte dieser Einheit in der Zukunft zu

---

1451 *Beyhs*, S. 107.

1452 *Wirth*, S. 17.

1453 *Wirth*, S. 18.

1454 IAS 36.72.

1455 IAS 36.80(b); zur Abgrenzung firmenwerttragender ZGEs und etwaigen Detailfragen ihrer Behandlung, siehe IAS 36.80 ff.

1456 *Wulf*, S. 79, 82, 85; *Lutz-Ingold*, S. 233.

1457 Lüdenbach/*Hoffmann/Freiberg*, § 11, Rn. 127.

einer außerplanmäßigen Abschreibung kommt. Dabei wird ggf. zusätzlich auch der Effekt der Untersetzung der ZGE mit einem eigentlich nicht bilanzierungsfähigen[1458] originären Geschäfts- oder Firmenwert gefördert.

(3) Ermittlung des erzielbaren Betrages und des Buchwertes einer ZGE

Gem. IAS 36.74 ist der erzielbare Betrag, ebenso wie bei einzelnen Vermögenswerten, der höhere Betrag aus dem beizulegenden Zeitwert abzüglich der Verkaufskosten (Nettoverkaufswert) und dem Nutzungswert. Für die Bestimmung des erzielbaren Betrages einer ZGE werden laut IAS 36.74 die für einzelne Vermögenswerte geltenden IAS 36.19 bis IAS 36.57 entsprechend angewandt. Insoweit kann hier daher auf die Erläuterungen zu diesen Vorschriften nach oben verwiesen werden.[1459] Der Nettoverkaufspreis einer ZGE, die Immaterialgüterrechte enthält, kann dann bei entsprechender Größe aber bspw. auch in ihrem Marktpreis, der ggf. anhand einer etwaigen Börsennotierung bestimmt werden kann, abzüglich der Verkaufskosten, festgemacht werden.[1460]

Gem. IAS 36.75 muss der Buchwert einer ZGE genauso ermittelt werden wie deren erzielbarer Betrag. Ansonsten werden nicht vergleichbare Werte im Rahmen des Wertminderungstests gegenübergestellt.[1461] Der Buchwert der ZGE setzt sich gem. IAS 36.76(a) aus den der ZGE direkt oder aufgrund einer vernünftigen und stetigen Basis zuzurechnenden Vermögenswerten zusammen. Bei letzteren handelt es sich um von mehreren ZGEs gemeinschaftlich genutzte Vermögenswerte (sog. *corporate assets*), die über eine Schlüsselung (indirekt) zugeordnet werden können.[1462] Die Vermögenswerte müssen allerdings auch der Erwirtschaftung der Cashflows dienen, die bei Berechnung des Nutzungswertes der ZGE berücksichtigt werden.[1463] Schulden sind im Buchwert der ZGE nur enthalten, wenn der erzielbare Betrag der ZGE nicht ohne diese bestimmt werden kann.[1464]

1458 IAS 38.48.

1459 Siehe D.II.3.e.bb(2).

1460 Vgl. IAS 36.26.

1461 *Brücks/Kerkhoff/Richter*, KoR 2005, 1 (7).

1462 *Lutz-Ingold*, S. 230; IAS 36.102; siehe für eine exemplarische Aufzählung auch IAS 36.100.

1463 IAS 36.76(a).

1464 IAS 36.76(b).

(4) Erfassung des Wertminderungsaufwands einer ZGE

Ist der erzielbare Betrag der ZGE geringer als ihr Buchwert, hat eine Wertberichtigung in Höhe der Differenz zu erfolgen.[1465] Die Differenz stellt demnach den Wertminderungsaufwand dar.[1466] Die Wertminderung ist gem. IAS 36.104(a) zunächst vom ggf. zugeordneten (Teil-)Geschäfts- oder Firmenwert der ZGE abzusetzen. Sofern die Wertminderung über den Wert eines etwaigen Geschäfts- oder Firmenwertes hinausgeht, sind die Buchwerte der restlichen Vermögenswerte der ZGE anteilsmäßig um den übrigen Betrag zu vermindern.[1467] Allerdings darf der Buchwert eines Vermögenswertes der ZGE dadurch nicht unter seinen Höchstwert aus Nettoverkaufs- oder Nutzungswert – sofern einer dieser Werte bestimmbar sein sollte – und Null sinken.[1468] Ein deswegen eventuell verbleibender Wertminderungsbedarf ist gem. IAS 36.105 buchwertproportional auf die anderen Vermögenswerte der ZGE aufzuteilen.

Die Abwertungsverluste der einzelnen Vermögenswerte sind als deren Wertminderungsaufwendungen über IAS 36.104 nach IAS 36.60 zu behandeln, also grundsätzlich ergebniswirksam zu erfassen.

Wenn nach der Aufteilung des Wertminderungsaufwands auf die Vermögenswerte aufgrund der gem. IAS 36.105 zu beachtenden Wertgrenzen weiterhin ein Bedarf zur Wertberichtigung besteht, ist dieser Restbetrag ggf. als Schuld anzusetzen, sofern dies von einem anderen Standard, wie z.B. IAS 37, gefordert wird.[1469]

dd. Wertaufholung

Sofern für einen Vermögenswert oder eine ZGE ein Wertminderungsaufwand erfasst wurde, ist gem. IAS 36.110[1470] an jedem Bilanzstichtag zu prüfen, ob ein Anhaltspunkt dafür vorliegt, dass die Wertminderung nicht mehr besteht. Spiegelbildlich für die Faktoren, die einen Wertminderungstest nach IAS 36.12 auslösen, sind in IAS 36.111 externe und interne Anhaltspunkte genannt, die auf eine Wertaufholung hindeuten können.[1471]

1465 IAS 36.104.
1466 Siehe auch IAS 36.6.
1467 IAS 36.104(b).
1468 IAS 36.105.
1469 IAS 36.108.
1470 Für eine ZGE i.V.m. IAS 36.109.
1471 Siehe auch IAS 36.112.

Liegt ein solcher Anhaltspunkt vor, ist der erzielbare Betrag zu bestimmen[1472] und eine etwaige Differenz zum niedrigeren Buchwert des Vermögenswertes gem. IAS 36.114 auszugleichen. Diese Zuschreibung wird gem. IAS 36.119 grundsätzlich erfolgswirksam vorgenommen.[1473] Sie darf allerdings die Höhe des Buchwertes der fortgeführten Anschaffungskosten nicht übersteigen, der ohne die vorherige Erfassung der Wertminderung vorgelegen hätte.[1474] Andernfalls handelt es sich um eine Neubewertung i.S.v. IAS 38.75.[1475] Nach der Wertaufholung ist die planmäßige Abschreibung an den (neuen) berichtigten Buchwert für die Folgeperioden anzupassen.[1476]

Die Wertaufholung einer ZGE ist anteilig nach Buchwerten den Vermögenswerten dieser Einheit, mit Ausnahme des Geschäfts- und Firmenwertes, zuzuordnen.[1477] Die Zuschreibungen für die einzelnen Vermögenswerte sind als deren Wertaufholungen über IAS 36.122 nach IAS 36.119 zu behandeln, also grundsätzlich ergebniswirksam zu erfassen. Allerdings darf der Buchwert eines Vermögenswertes der ZGE dadurch nicht über seinen erzielbaren Betrag (sofern bestimmbar) erhöht werden.[1478] Zudem darf auch die Höhe des Buchwertes der fortgeführten Anschaffungskosten nicht überstiegen werden, der ohne die vorherige Erfassung der Wertminderung vorgelegen hätte.[1479] Ein deswegen eventuell verbleibender Wertminderungsbedarf ist buchwertproportional auf die anderen Vermögenswerte der ZGE, mit Ausnahme des Geschäfts- und Firmenwertes, aufzuteilen.[1480]

4. Bewertung von Immaterialgüterrechten nach den IFRS-SME im Überblick

Entgeltlich erworbene immaterielle Vermögenswerte sind nach IFRS-SME 18.9 i.V.m. 18.18 mit ihren Anschaffungskosten anzusetzen und in den Folgejahren

---

1472 IAS 36.110.

1473 Zu den Besonderheiten bei Anwendung der Neubewertungsmethode, siehe IAS 36.120 und *Lutz-Ingold*, S. 235.

1474 IAS 36.117.

1475 IAS 36.118.

1476 IAS 36.121.

1477 IAS 36.122.

1478 IAS 36.123.

1479 IAS 36.123.

1480 IAS 36.123.

vermindert um Abschreibungen fortzuführen. Die Neubewertungsmethode ist unzulässig.[1481]

Die IFRS-SME kennen keine immateriellen Vermögenswerte mit unbestimmter Nutzungsdauer, weswegen Abschreibungen stets planmäßig zu erfolgen haben. Gem. IFRS-SME 18.20 gilt für Fälle, in denen eine unbestimmte Nutzungsdauer vom Bilanzierenden zugrunde gelegt wird oder eine Schätzung der Nutzungsdauer nicht möglich ist, im Zweifel daher eine Nutzungsdauer von zehn Jahren. Die Ermittlung von Wertminderungen bzw. außerplanmäßigen Abschreibungen erfolgt gem. IFRS-SME 27 im Wesentlichen analog zum Wertminderungstest aus IAS 36.

Da selbst geschaffene immaterielle Vermögenswerte gem. IFRS-SME 18.14 mit einem Aktivierungsverbot belegt sind, sind zu ihnen keine Bewertungsvorschriften in den IFRS-SME enthalten.

III. Bewertungsvorschriften in zusammenfassender Gegenüberstellung

Zugangsbewertung Immaterialgüterrechte	**HGB**	**IFRS**
Derivativ erworben		
– Entgeltlich (einzeln)	Anschaffungskosten, §§ 253 Abs. 1 S. 1, 255 Abs. 1 HGB	Anschaffungskosten, IAS 38.24, IAS 38.27 ff.
– Tausch	Regelmäßig beizulegender Zeitwert des hingegebenen Vermögensgegenstandes (str.) Sofern nicht verlässlich bestimmbar: dessen Buchwert	Regelmäßig beizulegender Zeitwert des hingegebenen Vermögenswertes, IAS 38.45, IAS 38.47 Sofern beizulegender Zeitwert des erworbenen Vermögenswertes verlässlicher bestimmbar: IAS 38.47 Sofern beide nicht verlässlich bestimmbar oder Tausch ohne wirtschaftliche Substanz: Buchwert des hingegebenen Vermögenswertes, IAS 38.45
– Unentgeltlich	Regelmäßig beizulegender Zeitwert (str.) Sofern nicht verlässlich bestimmbar: Merkposten	Regelmäßig beizulegender Zeitwert Sofern nicht verlässlich bestimmbar: Merkposten

1481 IFRS-SME 18.18.

Zugangsbewertung Immaterialgüterrechte	**HGB**	**IFRS**
– Im Rahmen eines Unternehmenszusammenschlusses	Beizulegender Zeitwert (vgl. § 301 Abs. 1 S. 2 HGB für Konzernabschluss) Beim *asset deal* aber ggf. nach oben begrenzt durch Anteil am Gesamtanschaffungspreis	Beizulegender Zeitwert, IFRS 3.4 f.
Selbst geschaffen	Herstellungskosten, §§ 253 Abs. 1 S. 1, 255 Abs. 2, 3 HGB – umfassen allgemeine Gemeinkosten Maßgeblicher Zeitpunkt: erstmalige Erfüllung der Vermögensgegenstandsdefinition (str.)	Herstellungskosten, IAS 38.24, IAS 38.65 ff. – umfassen allgemeine Gemeinkosten nur, wenn diese direkt (über einen Schlüssel) zurechenbar sind Maßgeblicher Zeitpunkt: gem. IAS 38.65 ab erstmaliger Erfüllung der Ansatzkriterien aus IAS 38.21 f. und IAS 38.57
Bestimmung des beizulegenden Zeitwerts	An IFRS angelehnte Bewertungshierarchie in § 255 Abs. 4 HGB: 1. Marktpreis auf aktivem Markt 2. Andere allgemein anerkannte Bewertungsverfahren (zur Schätzung des Marktpreises, wobei Marktdaten Vorrang haben) – Vergleichs- bzw. Multiplikatorverfahren – DCF-Verfahren – kostenorientierte Verfahren, z.B. Wiederbeschaffungspreis → Immaterialgüterrechte mangels eines aktiven Marktes i.d.R. erst auf Stufe 2 bewertbar	Bis Ende 2012 Bewertungshierarchie aus IAS 38.39 ff.: 1. Marktpreis a. auf aktivem Markt b. letzter vergleichbarer Geschäftsvorfälle 2. Andere Bewertungsverfahren (zur Schätzung des Marktpreises, wobei Marktdaten Vorrang haben): – Vergleichs- bzw. Multiplikatorverfahren – DCF-Verfahren – kostenorientierte Verfahren, z.B. Wiederbeschaffungspreis → Immaterialgüterrechte mangels eines aktiven Marktes i.d.R. erst auf Stufe 2 bewertbar

Folgebewertung Immaterialgüterrechte	**HGB**	**IFRS**
		Ab 2013: detaillierte Vorgaben in neuem IFRS 13, der aber ähnliche Bewertungshierarchie statuiert: sofern Marktpreise – wie regelmäßig bei Immaterialgüterrechten – nicht ermittelbar sind, ist im konkreten Bewertungsfall das Verfahren heranzuziehen, das am meisten auf marktbasierten Inputfaktoren (Marktdaten) aufbaut. Letztlich verbleibt es damit in der Regel bei der alten Hierarchie. Die Praxis der Bewertung wird sich daher bis auf die Berücksichtigung der strengeren Angabepflichten aller Voraussicht nach nicht verändern.
Grundlage für die Folgebewertung	Fortgeführte Anschaffungs- oder Herstellungskosten, § 253 Abs. 1 S. 1 HGB	Fortgeführte Anschaffungs- oder Herstellungskosten (IAS 38.74) oder ausnahmsweise beizulegender Zeitwert bei Neubewertung (IAS 38.75 ff.) → Folgebewertung für Immaterialgüterrechte mangels eines aktiven Marktes i.d.R. nur über fortgeführte Anschaffungs- oder Herstellungskosten

Folgebewertung Immaterialgüterrechte	**HGB**	**IFRS**
Planmäßige Abschreibung		
– Voraussetzung	Sofern Nutzungsdauer des Vermögensgegenstandes begrenzt, § 253 Abs. 3 S. 1 HGB Im Zweifel ist eine zeitliche Begrenzung anzunehmen (Vorsichtsprinzip) → Begrenzung bei Immaterialgüterrechten i.d.R. über maximale Schutzdauer bzw. Vertragslaufzeit (Ausnahme: vor allem Marken); im Einzelfall zu bestimmende (str.) betriebsindividuelle Nutzungsdauer, die Abschreibung zugrunde zu legen ist, ist aber oft kürzer	Sofern Nutzungsdauer Vermögenswert begrenzt, IAS 38.89 ff. Im Zweifel ist bei unbestimmbarer Nutzungsdauer eine unbegrenzte Nutzungsdauer anzunehmen, IAS 38.88 → Begrenzung bei Immaterialgüterrechten i.d.R. über maximale Schutzdauer bzw. Vertragslaufzeit (Ausnahme: vor allem Marken); im Einzelfall zu bestimmende betriebsindividuelle Nutzungsdauer, die Abschreibung zugrunde zu legen ist, ist aber oft kürzer
– Abschreibungsmethode	Hat tatsächlichem Nutzenverzehr zu entsprechen; im Zweifel linear → Bei Immaterialgüterrechten i.d.R. linear, aber auch degressiv, progressiv und leistungsbezogen möglich	Hat tatsächlichem Nutzenverzehr zu entsprechen, IAS 38.98; ist dieser nicht bestimmbar: linear, IAS 38.97 → Bei Immaterialgüterrechten i.d.R. linear, aber auch degressiv und leistungsbezogen werden in IAS 38.98 explizit genannt; daneben aber auch andere Methoden möglich

Folgebewertung Immaterialgüterrechte	HGB	IFRS
– Beginn	Ab Lieferung / Fertigstellung des Vermögensgegenstandes; Ausnahme: zeitlich danach liegender Nutzungsbeginn → Bei Immaterialgüterrechten i.d.R. mit Rechtseintragung bzw. -entstehung	Sobald Vermögenswert nutzbar ist, IAS 38.97 → Bei Immaterialgüterrechten i.d.R. mit Rechtseintragung bzw. -entstehung
– Restwert	Grundsatz = Null Ausnahme: Kaufverpflichtung eines Dritten nach Nutzungsende	Grundsatz = Null, IAS 38.100 Ausnahme: Kaufverpflichtung eines Dritten nach Nutzungsende oder Existenz eines aktiven Marktes, über den Restwert ermittelt werden kann, IAS 38.100(a),(b); letzterer bei Immaterialgüterrechten i.d.R. nicht vorhanden, s.o.
Außerplanmäßige Abschreibung	Jährliche Überprüfung aller Vermögensgegenstände auf Wertminderung, § 253 Abs. 3, S. 3 HGB: niedriger beizulegender Wert < Buchwert Bestimmung des niedrigen beizulegenden Wertes wie bei beizulegendem Zeitwert möglich, aber ohne Bewertungshierarchie Gem. § 253 Abs. 3, S. 3 HGB voraussichtliche Dauerhaftigkeit der Wertminderung erforderlich: mindestens für die Hälfte der Restnutzungsdauer oder für 5 Jahre zu erwarten	Wertminderungstest bei Anlass für Wertminderung eines Vermögenswerts zum Bilanzstichtag, IAS 38.111 i.V.m. IAS 36.9 Jährlicher Wertminderungstest von noch nicht nutzbaren immateriellen Vermögenswerten oder solchen mit unbegrenzter Nutzungsdauer auch ohne Anlass, IAS 38.108(a)

Folgebewertung Immaterialgüterrechte	HGB	IFRS
	Vermögensgegenstände werden nur einzeln auf Wertminderung geprüft	Jederzeitiger Wertminderungstest von noch nicht nutzbaren immateriellen Vermögenswerten oder solchen mit unbegrenzter Nutzungsdauer bei Anlass, IAS 38.108(b) Wertminderungstest (IAS 36): Erzielbarer Betrag (höherer Betrag aus Nettoverkaufswert und Nutzungswert) < Buchwert Dauerhaftigkeit der Wertminderung nicht erforderlich Wertminderungstest ist auf einzelne Vermögenswerte ausgelegt; i.d.R. wird er aber auf Ebene sog. zahlungsmittelgenerierender Einheiten (ZGEs) durchgeführt (vgl. IAS 36.22)
Wertaufholung	Wertaufholungsgebot bei Wegfall der Gründe für außerplanmäßige Abschreibung, § 253 Abs. 5 HGB Wertobergrenze für Zuschreibung: fortgeführte Anschaffungs- bzw. Herstellungskosten	Wertaufholungsgebot bei Wegfall der Gründe für außerplanmäßige Abschreibung, IAS 36.110 Wertobergrenze für Zuschreibung: fortgeführte Anschaffungs- bzw. Herstellungskosten, IAS 38.117

E. Ausweis und Angabepflichten

I. Ausweis und Angaben im Jahresabschluss nach HGB

Das Handelsrecht gibt in § 266 Abs. 2 HGB genaue Vorschriften für den Ausweis von Vermögensgegenständen in der Bilanz von Kapitalgesellschaften vor.[1482] Immaterielle Vermögensgegenstände sind nach der Gliederungsvorschrift in § 266 Abs. 2 A. I. HGB auf der Aktivseite der Bilanz an der ersten Position des Anlagevermögens auszuweisen, sofern sie diesem zuzurechnen sind. Das HGB untergliedert die immateriellen Vermögensgegenstände in § 266 Abs. 2 A. I. HGB dabei – für große und mittelgroße Kapitalgesellschaften gem. §§ 266 Abs. 1 S. 2, 267 Abs. 2 und 3 HGB zwingend – noch weiter:

A. Anlagevermögen

I. Immaterielle Vermögensgegenstände

1. *Selbst geschaffene gewerbliche Schutzrechte und ähnliche Rechte und Werte;*
2. *entgeltlich erworbene Konzessionen, gewerbliche Schutzrechte und ähnliche Rechte und Werte sowie Lizenzen an solchen Rechten und Werten;*
3. *Geschäfts- oder Firmenwert;*
4. *geleistete Anzahlungen;*

Aufgrund des neu geschaffenen Aktivierungswahlrechts für selbst geschaffene immaterielle Vermögensgegenstände erfolgt seit dem BilMoG die Untergliederung in Nr. 1 und Nr. 2 anhand der Zugangsform. Die explizit genannten gewerblichen Schutzrechte (Patente, Marken, Gebrauchs- und Geschmacksmuster, etc.)[1483], die ähnlichen Rechte (wie die Urheberrechte[1484]) und die Lizenzen sind daher abhängig von der Art des Zugangs gesondert im Posten Nr. 1 oder Nr. 2 auszuweisen.

Problematisch erscheint insofern allerdings, dass es auch Immaterialgüterrechte gibt, die weder selbst geschaffen noch entgeltlich erworben worden sind:

1482 Ebenso größenabhängig ist dieses Bilanzschema auch auf Genossenschaften (§ 336 Abs. 2 S. 1 HGB) und Personengesellschaften i.S.v. § 264a HGB anzuwenden. In seiner ungekürzten Form gilt es gem. § 298 Abs. 1 HGB für Unternehmen, die Konzernabschlüsse aufstellen müssen oder dies freiwillig tun sowie gem. § 5 Abs. 1 S. 2 PublG für dem PublG unterfallende Unternehmen.

1483 MüKo-HGB/*Reiner/Haußer*, § 266 HGB, Rn. 22.

1484 MüKo-HGB/*Reiner/Haußer*, § 266 HGB, Rn. 22.

Zu denken ist hier vor allem an im Wege der Schenkung zugegangene Immaterialgüterrechte.[1485] Diese Lücke ist dem Gesetzgeber augenscheinlich nicht bewusst gewesen.[1486] In keinem Fall darf deshalb aber die Aktivierung so erworbener Immaterialgüterrechte unterlassen werden. Dies würde gerade der Intention des BilMoG-Gesetzgebers zuwiderlaufen, die Informationsfunktion zu stärken. Vielmehr wird man sie unter Nr. 2 ausweisen müssen, da sie schon vom Wortsinn her nicht selbst geschaffen sind, aber zumindest erworben, wenn auch nicht entgeltlich. Eine klarstellende Umbenennung des Postens zu Nr. 2 in „sonstige" oder „anderweitig erworbene Konzessionen, gewerbliche Schutzrechte und ähnliche Rechte und Werte sowie Lizenzen an solchen Rechten und Werten" wäre sinnvoll, um Irreführungen von Anfang an zu vermeiden. Eine weitere Untergliederung der obigen Positionen, bspw. nach den einzelnen Rechten, wie Patenten oder Marken, ist den Unternehmen unter Beachtung der vorgeschriebenen Gliederung gem. § 265 Abs. 5 HGB freigestellt. Sie ist aus dem Blickwinkel der gesteigerten Informationsvermittlung in der Praxis zu befürworten.

Die Entwicklung der Bilanzposten des Anlagevermögens ist in der Bilanz oder im Anhang im sog. Anlagenspiegel bzw. -gitter[1487] darzustellen, § 268 Abs. 2 S. 1 HGB.[1488] Dabei sind gem. § 268 Abs. 2 S. 2, 3 HGB ausgehend von den gesamten Anschaffungs- und Herstellungskosten, die Zugänge, Abgänge, Umbuchungen und Zu- und Abschreibungen des Geschäftsjahrs sowie die Abschreibungen in ihrer gesamten Höhe gesondert aufzuführen. Der Anlagenspiegel wird dabei aus Übersichtlichkeitsgründen in der Praxis überwiegend in Form einer Matrix dargestellt.[1489] Die Entwicklung einzelner Immaterialgüterrechte oder einzelner Immaterialgüterrechtsarten kann hieraus allerdings in der Regel nicht abgeleitet werden, da sie den Posten A. I. Nr. 1 und 2 normalerweise ohne weitere Untergliederung zugeordnet werden.[1490]

Kapitalgesellschaften haben den Jahresabschluss gem. § 264 Abs. 1 S. 1 HGB[1491] um einen Anhang und einen Lagebericht zu erweitern. Durch den Anhang soll vor allem das Verständnis der in der Bilanz nur in komprimierter

---

1485 Siehe dazu oben unter C.I.3.b.bb.
1486 Vgl. BT-Drs. 16/10067, S. 63.
1487 Beck-BiKo/*Kozikowski/F. Huber*, § 268 HGB, Rn. 10.
1488 Gilt gem. § 298 Abs. 1 HGB auch für den Konzernabschluss.
1489 *Küting/Grau*, DStR 2011, 1387 (1388, 1390).
1490 *Tafelmeier*, S. 160.
1491 Bzw. gem. § 297 Abs. 1 S. 1 HGB für den Konzernabschluss.

Form vorliegenden Informationen verbessert werden.[1492] Im Anhang sind gem. § 284 Abs. 2 Nr. 1 HGB[1493] für jeden Posten der Bilanz und der Gewinn- und Verlustrechnung Angaben zu den angewandten Bilanzierungs- und Bewertungsmethoden zu machen. Die Pflicht zur Angabe bezieht sich allerdings nur auf solche Bereiche, in denen Alternativen bestehen oder bei denen es sich um Sonderfälle handelt.[1494] Unter die Angaben zu den Bilanzierungsmethoden fällt daher u.a. die Ausübung von Bilanzierungswahlrechten, wie das für selbst geschaffene immaterielle Güter in § 248 Abs. 2 S. 2 HGB.[1495] Bei den Bewertungsmethoden sind insbesondere das angewandte Bewertungsverfahren und ggf. bei planmäßiger Abschreibung die Abschreibungsmethode und die Nutzungsdauer darzulegen.[1496] Dies betrifft bei selbst geschaffenen Immaterialgüterrechten insbesondere auch Angaben zur Abgrenzung von Forschung und Entwicklung.[1497]

Immaterialgüterrechte sind in den Posten A. I. Nr. 1 oder 2 enthalten, so dass auf sie im Anhang in der Praxis nur dann separat eingegangen wird, wenn sie auch aus Sicht des Unternehmens wesentlich sind.[1498]

Außerplanmäßige Abschreibungen nach § 253 Abs. 3 S. 3 und 4 HGB sind gem. § 277 Abs. 3 S. 1 HGB[1499] im Anhang anzugeben oder gesondert auszuweisen.

Wird vom Aktivierungswahlrecht für selbst geschaffene immaterielle Güter in § 248 Abs. 2 S. 1 HGB Gebrauch gemacht, so sind gem. § 285 Nr. 22 HGB[1500] auch die gesamten Forschungs- und Entwicklungskosten des Geschäftsjahres sowie der davon auf selbst geschaffene immaterielle Vermögensgegenstände entfallende Betrag im Anhang anzuführen. Der Jahresabschlussleser kann sich so zumindest ein grobes Bild des Verhältnisses von Forschung und Entwicklung machen.[1501] Gem. § 288 Abs. 1 HGB sind kleine Kapitalgesellschaften von

1492 *Gerling*, S. 72.

1493 Bzw. gem. § 313 Abs. 1 Nr. 1 HGB für den Konzernabschluss.

1494 Ebenroth/Boujong/Joost/Strohn/*Wiedmann*, § 284 HGB, Rn. 15, 17; *Koller/Roth/Morck*, § 284 HGB, Rn. 6; MüKo-HGB/*Lange*, § 284 HGB, Rn. 39.

1495 Baumbach/Hopt/*Merkt*, § 284 HGB, Rn. 11; *Kirsch*, StuB 2008, 878 (878); Beck-BiKo/*Ellrott*, § 284 HGB, Rn. 87.

1496 Ausführlich hierzu MüKo-HGB/*Lange*, § 284 HGB, Rn. 45, 47 ff.; MüKo-AktG/*Kessler*, § 284 HGB, Rn. 70 ff.; Beck-BiKo/*Ellrott*, § 284 HGB, Rn. 106 ff.

1497 *Kirsch*, StuB 2008, 878 (879).

1498 *Dawo*, S. 270.

1499 Gem. § 298 Abs. 1 HGB auch für den Konzernabschluss.

1500 Gem. § 314 Abs. 1 Nr. 14 HGB für den Konzernabschluss.

1501 *Kirsch*, StuB 2008, 878 (881).

dieser Angabepflicht allerdings befreit. Sofern eine Aktivierung nach § 248 Abs. 2 S. 1 HGB unterbleibt oder keine selbst geschaffenen Vermögensgegenstände vorhanden sind, ist die Angabe von Forschungs- und Entwicklungskosten auch für die anderen Kapitalgesellschaften nicht verbindlich.[1502]

Um die gem. § 268 Abs. 8 HGB gegen Ausschüttung gesperrten Erträge aus der Aktivierung selbst geschaffener immaterieller Vermögensgegenstände offenzulegen, sind diese gem. § 285 Nr. 28 HGB im Anhang anzugeben.[1503] Da diese Angabe für alle Kapitalgesellschaften verpflichtend ist, erhalten die Abschlussadressaten bei kleinen Kapitalgesellschaften zumindest hierüber einen Einblick in den Betrag der aktivierten Entwicklungskosten.[1504]

Sollte der Jahresabschluss aufgrund besonderer Umstände kein den tatsächlichen Verhältnissen entsprechendes Bild der Vermögens- Finanz- und Ertragslage der Kapitalgesellschaft liefern, sind zudem gem. § 264 Abs. 2 S. 2 HGB zusätzliche Angaben im Anhang zu machen. Dies kann auch Immaterialgüterrechte betreffen. Im Hinblick auf die sonst schon im Anhang und im Lagebericht (s. sogleich) geforderten zahlreichen Angaben, sind diese Fälle allerdings selten.[1505]

Im Lagebericht sind gem. § 289 Abs. 1 HGB die für die Beurteilung der künftigen Ertragsaussichten des Unternehmens wichtigen Aspekte genauer zu erläutern. So ist z.B. denkbar, dass eine selbst geschaffene und daher nicht bilanzierte Marke den Geschäftsverlauf nachhaltig positiv beeinflusst und daher Angaben erforderlich sind. Die Bayer AG weist bspw. in ihrem Konzernabschluss 2009 darauf hin, dass ihren Marken bei patentfreien und nicht mehr patentgeschützten Produkten aufgrund des hohen Wettbewerbsdrucks besondere Bedeutung zukommt.[1506] Auch das Auslaufen eines wichtigen selbst geschaffenen Patentes,[1507] bei dem eine Aktivierung nach § 248 Abs. 2 HGB unterlassen wurde bzw. das vor dem BilMoG geschaffen wurde und damit nicht aktivierbar war, ist hierunter zu fassen. Explizit werden in § 289 Abs. 2 Nr. 3 HGB[1508] die Entwicklungs- und Forschungstätigkeiten genannt, auf die im Lagebericht eingegangen werden soll. Die Erläuterung muss aber nur soweit ins Detail gehen, als dass dadurch nicht die schutzwürdigen Interessen des Unternehmens gefährdet werden, weil

1502 *Küting/Ellmann*, S. 280; Beck-BiKo/*Ellrott*, § 285 HGB, Rn. 391.
1503 *Kirsch*, StuB 2008, 878 (883).
1504 *Küting/Ellmann*, DStR 2010, 1300 (1305).
1505 Beck-BiKo/*Winkeljohann/Schellhorn*, § 264 HGB, Rn. 50.
1506 Bayer AG, S. 201.
1507 Beck-BiKo/*Winkeljohann/Schellhorn*, § 264 HGB, Rn. 50.
1508 Bzw. in § 315 Abs. 2 Nr. 3 HGB für den Konzernabschluss.

die Konkurrenz sich ansonsten die Informationen aus dem Lagebericht zu Nutze machen könnte.[1509]

II. Ausweis und Angaben im Jahresabschluss nach den IFRS

IAS 38 regelt den Bilanzausweis von immateriellen Vermögenswerten und damit auch von Immaterialgüterrechten nicht. Vielmehr sind für sie auch die allgemeinen Vorschriften aus IAS 1 anzuwenden.[1510] In IAS 1.54 werden die Mindestangaben an Posten aufgelistet, die im Rahmen eines Abschlusses nach IFRS in der Bilanz auszuweisen sind. Die angeführten Posten sind nach Ansicht des IASB ihrem Wesen nach so verschieden, dass sie getrennt voneinander darzustellen sind.[1511] So sind immaterielle Vermögenswerte insbesondere separat von den Sachanlagen und finanziellen Vermögenswerten zu erfassen.[1512] Eine Reihenfolge in der Gliederung oder ein bestimmtes Format ist aber im Gegensatz zum HGB nicht vorgeschrieben.[1513] Auch eine weitere Untergliederung wird – anders als im HGB – nicht festgelegt. Weitere Unterposten sind aber gem. IAS 1.77 in Abhängigkeit von der Geschäftstätigkeit des Unternehmens entweder in der Bilanz oder im Anhang anzugeben. Der Detaillierungsgrad hängt dabei von der Größe, Art und Funktion der Posten für das Verständnis der Vermögens- und Finanzlage ab.[1514]

Um der Informationsfunktion des IFRS-Abschlusses gerecht zu werden, werden von IAS 38.118 ff. zusätzlich detaillierte Angaben zu den immateriellen Vermögenswerten und damit auch zu den Immaterialgüterrechten im Anhang gefordert.

Gem. IAS 38.118 werden zunächst für Gruppen von immateriellen Vermögenswerten bestimmte Angaben gefordert. Zu einer Gruppe gehören immaterielle Vermögenswerte, die hinsichtlich ihrer Art und ihrem Verwendungszweck innerhalb des Unternehmens ähnlich sind.[1515] Als Beispiele für separate Gruppen werden in IAS 38.119 genannt:

1509 *Kuhn*, DStR 1993, 491 (492).

1510 *Baetge/v. Keitz*, IAS 38, Rn. 150.

1511 IAS 1.57.

1512 IAS 1.54; siehe zu den Gründen auch schon oben B.I.2.

1513 Vgl. IAS 1.57.

1514 IAS 1.78 i.V.m. IAS 1.58; siehe auch IAS 1.55; IAS 1.57.

1515 IAS 38.119.

(a) Markennamen;
(b) Drucktitel und Verlagsrechte;
(c) Computersoftware;
(d) Lizenzen und Franchiseverträge;
(e) Urheberrechte, Patente und sonstige gewerbliche Schutzrechte, Nutzungs- und Betriebskonzessionen;
(f) Rezepte, Geheimverfahren, Modelle, Entwürfe und Prototypen; und
(g) immaterielle Vermögenswerte in Entwicklung.

Diese Gruppen können wiederum weiter untergliedert oder zusammengefasst werden, solange dadurch die Relevanz der so zur Verfügung gestellten Informationen gesteigert wird.[1516] Allerdings ist stets zwingend zwischen Gruppen selbst geschaffener immaterieller Vermögenswerte und sonstiger immaterieller Vermögenswerte zu unterscheiden.[1517]

Für die so eingeteilten Gruppen von immateriellen Vermögenswerten werden gem. IAS 38.118 verbindlich u.a. folgende Angaben verlangt:

- ob die Nutzungsdauer begrenzt oder unbegrenzt ist,
- bei begrenzter Nutzungsdauer: Abschreibungsmethode und Abschreibungssätze,
- der Bruttobuchwert und die kumulierten Abschreibungen und Wertminderungsaufwendungen zu Beginn und zum Ende der Periode und
- die Posten der Gesamtergebnisrechnung, in denen diese Abschreibungen auf immaterielle Vermögenswerte enthalten sind.

Die Entwicklung der Buchwerte im Geschäftsjahr ist darzustellen, wobei vor allem Zu- und Abgänge, Wertminderungen und -aufholungen nach IAS 36, planmäßige Abschreibungen sowie sonstige Buchwertänderungen gesondert darzulegen sind.[1518] Genauere Vorgaben für die Darstellung dieser Entwicklung gibt es nicht.[1519] In der Praxis hat sich allerdings die Erstellung eines Anlagenspiegels in Matrixform etabliert.[1520]

Zusätzlich sind daneben auch die in IAS 36.126 ff. geforderten Informationen über die nach IAS 36 im Wert geminderten immateriellen Vermögenswerte anzugeben.[1521]

1516 IAS 38.119.
1517 IAS 38.118.
1518 IAS 38.118(e), der die Angabepflichten noch detaillierter beschreibt.
1519 *Küting/Grau*, DStR 2011, 1387 (1388).
1520 Hierzu ausführlich *Küting/Grau*, DStR 2011, 1387 (1389 f.).
1521 IAS 38.120.

Ist für die Bewertung einzelner (immaterieller) Vermögenswerte der beizulegende Zeitwert (*fair value*) als Maßstab herangezogen worden, statuieren die IFRS 13.91-99 zusätzliche minimale Angabepflichten, deren Umfang von der Güte, also der Hierarchiestufe der zugrundeliegenden Inputfaktoren für die Bewertung zusammenhängt.[1522]

Über IAS 8 sind zudem bei wesentlichen Änderungen von Schätzungen Angaben zu Art und Höhe der Änderung zu machen.[1523] IAS 38.121 nennt als mögliche Beispiele hierfür veränderte Einschätzungen von Nutzungsdauer, Abschreibungsmethode und Restwert. So können bspw. neue technische Fortschritte, die die durch ein Patent geschützte Erfindung überflüssig machen werden, die Nutzungsdauer dieses Patentes verkürzen.

Für einzelne immaterielle Vermögenswerte fordert daneben IAS 38.122 weitere verpflichtende Angaben. So wird u.a.[1524] bei immateriellen Vermögenswerten mit unbegrenzter Nutzungsdauer verlangt, den Buchwert und die wesentlichen Gründe für die Einschätzung der Nutzungsdauer als unbegrenzt anzugeben, wobei insbesondere die in IAS 38.90 aufgeführten Faktoren zu berücksichtigen sind.[1525] Bei für den Abschluss wesentlichen immateriellen Vermögenswerten sind zudem eine Beschreibung, der Buchwert und der verbleibende Abschreibungszeitraum verpflichtend mit in den Anhang aufzunehmen.[1526] Ab wann von einer Wesentlichkeit für den Abschluss auszugehen ist, wird allerdings nicht festgelegt. Insofern besteht für den Bilanzierenden ein Ermessensspielraum.[1527]

Für Gruppen nach dem Neubewertungsmodell bewerteter immaterieller Vermögenswerte gelten die in IAS 38.124 f. niedergelegten besonderen Angabepflichten.

Zudem sind gem. IAS 38.126 f. Angaben zu den direkt zurechenbaren und in der Berichtsperiode als Aufwand erfassten Forschungs- und Entwicklungskosten zu machen. Als Orientierungshilfe für eine direkte Zurechenbarkeit gelten dabei die aus IAS 38.66 f. bekannten Kriterien.[1528]

1522 Siehe hierzu auch Lüdenbach/Hoffmann/*Freiberg*, § 8a, Rn. 41, 85 ff.; vgl. auch IFRS 13.D93 für Folgeänderungen in IAS 38.124.

1523 IAS 38.121.

1524 Zu weiteren hier nicht so relevanten aber angabepflichtigen Tatbeständen siehe IAS 38.122.

1525 IAS 38.122(a); IAS 38.123.

1526 IAS 38.122(b).

1527 *Baetge/v. Keitz*, IAS 38, Rn. 155.

1528 IAS 38.127.

Neben diesen verpflichtenden Angaben wird dem Bilanzierenden in IAS 38.128 empfohlen, weitere freiwillige Angaben zu machen. So sollen zunächst vollständig abgeschriebene, aber noch genutzte immaterielle Vermögenswerte beschrieben werden.[1529] Daneben wird eine kurze Beschreibung der wesentlichen immateriellen Vermögenswerte in der Verfügungsgewalt des Unternehmens, die nicht ansetzbar sind oder waren, vorgeschlagen.[1530] Die Einschätzung als wesentlich liegt auch hier im Ermessen des Bilanzierenden. Als wesentlich sollten z.B. selbst geschaffene und daher nicht bilanzierte Marken eingeordnet werden, die aufgrund ihrer Stärke einen nachhaltigen positiven Einfluss auf den Geschäftsverlauf haben.

1529 IAS 38.128(a).
1530 IAS 38.128(b).

F. De lege ferenda Empfehlungen

I. Überblick

Die Untersuchung hat gezeigt, dass sowohl im HGB als auch den IFRS Lücken und Inkonsistenzen in Bezug auf die eigenen Zielsetzungen bestehen und damit auch Reformbedarf vorliegt. Während im HGB[1531] sowohl die Informationsvermittlung als auch die Kapitalerhaltung gleichrangig Berücksichtigung finden sollen, sind die IFRS[1532] vorrangig auf die Informationsvermittlung ausgelegt. Diese Zielsetzungen der beiden Rechnungslegungssysteme im Blick, werden im Folgenden Vorschläge für einzelne Änderungen an den bestehenden Normen und Standards insbesondere in Bezug auf Ansatz und Bewertung von Immaterialgüterrechten gemacht.[1533]

Dort wo es sinnvoll erscheint, werden die Vorschläge für beide Rechnungslegungssysteme gemeinsam erörtert. Unterschiede, Ergänzungen und Besonderheiten des jeweiligen Rechnungslegungssystems werden – soweit notwendig – gesondert dargestellt.

II. Definition eines Vermögensgegenstandes bzw. Vermögenswertes

Um überhaupt in der Bilanz angesetzt werden zu können, muss ein Gut – unabhängig davon, ob es immateriell, finanziell oder materiell ist – zunächst die Definition eines Vermögensgegenstandes (HGB) bzw. Vermögenswertes (IFRS) erfüllen. Bei dieser Bedeutung erstaunt es, dass sich im HGB im Gegensatz zu den IFRS keine entsprechende Definition findet. Es handelt sich vielmehr um einen nicht kodifizierten GoB, der unter Zuhilfenahme der Jahresabschlusszwecke, der gesetzlichen Regelungen und der anderen GoB auszulegen ist.[1534] Im Schrifttum wurden daher eine Reihe verschiedenster Definitionsansätze für Vermögensgegenstände

1531 Hierzu ausführlich B.II.1.d

1532 Hierzu ausführlich B.II.2.d.

1533 Für mögliche Änderungen und Erweiterungen der Ausweis- und Angabepflichten bzw. der Berichterstattung, siehe die ausführlichen Darstellungen bei *Lutz-Ingold*, S. 248 ff., 252 f. und *Dawo*, S. 328 ff.

1534 Baetge/Kirsch/*Thiele*, § 246 HGB, Rn. 31; *Dawo*, S. 51.

entwickelt,[1535] weswegen der Vermögensgegenstandsbegriff auch zu einem der umstrittensten Bereiche der nationalen Rechnungslegung gehört.[1536]

Auch durch das BilMoG wurde der Vermögensgegenstandsbegriff nicht gesetzlich festgeschrieben.[1537] In der Gesetzesbegründung findet sich allerdings das klare Bekenntnis des Gesetzgebers zur selbstständigen Verwertbarkeit als ausschlaggebendes Merkmal für einen Vermögensgegenstand:[1538] Ein solcher soll vorliegen, wenn ein Gut nach der Verkehrsanschauung im jeweiligen Einzelfall einzeln verwertbar ist. Damit folgt der Gesetzgeber der herrschenden[1539] und auch hier (in erweiterter Auslegung) vertretenen[1540] Auffassung.

Der deutsche Gesetzgeber hätte daher gut daran getan, diese Definition direkt ins Gesetz aufzunehmen, um für den Anwender auch insofern Klarheit zu schaffen. Durch eine solche Festlegung liefe er auch nicht Gefahr den Begriff des Vermögensgegenstandes zu weit einzuengen. Vielmehr zeigen die Darlegungen[1541] zur Konkretisierung der selbstständigen Verwertbarkeit, dass es sich vor allem in Randbereichen weiterhin um einen auslegungsbedürftigen und -fähigen Begriff handelt, der durch die GoB weiterhin ausgefüllt werden kann und sollte. Eine klare gesetzliche Definition im HGB würde aber zumindest die vom Gesetzgeber ohnehin gewollte Grundausrichtung gesetzlich verankern und potentiellen Fehlinterpretationen[1542] vorbeugen.

III. Vereinfachung des Ansatzes von Immaterialgüterrechten

Beide Rechnungslegungssysteme stellen für den Ansatz von immateriellen Gütern und damit auch für den Ansatz von Immaterialgüterrechten restriktivere Regeln als für materielle Güter auf. Begründet wird dies vor allem mit der höheren Unsicherheit über die Existenz der nicht greifbaren immateriellen Güter und den

1535 Siehe hierzu oben C.I.2.
1536 *Roß*, S. 233; vgl. auch *Schmidbauer*, DStR 2003, 2035 (2037).
1537 *Stibi/Fuchs*, DB 2009, Beilage 5, 9 (13).
1538 Siehe BT-Drs. 16/10067, S. 50 im Zusammenhang mit selbst erstellten Gütern.
1539 Siehe C.I.2.b.dd.
1540 Siehe C.I.2.d.
1541 Siehe C.I.2.d.
1542 Siehe bspw. unter C.I.2.d.cc zur kontroversen Diskussion um zusätzliche Kriterien für das Vorliegen eines Vermögensgegenstands.

daraus folgenden Schwierigkeiten bei ihrer Bewertung.[1543] Sie gelten deshalb auch als „ewige Sorgenkinder des Bilanzrechts“[1544] oder „nebulöse Bilanzposten“[1545], deren Eigenschaft als Vermögensgegenstand oder Vermögenswert sich zweifelsfrei nur *ex post* beurteilen lasse.[1546]

Indes erscheint es aber schon fraglich, ob immaterielle Güter per se eine höhere Unsicherheit in ihrer Existenz aufweisen als materielle Güter.[1547] Auch materiellen Gütern haften häufig dieselben Risiken an bzw. teilen sie ihr Schicksal vielfach mit den immateriellen Werten, da die zu treffenden Prognoseentscheidungen und Bewertungsprobleme dieselben sind:[1548] So ist bspw. eine Spezialmaschine zur Herstellung eines patentgeschützten Produkts hinsichtlich ihrer Werthaltigkeit letztlich genauso von dem Erfolg des Produktes abhängig, wie das zugrunde liegende Patent. Dies spiegelt sich auch in der oft schwierigen Abgrenzung, was als materiell oder immateriell einzustufen ist, wider.[1549] Letztlich stellt ohnehin jede Entscheidung über die Vermögensgegenstands- bzw. Vermögenswerteigenschaft eines Gutes und seine Werthaltigkeit im Rahmen der Unternehmensfortführung auch eine mit einer gewissen Unsicherheit behaftete Prognoseentscheidung dar.[1550] Denn fast alle Bilanzposten beruhen aufgrund dieser Unsicherheit auf Schätzungen, die immer nur plausibel, jedoch grundsätzlich nie in der *ex post* Betrachtung hundertprozentig richtig sein können.[1551]

Es scheint also vielmehr die physische (tatsächliche) Greifbarkeit eines Objektes den Ausschlag dafür zu geben, dass es als wertbeständig und damit sicher gilt und ihm deshalb geringere Hürden für die Bilanzierung aufgestellt werden.[1552]

1543 BT-Drs. 16/10067, S. 49 f.; BR-Drs. 344/08, S. 106; *Baetge/Kirsch/Thiele*, S. 249; *Küting/Ellmann*, DStR 2010, 1300 (1306); *v. Keitz*, S. 35; *Bentele*, S. 31; *Adler/Düring/Schmaltz*, § 248 HGB, Rn. 14.

1544 *Moxter*, BB 1978, 1102 (1102).

1545 *Küting/Ellmann*, DStR 2010, 1300 (1306).

1546 *Mindermann*, WPg 2008, 273 (275).

1547 Vertiefend *Lüdenbach/Hoffmann*, Beihefter zu DStR 30 2008, 49 (53 ff.) mit Beispielen.

1548 *Lüdenbach/Hoffmann*, Beihefter zu DStR 30 2008, 49 (53 f.); *Hoffmann*, PiR 2009, 308 (308).

1549 Siehe hierzu oben C.I.3.b.bb(1)(a).

1550 Vgl. *Theile*, WPg 2008, 1064 (1068).

1551 *Hoffmann*, PiR 2009, 308 (308).

1552 *Lüdenbach/Hoffmann*, Beihefter zu DStR 30 2008, 49 (54).

Lüdenbach/Hoffmann sprechen daher in diesem Zusammenhang auch von dem im Hintergrund waltenden Grundsatz der haptischen Bilanzierung.[1553]

Richtig ist, dass in Summe immaterielle Güter nicht so leicht zu identifizieren und quantifizieren sind wie materielle Güter. Bei ihnen bestehen in ihrer Gesamtheit also eher Einschätzungsspielräume als bei materiellen Gütern. Als Beispiele hierfür seien Werbemaßnahmen, der Kundenstamm oder das Know-How eines Unternehmens zu nennen, die oft nur schwer eindeutig abgrenzbar sind. Die Rechnungslegungssysteme unterstellen allerdings gleichsam die ganze Gattung der immateriellen Güter diesem Generalverdacht. Sie werden also in ihrer Gesamtheit als unsicherer eingestuft als materielle, weswegen ihnen eine andere Risikoklassifizierung zu Teil wird.[1554] Es wird argumentiert, dass dies zwar im Einzelfall ungerecht sein könne, im Gegensatz zu kostspieligen Einzelfallbetrachtungen aber nicht zu Rechtsunsicherheit führe.[1555]

Ist allerdings ein quasi-dingliches und damit absolutes Recht – wie die hier behandelten Immaterialgüterrechte – bereits entstanden, so ist es ähnlich bilanziell „greifbar“ wie ein materielles Gut. Denn diese Immaterialgüterrechte sind genau wie materielle Gegenstände vom Geschäfts- oder Firmenwert aufgrund der sie flankierenden Inhaberrechte abtrennbar und so jederzeit einzeln nachweisbar.[1556] Steht das Vorhandensein eines immateriellen Vermögensgegenstandes oder -wertes erst einmal fest, so unterliegt er im Hinblick auf die Unwägbarkeiten bei der Nutzungsdauer und der Werthaltigkeit regelmäßig denselben Problemen wie die materiellen Vermögensgegenstände bzw. -werte.[1557] Insbesondere Immaterialgüterrechte, die als quasi-dingliches Recht einen Existenznachweis erbringen, sollten folglich im Rahmen des Ansatzes bevorzugt gegenüber den anderen immateriellen Gütern behandelt werden. Insofern findet auch keine potentiell Rechtsunsicherheit begründende Einzelfallbetrachtung statt, vielmehr wird eine ganz bestimmte Gruppe von immateriellen Gütern – die Immaterialgüterrechte – von der generalisierenden Risikoklassifizierung ausgenommen.

Die IFRS tragen dem zwar schon teilweise durch die automatische Erfüllung der Identifizierbarkeit als wichtiger Ansatzvoraussetzung Rechnung, sofern

1553 *Lüdenbach/Hoffmann*, Beihefter zu DStR 30 2008, 49 (54).

1554 *Haaker*, PiR 2009, 307 (307).

1555 *Haaker*, PiR 2009, 307 (307).

1556 Vgl. *Hommel*, zfbf 1997, 345 (354); vgl. auch *Lutz-Ingold*, S. 245 und *Simon*, S. 166, 168 f. in Bezug auf Rechte allgemein.

1557 Vgl. die Beispiele bei *Lüdenbach/Hoffmann*, Beihefter zu DStR 30 2008, 49 (53 f.) und *Hoffmann*, PiR 2009, 308 (308).

ein rechtlicher Schutz vorliegt. Sie stellen aber genauso weitere Hürden für die Aktivierung immaterieller Güter und damit auch für Immaterialgüterrechte auf, die materielle Güter nicht zu erfüllen haben. Hier wäre eine konsequentere Freizeichnung, die der herausgehobenen Stellung von Immaterialgüterrechten innerhalb der immateriellen Güter gerecht wird, sinnvoll. Vor allem die Einfügung einer normierten Vermutung für die Erfüllung der sonstigen Ansatzvoraussetzungen durch bereits entstandene quasi-dingliche Immaterialgüterrechte wie Marken und Patente wäre empfehlenswert.

Eine Freistellung aller rechtlich geschützten Positionen von der Erfüllung der Identifizierbarkeit (und ggf. weiterer Ansatzvoraussetzungen) erscheint allerdings zu weitgehend. Letztlich sind nämlich die meisten Güter zumindest über § 17 UWG als Geschäfts- oder Betriebsgeheimnis rechtlich geschützt.[1558] Es wäre insofern angebracht, im gleichen Zuge die IFRS dahingehend einzuschränken, dass die automatische Erfüllung der Identifizierbarkeit nicht an das Vorhandensein eines Rechtes oder einer Rechtsposition, sondern an das eines absoluten Rechts, wie der hier betrachteten Immaterialgüterrechte, zu knüpfen ist. Weitere Rechtspositionen müssten dann ebenso wie rechtlich nicht geschützte Güter auf ihre Identifizierbarkeit und damit Separierbarkeit im Einzelfall geprüft werden.

Im HGB werden Immaterialgüterrechte im Gegensatz zu den IFRS von Gesetzeswegen überhaupt nicht gesondert behandelt. Insoweit erscheint es nur konsequent, auch im HGB eine Vereinfachung der Aktivierung von Immaterialgüterrechten gegenüber immateriellen Gütern allgemein herbeizuführen. Ähnlich wie der BFH[1559] bei seiner Auslegung des Begriffs Vermögensgegenstand die bilanzielle Greifbarkeit und damit die Trennbarkeit vom Geschäfts- oder Firmenwert bei Rechten und rechtsähnlichen Positionen unterstellt,[1560] sollte neben der gesetzlichen Verankerung einer Vermögensgegenstandsdefinition (siehe oben) aus Klarstellungsgründen auch eine gesetzliche Vermutung für ihre Erfüllung durch absolute Rechte aufgenommen werden. Diese hat allerdings aus den bereits genannten Gründen nicht die weiteren Rechtspositionen zu umfassen.[1561]

Als Folge hieraus sind tatsächlich entstandene Immaterialgüterrechte – auch wenn sie selbst geschaffen sind – nach beiden Rechnungslegungssystemen stets

1558 HdJ/*Kuhner,* Abt. II/1, Rn. 41.

1559 Vgl. bspw. BFH BStBl. II 2005, 167 (168).

1560 Siehe hierzu oben C.I.2.c.

1561 So aber wohl *Lutz-Ingold*, S. 245, der sich auf Rechte allgemein bezieht.

ansetzbar. Die Erfüllung der besonderen Voraussetzungen hierfür wird also ebenso vermutet.

Dies sagt allerdings noch nichts über die Frage der Bewertung dieser Güter aus. Die sich aus dieser Feststellung ergebenden Folgefragen werden in den nächsten Abschnitten betrachtet.

IV. Abschaffung des Ansatzverbotes für bestimmte selbst geschaffene Immaterialgüterrechte und ihre Bewertung

Gesteht man den unter III. klassifizierten Immaterialgüterrechten eine solche hervorgehobene Position zu, müssten für sie im gleichen Zug auch die in § 248 Abs. 2 S. 2 HGB und IAS 38.54 statuierten Ansatzverbote im Fall der Selbsterstellung abgeschafft werden.[1562] Insbesondere selbst geschaffene Marken würden so grundsätzlich aktiviert werden können. Allerdings wird das Problem ihnen einen Wert zuzuweisen dadurch nicht beseitigt. Insbesondere bei Marken bleibt es schwer, die Kosten für die Herstellung von den Ausgaben für die Entwicklung des Unternehmens als Ganzes und damit vom originären Geschäfts- oder Firmenwert verlässlich abzugrenzen. Trotz der Tatsache, dass sie als absolutes Recht von diesem abtrennbar sind, ist also nicht immer klar, wie groß der abzutrennende Teil ist bzw. sein müsste.

Zumindest über eine Bewertung zum beizulegenden Zeitwert ist eine Wertzumessung aber auch für Marken möglich. Es erscheint widersinnig ihnen im Rahmen eines Unternehmenszusammenschlusses eine zuverlässige Bewertbarkeit über den beizulegenden Zeitwert zuzuerkennen,[1563] bei Selbsterstellung aber diese Möglichkeit für eine solche Bewertung außen vor zu lassen. Denn gerade eine Marke kann mitunter den zentralen Wert eines Unternehmens darstellen – unabhängig von der Zugangsart.

Als Ausgangspunkt für die Bewertung sollten aber dennoch zunächst die durch das Unternehmen als Kosten für die Erstellung der Marke klassifizierten Ausgaben genommen werden. Selbige müssten dann durch eine neu einzufügende

---

1562 Ähnlich *Lutz-Ingold*, S. 245 zur alten Fassung von § 248 Abs. 2 HGB, der ein Ansatzverbot für alle selbst geschaffenen immateriellen Vermögensgegenstände statuierte.

1563 Siehe D.I.2.b.dd und D.II.2.b.dd.

Regelung für die bislang § 248 Abs. 2 S. 2 HGB bzw. IAS 38.54 unterfallenden Immaterialgüterrechte durch den beizulegenden Zeitwert nach oben hin begrenzt werden, um eine verlässliche Bewertung zu gewährleisten. Andernfalls würde eine Möglichkeit geschaffen den originären Geschäfts- oder Firmenwert doch zu aktivieren. Eine ähnliche Vorgehensweise wird heute schon ohne gesetzliche Verankerung bei entgeltlichen Transaktionen zwischen Konzernunternehmen praktiziert, wenn der Erwerber einen deutlich über dem beizulegenden Zeitwert liegenden Kaufpreis gezahlt hat.[1564] Was u.a. dem Umstand geschuldet ist, dass es schon heute bilanzpolitisch üblich ist, die geltenden Ansatzverbote durch die Auslagerung der Selbsterstellung an Tochterunternehmen und den späteren entgeltlichen und damit zur Ansatzpflicht führenden Erwerb der erstellten Güter zu umgehen.[1565]

Als Standardvorgehen für eine verlässliche Bewertung zum beizulegenden Zeitwert sollte nach dem oben Gesagten[1566] dabei auf DCF-Verfahren, deren Cashflows über eine Lizenzpreisanalogie bestimmt werden, zurückgegriffen werden. Die Vergleichslizenzrate sollte innerhalb einer möglichen Schwankungsbreite an Lizenzraten durch nachvollziehbare qualitative Kriterien bestimmt werden, um ein Höchstmaß an Objektivität zu gewährleisten.

V. Ansatzwahlrecht oder Ansatzpflicht bei selbst geschaffenen immateriellen Gütern

1. HGB

Die Einführung des Ansatzwahlrechts für selbst geschaffene immaterielle Vermögensgegenstände in § 248 Abs. 2 S. 1 HGB durch das BilMoG wurde teilweise[1567] heftig kritisiert. Vor allem wird angeführt, dass das Wahlrecht zur Aktivierung selbst geschaffener Vermögensgegenstände dem Ziel des BilMoG den Informationsnutzen eines HGB-Abschlusses zu steigern, entgegenstehe:[1568] Denn zum einen müsse die Information über ein Unternehmen im Hinblick auf

1564 Siehe dazu MüKo-HGB/*Ballwieser*, § 253 HGB, Rn. 29.

1565 *Hoffmann*, PiR 2009, 308 (308).

1566 Siehe dazu ausführlich D.I.2.b.ee.

1567 *Küting/Ellmann*, DStR 2010, 1300 (1305 f.); *Küting/Ellmann*, S. 274; Moxter, DB 2008, 1514 (1515).

1568 *Küting/Ellmann*, S. 274; *Küting/Pfirmann/Ellmann*, KoR 2008, 687 (691).

seine immateriellen Vermögensgegenstände nicht vollständig sein. Und zum anderen würden Wahlrechte immer die Vergleichbarkeit von einzelnen Abschlüssen untereinander erschweren.

Insofern könnte man auch für das HGB eine Ansatzpflicht fordern, wie sie in den IFRS enthalten ist und zunächst auch im Referentenentwurf für das HGB vorgesehen war.[1569] Allerdings darf dabei nicht aus den Augen gelassen werden, dass es sich auch bei der Ansatzpflicht für selbst geschaffene immaterielle Vermögenswerte in den IFRS aufgrund der sehr weiten und interpretationsbedürftigen Ansatzvoraussetzungen, die größtenteils auf Einschätzungen des Managements zurückgreifen, faktisch ebenso um ein Wahlrecht handelt.[1570] Dies hätte aufgrund der an die IFRS angelehnten Abgrenzung im Rahmen des Referentenentwurfes auch für das HGB nach dem BilMoG gegolten. Von daher bewirkt das ausdrückliche Wahlrecht im (neuen) deutschen HGB sogar eher eine Klarstellung im Vergleich zu den IFRS. Zumindest greift der Einwand, dass bei einer Ansatzpflicht Vergleichbarkeit und Informationsniveau im Gegensatz zu einem Wahlrecht deutlich angehoben werden, nicht.

Das Ansatzwahlrecht ermöglicht es hingegen vor allem forschungsintensiven Unternehmen, die Ergebnisse ihrer Arbeit auch selbst zu aktivieren und damit den Wert ihrer Vermögensgegenstände auch in der Bilanz widerspiegeln zu lassen. Unternehmen, bei denen selbst geschaffene immaterielle Vermögensgegenstände keine zentrale Rolle spielen, haben daneben aufgrund des Wahlrechts aber die Chance, der mitunter schwierigen und aufwändigen Abgrenzung im Rahmen des Ansatzes und der Bewertung zu entgehen und ihre bisherige Bilanzierungspraxis beizubehalten.

2. IFRS

Auch für die IFRS stellt sich nach dem oben Gesagten die Frage, ob am derzeitigen Status quo festgehalten werden sollte. Es kommen letztlich drei Möglichkeiten infrage: Die Beibehaltung der aktuellen Regelung, die Konkretisierung und Verschärfung der Ansatz- und Ausweisvorschriften oder die Einführung eines echten Ansatzwahlrechtes wie im HGB.

1569 Siehe hierzu C.I.3.b.
1570 Siehe C.II.3.c.dd.

Die Beibehaltung der derzeitigen Regelung erscheint dabei nach dem oben Gesagten als schlechteste Lösung – wird doch mit einem faktischen Wahlrecht die trügerische Sicherheit der Vollständigkeit erzeugt, die in Wirklichkeit nicht besteht.

Auch eine weitere Konkretisierung der Ansatzvorschriften ist insofern kaum von Nutzen, da sie letztlich in diesem Bereich weiterhin im Kern von Managementeinschätzungen abhängen werden.

Zwar wäre es auch denkbar, zwingend vor dem Ansatz durch das Unternehmen eine objektivierende Bewertung von außen, bspw. durch einen Wirtschaftsprüfer, einzuführen. Gleichzeitig würde dies aber dazu führen, dass das System weiter verkompliziert und damit zudem verteuert wird. Zumal auch ein Wirtschaftsprüfer im Endeffekt auf die Angaben des Unternehmens für seine Einschätzungen angewiesen ist, wenn es keine anderen externen Informationen gibt.

Daneben könnte man über die Forderung an den Bilanzierenden nachdenken, auch das Nichtvorliegen der Voraussetzungen für eine Aktivierung verpflichtend nachzuweisen. Zwar würde dies wahrscheinlich das faktische Wahlrecht eindämmen bzw. es für den Bilanzierenden schwieriger machen, einen Vermögenswert nicht zu aktivieren. Da es aber wesentlich einfacher ist, einem Vermögenswert eine der Voraussetzungen für die Aktivierung abzuerkennen, würde die Gesamtproblematik hierdurch nicht gelöst werden. Dies gilt nach dem oben Gesagten nicht nur für die immateriellen Güter, sondern auch für die Immaterialgüterrechte: Bei ihnen wird nach dem Vorschlag unter III. zwar die Erfüllung der Voraussetzungen vermutet, diese Vermutung kann aber immer noch entkräftet werden.

Letztlich wird hier daher dafür plädiert, auch in den IFRS ein Ansatzwahlrecht aufzunehmen und zwar verbunden mit der Pflicht zum Hinweis im Abschluss, dass von ihm nicht Gebrauch gemacht wurde. Dadurch werden die Abschlussadressaten zumindest darauf hingewiesen, dass ein solches nicht nur faktisch, sondern tatsächlich besteht und wüssten, wann von ihm nicht Gebrauch gemacht wurde.

VI. Nachaktivierung von Herstellungskosten bei Selbsterstellung

Im HGB und in den IFRS werden *de lege lata* nur bestimmte Entwicklungskosten als Herstellungskosten erfasst. Gem. IAS 38.65 i.V.m. 38.71 sind nach den IFRS nur solche Entwicklungsaufwendungen, die in der Periode der Aktivierung des Vermögensgegenstandes nach dem Zeitpunkt der Erfüllung der Aktivierungsvoraussetzungen angefallen sind, zu berücksichtigen.[1571] Auch handelsrechtlich sind nach der hier vertretenen Ansicht unter Auslegung des (derzeitigen) Willens des Gesetzgebers[1572] dabei nur die Kosten zu veranschlagen, die ab dem Zeitpunkt der erstmaligen Erfüllung der Aktivierungsvoraussetzungen anfallen.[1573] Eine ausdrückliche Abgrenzung der als Herstellungskosten zu berücksichtigenden Entwicklungskosten im Gesetz wäre hier aus Klarstellungsgründen allerdings sinnvoll,[1574] da nach dem Wortlaut von § 255 Abs. 2a S. 1 HGB eine (Nach-)Aktivierung aller Kosten ab Eintritt der Entwicklungsphase zumindest möglich ist.[1575]

Im Ergebnis ist also nach derzeitiger Rechtslage weder nach dem HGB noch nach den IFRS eine Nachaktivierung von Herstellungskosten möglich. Ein erheblicher Teil der eigentlichen Herstellungskosten, nämlich die Forschungskosten insgesamt sowie der Teil der Entwicklungskosten, der vor der Erfüllung der Aktivierungsvoraussetzungen angefallen ist, bleibt damit unberücksichtigt, wodurch der ökonomische Wert häufig stark vom Buchwert des jeweiligen Gutes abweicht (sog. Markt-Buchwert-Lücke).[1576] Um doch die gesamten Kosten aktivieren zu können, wird daher oft bilanzpolitisch der Umweg über die Ausgliederung der Forschungs- und Entwicklungstätigkeiten in einer Tochtergesellschaft gewählt, die diese nach Abschluss dann an die Muttergesellschaft verkauft.[1577] Als entgeltlich erworben, müssen sie dann auch aktiviert werden. Es stellt sich daher die Frage, warum bei tatsächlicher (nachgewiesener), nachträglicher Entstehung eines Vermögensgegenstandes bzw. Vermögenswertes etwas anderes gelten sollte. Dies auch unter dem Aspekt, dass die Abgrenzung von Forschungs- und Entwicklungsphase in § 255 Abs. 2a HGB und IAS 38.52 von einem großen Interpretationsspielraum geprägt ist und damit nicht unbedingt zur Verlässlichkeit der Bewertung beiträgt.[1578]

1571 Siehe auch das in IAS 38 enthaltene Beispiel zur Veranschaulichung von IAS 38.65.

1572 Siehe D.I.2.c.bb.

1573 So auch *Küting/Ellmann*, S. 285.

1574 *Hennrichs*, DB 2008, 537 (540).

1575 *Kirsch*, PiR 2009, 185 (187); Bonn-HdR/Kirsch, § 248 HGB (BilMoG), Rn. 67; *Bertram*/Brinkmann/Kessler/Müller, § 255 HGB, Rn. 171; vgl. auch Fülbier/Gassen, DB 2007, 2605 (2609); Hennrichs, DB 2008, 537 (540).

1576 *Schruff/Haaker*, Rn. 139.

1577 *Hoffmann*, PiR 2009, 308 (308).

1578 Siehe hierzu C.I.3.b.dd(2) und C.II.3.c.bb; *Schruff/Haaker*, Rn. 140 ff.

Schruff/Haaker schlagen für die IFRS deshalb vor, die Nachaktivierung von Forschungs- und Entwicklungskosten bei erfolgreicher Entstehung eines Vermögenswertes zuzulassen und damit auch auf die Unterscheidung zwischen Forschungs- und Entwicklungsphase zu verzichten.[1579]

Einer generellen Möglichkeit zum Ansatz von Forschungsergebnissen als Vermögenswert oder Vermögensgegenstand kann wegen der regelmäßig zu diesem Zeitpunkt noch vorliegenden Ungewissheit des Nutzens dieser Ergebnisse allerdings nicht zugestimmt werden. Der Vorschlag zur nachträglichen Aktivierung aller Herstellungskosten wird hingegen ausdrücklich begrüßt. Dies gilt gleichermaßen für das HGB. Auch hier ist das Problem der Markt-Buchwert-Lücke virulent.

Es stellt sich daher zunächst die Frage, in welchem Umfang eine solche Nachaktivierung in beiden Rechnungslegungssystemen vorgenommen werden kann.

Schruff/Haaker schlagen eine nachträgliche Aktivierung der nur seit Periodenbeginn angefallenen Herstellungskosten vor, um Ergebnisverzerrungen zwischen den einzelnen Jahresabschlüssen zu vermeiden.[1580] Dem ist allerdings nicht beizupflichten. Es käme letztlich für die Höhe der zu aktivierenden Herstellungskosten darauf an, ob der Bilanzierende es schafft, die Aktivierungsvoraussetzungen noch im alten Geschäftsjahr nachzuweisen, um so alle Herstellungsaufwendungen in diesem Jahr noch aktivieren zu können.[1581] Gelingt ihm dies erst kurze Zeit später, im neuen Geschäftsjahr, so kann es sein, dass zwei sehr ähnliche Sachverhalte, fundamental unterschiedliche Werte in der Bilanz zur Folge haben. Die Aussagekraft der Bilanz würde stark beeinträchtigt werden. Zumal sich Forschung und Entwicklung nicht selten über mehrere Berichtsperioden bzw. Jahre hinziehen, weswegen die Schließung der Markt-Buchwert-Lücke auch nur bis zu einem gewissen Grad entsprochen werden würde.

Hier wird daher dafür plädiert, die gesamten Herstellungskosten – unabhängig davon, ob es sich um Ausgaben für Forschung oder Entwicklung handelt und wann sie entstanden sind – im Nachhinein zu aktivieren, wenn ein Vermögensgegenstand

1579 *Schruff/Haaker*, Rn. 142 f.; siehe zu dieser Fragestellung auch *Dawo*, S. 307 ff. bzgl. der Implikationen einer möglichen Aufhebung von § 248 Abs. 2 HGB a.F. schon vor dem Gesetzgebungsprozess zum BilMoG.

1580 *Schruff/Haaker*, Rn. 143; vgl. auch Beck-BiKo/*Grottel/Pastor*, § 255 HGB, Rn. 489 für die Nachaktivierung von Entwicklungsausgaben im HGB *de lege lata*.

1581 Vgl. *Hoffmann/Lüdenbach*, § 255 HGB, Rn. 136.

(HGB) bzw. Vermögenswert (IFRS) tatsächlich entsteht.[1582] Betrachtet man die wirtschaftliche Realität, scheint es in der heutigen Hochtechnologiegesellschaft, in der Wissen als Produktionsmittel oft wesentlich wichtiger für die Produktion ist als eine Produktionsanlage, angebracht, solche für Unternehmen mitunter elementaren Werte mit ihren kompletten (eigentlich angefallenen) Herstellungskosten auszuweisen. Sonst werden den Bilanzadressaten wichtige Informationen vorenthalten.

Für die Nachaktivierung von bereits als Aufwand erfassten Herstellungskosten kommen dann zwei Möglichkeiten in Betracht:[1583] Eine erfolgsneutrale oder eine erfolgswirksame Nachaktivierung. Eine erfolgsneutrale Verbuchung würde zu einer doppelten Berücksichtigung des Aufwands führen – einmal direkt als Aufwand und später in Form der ggf. vorzunehmenden Abschreibungen auf den Vermögensgegenstand – und damit gegen das Kongruenzprinzip verstoßen.[1584] Eine erfolgswirksame Nachaktivierung würde dieses Problem zwar umgehen.[1585] Hiergegen wird aber angeführt, dass die Darstellung der Ertragslage des jeweiligen Geschäftsjahres verzerrt werden würde[1586] – zumindest wenn man, wie hier vorgeschlagen, die periodenübergreifende Nachaktivierung zulässt.

Das Argument der Verzerrung der Ertragslage erscheint allerdings nicht wirklich als tiefgreifend: Der erfolgswirksamen Nachaktivierung ist eine Aufwandserfassung vorausgegangen. Eventuell sind durch die Aufwandserfassung sogar Verlustvorträge entstanden. Letztlich wird durch die erfolgswirksame Nachaktivierung dieser „Fehler“ also nur korrigiert, da sich gezeigt hat, dass der Aufwand wirklich zu einem nutzbaren Ergebnis geführt hat – also gerade nicht bloßer Aufwand war. Das Realisationsprinzip wird deshalb durch die erfolgswirksame Nachaktivierung auch nicht verletzt, da nicht das erwartete Nutzenpotential, sondern nur der vorher als Aufwand erfasste Betrag im Nachhinein aktiviert wird.[1587] Es ändert sich also letztlich nur *ex post* die Risikobewertung dieser Ausgaben. Denn dem Bilanzierenden ist durch die Entstehung des Vermögensge-

---

1582 Vgl. auch *Dawo*, S. 310 ff.

1583 *Arbeitskreis „Immaterielle Werte im Rechnungswesen“ der Schmalenbach-Gesellschaft*, DB 2008, 1813 (1818 f.); *Küting/Ellmann*, S. 276; siehe auch schon *Dawo*, S. 311 ff.

1584 *Dawo*, S. 311; *Mindermann*, WPg 2008, 273 (275).

1585 *Dawo*, S. 312; *Mindermann*, WPg 2008, 273 (275).

1586 *Arbeitskreis „Immaterielle Werte im Rechnungswesen“ der Schmalenbach-Gesellschaft*, DB 2008, 1813 (1819); *Küting/Ellmann*, S. 276; *Schruff/Haaker*, Rn. 143.

1587 *Dawo*, S. 312.

genstandes in einer späteren Berichtsperiode tatsächlich etwas zugeflossen, was insofern auch als Erfolg ausgewiesen werden kann und sollte. Ausgaben eines wirtschaftlich ausgerichteten Unternehmens sind immer auf die Erzielung von Gewinnen ausgerichtet. In diesem Fall äußern sich diese aber nicht in direkten Einzahlungen, sondern in der Erlangung eines Vermögensgegenstandes bzw. -wertes – wenn auch zu einem späteren Zeitpunkt als vielleicht ursprünglich erhofft. Dies sollte auch in der Bilanz sichtbar sein und zwar zum vollen Wert der für ihn verauslagten Ausgaben.

Aufgrund dieser Überlegungen sollte daher sowohl im HGB als auch in den IFRS die Nachaktivierung sämtlicher Forschungs- und Entwicklungskosten bei tatsächlicher Entstehung eines Vermögensgegenstandes bzw. Vermögenswertes ermöglicht werden. Gleichzeitig sollte allerdings der frühestmögliche Zeitpunkt für die Prüfung, ob ein solcher tatsächlich auch schon entstanden ist, aus den oben genannten Gründen weiterhin erst der Eintritt der Entwicklungsphase sein.

VII. Konkretisierung der Regelungen für die Bewertung zum beizulegenden Zeitwert (*fair value*)

Wie gesehen, lassen sich Immaterialgüterrechte am besten über DCF-Verfahren, denen eine Lizenzpreisanalogie zugrunde liegt, für bilanzielle Zwecke bewerten.[1588] Die Auswahl der „passenden" Lizenzrate sollte dabei mit Hilfe eines qualitativen Korrektivs, wie dem apud-Bewertungsmodell für Patente, erfolgen.[1589]

Aus Objektivierungsgründen sollte diese als Standardvorgehen vorgeschlagene Bewertungskonzeption zumindest in ihren Kernelementen für Immaterialgüterrechte und andere immaterielle Güter, die einer Lizenzanalogie zugänglich sind, als gesetzliche Grundvorgabe bzw. Norm verankert werden. Auf diese Weise ließe sich das Paradoxon auflösen, dass Lizenzanalogien als Bewertungsverfahren zwar einerseits als objektiv, andererseits aber auch gleichzeitig als stark beeinflussbar gelten.[1590] Dies mag damit zusammenhängen, dass sich immer eine Bandbreite von möglichen Vergleichslizenzraten in den öffentlichen Datenquellen findet, innerhalb derer der Bilanzierende eine Auswahl

1588 Siehe hierzu ausführlich D.I.2.b.ee.

1589 Siehe D.I.2.b.ee(4)(d).

1590 Dies zeigt die empirische Studie von *Frey/Herberger/Oehler*, IRZ 2011, 141 (146 f.).

bzw. eine Gewichtung der möglichen Werte vorzunehmen hat, die bei ordentlicher Begründung zumindest den Anschein der Objektivierung erweckt. Denn vor dem Hintergrund, dass die Umstände der Lizenzvergabe aus den Datenquellen oft nicht ersichtlich sind,[1591] ist eine Überprüfung der Vergleichbarkeit schwierig. Auch IDW S 5 fordert daher bei der Auswahl der passenden Lizenzrate innerhalb der Bandbreite an möglichen Werten, die Einzigartigkeit des jeweiligen Immaterialgüterrechts zu berücksichtigen,[1592] macht allerdings keine konkreteren Vorschläge für die standardisierte Umsetzung dieser Forderung. Die Verankerung des hier vorgeschlagenen Standardvorgehens in den Regelungssystemen von HGB und IFRS könnte insofern zumindest gleiche, für alle zu beachtende Rahmenbedingungen schaffen. Hat eine Bewertung nach demselben Grundschema zu erfolgen, so gibt es auch keine Möglichkeit zur weiteren (beeinflussenden) Ausgestaltung. Die im Grundsatz bestehende Objektivität der Lizenzpreisanalogie wird gewahrt, die Vergleichbarkeit erhöht.

Gleichzeitig sollte eine mögliche Abweichung vom Standardvorgehen bei der Bewertung angabe- und begründungspflichtig sein, um den Bilanzleser hierauf aufmerksam zu machen.

Sinnvoll für das HGB wäre in diesem Zusammenhang die Einführung von detaillierteren Angabepflichten bei der Bewertung zum beizulegenden Zeitwert, die zum einen das Bewertungsverfahren darstellen und gleichzeitig die zugrunde liegenden Annahmen offen legen – ähnlich wie das die IFRS 13.91 ff.[1593] für die IFRS Bewertung zum beizulegenden Zeitwert statuieren. Hier wäre vor allem an die Gründe zu denken, die zur Auswahl der herangezogenen Lizenzrate über das qualitative Korrektiv geführt haben. Beim apud-Bewertungsmodell als Korrektiv bei der Bewertung von Patenten wäre bspw. an Angaben zur Ermittlung des Punktwertes[1594] für die Bestimmung der Vergleichslizenzrate in Bezug auf die Stärke des Schutzrechts oder den Produktmarkt zu denken.

Auf diese Weise wird die Bewertung für den Bilanzleser nachvollziehbarer und die Vergleichbarkeit erhöht. Sollte der Bilanzleser bspw. andere Annahmen zugrunde legen wollen, könnte er durch eine einfache Anpassung der Annahmen den „neuen“ Wert des ihn interessierenden Immaterialgüterrechts ausrechnen.

1591 IDW S 5, Rn. 63, 125.

1592 IDW S 5, Rn. 65 f., 127.

1593 Siehe hierzu die Erläuterungen unter D.II.2.b.ee(2).

1594 Siehe für Details hierzu D.I.2.b.ee(4)(d).

G. Schlussbetrachtung und Ausblick

Immaterielle Güter und im Besonderen die Immaterialgüterrechte stellen in der heutigen Wissensgesellschaft elementare Werte vieler Unternehmen dar. Ob und wie sie bilanziert und bewertet werden dürfen bzw. müssen, ist für diese Unternehmen daher von zentraler Bedeutung.

Die vorliegende Untersuchung der Bilanzierung von Immaterialgüterrechten nach HGB und IFRS hat gezeigt, dass sich die Behandlung von Immaterialgüterrechten in beiden Rechnungslegungssystemen bis auf wenige Ausnahmen – nach hier vertretener Auslegung – im Ergebnis analog verhält.[1595] Dies ist nicht zuletzt auch der Annäherung des HGB durch das BilMoG an die IFRS und der damit verbundenen Steigerung der Information im HGB-Abschluss geschuldet. Auch wenn insbesondere beim Ansatz weiterhin verschiedene Grundkonzepte verfolgt werden, führt deren Anwendung regelmäßig zu den gleichen Ergebnissen. Dies gilt umso mehr für die Bewertung von Immaterialgüterrechten, bei der im Rahmen des BilMoG insbesondere auch die Bestimmung des beizulegenden Zeitwertes (*fair value*) im Grundsatz nahezu inhaltsgleich von den IFRS in das HGB übernommen wurde.

Beide Rechnungslegungssysteme haben im Hinblick auf die hier behandelten Immaterialgüterrechte Potenzial für Verbesserungen. So sollte – wie hier im Rahmen der *de lege ferenda* Betrachtung vorgeschlagen – die Aktivierung von solchen absoluten Rechten weiter vereinfacht werden. Weswegen – neben der Einführung einer gesetzlichen Definition des Vermögensgegenstandes im HGB – auch die Vermutung für die Erfüllung durch solche absoluten Rechte gefordert wird. Denn gerade die (quasi-dinglichen) Immaterialgüterrechte sind wegen ihrer gesetzlichen Verankerung „stärker“, also greifbarer, als andere immaterielle Güter wie bspw. bloßes Know-How. Sie sollten daher dem Generalverdacht der Unsicherheit der Werthaltigkeit, der immateriellen Gütern in ihrer Gesamtheit als Gattung anhaftet, entzogen werden.

Es ist aber auch deutlich geworden, dass gerade im Bereich der selbst geschaffenen Immaterialgüter(rechte) wegen des notwendigen Rückgriffs auf Zukunftsprognosen des Managements viele bilanzpolitische Gestaltungsspielräume eröffnet werden. Hier lässt sich beobachten, dass die Frage der Aktivierung

1595 Siehe hierzu auch *Arbeitskreis „Immaterielle Werte im Rechnungswesen“ der Schmalenbach-Gesellschaft*, DB 2008, 1813 (1815).

oft branchenspezifisch aufgrund bilanzpolitischer Interessenlagen entschieden wird.[1596] Insofern scheint die Entscheidung im deutschen HGB für ein echtes Ansatzwahlrecht konsequenter, besteht doch in den IFRS aufgrund der Abhängigkeit der Aktivierungsvoraussetzungen von Einschätzungen des Bilanzierenden zumindest ein faktisches Wahlrecht.

Die vielfach laut gewordene Kritik[1597] an der durch das BilMoG neu geschaffenen Möglichkeit zur Aktivierung selbst geschaffener immaterieller Güter im HGB kann deshalb im Ergebnis nicht geteilt werden. So ist sicherlich richtig, dass es bei immateriellen Gütern in ihrer Gesamtheit eher zu Abgrenzungsproblemen bei der Wertzumessung kommt als bei den materiellen Gütern. Sowohl Vorsichtsprinzip als auch Informationsfunktion werden aber weiterhin berücksichtigt:[1598] Die mögliche Entobjektivierung durch die Möglichkeit selbst geschaffene immaterielle Güter zu aktivieren, muss zu Gunsten einer besseren Einsicht in die Werttreiber eines Unternehmens hingenommen werden. Die Gläubigerschutzfunktion wird aufgrund der Ausschüttungssperre in Höhe der aktivierten selbst geschaffenen immateriellen Vermögensgegenstände zudem auch nicht angegriffen, so dass es bei einer weitestgehenden Zielerfüllung verbleibt. Die Probleme bei der Wertzumessung sind aber auch teilweise hausgemacht: Sie sind der aus den IFRS übernommenen abgestuften Regelung der berücksichtigungsfähigen Kosten zu verdanken. So könnte gerade die hier im Rahmen der *de lege ferenda* Überlegungen vorgeschlagene nachträgliche Aktivierung zurechenbarer Kosten bei tatsächlich nachgewiesener Entstehung eines Vermögensgegenstandes oder Vermögenswertes eine weitere Objektivierung herbeiführen. Da nicht mehr der Zeitpunkt der erstmaligen Erfüllung der Aktivierungsvoraussetzungen über die zurechenbaren Kosten entscheidet, sondern alle Kosten bei einer erfolgreichen Entstehung zu aktivieren wären.

Solche Problematiken zeigen, weswegen die Bewertung eine der zentralen Schwierigkeiten bei der bilanziellen Behandlung von Immaterialgüterrechten bzw. immateriellen Gütern darstellt. Bewertung ist und wird in jedem (Lebens-) Bereich im Ergebnis nie frei von Subjektivität bleiben. Im Bilanzrecht ist es aber die Aufgabe der Rechnungslegungssysteme dieses Einfallstor der Willkür oder

---

1596 *Göllert*, DB 2008, 1165 (1169); *Lüdenbach/Hoffmann*, Beihefter zu DStR 30 2008, 49 (54) mit Beispielen.

1597 Jeweils m.w.N. *Küting/Ellmann*, DStR 2010, 1300 (1305 f.); *Küting/Ellmann*, S. 274; *Küting/Pfirmann/Ellmann*, KoR 2008, 687 (691); Moxter, DB 2008, 1514 (1515).

1598 Siehe hierzu auch *Laubach/Kraus/Bornhofen*, DB 2009, Beilage 5, 19 (19 f., 24).

sogar gezielten Bilanzpolitik auf ein Mindestmaß zu begrenzen, um vor allem auch die Vergleichbarkeit von Informationen zu gewährleisten.

Eine wichtige Rolle kommt dabei der Bewertung zum beizulegenden Zeitwert zu, die vor allem beim Erwerb von Immaterialgüterrechten im Rahmen eines Unternehmenserwerbes von Bedeutung ist. Da beide Rechnungslegungssysteme hier eine Vielzahl von möglichen Bewertungsmethoden im Grundsatz erlauben, wird hier – wie gesehen[1599] – für die Vorgabe eines Standardvorgehens plädiert. Dabei müssen größtmögliche Objektivität als Ziel jedweder Bewertung bzw. Bilanzierung genauso wie Wirtschaftlichkeit und die Abbildung der spezifischen Eigenheiten des betrachteten Gutes gewährleistet sein. Eine Abzinsung von Cashflows aus theoretisch für ein Immaterialgüterrecht zu entrichtenden Lizenzzahlungen, die über einen Vergleich mit Lizenzzahlungen für ähnliche Immaterialgüterrechte am Markt ermittelt werden können, stellt dabei die beste Möglichkeit dar, diese Ziele miteinander zu vereinbaren. Die Praxis setzt sie daher auch schon überwiegend ein.[1600] Da allerdings häufig eine Vielzahl von möglichen Vergleichslizenzraten existiert, sollte aus Objektivierungsgründen die Auswahl der endgültigen Höhe innerhalb der Schwankungsbreite an möglichen Lizenzraten verbindlich und damit nachvollziehbar über ein qualitatives Korrektiv, das die Eigenheiten des zu bewertenden Immaterialgüterrechts abbildet, plausibilisiert werden.

Die hier gefundenen Ergebnisse, Auslegungen und Vorschläge für die Fortentwicklung der Bilanzierungsregeln sollen dabei eine mögliche Richtung für eine weitere Objektivierung der Bilanzierung von Immaterialgüterrechten, aber auch der immateriellen Güter allgemein vorgeben. Die Informationsfunktion beider Rechnungslegungssysteme soll so gestärkt werden, ohne dabei im HGB die ebenso dominante Gläubigerschutzfunktion aus den Augen zu lassen. Auch der Intention des deutschen Gesetzgebers zur Annäherung des HGB an die IFRS bei gleichzeitiger Beibehaltung des eigenen Charakters der deutschen Bilanzierungsregeln wird dabei Rechnung getragen: Der überwiegende Gleichlauf bei Auslegung und vorgeschlagener Fortentwicklung wurde unter Berücksichtigung der Eigenheiten des jeweiligen Rechnungslegungssystems und seines Adressatenkreises vorgenommen.

Für die Bilanzierenden bedeuten solche Harmonisierungsbestrebungen in der Regel Vereinfachung, weswegen eine weitere Annäherung auch in ihrem Sinne ist. Die Praxis ist aufgrund der Vielschichtigkeit der Regeln ohnehin um

---

1599 Siehe D.I.2.b.ee(4)(d).

1600 Siehe hierzu die empirische Studie von *Frey/Herberger/Oehler*, IRZ 2011, 141 (145 f.).

Vereinheitlichung bemüht, um Komplexität und damit Kosten bei der Bilanzierung möglichst gering zu halten. Unternehmen müssen immaterielle Güter auch in ihrer Bilanz nachvollziehbar und in höchstem Maße objektiv nachprüfbar präsentieren können. Gleichzeitig dürfen die Kosten hierfür aber nicht den Nutzen im Sinne des Mehrgewinns an Information übersteigen.

Denn die Bedeutung von immateriellen Gütern im Allgemeinen und Immaterialgüterrechten im Speziellen wird – nicht zuletzt durch die Weiterentwicklung von Medien und Technologien – auch in Zukunft weiter steigen. Dies gilt folglich in gleichem Maße für Fragen ihrer bilanziellen Behandlung, Darstellung und Bewertung – stellen sie doch heute schon für viele (vor allem junge) Unternehmen zentrale Vermögenswerte dar. Allein schon deshalb wird auch zukünftig ein Fokus der bilanzrechtlichen Forschung auf den „ewigen Sorgenkindern des Bilanzrechts" liegen.

Dabei werden vor allem auch die weltweit voranschreitenden Konvergenzbestrebungen[1601] zur Etablierung der IFRS als einheitlicher globaler Standard in der Rechnungslegung eine wichtige Rolle spielen. Implikationen werden diese nicht nur für die IFRS-Rechnungslegung selbst, sondern nicht zuletzt aufgrund der Annäherung des HGB an die IFRS auch für die nationale Rechnungslegung haben.

1601 Siehe hierzu schon oben B.II.2.b.

Literaturverzeichnis

Adler, Hans / Düring, Walther / Schmaltz, Kurt Rechnungslegung und Prüfung der Unternehmen, Kommentar zum HGB, AktG, GmbHG, PublG nach den Vorschriften des Bilanzrichtlinien-Gesetzes, 6. Auflage Stuttgart 1998.

Arbeitskreis „Immaterielle Werte im Rechnungswesen" der Schmalenbach-Gesellschaft für Betriebswirtschaft e. V. Leitlinien zur Bilanzierung selbstgeschaffener immaterieller Vermögensgegenstände des Anlagevermögens nach dem Regierungsentwurf des BilMoG, DB 2008, S. 1813–1821.

Arbeitskreis „Immaterielle Werte im Rechnungswesen" der Schmalenbach-Gesellschaft für Betriebswirtschaft e. V. Kategorisierung und bilanzielle Erfassung immaterieller Werte, DB 2001, S. 989–995.

Arbeitskreis „Immaterielle Werte im Rechnungswesen" der Schmalenbach-Gesellschaft für Betriebswirtschaft e. V. Erfassung immaterieller Werte in der Unternehmensberichterstattung vor dem Hintergrund handelsrechtlicher Rechnungslegungsnormen, in: Horvath, Peter et al. (Hg.), Intangibles in der Unternehmenssteuerung, München 2004, S. 221–250.

Arbeitskreis Bilanzrecht der Hochschullehrer Rechtswissenschaft Stellungnahme zu dem Entwurf eines BilMoG: Grundkonzept und Aktivierungsfragen, BB 2008, S. 152–158.

Arbeitskreis Patentrecht Universität Düsseldorf (apud) Arbeitspapier zum Workshop Patentbewertung, Düsseldorf 2006.

Babel, Mathias Ansatz und Bewertung von Nutzungsrechten, Frankfurt 1997.

Babel, Mathias Nutzungsrechte, Rechnungsabgrenzungsposten, schwebende Geschäfte – ein "magisches Dreieck" der Bilanzierung, in: Wehrheim, Michael et al. (Hg.), Steuerbelastung – Steuerwirkung – Steuergestaltung – Festschrift zum 65. Geburtstag von Winfried Mellwig, Wiesbaden 2007, S. 1–36.

Backsmann, Till Immaterielle Vermögenswerte in Konzernbilanzen nach international anerkannten Rechungslegungsgrundsätzen, Münster 2003.

Baetge, Jörg / Hagemeister, Christina Das Deutsche Rechnungslegungsstandards Committee, in: Dörner, Dietrich et al. (Hg.), Reform des Aktienrechts, der Rechnungslegung und der Prüfung, 2. Auflage Stuttgart 2003, S. 795–820.

Baetge, Jörg / Kirsch, Hans-Jürgen / Solmecke, Henrik Auswirkungen des BilMoG auf die Zwecke des handelsrechtlichen Jahresabschlusses, WPg 2009, S. 1211–1222.

Baetge, Jörg / Kirsch, Hans-Jürgen / Thiele, Stefan Bilanzen, 12. Auflage Düsseldorf 2012.

Baetge, Jörg / Kirsch, Hans-Jürgen / Thiele, Stefan Bilanzrecht – Kommentar, Loseblattsammlung, Bonn, Stand: März 2010.

Baetge, Jörg / v. Keitz, Isabel IAS 38 – Immaterielle Vermögenswerte (Intangible Assets), in: Baetge, Jörg et al. (Hg.), Rechnungslegung nach IFRS, Loseblattsammlung, Stand: 2009.

Baetge, Jörg / Zülch, Henning	Rechnungslegungsgrundsätze nach HGB und IFRS (GoB) (Abteilung I/2), in: von Wysocki, Klaus et al. (Hg.), Handbuch des Jahresabschlusses (HdJ), Loseblattsammlung, Köln, Stand: Dezember 2012.
Ballwieser, Wolfgang	IFRS-Rechnungslegung, München 2006.
Ballwieser, Wolfgang	Ist das Maßgeblichkeitsprinzip überholt?, BFuP 1990, S. 477-498.
Baumbach, Adolf / Hopt, Klaus	Handelsgesetzbuch, 34. Auflage München 2010.
Baumbach, Adolf / Hopt, Klaus	Handelsgesetzbuch, 33. Auflage München 2008.
Bayer AG	Konzernabschluss 2009.
Beisel, Wilhelm / Klumpp, Hans-Herrmann	Der Unternehmenskauf, 6. Auflage München 2009.
Beisse, Heinrich	Gläubigerschutz – Grundprinzip des deutschen Bilanzrechts, in: Beisse, Heinrich et al., Festschrift für Karl Beusch zum 68. Geburtstag, Berlin 1993, S. 77–98.
Benkard, Georg	Patentgesetz – Gebrauchsmustergesetz, 10. Auflage München 2006.
Bentele, Martina	Immaterielle Vermögensgegenstände in der Unternehmensberichterstattung, Frankfurt am Main 2004.
Bertram, Klaus / Brinkmann, Ralph / Kessler, Harald / Müller, Stefan	Haufe HGB Bilanz Kommentar, Freiburg 2010.

Beyer, Sven / Mackenstedt, Andreas	Grundsätze zur Bewertung immaterieller Vermögenswerte (IDW S 5), WPg 2008, S. 338–349.
Beyhs, Oliver / Melcher, Winfried	Zur Umsetzung der HGB-Modernisierung durch das BilMoG: Wesentliche Änderungen bei außerplanmäßigen Abschreibungen und Wertaufholungen, DB 2009, Beilage 5, S. 25–29.
Beys, Oliver	Impairment of Assets nach International Accounting Standards, Frankfurt am Main 2002.
Bieg, Hartmut / Kußmaul, Heinz / Petersen, Karl / Waschbusch, Gerd / Zwirner, Christian	Bilanzrechtsmodernisierungsgesetz, München 2009.
Bieker, Marcus / Esser, Maik	Der Impairment-Only-Ansatz des IASB: Goodwillbilanzierung nach IFRS 3 „Business Combinations“, StuB 2004, S. 449–458.
Blair, Margaret M. / Wallman, Steven M.H.	Unseen Wealth: Report of the Brookings Task Force on Intangibles, Washington 2001.
Blasius, Torsten	IFRS, HGB und F&E – Besteuerung und Bilanzierung, Berlin 2006.
Blümich, Walter	Einkommensteuergesetz – Körperschaftsteuergesetz – Gewerbesteuergesetz, Loseblattsammlung, München, Stand: August 2012.

Boecker, Corinna / Künkele, Kai Peter	Forschung und Entwicklung im Fokus – Gemeinsamkeiten und Unterschiede zwischen IFRS und HGB i.d.F. des BilMoG, IRZ 2010, S. 484–486.
Bohl, Werner / Riese, Joachim / Schlüter, Jörg	Beck'sches IFRS-Handbuch, 2. Auflage München 2006.
Bohl, Werner / Riese, Joachim / Schlüter, Jörg	Beck'sches IFRS-Handbuch, 4. Auflage München 2013.
Borchardt, Daniel	Was der "gute Name" noch wert ist, Handelsblatt 13. Mai 2009, S. 19.
Botzem, Sebastian	Konsultation statt Beteiligung – Die Bedeutung von Beratungsverfahren für die grenzüberschreitende Standardsetzung im Bereich der Unternehmensrechnungslegung, in: Sorge, Arndt (Hg.), Internationalisierung: Gestaltungschancen statt Gloabalisierungsschicksal, Berlin 2009, S. 29–49.
Brambring, Günter / Jerschke, Hans-Ulrich / Waldner, Wolfram	Beck'sches Notarhandbuch, 4. Auflage München 2006.
Brücks, Michael / Kerkhoff, Guido / Richter, Michael	Impairmenttest für den Goodwill nach IFRS, KoR 2005, S. 1–7.
Buchheim, Regine / Gröner, Susanne / Kühne, Mareike	Übernahme von IAS/IFRS in Europa: Ablauf und Wirkung des Komitologieverfahrens auf die Rechnungslegung, BB 2004, S. 1783–1788.

Buchholz, Rainer	Internationale Rechnungslegung, 8. Auflage Berlin 2009.
Buchholz, Rainer	Grundzüge des Jahresabschlusses nach HGB und IFRS, 4. Auflage München 2008.
Bundesministerium für Bildung und Forschung (BMBF)	Bundesbericht Forschung und Innovation 2010, Bonn 2010.
Bundesministerium für Wirtschaftund Technologie (BMWi)	Gesamtwirtschaftliche Perspektiven der Kultur- und Kreativwirtschaft in Deutschland – Kurzfassung eines Forschungsgutachtens im Auftrag des Bundesministeriums für Wirtschaft und Technologie, Berlin 2009.
Büscher, Wolfgang / Dittmer, Stefan / Schiwy, Peter	Gewerblicher Rechtsschutz Urheberrecht Medienrecht, Kommentar, Köln 2008.
Cairns, David	Applying International Accounting Standards, 3. Auflage London 2002.
Callies, Christian / Ruffert, Matthias	EUV/EGV, Das Verfassungsrecht der Europäischen Union mit Europäischer Grundrechtecharta – Kommentar, 3. Auflage München 2007.
Coenenberg, Adolf / Haller, Axel / Schultze, Wolfgang	Jahresabschluss und Jahresabschlussanalyse, 22. Auflage Stuttgart 2012.
David, Wolfram	Die Abgrenzung materieller und immaterieller Güter im Jahresabschluß und ihre Konkretisierung am Beispiel der Software, Manuskripte aus dem Institut für Betriebswirtschaftslehre der Universität Kiel, Nr. 172, Kiel 1985.

Dawo, Sascha	Immaterielle Güter in der Rechnungslegung nach HGB, IAS/IFRS und US-GAAP, Berlin 2003.
Depenheuer, Otto / Peifer, Karl-Nikolaus	Geistiges Eigentum: Schutzrecht oder Ausbeutungstitel?, Berlin 2008.
Dobler, Michael / Kurz, Gerhard	Aktivierungspflicht für immaterielle Vermögensgegenstände in der Entstehung nach dem RegE eines BilMoG, KoR 2008, S. 485–493.
Dreier, Thomas / Schulze, Gernot	Urheberrechtsgesetz, 3. Auflage München 2008.
Ebenroth, Carsten Thomas / Boujong, Karlheinz / Joost, Detlev / Strohn, Lutz	Handelsgesetzbuch, 2. Auflage München 2007.
Eichmann, Helmut / v. Falkenstein, Roland Vogel	Geschmacksmustergesetz, 4. Auflage München 2010.
Eisenmann, Hartmut / Jautz, Ulrich	Grundriss Gewerblicher Rechtsschutz und Urheberrecht, 8. Auflage Heidelberg 2009.
Ellrott, Helmut / Förschle, Gerhart / Hoyos, Martin / Winkeljohann, Norbert	Beck'scher Bilanzkommentar, 6. Auflage München 2006.
Ellrott, Helmut / Förschle, Gerhart / Kozikowski, Michael / Winkeljohann, Norbert	Beck'scher Bilanzkommentar, 8. Auflage München 2012.

Ensthaler, Jürgen — Gewerblicher Rechtsschutz und Urheberrecht, 3. Auflage Heidelberg 2009.

Ensthaler, Jürgen / Strübbe, Kai — Patentbewertung, Heidelberg 2006.

Fabri, Stephan — Grundsätze ordnungsgemäßer Bilanzierung entgeltlicher Nutzungsverhältnisse, Köln 1986.

Fasselt, Martin / Brinkmann, Jürgen — Immaterielle Vermögensgegenstände (Kapitel B 211), in: Castan, Edgar et al. (Hg.), Beck'sches Handbuch der Rechnungslegung, Loseblattsammlung, München, Stand: November 2012.

Fezer, Karl-Heinz — Markenrecht, 4. Auflage München 2009.

Freericks, Wolfgang — Bilanzierungsfähigkeit und Bilanzierungspflicht in Handels- und Steuerbilanz, Köln 1976.

Freericks, Wolfgang — Sind EDV-Programme körperliche Wirtschaftsgüter?, DStR 1969, S. 691–695.

Freiberg, Jens / Lüdenbach, Norbert — Ermittlung des Diskontierungszinssatzes nach IAS 36, KoR 2005, S. 479–487.

Frey, Hannes / Herberger, Tim / Oehler, Andreas — Fair-Value-Ermittlung patentierter Technologien im Rahmen der Rechnungslegung nach IFRS, IRZ 2011, S. 141–147.

Fülbier, Uwe / Gassen, Joachim / Sellhorn, Thorsten — Quo vadis, DRSC?, DB 2010 Nr. 27/28, S. M 1.

Gerling, Tanja — Die Bilanzierung von Immaterialgüterrechten im Jahresabschluss einer Kapitalgesellschaft nach HGB und IAS/IFRS, Marburg 2007.

Geßler, Ernst / Hefermehl, Wolfgang / Eckardt, Ulrich / Kropff, Bruno — Aktiengesetz: Kommentar – Band III, München 1973.

Glade, Hans-Joachim — Immaterielle Anlagewerte in der Handelsbilanz, Steuerbilanz und Vermögensaufstellung, Bergisch Gladbach 1991.

Göllert, Kurt — Auswirkungen des Bilanzrechtsmodernisierungsgesetzes (BilMoG) auf die Bilanzpolitik, DB 2008, S. 1165–1171.

Götting, Hans-Peter — Gewerblicher Rechtsschutz, 9. Auflage München 2010.

Götting, Hans-Peter — Gewerblicher Rechtsschutz und Urheberrecht, 2. Auflage München 2008.

Götting, Hans-Peter — Der Begriff des Geistigen Eigentums, GRUR 2006, S. 353–358.

Gräfer, Horst / Schneider, Georg — Rechnungslegung: Bilanzierung und Bewertung nach HGB/IFRS, 4. Auflage Herne 2009.

Greinert, Markus — Nutzungsdauer einer Marke im Konzernabschluss, BB 2004, S. 483–487.

Grünberger, David — IFRS 2010, 8. Auflage Herne 2010.

Grünewald, Theo / Köllner, Malte / Petersen, Karl / Wurzer, Alexander / Zwirner, Christian	Bilanzierung von Patenten, Köln 2010.
Haaker, Andreas	Grundsätze haptischer Bilanzierung? Pro, PiR 2009, S. 307.
Hager, Simon / Hitz, Jörg-Markus	Immaterielle Vermögenswerte in der Bilanzierung und Berichterstattung – eine empirische Bestandsaufnahme für die Geschäftsberichte deutscher IFRS-Bilanzierer 2005, KoR 2007, S. 205–218.
Haunerdinger, Monika / Probst, Hans-Jürgen	Der Weg in die internationale Rechnungslegung, Wiesbaden 2004.
Henckel, Niels-Friethjof / Ludwig, Thomas / Lüdke, Thomas	Behandlung von Forschungs- und Entwicklungskosten nach HGB und IFRS unter der Berücksichtigung der durch das BilMoG geplanten Änderungen, DB 2008, S. 196–199.
Hennrichs, Joachim	Immaterielle Vermögensgegenstände nach dem Entwurf des Bilanzrechtmodernisierungsgesetzes (BilMoG), DB 2008, S. 537–542.
Hennrichs, Joachim	Bilanzrechtsmodernisierung – erste Grundsatzfragen aus handels- und gesellschaftsrechtlicher Sicht, in: Bitter, Georg et al. (Hg.), Festschrift für Karsten Schmidt zum 70. Geburtstag, Köln 2009, S. 581–600.

Hennrichs, Joachim	Prinzipien vs. Regeln – Quo vadis BilMoG? Am Beispiel der Aktivierung von immateriellen Vermögensgegenständen, S:R 2008, S. 64–65.
Hepers, Lars	Entscheidungsnützlichkeit der Bilanzierung von Intangible Assets in den IFRS, Lohmar 2005.
Heyd, Reinhard / Lutz-Ingold, Martin	Immaterielle Vermögenswerte und Goodwill nach IFRS, München 2005.
Heyn, Sven / Graf Waldersee, Georg	IFRS/HGB/HGB-BilMoG im Vergleich: Synoptische Darstellung mit Bilanzrechtsmodernisierungsgesetz, 7. Auflage Stuttgart 2008.
Hinz, Michael	Zweck und Inhalt des Jahresabschlusses und Lageberichts (Kapitel B 100), in: Castan, Edgar et al. (Hg.), Beck'sches Handbuch der Rechnungslegung, Loseblattsammlung, München, Stand: November 2012.
Hofbauer, Max / Kupsch, Peter	Bonner Handbuch der Rechnungslegung – Kommentierung, Loseblattsamlung, Stand: Januar 2011.
Hoffmann, Wolf-Dieter	SME-IFRS oder HGB?, PiR 2010, S. I (Editorial).
Hoffmann, Wolf-Dieter	Grundsätze haptischer Bilanzierung? Contra, PiR 2009, S. 308.
Hoffmann, Wolf-Dieter / Lüdenbach, Norbert	Inhaltliche Schwerpunkte des BilMoG-Regierungsentwurfs, Beihefter zu DStR 30 2008, S. 49–68.
Hoffmann, Wolf-Dieter / Lüdenbach, Norbert	NWB Kommentar Bilanzierung: Handels- und Steuerrecht, Herne 2009.

Hommel, Michael — Bilanzierung immaterieller Anlagewerte, Stuttgart 1998.

Hommel, Michael — Internationale Bilanzrechtskonzeptionen und immaterielle Vermögensgegenstände, zfbf 1997, S. 345–369.

Hüttche, Tobias — Bilanzierung selbst erstellter immaterieller Vermögensgegenstände des Anlagevermögens im Lichte des BilMoG, StuB 2008, S. 163–170.

Hüttche, Tobias — Neue bilanzpolitische Wahlrechte und Spielräume im modernisierten Handelsrecht, StuB 2009, S. 409–416.

Ingerl, Reinhard / Rohnke, Christian — Markengesetz, 2. Auflage München 2003.

Institut der Wirschaftsprüfer in Deutschland e.V. (IDW) — WP Handbuch – Band I, 13. Auflage, Düsseldorf 2006.

Jänich, Volker — Geistiges Eigentum – eine Komplementärerscheinung zum Sacheigentum, Tübingen 2002.

Jaruzelski, Barry / Dehoff, Kevin — Profits Down, Spending Steady: The Global Innovation 1000, strategy+business, issue 57, Winter 2009, S. 1–14.

Kählert, Jens-Peter — Die Abbildung immaterieller Güter im handelsrechtlichen Jahresabschluß, München 1995.

Kählert, Jens-Peter / Lange, Sabine — Zur Abgrenzung immaterieller von materiellen Vermögensgegenständen, BB 1993, 613–618

Kasperzak, Rainer / Witte, Katja — Monetäre Patentbewertung auf Basis der Lizenzpreisanalogie, DStR 2009, S. 1549–1555.

Keller, Bernd — Einflüsse des BilMoG auf die Rechnungslegung immaterieller Vermögenswerte, in: Freidank, Carl-Christian et al. (Hg.), Das Gesetz zur Bilanzierung des Bilanzrechts (BilMoG), Berlin 2009, S. 93–108.

Kessler, Harald / Leinen, Markus / Strickmann, Michael — Handbuch Bilanzrechtsmodernisierungsgesetz, Freiburg 2009.

Kirsch, Hanno — Einführung in die internationale Rechnungslegung nach IFRS, 7. Auflage Herne 2010.

Kirsch, Hanno — Positionierung der Bilanzierungsvorschriften des BilMoG im Verhältnis zu IFRS, PiR 2009, S. 185–191.

Kirsch, Hanno — "IFRS for SMEs" versus BilMoG, PiR 2010, S. 1–6.

Kirsch, Hanno — Neue Anhangangabepflichten zum Jahresabschluss nach dem BilMoG-RegE, StuB 2008, S. 878–884.

Kirsch, Hanno — Neuinterpretation der Grundsätze ordnungsmäßiger Buchführung durch das Bilanzrechtsmodernisierungsgesetz, StuB 2008, S. 453–459.

Knapp, Lotte — Was darf der Kaufmann als seine Vermögensgegenstände bilanzieren?, DB 1971, S. 1121–1129.

Knobbe-Keuk, Brigitte Bilanz- und Unternehmenssteuerrecht, 9. Auflage Köln 1993.

Koller, Ingo / Roth, Wulf-Henning / Morck, Winfried Handelsgesetzbuch Kommentar, 6. Auflage München 2007.

KPMG Deutsche Treuhand Gesellschaft AG International Financial Reporting Standards, 4. Auflage Stuttgart 2007.

Kronner, Markus GoB für immaterielle Anlagewerte und Tauschgeschäfte, Düsseldorf 1995.

Kropff, Bruno / Semler, Johannes Münchener Kommentar zum Aktiengesetz – Band 5/1 (§§ 148-151, 161-178 AktG, §§ 238-264c, 342, 342a HGB), 2. Auflage München 2003.- Band 5/2 (§§ 152-160 AktG, §§ 265-289 HGB), 2. Auflage München 2004.

Kuhn, Wolfgang Die Berichterstattung über Forschung und Entwicklung im Lagebericht, DStR 1993, S. 491–496.

Kühne, Erhard / Melcher, Winfried Zur Umsetzung der HGB-Modernisierung durch das BilMoG: Wirtschaftliche Zurechnung von Vermögensgegenständen und Schulden sowie Erträgen und Aufwendungen, DB 2009, Beilage 5, S. 15–19.

Kuhner, Christoph Die immateriellen Vermögensgegenstände und -werte des Anlagevermögens (Abteilung II/1), in: von Wysocki, Klaus et al. (Hg.), Handbuch des Jahresabschlusses (HdJ), Loseblattsammlung, Köln, Stand: Dezember 2012.

Kurz, Lüder	Bilanzierung von Klimaschutzprojekten nach IFRS, Köln 2010.
Kußmaul, Heinz	Immaterielles Vermögen (Kapitel 73), in: Federmann, Rudolf et al. (Hg.), Handbuch der Bilanzierung, Loseblattsammlung, Freiburg, Stand: Dezember 2012.
Kußmaul, Heinz	Sind Nutzungsrechte Vermögensgegenstände bzw. Wirtschaftsgüter?, BB 1987, S. 2053–2065.
Küting, Karlheinz	Auf dem Weg zur Entobjektivierung der Bilanz, in: Küting, Karlheinz et al. (Hg.), Internationale Rechnungslegung: Standortbestimmung und Zukunftsperspektiven, Stuttgart 2006, S. 1–6.
Küting, Karlheinz	Herstellkosten (Kapitel VIII.), in: Küting, Karlheinz et al. (Hg.), Das neue deutsche Bilanzrecht: Handbuch zur Anwendung des Bilanzrechtsmodernisierungsgesetzes (BilMoG), 2. Auflage Stuttgart 2009, S. 159–181.
Küting, Karlheinz / Dawo, Sascha	Die Bilanzierung immaterieller Vermögenswerte nach IAS 38 – gegenwärtige Regelungen und geplante Änderungen: Ein Beispiel für die Polarität von Vollständigkeitsprinzip und Objektivierungsprinzip, BFuP 2003, S. 397–416.
Küting, Karlheinz / Dürr, Ulrike	"Intangibles" in der deutschen Bilanzierungspraxis, StuB 2003, S. 1–5.

Küting, Karlheinz / Ellmann, David	Immaterielles Vermögen (Kapitel XI.), in: Küting, Karlheinz et al. (Hg.), Das neue deutsche Bilanzrecht: Handbuch zur Anwendung des Bilanzrechtsmodernisierungsgesetzes (BilMoG), 2. Auflage Stuttgart 2009, S. 263–292.
Küting, Karlheinz / Ellmann, David	Die Herstellungskosten von selbst geschaffenen immateriellen Vermögensgegenständen des Anlagevermögens, DStR 2010, S. 1300–1306.
Küting, Karlheinz / Grau, Philipp	Der Anlagespiegel in den Konzernabschlüssen deutscher IFRS-Bilanzierer, DStR 2011, S. 1387–1393.
Küting, Karlheinz / Pfirmann, Armin / Ellmann, David	Die Bilanzierung von selbsterstellten immateriellen Vermögensgegenständen nach dem RegE des BilMoG, KoR 2008, S. 689–697.
Küting, Karlheinz / Tesche, Thomas	Der Stetigkeitsgrundsatz im verabschiedeten neuen deutschen Bilanzrecht, DStR 2009, S. 1491–1498.
Küting, Karlheinz / Weber, Claus-Peter	Handbuch der Rechnungslegung, Loseblattsammlung, Stand: November 2012.
Küting, Karlheinz / Weber, Claus-Peter	Die Bilanzanalyse, 8. Auflage Stuttgart 2006.
Lamers, Alfons	Aktivierungsfähigkeit und Aktivierungspflicht immaterieller Werte, Berlin 1981.

Laubach, Wolfgang / Kraus, Silvia — Zum Referentenentwurf des Bilanzierungsmodernisierungsgesetzes (BilMoG): Die Bilanzierung selbst geschaffener immaterieller Vermögensgegenstände und der Aufwendungen für die Ingangsetzung und Erweiterung des Geschäftsbetriebs, DB 2008, Beilage 1, S. 16–19.

Laubach, Wolfgang / Kraus, Silvia / Bornhofen / Martin C. — Zur Durchführung der HGB-Modernisierung durch das BilMoG: Die Bilanzierung sellbst geschaffener immaterieller Vermögensgegenstände, DB 2009, Beilage 5, S. 19–24.

Leffson, Ulrich — Die Grundsätze ordnungsgemäßer Buchführung, 7. Auflage Düsseldorf 1987.

Leupold, Andreas / Glossner, Silke — Münchener Anwalts Handbuch IT-Recht, München 2008.

Ley, Ursula — Der Begriff “Wirtschaftsgut” und seine Bedeutung für die Aktivierung, 2. Auflage Köln 1987.

Lienau, Achim / Zülch, Henning — Die Ermittlung des value in use nach IFRS, KoR 2006, S. 319–329.

Loewenheim, Ulrich — Handbuch des Urheberrechts, 2. Auflage München 2010.

Lüdenbach, Norbert / Hoffmann, Wolf-Dieter — Haufe IFRS Kommentar, 10. Auflage Freiburg 2012.

Lüdenbach, Norbert / Hoffmann, Wolf-Dieter — Das schwebende Geschäft als Vermögenswert: Bilanzierung bei Erwerb und Verkauf von Nutzungsrechten, DStR 2006, S. 1382–1387.

Lüdenbach, Norbert / Hoffmann, Wolf-Dieter — Die wichtigsten Änderungen der HGB-Rechnungslegung durch das BilMoG, StuB 2009, S. 287–316.

Lutz-Ingold, Martin — Immaterielle Güter in der externen Rechnungslegung, Wiesbaden 2005.

Mackenzie, Bruce / Coe Tsee, Danie / Njikizana, Tapiwa / Chamboko, Raymond — Wiley Interpretation and Application of International Financial Reporting Standards 2011, 8. Auflage 2011.

Madeja, Felix / Roos, Benjamin — Zur Bilanzierung immaterieller Vermögenswerte des Anlagevermögens nach BilMoG, KoR 2008, S. 342–348.

Marx, Franz Jürgen — Objektivierungserfordernisse bei der Bilanzierung immaterieller Anlagewerte, BB 1994, S. 2379–2388.

Matena, Sonja — Bilanzielle Vermögenszurechnung nach IFRS, Düsseldorf 2004.

Meffert, Heribert / Burmann, Christoph / Koers, Martin — Markenmanagement, 2. Auflage Wiesbaden 2005.

Mes, Peter — Patentgesetz – Gebrauchsmustergesetz, 2. Auflage München 2005.

Meyer, Claus — Bilanzierung nach Handels- und Steuerrecht, 20. Auflage Herne 2009.

Mindermann, Torsten — Zur Aktivierung selbst erstellter immaterieller Vermögensgegenstände nach dem Entwurf einen Bilanzierungsmodernisierungsgesetzes (BilMoG), WPg 2008, S. 273–278.

Möhring, Philipp/ Nicolini, Käte — Urheberrechtsgesetz, 2. Auflage München 2000.

Moser, Ulrich / Goddar, Heinz	Grundlagen der Bewertung von immateriellen Vermögenswerten am Beispiel patentgeschützter Technologien, FB 2007, S. 594–609.
Moxter, Adolf	Immaterielle Werte im neuen Bilanzrecht, BB 1978, S. 1102–1109.
Moxter, Adolf	Bilanzrechtsprechung, 6. Auflage Tübingen 2007.
Moxter, Adolf	Aktivierungsgrenzen bei "immateriellen Anlagewerten", BB 1978, S. 821–825.
Moxter, Adolf	Bilanzlehre – Band I, Einführung in die Bilanztheorie, 3. Auflage Wiesbaden 1984.- Band II, Einführung in das neue Bilanzrecht, 3. Auflage Wiesbaden 1986.
Moxter, Adolf	Selbständige Bewertbarkeit als Aktivierungsvoraussetzung, BB 1987, S. 1846 – 1851.
Moxter, Adolf	IFRS als Auslegungshilfe für handelsrechtliche GoB?, WPg 2009, S. 7–12.
Moxter, Adolf	Aktivierungspflicht für selbsterstellte immaterielle Anlagewerte?, DB 2008, S. 1514–1517.
Nirk, Rudolf / Ullmann, Eike	Patent-, Gebrauchsmuster- und Sortenschutzrecht, 3. Auflage Heidelberg 2007.
Osterrieth, Christian	Patentrecht, München 2007.
Oversberg, Thomas	Übernahme der IFRS in Europa: Der Endorsement-Prozess – Status quo und Aussicht, DB 2007, S. 1597–1602.

Pelka, Jürgen / Niemann, Walter	Jahres- und Konzernabschluss nach Handels- und Steuerrecht, München 2010.
Pellens, Bernhard / Fülbier, Rolf Uwe / Gassen, Joachim / Sellhorn, Thorsten	Internationale Rechnungslegung, 8. Auflage Stuttgart 2011.
Petersen, Karl / Zwirner, Christian	Bilanzrechtsmodernisierungsgesetz BilMoG, München 2009.
Pfaff, Dieter / Osterrieth, Christian	Lizenzverträge – Formularkommentar -, 3. Auflage München 2010.
Pfeiffer, Thomas	Das immaterielle Wirtschaftsgut: Begriffsbestimmung und steuerliche Bilanzierung dem Grunde nach, § 5 Abs. 2 EStG, Augsburg 1982.
Philipps, Holger	Rechnungslegung nach BilMoG, Wiesbaden 2010.
Pierson, Matthias / Ahrens, Thomas / Fischer, Karsten	Recht des geistigen Eigentums, München 2007.
Ranker, Daniel	Immobilienbewertung nach HGB und IFRS, Berlin 2006.
Rebel, Dieter	Gewerbliche Schutzrechte, 6. Auflage Köln 2009.
Reese, Jan Frederik	Die Bewertung von Immaterialgüterrechten, Göttingen 2005.
Rehbinder, Manfred	Urheberrechte, 16. Auflage München 2010.
Reuleaux, Susanne	Immaterielle Wirtschaftsgüter: Begriff, Arten und Darstellung im Jahresabschluß, Wiesbaden 1987.

Richardi, Reinhard / Wißmann, Hellmut / Wlotzke, Otfried / Oetker, Hartmut — Münchener Handbuch zum Arbeitsrecht, München 2009.

Richter, Martin — Die immateriellen Anlagewerte (Abteilung II/2), in: von Wysocki, Klaus et al. (Hg.), Handbuch des Jahresabschlusses (HdJ), Loseblattsammlung, Köln, Stand: 1990.

Roland, Helmut — Der Begriff des Vermögensgegenstandes im Sinne der handels- und aktienrechtlichen Rechnungslegungsvorschriften, Göttingen 1980.

Roß, Norbert — Gemeinsamkeiten und Unterschiede handels- und steuerrechtlicher Aktivierungskonzeptionen, in: Baetge, Jörg (Hg.), Rechnungslegung und Prüfung 1996, Düsseldorf 1996, S. 231–253.

Scheren, Michael — Bilanzpolitik und deren Erkennbarkeit (Kapitel XXVIII.), in: Küting, Karlheinz et al. (Hg.), Das neue deutsche Bilanzrecht: Handbuch zur Anwendung des Bilanzrechtsmodernisierungsgesetzes (BilMoG), 2. Auflage Stuttgart 2009, S. 673–715.

Schildbach, Thomas — Der handelsrechtliche Jahresabschluss, 9. Auflage Herne 2009.

Schmidbauer, Rainer — Die Bilanzierung und Bewertung immaterieller Vermögensgegenstände bzw. Vermögenswerte in der deutschen Rechnungslegung sowie nach IAS – Vergleichende Darstellung unter Berücksichtigung von DRS 12 und ED IAS 36/38, DStR 2003, S. 2035–2042.

Schmidbauer, Rainer — Immaterielle Vermögenswerte in der Unternehmensrechnung: Abbildung im Jahresabschluss und Ansätze zur Steuerung, DStR 2004, S. 1442–1448.

Schmidt, Karsten — Münchener Kommentar zum Handelsgesetzbuch – Band 4 (§§ 238-342e HGB), 2. Auflage München 2008.

Schmidt, Ludwig — Einkommensteuergesetz – Kommentar, 29. Auflage München 2009.

Schmidt, Rüdiger — Ausweis von Marken im Abschluss nach IFRS, Kön 2007.

Schön, Michael — Aktivierung von immateriellen Anlagewerten in den USA im Vergleich zur deutschen Rechnungslegung, Frankfurt a.M. 1997.

Schruff, Lothar / Haaker, Andreas — Immaterielle Vermögenswerte (Abschnitt 11), in: Ballwieser, Wolfgang et al. (Hg.), Wiley Handbuch IFRS 2011, 7. Auflage Weinheim 2011.

Schwarz, Christian — Derivative Finanzinstrumente und hedge accounting – Bilanzierung nach HGB und IAS 39, Berlin 2006.

Schwingenschlögl, Thomas / Gotwald, Andreas — Wirtschaftliche Bewertungsmethoden für Patente, Wien 2008.

Seidel, Björn / Grieger, Stephanie / Muske, Roland — Bilanzierung von Entwicklungskosten nach dem BilMoG, BB 2009, S. 1286–1290.

Siebenhaar, Hans-Peter — Bezahlsender Sky stürzt in tiefrote Zahlen, Handelsblatt 14./15./16. August 2009, S. 9.

Simon, Hermann Veit — Die Bilanzen der Aktiengesellschaften und der Kommanditgesellschaften auf Aktien, 3. Auflage Berlin 1899.

Sontheimer, Jürgen — Die Besteuerung von Software, DStR 1983, S. 350–356.

Spranger, Christoph — Die Bewertung von Patenten, Würzburg 2006.

Stibi, Bernd / Fuchs, Markus — Zur Umsetzung der HGB-Modernisierung durch das BilMoG: Konzeption des HGB – Auslegung und Interpretation der Grundsätze ordnungsgemäßer Buchführung unter dem Einfluss der IFRS?, DB 2009, Beilage 5, S. 9–15.

Stüdemann, Klaus — Grundlagen zur Unterscheidung von materiellen und immateriellen Gütern und zu ihrer Aktivierung in der Bilanz, DB 1985, S. 345–352.

Suermann, Jan-Christoph — Bilanzierung von Software nach HGB, US-GAAP und IFRS, Würzburg 2006.

Tafelmeier, Robert — Markenbilanzierung und Markenbewertung, Frankfurt 2009.

Theile, Carsten — Immaterielle Vermögensgegenstände nach dem RegE BilMoG – Akzentverschiebung beim Begriff des Vermögensgegenstandes?, WPg 2008, S. 1064–1069.

Theile, Carsten — Bilanzrechtsmodernisierungsgesetz, 2. Auflage Herne 2009.

Tiedchen, Susanne — Der Vermögensgegenstand im Handelsbilanzrecht, Köln 1991.

Vogel, Holmer	Die Aktivierung originärer immaterieller Anlagewerte im aktienrechtlichen Jahresabschluß, Berlin 1982.
von der Gathen, Andreas	Marken in Jahresabschluss und Lagebericht, Frankfurt 2001.
von Keitz, Isabel	Immaterielle Güter in der internationalen Rechnungslegung, Düsseldorf 1997.
Wagenhofer, Alfred	Internationale Rechnungslegungsstandards – IAS/ IFRS, 6. Auflage München 2009.
Walter, Norbert	Zur Ansatzfähigkeit immaterieller Anlagewerte in der Handels- und Steuerbilanz, Berlin 1982.
Wandtke, Artur-Axel / Bullinger, Winfried	Praxiskommentar zum Urheberrecht, 3. Auflage München 2009.
Wehrmann, Michael	Die Bilanzierung immaterieller Vermögensgegenstände ("Intangible Assets") nach IAS 38, DStR 2000, S. 86–88.
Wiechers, Klaus	Aktivierung immaterieller Vermögensgegenstände nach BilMoG, BBK Fach 20, S. 2223–2232.
Winnefeld, Robert	Bilanzhandbuch, 4. Auflage München 2006.
Wirth, Johannes	Firmenwertbilanzierung nach IFRS, Stuttgart 2005.
Wöhe, Günther	Bilanzierung und Bilanzpolitik, 9. Auflage München 1997.

Wohlgemuth, Michael — Die Anschaffungskosten in der Handels- und Steuerbilanz (Abteilung I/9), in: von Wysocki, Klaus et al. (Hg.), Handbuch des Jahresabschlusses (HdJ), Loseblattsammlung, Köln, Stand: Dezember 2012.

Wohlgemuth, Michael / Radde, Jens — Anschaffungskosten (Kapitel B 162), in: Castan, Edgar et al. (Hg.), Beck'sches Handbuch der Rechnungslegung, Loseblattsammlung, München, Stand: November 2012.

Wulf, Inge — Immaterielle Vermögenswerte nach IFRS, Berlin 2008.

Zippelius, Reinhold — Juristische Methodenlehre, 10. Auflage München 2006.

Zülch, Henning / Hoffmann, Sebastian — Der Referentenentwurf zum BilMoG: ein kritischer Literaturüberblick, DB 2008, S. 1053–1060.

Die hier verwendeten Abkürzungen richten sich nach:
Kirchner, Hildebert – Abkürzungsverzeichnis der Rechtssprache, 7. Auflage Berlin 2012.

Göttinger Schriften zum Wirtschaftsrecht

Herausgegeben von Olaf Deinert, Torsten Körber, Rüdiger Krause,
Gerald Spindler und Andreas Wiebe

Die Schriftenreihe *Göttinger Schriften zum Wirtschaftsrecht* bietet ein Forum für herausragende Dissertationen, Monographien und Sammelbände. Inhaltlich deckt die Reihe das zivile deutsche und internationale Wirtschaftsrecht in seiner ganzen Bandbreite ab. Neben dem klassischen Handels- und Gesellschaftsrecht ist Raum für Versicherungs- und Kapitalmarktrecht sowie – den Schwerpunkten der Göttinger Fakultät entsprechend – insbesondere für medien-, wettbewerbs- und arbeitsrechtliche Thematiken.

Die Reihe richtet sich an Wissenschaftler und Praktiker in Anwaltschaft, Behörden, Verbänden und Unternehmen.

Band 1 Andreas Reißmann: Äußerungsrechtliche Schutzpflichten. Der Schutz vor herabsetzenden, unwahren und indiskreten Äußerungen im Vertragsrecht durch § 241 Abs. 2 BGB. 2012.

Band 2 Kathrin Brandt: Gleichstellungsquote im Aufsichtsrat der Aktiengesellschaft. 2012.

Band 3 Julius Raapke: Die Regulierung der Vergütung von Organmitgliedern und Angestellten im Aktien- und Kapitalmarktrecht. 2012.

Band 4 Henning Hilke: Risiko und Bankenaufsicht. Eine rechtsvergleichende Analyse der präventiven Begrenzung bankbetrieblicher und systemischer Risiken. 2014.

Band 5 Patrick Alexander Andrä: Bilanzierung von Immaterialgüterrechten nach HGB und IFRS. 2014.

www.peterlang.com